碳金融系列丛书

碳金融概论

TANJINRONG GAILUN

杨　星　等编著

華南理工大學出版社
SOUTH CHINA UNIVERSITY OF TECHNOLOGY PRESS
·广州·

图书在版编目（CIP）数据

碳金融概论/杨星，等编著．—广州：华南理工大学出版社，2014．7
（2022.1重印）
（碳金融系列丛书）
ISBN 978－7－5623－4290－8

Ⅰ.①碳…　Ⅱ.①杨…　Ⅲ.①二氧化碳－排污交易－金融市场－研究
Ⅳ.①F830.9　②X511

中国版本图书馆CIP数据核字（2014）第123590号

碳金融概论
杨　星，等编著

出 版 人：卢家明
出版发行：华南理工大学出版社
（广州五山华南理工大学17号楼，邮编510640）
http://hg.cb.scut.edu.cn　　E－mail:scutc13@scut.edu.cn
营销部电话：020-87113487　87111048（传真）
责任编辑：袁　泽
印 刷 者：广东虎彩云印刷有限公司
开　　本：787mm×960mm　1/16　**印张**：22.5　**字数**：467千
版　　次：2014年7月第1版　2022年1月第2次印刷
定　　价：58.00元

前　言

始于20世纪中期的以科学技术为核心的第三次工业革命，一方面极大地提高了社会生产力，促进了社会经济结构和社会生活的变化，创造了大量人类财富；另一方面，在科技转化为生产力的过程中，由于大量的森林被砍伐，植被被破坏，生产和生活中焚烧化石燃料所释放的二氧化碳、二氧化硫、氮氧化合物等无法被吸收和中和，使全球气温急剧上升，气候变化异常，生物濒临灭绝，内陆湖泊不断消失，海平面上升、土地荒漠化加剧，生态失衡给人类生存环境带来了极大威胁。

为防止全球变暖造成灾难性后果，避免全球生态系统遭到不可逆转的破坏，国际社会采取了一系列措施，以应对全球气候变暖给人类经济与社会带来的不利影响。联合国大会于1990年成立了气候变化框架公约政府间谈判委员会，负责限制全球温室气体排放的安排与实施。著名的《联合国气候变化框架公约》和《京都议定书》是其制度安排的法律依据，遗憾的是：它们只是具有权威性、普遍性和全面性的国际框架，并没有法律约束力，其行动方案也很难落实。

于是，市场性的环境政策工具被引入治理温室效应的视野：碳税与碳交易。后者将碳排放权作为一种商品引进了市场，商品的交换属性产生了投融资需求，碳金融也由此应运而生。可以预见：在未来相当一段时期内，碳金融将有广阔的市场发展前景。

对碳金融未来发展前景的信心来源于三个方面：首先，从企业层面看，碳金融是以碳排放权为标的物的投融资活动，企业可以从碳交易中获取利润，从而降低成本，有效地控制碳排放量，继而减少环境污染。其次，从国家发展战略层面看，一国政府的主要目标：一是建立一套基本规则以保证国家机器正常运转，二是建立有效的资源配置机制，使社会福利最大化。碳金融可以很好地发挥资源配置的功能，促进人与自然协同进化，使一国经济可持续发展。第三，从人类生存与发展层面看，碳金融有特殊的价值取向。碳金融价值取向直指为创造一个美好的、适宜人类生存和发展的环境服务，这是人类共同的愿望，碳金融为实现这一愿望提供了支持。

基于上述缘由，我们编写了本书。全书共分为十章。第一章界定了碳金融的概念，碳金融的兴起与发展的理论基础；第二章探讨了碳金融发展的指导性国际协议和制度安排，具有代表性的是《联合国气候变化框架公约》和《京都议定书》；第三章至第五章从微观的层面研究了碳交易市场的市场结构、交易机制、交易标的、主要交易产品以及碳现货、碳期货、碳期权的定价技术；第六章阐述了碳金融风险的识别、度量及管理技术；第七章分析了碳金融法律规制、困境及服务实践；第八章是金融服务业对碳金融的创新；第九章及第十章分别对全球主要碳交易市场及中国碳交易市场的发展与创新进行了介绍。

作为对碳金融推广的一种尝试，本书具有下列特点：首先是它的前沿性。碳金融在21世纪刚刚兴起，它是一个融合社会学、环境学和经济金融学领域的全新交叉学科，系统的学科整合才刚刚开始。其次是其理论性。碳金融研究的基础来源于富有建树的两大理论：庇古税和科斯定理，这两种理论为碳市场环境政策工具（碳税和碳排放权）的制定提供了理论依据，从而使该领域的研究不会在黑暗中摸索。再次是研究方法的科学性。碳金融交易资产定价和风险管理需要大量的数据及数量建模的技术与方法，这些技术并不能从传统金融市场直接移植，它需要根据碳资产本身的特点进行改造和创新。

全书由杨星拟定提纲并总纂，参加编写的人员均接受过经济金融学、经济法学的系统教育，具有博士或硕士学位。前言、第一章由杨星编写，第二章由郭璐编写，第三章由冯晓莹、徐苗编写，第四章由范纯编写，第五章由周利编写，第六章由米君龙编写，第七章由饶红美编写，第八章由彭淼、李玲编写，第九章由李嘉雯编写，第十章由陈笑映编写，暨南大学金融系胡国强博士也参与了部分章节的编写工作。

本书得到了华南理工大学广州学院彭新一校长、梁耀能常务副校长、李华钢副校长、曾志新副校长，广州学院经济学院蒋金良书记、经济学院杨瑛主任等的大力支持与帮助，在此一并致谢。

本书可作为经济金融、管理、能源类研究生、本科生的教学用书，也可作为银行、证券、保险、能源等行业高层管理人员自学和培训之用（目录中带※的为研究生教学章节）。

由于我们水平有限，错误疏漏之处恳请读者不吝斧正。

编　者

2014年3月28日

目录

1 碳金融概述

我们正在经历这样一个时代：科学技术日新月异进步，全球工业化迅猛发展和世界人口剧烈膨胀，人类对化石能源消耗迅猛增长，大规模的生态环境遭到破坏，大气被严重污染，二氧化碳排放量增加所产生的“温室效应”使得地球气候异常，暴雨洪涝成灾、大范围干旱和荒漠化加剧，海平面上升。全球气候变暖已经成为全人类共同应对的重大挑战之一。

为防止全球变暖造成灾难性后果，避免全球生态系统遭到不可逆性的破坏，目前各国政府都积极采取措施治理环境，改善人类生存条件，其中利用经济手段治理环境，创造健康、绿色的人类生存和发展模式，成为一种重要的战略措施。碳金融也因此应运而生。从长远看，碳金融是金融体系应对气候变化的特有方式，是市场经济框架下解决气候等综合问题最有效的途径，其根本目的是通过推动碳市场和碳金融的发展，促使世界经济尽快由“高碳密集型”转变为“绿色低碳型”，以实现可持续发展。可以预见，随着碳金融市场、交易制度及其监管措施的逐步完善，碳金融将成为实现全球气候治理、能源结构转换与可持续发展的有效途径。

1.1 碳金融的界定、特征与功能

1.1.1 碳金融的定义

碳金融泛指一切与限制温室气体排放相关联的金融活动，它有广义和狭义之分。狭义的碳金融是指以碳排放权为标的物的金融现货、期货、期权交易。广义的碳金融则泛指所有服务于减少温室气体排放的各种金融制度安排和金融交易活动，包括低碳项目开发的投融资、碳排放权及其衍生品的交易和投资，以及其他相关的金融中介活动。

此外，关于碳金融的其他界定还包括：欧洲复兴开发银行把碳金融的概念限定在融资层面，认为“碳金融是指用于碳市场体系中帮助温室气体减排项目融资的活动，主要涉及与清洁发展机制（Clean Development Mechanism，CDM）和联合履约机制（Joint Implementation，JI）有关的金融活动”。

世界银行在《2009 年碳市场现状和趋势》中界定：碳金融是指向可以购买温室气体减排量的项目提供资源。这一定义使得碳金融的范围限定于《京都议定书》规定的 CDM 机制和 JI 机制，因为只有在这两个机制框架下的减排项目才能获得联合国签发的核证减排量（Certified Emission Reduction，CERs）。定义中的“提供资源”不仅仅指投融资行为，也包括帮助发展中国家熟悉国际规则等活动。

索尼亚·拉巴特和罗德尼·怀特（Sonia Labatt & Rodney R. White）（2007）在《碳金融：气候变化的金融启示》一书中提出，碳金融代表了环境金融的一个特别分支，探讨碳约束型社会里的金融风险和机会，提供和应用市场机制转移环境风险和促进环境目标的实现。可以简单地认为，碳金融就是一个赋予二氧化碳和其他温室气体排放价格的金融应用。

国内流行的观点是，碳金融可宽泛地理解为应对气候变化的金融解决方案。但现阶段国内金融机构的碳金融实践主要是为减排项目提供相关融资和金融咨询服务，并未大规模介入碳市场，国内排放权交易所和环境交易所也未开展碳期货和期权的交易，因此谈不上所谓的金融解决方案。

上述碳金融的定义更多地反映了相关机构本身的实践，因此存在一定的差异性。本书将碳金融定义为：碳金融是指与碳排放权交易相关的各种金融交易活动和金融制度安排的总和，它既包括碳排放权及其衍生品的交易和投资、低碳项目的投融资，也包括绿色信贷以及相关的担保、咨询等金融中介活动。

1.1.2 碳金融的特征

碳金融主要有三个特征：

第一，以碳排放权为标的的金融交易。碳金融是以碳排放权和碳配额为标的的交易活动，碳排放权具有准金融属性，碳排放权首先作为商品买卖，而后进一步衍生为具有投资价值和流动性的金融衍生工具（如碳排放期货、期权、掉期等），其“准金融属性”日渐凸显。从对碳金融的内涵界定可知，碳金融本质上是“碳交易 + 金融属性”，碳交易衍生为具有投资价值的金融资产，通过对碳资产收益的追逐带来产业结构的升级和经济增长方式的转变。

第二，特殊价值取向的金融行为。碳金融并不完全以经济效益为导向，而以执行国家特定政策和人类共同生存、发展环境为宗旨。碳金融不以眼前利润为终极目标，而以良好的生态效益和环境效益为己任，支持低碳产业的长远发展，弥补传统金融忽视环境和社会功能的缺陷。

第三，社会科学与自然科学的交融性。碳金融将环境学、经济学、社会学紧密相连。将气候变化、环境污染、经济可持续发展与人类生存条件综合考虑，以市场机制来解决科学、技术、经济、社会发展的综合问题。首先，气候变暖的影响是全球性的，决定了碳金融具有全球跨度特征；其次，降低碳排放和经济发展之间存在某种程度的替代关系，意味着各国经济可持续发展的基本条件是采用低碳发展模式；再次，碳金融的发展对环境治理的作用关乎着人类生存与灭亡的社会性问题。恶劣的气候和环境变化将给人类带来毁灭性的灾难。

1.1.3 碳金融的功能

碳金融的功能包括以下几个方面：

第一，碳价格发现功能。成熟的碳金融市场例如期货交易所，可以提供碳排放权定价机制。一方面碳期货具有价格发现和价格示范作用；另一方面，碳金融中的套期保值产品有利于不同碳市场之间的价格统一，同时有助于保持商品贸易市场和能源市场之间的渠道畅通。影响碳排放权交易的因素繁多，诸如碳排放权的稀缺程度、供求双方的交易意愿、交易风险和治理污染成本等，碳价格是否能够及时、准确并全面地反映以上信息，直接关系着资金的迅速、合理流动，以及其他资源的优化配置。此外，碳价格对于减排企业的生产成本和相关投资决策都有着重要意义。

第二，降低交易摩擦功能。碳金融作为金融业的有机部分，同样具有金融业作为中介服务行业所共有的特征。具体表现为，给碳排放权供需双方构建交易的桥梁，提高碳交易的效率。在清洁发展机制下，跨国减排项目涉及专业技术性强，供需双方具有分散和资本小的特点，导致交易双方的搜寻成本和谈判成本均比较高。碳金融提供的交易媒介，能有效减少交易摩擦，降低供需双方的交易成本，促进项目市场的启动和发展。以欧盟排放交易体系（European Union Emission Trading Scheme, EU ETS）为例，自 2005 年建立以后，碳排放权很快被衍生为具有高流动性的期货、期权等金融衍生品，使得碳交易变得更加标准化、透明化，加快了碳市场演化的速度。碳金融强大的中介能力和信息优势，一方面推动了全球碳交易市场的价值链分工，有效降低了交易成本；另一方面，带动了相关金融机构、中介组织和其他公司进入碳市场，扩大了碳市场的容量，提高了流动性，促使碳市场整体规模呈现指数型增长。

第三，气候风险转移功能。碳排放权成为一种有价值的稀缺资源，这意味着具有排放需求的实体增加了气候风险，这种风险来源于碳市场的价格波动。由于与能源市场高度相关，碳市场的价格波动非常显著，同时，政治事件和极端的气候也将增加碳价格的不确定性，加剧碳市场价格的波动。不同实体对气候风险的适应能力和抗风险能力大有不同，碳金融提供了一个转移和分散风险的载体，可以实现不同实体所承受的风险与之承受能力相匹配。

第四，减排成本转移功能。碳排放权的出现，使排放成本由最初的外部社会承担，转变为企业的内部生产成本。由于不同企业间的减排成本存在较大差异，需要考虑碳价格因素进行碳交易或减排投资。碳金融则能提供企业在跨国、跨行业和跨期交易的途径，通过碳金融市场购买碳金融工具，一般企业可以将减排成本转移至减排效率高的欧盟企业，亦可通过项目转移至发展中国家，这种转移将实现微观企业和发达国家的减排总成本最小化。

第五，加速低碳技术扩散功能。温室气体排放主要来源于能源消费，不同国家、不同地区的能源效率差异巨大。改变一国经济对碳能源过度依赖的根本方法是，加快清洁能源、减排技术的研发和产业化，促使高碳经济转型为低碳经济。目前，清洁发展机制（CDM）和联合履约机制（JI）是发达国家将减排的技术和资金向发展中国家和经济转轨国家转移的主要通道。碳金融，尤其是碳基金，降低了项目的交易成本，缩短了项目谈判周期，能有效促进低碳技术的扩散。据世界银行估计，从2007年到2012年，清洁发展机制每年为发展中国家提供约40亿美元的资金，此外这些资金通常会形成6～8倍的投资拉动效应。

1.2 碳金融的兴起与发展

1.2.1 碳金融兴起的缘由：全球气候变暖

气候和环境是人类赖以生存及可持续发展的基础。自1750年工业化革命以来，全球正经历着一场以气候变暖为主要特征的全球性环境变化。已公布的政府间气候变化委员会（Intergovernmental Panel on Climate Change，IPCC）第四次报告显示：在1995至2006年12年间，全球地表温度有11年位列自1850年以来最暖的12个年份之中，变暖线性趋势值为0.74（1906—2005）、变化区间温度（℃）[0.56，0.92]，大于IPCC的第三次评估报告给出的0.6（1901—2000）、变化区间温度（℃）[0.4，0.8]。近50年全球变暖的线性趋势为：每十年增长0.13℃ [0.10，0.16]，几乎是近100年的两倍。从1850—1899年到2001—2005年，气温升高总量为0.76℃ [0.57，0.95]。与此同时，全球海洋平均温度也迅速增加，1961年以来的观测数据表明：海洋变暖已延伸到至少3000米深度，海洋已经并且正在吸收80%以上被增添到气候系统的热量。

与气候持续上升对应的是人类生存环境的加剧恶化。IPCC第四次报告评估提示了气候变化对自然系统、人工管理系统和人类系统的影响，IPCC的相关研究结论为：

（1）对淡水资源的影响。IPCC第四次报告指出：在本世纪中叶之前，在高纬和部分热带潮湿地区，年平均河流径流量和可用水量预估会增加10%～40%，而在某些中纬和热带干燥地区会遭受缺水压力（某些地区目前正在遭受缺水压力），其径流量和可用水量会减少 10% ~ 30%。受干旱影响的地区可能将有所增加，强降水事件在频率上将会增加，从而将增加洪涝风险。在本世纪，冰川和积雪中储藏的水量预估会下降，从而减少了靠山区融水供给的地区可用水量（这些地区居住着当今世界上六分之一以上的人口）。正如美国国家大气研究中心（NCAR）气候分析总监凯文·特伦贝斯的研究报告指出：随着全球气候不断变化，全球水资源分布也在发生改变。全球水资源两极分化严重，水资源充足的地方，水越来越丰富；水资源紧缺的地方，水越来越贫乏。

（2）对生态系统的影响。IPCC 第四次报告指出：许多生态系统的适应弹性将会被气候变化、相关扰动（如洪涝、干旱、野火、虫害、海水酸化）和其他全球变化驱动因子（如土地利用变化、污染、资源过度开采）的空前叠加所超过。在本世纪，陆地生态系统的碳净吸收可能达到高峰，随后减弱甚至逆转，进而对气候变化起到放大作用。如果全球平均温度增幅超过 1.5 ~ 2.5℃，目前所评估的 20% ~ 30% 的动植物物种可能面临灭绝风险。如果全球平均温度增幅超过 1.5 ~ 2.5℃，并伴随着大气二氧化碳浓度增加，在生态系统结构和功能、物种的生态相互作用、物种的地理范围等方面，预估会出现重大变化，并在生物多样性、生态系统的产品和服务（如水和粮食供应）方面产生显著不利的后果。由大气二氧化碳浓度升高所导致的海洋的进一步酸化，预计会对海洋壳体生物（如珊瑚）及其寄生物种产生负面影响。

（3）对粮食、纤维和林业产品的影响。IPCC 第四次报告指出：在中高纬地区，如果局地平均温度增加 1 ~ 3℃，某些农作物生产力预估会略有提高。而在另一些区域，如果升温超过这一幅度，农作物生产力则会降低。在低纬地区，特别是季节性干燥的区域和热带区域，即使局地温度有小幅增加（1 ~ 2℃），预估农作物生产力也会降低，这会增大饥荒风险。在全球范围内，随着局地平均温度增加 1 ~ 3℃，预估粮食生产潜力会增加，但如果超过这一范围，预估会降低。干旱和洪涝发生频率的增加，预估会对局地农作物产量产生负面影响，特别是低纬度的那些维持生计的行业。在适度变暖条件下，采取如改变品种和种植时间的适应措施，能够使中低纬到高纬地区的谷物产量维持或高于基准产量。在全球范围内，随着气候的短期到中期变化，以及在全球趋势附近振荡的大区域尺度变率，木材生产力有一定增长。由于持续变暖，某些特殊鱼类物种的分布和产量预计会发生区域性变化，并对水产业和渔业产生不利影响。国际农业发展基金会（IFAD）第五任总裁卡纳尤·纳万泽（Kanayo F. Nwanze）指出：气候变化加重对粮食生产的不利影响，使得养活全球人口的巨大负担变得更为沉重。有研究预计，到 2020 年气候变化将使得 6300 万以上的人口处于饥饿的风险中。

（4）对海岸带系统和低洼地区的影响。IPCC 第四次报告指出：由于气候变化和海平面上升，海岸带预计会遭受更大风险，包括海岸带侵蚀。这种影响将会因人类对海岸带地区的压力而加剧。到 21 世纪 80 年代，由于海平面上升，预估数百万以上的人口会遭受洪涝之害。对那些适应能力相对较低的人口稠密和低洼地区，已经面临诸如热带风暴或局部地区海岸带沉降方面的挑战的地区，尤其面临着洪涝风险。受影响的人口数量在亚洲和非洲的大三角洲地区为最多，而小岛屿则会更加脆弱。由于适应能力的限制，相比发达国家，海岸带适应将使发展中国家面临更严峻的挑战。海平面上升还将导致土壤盐碱化、沿海地区被淹没、损害滨海湿地、红树林和珊瑚礁等典型生态系统；气候变暖还将导致海温升高、海水酸化而在局部海域形成贫氧区，海洋渔业资源将受到严重损失，海洋珍稀濒危生物将受到严重威胁。

（5）对工业、人居环境和社会的影响。IPCC 第四次报告指出：气候变化给工业、人居环境和社会带来的成本和效益，将因地点和规模的不同存在很大差异。但总体而言，气候变化愈剧烈，净影响愈趋向于负面。最脆弱的工业、人居环境和社会一般是那些位于海岸带和江河泛洪平原的地区，那些经济与气候敏感性资源联系密切的地区，以及那些极端天气事件易发的地区，特别是那些城市化发展快速的地区。贫穷社区尤为脆弱，尤其是那些集中在高风险区域的贫穷社区。他们的适应能力更为有限，更加依赖于气候敏感性资源，如局地的水和粮食供应。

（6）对健康的影响。IPCC 第四次报告指出：预估的气候变化可能会影响几百万人口的健康状况，特别是那些具有较低适应能力的人群。营养不良及营养失调的增加，将影响到儿童的生长、发育；由于热浪、洪水、风暴、火灾和干旱而将导致死亡、疾病和伤害的增加；腹泻疾病的增加；由于与气候变化相关的地面臭氧浓度增高，心肺疾病的发病率将会上升；以及某些传染病传播媒介的空间分布会发生改变。气候变化预计会产生一些综合影响，如疟疾在非洲的传播潜力的缩小或增大。在温带地区所进行的研究显示，预估气候变化会带来某些效益，如由寒冷所造成的死亡减少。在总体上，这些效益预计将会被全球范围增温对健康带来的负面影响所抵消，特别是在发展中国家。对健康的综合影响，将会在不同地区存在差异，而且也会随温度持续升高的时间而有所不同。最为重要的是那些直接影响人类健康的因素，如教育、卫生医疗、公共卫生预防和基础设施以及经济发展。气候变暖将导致暴风雨、飓风、干旱、水灾等灾害性天气频发，为疟疾、登革热、霍乱、大脑炎等传染性疾病提供了传染环境。气候变暖带来的热浪和高温，能使病菌、病毒、寄生虫更加活跃，损害人体免疫系统和抵抗力，同时导致与热浪相关的心脏和呼吸道系统疾病的发病率和死亡率上升。此外，气候变暖还会加重空气污染，导致哮喘病等呼吸道疾病的发病率上升。

造成气候变暖的影响因素很多，但是大体可以分为两类，即自然因素和人为因素。

自然因素是人类所难以控制的，例如太阳黑子、火山爆发以及地球轨道变异等，但是人为因素是可以通过纠正人类行为来改变的。《联合国气候变化框架公约》报告显示："经过相当一段时间的观察，在自然气候变化之外由人类活动直接或间接地改变全球大气组成导致了气候改变。"对此 IPCC 不断进行跟踪评估。综合 1990 年、1995 年、2001 年和 2007 年的四次评估报告可知，地球变暖的主要原因是温室气体的增加，而二氧化碳是最主要的人为温室气体。IPCC 的第四次报告应该是基于科学基础数据的最权威的全球气候变暖报告。它指出过去 50 年观测到的大部分全球平均温度的升高，90% 的可能性是由人类活动产生的。以蒸汽机、煤炭、钢铁为核心的工业革命，一方面促进了革命性的科学和技术的加速发展，另一方面也给环境造成了巨大破坏。现代化的经济体从燃烧生物能源转向煤炭，进而转向石油和天然气等化石燃料，在 19 世纪 50 年代出现了核能，大型的水力发电能源也在此期间出现，科学家发现了燃烧化石能源的巨大的副作用：燃烧化石能源所排放出来的温室气体会留在大气中很多年，慢慢才会被土地和海洋吸收，这些温室气体可能导致较低层的大气暖化进而改变气候，化石燃料的过度使用，使二氧化碳、氟利昂、一氧化碳排放量急剧增加。正如 19 世纪末，瑞典科学家司万特·阿伦尼乌斯（Svante Arrhenius）指出的那样：在工业革命时期，工厂燃烧大量的化石燃料导致大气中的二氧化碳含量的增加，逐渐改变了大气的成分，其中，1970—2004 年间，人类温室气体排放量增加了 70%，二氧化碳作为最重要的人为温室气体在此期间的排放量增加约 80%。同时全球大气中的二氧化碳、甲烷和氧化亚氮的浓度明显增加，目前已经远远超出根据冰芯记录测定的工业化前几千年的浓度值，其中二氧化碳浓度由工业革命以前的约 280×10^{-6} 增长到 2010 年的约 389×10^{-6}，在全球气候变化的记录中显示出非常明显的趋势。这些证据来自于实证分析和实验操作，记录了重要的气候变量动态、物种的分布和行为。从这些研究中，生物学家推断，如果二氧化碳等温室气体的排放无法得到控制，预计今后 20 年气温的上升幅度将达到每 10 年 0.2℃。

1.2.2 国际社会与各国政府的解决方案

国际社会的气候问题解决方案主要体现在一系列国际框架协议中，其中最有代表性的协议文件主要是《联合国气候变化框架公约》（United Nations Framework Convention on Climate Change，UNFCCC，下称《公约》）《京都议定书》（Kyoto Protocol，KP）和《哥本哈根协议》三大国际协议。

《公约》是世界上第一个为全面控制二氧化碳等温室气体排放，以应对全球气候变暖给人类经济和社会带来不利影响的国际公约，也是国际社会在对付全球气候变化问题上进行国际合作的一个基本框架。

《公约》提出了应对气候变化的目标“将大气中温室气体的浓度和人类活动造成的温室气体排放控制在一定水平，以确保自然生态系统免受破坏，确保粮食生产免受威胁，确保经济可持续发展”。《公约》确立了一系列国际社会共同应对气候变化的原则，包括：共同关注原则、公平原则、可持续发展原则、预防原则以及不同发展水平国家“共同但有区别的责任”原则等。

《公约》对发达国家和发展中国家在解决气候问题的权利和义务方面做出了规定，提出的解决方案主要有：发达国家缔约方和其他发达缔约方应提供新的和额外的资金，以支付经议定的发展中国家缔约方为履行《公约》第十二条第1款规定的义务而招致的全部费用；他们还应提供发展中国家缔约方所需要的其他资金，包括用于技术转让的资金，以及帮助特别易受气候变化不利影响的发展中国家缔约方支付适应这些不利影响的费用；发达国家缔约方和其他发达缔约方应采取一切实际可行的步骤，酌情促进、便利和资助向其他缔约方特别是发展中国家缔约方转让或使它们有机会得到无害环境的技术和专有技术，以使它们能够履行本公约的各项规定。在此过程中，发达国家缔约方应支持开发和增强发展中国家缔约方的自生能力和技术。有能力这样做的其他缔约方和组织也可协助便利这类技术的转让。而发展中国家缔约方能在多大程度上有效履行其在本公约下的承诺，将取决于发达国家缔约方对其在本公约下所承担的有关资金和技术转让的承诺的有效履行，并将充分考虑到经济和社会发展及消除贫困是发展中国家缔约方的首要和压倒一切的优先事项。

《京都议定书》是《联合国气候变化框架公约》的补充条款。其目标是“将大气中的温室气体含量稳定在一个适当的水平，进而防止剧烈的气候改变对人类造成伤害”。《京都议定书》是人类历史上首次以法规的形式限制温室气体排放。为了促进各国完成温室气体减排目标，议定书允许采取以下四种减排方式：第一，两个发达国家之间可以进行排放额度买卖的“排放权交易”，即难以完成削减任务的国家，可以花钱从超额完成任务的国家买进超出的额度；第二，以“净排放量”计算温室气体排放量，即从本国实际排放量中扣除森林所吸收的二氧化碳的数量；第三，可以采用绿色开发机制，促使发达国家和发展中国家共同减排温室气体；第四，可以采用“集团方式”，即欧盟内部的许多国家可视为一个整体，采取有的国家削减、有的国家增加的方法，在总体上完成减排任务。

围绕上述目标，《京都议定书》还建立了旨在减排的三个灵活合作机制——国际排放贸易机制（简称ET）、联合履约机制（简称JI）和清洁发展机制（简称CDM），这些机制允许发达国家通过碳交易市场灵活完成减排任务，而发展中国家可以获得相关技术和资金。

《哥本哈根协议》主要是就各国二氧化碳的排放量问题而签署的协议，其目的是商讨《京都议定书》一期承诺到期后的后续方案，就未来应对气候变化的全球行动签署新的协议。会议需就以下四点达成协议：第一，工业化国家的温室气体减排额是多少？第二，像中国、印度这样的主要发展中国家应如何控制温室气体的排放？第三，如何资助发展中国家减少温室气体排放、适应气候变化带来的影响？第四，如何管理哥本哈根气候基金？遗憾的是，各国对上述问题分歧太大，草案最终未获通过，但将政治意愿变成有法律约束力的协议还是充满了希望。

与此同时，各国也制定了相应的碳减排措施。英国是世界上最早提出低碳发展目标的国家，是第一个将二氧化碳减排纳入国家立法的国家，是第一个在国内实施排放市场交易的国家，也是第一个公布“碳预算”的国家。

德国主要从提高能源效率、大力开发可再生能源、实现高新技术战略等方法应对全球气候变暖，推动低碳经济发展。此外，德国还在不断完善低碳相关的法律法规，制定低碳相关的发展战略，以及开展应对气候变化的国际合作来发展低碳经济。

法国是一个能源资源相对稀缺的国家，很早就注重开发利用新能源，其能源结构主要以核电和水电为主，温室气体的排放量比较少，人均温室气体排放量比欧洲平均水平要低 21%。尽管如此，法国仍然在应对气候变化上做出了积极努力。如大力发展可再生能源、扶持清洁能源汽车和“低碳汽车”产业发展、倡导征收碳税等。

欧盟作为一个整体，对外提出了共同的温室气体减排目标和低碳经济发展相关计划。各成员国在欧盟内部相互协调和确定各自的责任、目标和政策。对内加强了制度协调、责任分工、技术合作和市场建设；对外统一低碳外交和战略利益，使得欧盟在世界低碳经济发展上做出了重要贡献。

美国虽然退出了《京都议定书》，在气候变化问题上态度消极。但从国家利益和经济长远发展需要出发，在推动低碳经济发展方面仍然采取了很多措施，如 2005 年，美国推出了《能源政策法》，从节能和开源两个方面来确保美国未来能源供应，降低能源消耗和提高能源使用效率，从而减少温室气体的排放。2009 年 3 月 31 日，美国众议院能源委员会向国会提出了《2009 年美国绿色能源与安全保障法案》，初步构建了美国向低碳经济转型的法律框架。同年 6 月的《美国清洁能源法案》完善了向低碳经济转型的法律框架。该法案包括排放总量控制目标、配额发放方法和管理、稳定配额交易价格措施、美国国内的国际碳抵消量和碳市场交易机制、对发展中国家的援助、碳交易的治理结构六个部分的内容。这标志着美国在应对全球气候变化的态度和政策上实现了根本性的转变，提出了切实可行的目标规划、政策措施和市场手段。

1.2.3 市场导向激励型碳减排与碳金融的兴起

虽然国际社会和各国政府都制定了大量节能减排的政策措施，但收效甚微，于是市场导向激励型减排——碳税与碳交易被提上议事日程，并由此催生了碳金融的兴起。

碳税是最早引入碳减排的市场型措施。芬兰是世界上第一个实施碳税制度的国家。1990 年，芬兰开征了世界上最早的碳税。碳税包括燃料税、电力税和碳税/能源复合税，其中碳税/能源复合税即在能源税上附加碳税，如轻油的基本税额为 0.0294 欧元/升，而附加碳税的轻油税额为 0.0541 欧元/升。碳税的征收有效减少了芬兰的用煤量，促进了热电联产，加快了生物燃料、风能等新能源的开发利用，2000 年相比于 1990 年减排 4% ~ 5% 。

挪威于 1991 年开始对家庭和部分企业征收碳税，征收范围是汽油、天然气和矿物油，1992 年扩大到煤和焦炭。税率是依据各种化石燃料的含碳量为标准，如 1995 年汽油的碳税税率是 0.83 挪威克朗/升，柴油为 0.415 挪威克朗/升。挪威政府对不同行业实行不同的减免政策，如对水泥等行业的煤炭和焦炭免征碳税，对造纸等行业的碳税减半征收，对海上运输、航空、水电等部门给予税收豁免。在税收收入的分配上，挪威政府将碳税收入以奖励或补贴形式返还给显著提高能效和解决就业的企业。

瑞典自 1991 年起开始对家庭和工业企业征收碳税，征收范围是所有的燃料油，税基以含碳量和热值为标准，税率为 250 瑞典克朗/吨。在减免政策上，对工业企业减半征收，对采矿、造纸、制造业、发电等高耗能行业给予一定比例的税收豁免。1993 年，政府对税率进行了调整，将工业企业的税率降低到 80 瑞典克朗/吨，将税收限制在工业产值的 1.7% 内（后又调整至 1.2% 以下），而将家庭的税率提高到 320 瑞典克朗/吨。2002 年，对工业企业的减免增加到 70% 。

丹麦于 1992 年开始对家庭和企业征收碳税，征收范围包括除天然气、汽油、生物燃料外的所有化石燃料。税基以 CO_2 排放量为标准，税率是 100 丹麦克朗/吨。在优惠政策上，对企业减半征收，当净税负达到企业销售额的 1% 时，税率降低到 25 丹麦克朗/吨，净税负达到销售额的 2% ~ 3% 时，税率降至 12.5 丹麦克朗/吨，净税负达到销售额的 3% 以上时，税率降至 5 丹麦克朗/吨。通常采用碳税与能源税、燃料税结合征收方法，有效提高能源效率，促进能源结构优化，得到了明显的减排效果。

荷兰于 1992 年，将能源税和碳税综合为一个税种——碳税，能源税和碳税各占 50% ，是自 1988 年开始征收的环境税（以燃料税形式征收，General Fuel Tax）的一个税种。征税范围覆盖了除电力以外的所有能源品种（电力通过对发电燃料直接征税）。碳税税率为5.16荷兰盾。1996年，荷兰推出能源管制税（Regulatory Energy Tax，REB），征税范围包括石油（包括原油、柴油和液化石油气）、天然气和电力，征税对象主要是小型能源消费者和家庭，政府通过降低企业支付的社会保险税和家庭个人所得税来减少能源管制税对小企业和个人能源用户的影响。

2001年，英国开始征收气候变化税，主要针对工商业和公共部门的能源使用征税。税收收入用于抵消雇主国民保险的减少，建立碳基金以促进低碳技术发展等。

2008年，加拿大不列颠哥伦比亚省对焦炭、部分燃油、天然气征收碳税，至2011年，该省的温室气体人均排放量下降10%，远远超过其他省的1.1%。为实现减排目标，冰岛、韩国、澳大利亚等国正考虑征收碳税。

碳交易是可交易许可证政策的具体实现机制。碳排放权交易（亦称碳排放交易）机制在本质上是属于控制总量为特征的环境经济政策，是运用市场机制激励企业采取减排的有效措施，是近年来国际社会和各国探索解决全球气候问题、控制碳排放的重要经济手段之一。1997年联合国气候大会通过了《京都议定书》，确立了缔约国中发达国家的温室气体排放额度和减排义务，同时设计了排放贸易（ET）、联合履约机制（JI）和清洁发展机制（CDM）三种交易机制，帮助发达国家低成本高效完成减排任务，包括欧盟、美国、澳大利亚、日本等发达国家为控制国内的碳排放，也在探索建立发展自身的碳排放权交易机制，其中欧盟碳排放交易机制和交易市场的发展最为引人注目。世界现行的碳排放交易体系主要有：欧洲碳排放交易体系（EU ETS）、美国碳排放交易体系、英国排放交易体系、澳大利亚的新南威尔士温室气体减排体系、挪威排放交易体系（2005年启动，2008年并入欧洲碳排放交易体系）、加拿大阿尔伯塔省排放交易体系、瑞士排放交易体系、新西兰排放交易体系、东京排放交易体系、英国的碳减排承诺（CRC）的能源效率计划、澳大利亚的碳减排计划。其中，欧洲碳排放交易体系是目前世界上涵盖范围最广和最为成熟的排放交易体系，也是欧盟应对气候变化的政策基石，该体系为其他国家进一步运用总量交易机制解决气候变化问题积累了丰富的经验，并在世界碳交易市场的建设中起到了巨大的示范作用。另外，韩国、巴西、日本、中国等国也在积极筹建本国的碳排放交易体系。

碳交易市场的快速发展衍生出与碳交易息息相关的金融需求，由此催生了全球碳金融市场的兴起和发展。

首先，商业银行已经成为碳交易市场的主要参与者，其业务范围渗透到碳交易各个环节。例如：绿色信贷的发展。绿色信贷（Green - Credit Policy）是指利用信贷手段促进节能减排的一系列政策、制度安排及实践，通常包括：利用恰当的在金融信贷领域建立的环境准入门槛、信贷政策和手段（包括贷款品种、期限、利率等）支持环保节能项目或企业；对违反环保和节能等相关法律法规的项目或企业采取停贷、缓贷甚至收回贷款等处罚措施；贷款人运用信贷手段，引导和督促借款人防范环境风险，履行社会责任。又如：商业银行践行的“赤道原则”。赤道原则是由世界主要金融机构根据国际金融公司和世界银行的政策和指南建立的，旨在判断、评估和管理项目融资中的环境与社会风险的一个金融行业基准。这项准则要求金融机构在向一个项目投资时，要对该项目可能对环境和社会的影响进行综合评估，并且利用金融杠杆促进该项目在环境保护以及周围社会和谐发展方面发挥积极作用。赤道原则已经成为国际项目融资领域的国际惯例，成为全球金融机构践行企业社会责任、贯彻可持续发展理念的一个基准。

其次，是保险业的介入。碳保险是由保险公司为其低碳投资生产方式所可能产生的风险提供保险。气候变化的影响涉及灾害、财产、人身和健康等保险业的业务领域，近年来已经出现巨灾债券和天气衍生性金融产品等，以规避天气变化对企业运营和销售额等造成的影响。从长远看，气候变化将越来越与企业减排的要求联系在一起。以清洁发展机制产生的碳减排额（CER）来说，存在诸多风险，如对手违约风险、碳法规风险、国家投资风险、营运中断风险等。针对以上风险，碳保险可以开发碳交易保险产品以转移各种风险。

第三，各种碳基金的建立。碳基金是一种通过前端支付、股权投资或者提前购买协议，专门为减排项目融资的投资工具。目前国际碳基金约有 50 家，其发起人主要是国际和区域金融组织、政府和私人部门。2011 年底的德班气候大会正式启动了“绿色气候基金”，到 2020 年发达国家每年向发展中国家提供至少 1000 亿美元，帮助发展中国家适应气候变化。碳基金是碳市场资金的主要来源，由于大多数实体没有足够的资金和能力去寻找投资项目，投资者不熟悉项目流程和交易方式，且国际碳价格波动频繁、风险较大，这为专门从事投资的各种基金组织提供了很大的机会。基金组织把中小实体的资金集中起来，进行 CDM 项目投资，有专业的投资人员、规范的投资方式，对风险和成本控制严格，大大提高了投资能力。碳基金已经成为碳市场的主要资金来源，有效地连接了碳交易的双方，成为整个全球碳市场的基石。

第四，各种碳金融中介机构。碳金融市场中的中介机构概括起来主要有：碳资产管理公司、碳信用评级公司、碳审计服务公司、碳交易法律服务机构、碳经纪商、碳金融信息服务机构、碳交易保险服务机构等。另外，一些国际金融组织，如世界银行碳金融部门和国际金融公司为推动碳金融市场的发展，为发展中国家私营部门的项目提供多边贷款和股本融资，致力于开发碳市场，通过设立专门机构开展可持续发展和减轻气候变化领域的金融服务。

1.2.4 碳金融的发展现状与问题

经过多年的发展，碳金融市场渐趋成熟，参与国地理范围不断扩展、市场结构向多层次深化，自《京都议定书》生效以来，碳交易规模显著增长，2005 年开始的碳交易，碳交易量和交易额仅分别为 7.1 亿吨和 108.6 亿美元，到 2011 年，碳交易量和交易额分别上升到 102.8 亿吨和 1760.2 亿美元（数据来源：WorldBank）。碳市场已经发展成为全球最具有发展潜力的商品交易市场，据联合国和世界银行数据，2012 年全球碳交易市场容量为 1500 亿美元，超过石油市场成为世界第一大市场。2005 年之后各国政府开始越来越多地参与到碳金融市场的建设中。各国、各地区都在发展自己的区域性的碳市场。目前，除了三个专门从事碳金融的交易体系：欧盟排放交易体系（EU ETS）、美国区域性排放交易体系（American Regional Emissions Trading System，ARETS）和澳大利亚排放贸易体系（GGAS）外，全球已建立 20 多个碳交易平台，遍布欧洲、北美、南美和亚洲市场。

尽管近年国际碳金融交易规模迅速增长，但目前碳金融的发展也面临着诸多困境和风险，这给碳金融的未来发展带来了不稳定因素。

第一，市场分割问题。碳金融市场分割严重，缺乏统一的规则。目前，碳金融市场还处于过渡期，呈现出各区域竞争发展的特点。国际碳交易市场多以国家或地区为基础发展起来，不同国家或地区在相关制度安排上存在很大的差异，如碳排放配额的分配方式、是否接受减排单位、碳交易机制、定价机制等，真正意义上的统一的国际碳市场尚未形成。从事碳金融交易的市场多种多样，既有强制性的碳市场，也有自愿的碳市场；既有场内市场，也有场外市场，尤其是自愿减排市场上的主体可以选择不同的交易规则，导致国际碳金融市场处于高度分割状态，市场效率还比较低。

第二，交易风险问题。作为一个处在发展初期且对政策高度依赖的市场，碳金融市场的运行存在诸多的风险，给未来市场的发展带来了诸多的不确定性。一是政策风险。碳排放交易受国际政策的影响很大，国际公约的延续性问题产生了未来市场发展最大的不确定性。由于《京都议定书》的实施仅涵盖 2008—2012 年第一个承诺期，各国对其有关规定仍存在广泛争议，目前实施的各项制度在 2012 年以后是否延续仍是个未知数。2011 年的德班气候大会仍未就 2012 年以后发达国家的温室气体减排量化指标、发展中国家是否承担减排责任做出具体规定。其中充满了各国的角逐，矛盾错综复杂，这种不确定性对形成统一的国际碳金融市场产生最大的不利影响。二是经济风险。席卷全球的美国次贷危机已经给许多投资银行和商业银行带来了巨大的损失，并蔓延到实体经济领域。对全球碳金融市场业产生了影响，一些曾经活跃于市场上的企业退出，减少了对温室气体减排指标的需求。因此，碳金融市场与全球的经济发展密不可分，经济下行的风险将使碳交易市场由牛市转入熊市。三是法律风险。由于碳排放权交易的法律基础是《联合国气候变化框架公约》和《京都议定书》，其大多数内容是政策性的，不具备明确的法律框架，对碳排放权交易的程序以及行为的合法性问题没有统一规定，在碳排放权交易市场的监管方面也缺乏法律约束，这就导致了碳排放权交易的法律风险。排放权项目交易涉及不同国家，要受到东道国政策和法律的限制，一旦出现纠纷，对投资者相当不利。四是道德风险。基于项目的交易涉及跨国项目的审批和技术认证问题，监管部门要求指定的运营机构负责项目的注册和实际排放量的核实，所涉及的费用较高，使得交易成本过高。此外，由于目前缺乏对中介机构（即 DOE，指定经营机构）的监管，有些中介机构在材料准备和核查中存在一定的道德风险，甚至提供虚假不实信息，这无形之中又加大了市场交易的成本，不利于项目市场的发展。

第三，交易价格问题。碳金融市场价格机制是市场机制的核心，能够全面、准确、及时地反映所有关于碳排放权交易的信息，如碳排放权的稀缺程度、供求双方的交易意愿、交易风险等，使得资金在价格信号的引导下迅速、合理地流动，以实现低成本减排的目标。碳交易价格波动比较频繁、波动幅度较大，增加了供给者和需求者的风险。碳价格首先受碳供求关系影响。碳减排额的提供及配给管制的企业的配额量构成市场供给量，工业实际减排量、惩罚力度的大小则决定市场的需求量。市场供求关系决定着碳排放权的价格。其次，碳价格受能源价格的影响。碳价格与石油、电力、煤炭以及天然气等能源的价格紧密相连，存在显著正相关关系。能源价格上升会推高碳排放价格，能源价格的下降与碳价格低迷一致。另外，影响碳价格的因素还有延续《京都议定书》减少温室气体排放的政策承诺、美国参与温室气体排放的程度等。

第四，知识和人才短缺问题。碳金融是新兴的领域，国际上大多数金融机构特别是商业银行对碳金融业务的运作模式、风险管理、操作方法以及项目开发、审批等程序缺乏应有的知识，有关碳金融业务的组织机构非常短缺，加剧了人们对于碳金融参与的戒备心理。碳排放权交易涉及金融、管理、环境、法律等多个专业领域，通晓多个专业的复合型人才更少，培养难度也大。碳金融从业人员不仅要熟悉金融基础知识及运作过程，还要熟悉国家产业政策、能源政策与法规，熟悉行业生产工艺和技术规范。从业人员不能胜任工作，就加大了碳排放交易的操作风险，这使得金融机构发展碳金融交易业务缺乏内在动力，一定程度上会抑制碳金融的发展。

专栏 1－1　气候变化造成的第一批迁徙者

位于南太平洋国家巴布亚新几内亚的卡尔特莱特群岛（Carteret Islands），曾经碧海环绕、风景如画。穿着传统服饰向来乐天知命的卡尔特莱特岛人遗世独立，几百年来生活在那里，始终保持着传统生活模式。而今，他们却因人类对环境的破坏造成全球暖化，将面临被海水淹没的命运。卡尔特莱特群岛环保人士保罗塔巴锡说：他们已经持续被海洋力量攻击，还有持续不断的洪水，原有的地区都被改变了，被破坏殆尽，几乎所有的地方都被海水淹没了，招致蚊子苍蝇丛生，疟疾肆虐。

早在2006年，就有学者预言卡尔特莱特群岛将是全球气候变暖导致海平面上升而从地球表面消失的第一岛，但当时预计需要居民迁徙的时间是2015年。事实证明，这一切来得比我们想象中要快得多。2009年5月，岛上五个家庭的父亲和儿子们已迁往附近的汀普茨岛（Tinputz），他们的家人随后将陆续抵达。当地非政府组织Tulele Peisa的负责人乌苏拉·拉克瓦（Ursula Rakova）表示，该组织募集了5500美元帮助这些居民搬迁，当地政府对搬迁也给予了帮助。拉克瓦说，新移民得到了原始居民、民意代表和Tulele Peisa成员的欢迎，当地妇女还举行了一个传统的欢迎仪式。《所罗门时报》称，Tulele Peisa目前由卡尔特莱特群岛的长者接管，以加快搬迁进程。先到的五个家庭是由Tulele Peisa根据家庭成员多少、是否能自食其力和负担教育、医疗费用，以及今后两年是否有在岛上生存的能力来选择的。

国际移民组织的一项政策文件表明，如不加以控制治理，预计到2050年，全球可能会有多达两亿的因气候灾难而迁徙的难民产生。气候变化催生的难民所面临的不仅仅是解决食物和栖身地的问题，还有在新的环境下其文化及身份的认同问题。解决随之而来的一系列社会问题、环境问题，不只是几个国家的责任，更是全世界的责任。

1.3 碳金融发展的理论基础

1.3.1 外部性理论与公地悲剧

1.3.1.1 外部性理论的内涵

外部性（externality）又称为溢出效应、外部影响或外差效应，是环境经济学中最基础的概念，通常指一个人或一群人的行动和决策对另一个人或另一群人带来了损失或利益的情况。外部经济效应是一个经济主体的行为对另一个经济主体的福利所产生的影响，但这种影响并没有从货币或市场交易中反映出来。

经济外部性是经济主体（包括厂商或个人）的经济活动对他人和社会造成的非市场化的影响，分为正外部性（positive externality）和负外部性（negative externality）。正外部性是某个经济行为主体的活动使他人或社会受益，而受益者无须花费代价；负外部性是某个经济行为主体的活动使他人或社会受损，而造成外部不经济的人却没有为此承担成本。任何一种经济活动都会对外部产生影响。外部性扭曲了市场主体成本与收益的关系，会导致市场无效率甚至失灵。负外部性如果不能够得到遏制，经济发展所赖以存在的环境将持续恶化，最终将使经济失去发展的动力。

学术界一般认为，剑桥学派经济学家阿尔弗雷德·马歇尔（Alfred Marshall）最早提出“外部性”这一概念。马歇尔将任何一种货物由于生产规模的扩大而产生的经济性分为两类：一类是有赖于该产业的一般发展所带来的经济性；另一类是有赖于某产业中具体企业自身资源、组织和经营效率带来的经济性。前者称作“外部经济”（external economies），后者称作“内部经济”（internal economies）。具体而言，外部经济是指受益于其他企业而导致的效率的提高；内部经济是指企业由于规模扩大而带来的更细的分工和专业化、管理的改善等因素导致的生产效率的提高。

在马歇尔的基础上，庇古（Pigou，1924）在《福利经济学》一书中进一步对外部性问题进行了深化和完善。如果私人成本（私人边际净生产）与社会成本（社会边际净生产）相等，则资源实现最优配置；但如果两者不相等，且前者小于后者时，即产生了“负的外部性”。一个简单直观的例子可以用“外部不经济”来解释：在两条道路中，质量较好的道路被过度利用，并造成拥挤的原因就在于“外部不经济”，由于使用优质道路产生的个人边际净生产与社会边际净生产之间的差异大于使用较差道路，而司机们却不用考虑道路成本，从而导致优质道路被过度利用，造成“道路拥挤”现象。

1.3.1.2 公共物品与公地悲剧

公地悲剧揭示的是公共资源的悲剧，通常指由于公共物品的产权不明而导致资源被过度使用和破坏的情况。在产权模糊的情况下，每个人都有无偿消费大气资源的权利，并且由于对利益最大化的追逐而造成资源的滥用和毁灭性的开发，最终导致“公地悲剧”。

1968 年，美国学者哈丁在《科学》杂志上发表了一篇题为《公地的悲剧》的文章，阐述了对所有人开放的公共牧场必然造成过度放牧而牧场损害的现象。哈丁认为这是每个人为追求个人利益最大化而给他人带来的灾难。这种情况最容易出现在公共物品上。公共物品是指那些被社会共同使用的产品。纯公共物品具有非排他性和非竞争性。非排他性是指无法排除他人从该公共物品中获得利益；非竞争性是指某产品被某一个体消费的同时不影响其被其他个体消费。

气候环境具有显著的公共物品属性，有明显的非排他性和非竞争性。大气环境是人类共享的自然资源，人们可以使用大气环境而不用支付任何费用，碳排放与气候环境密切相关，是典型的公共物品。它具有产权模糊、非排他性和非竞争性的典型特征，是一种拥有环境纳污容量的公共物品。

首先，碳排放没有明确的产权特征。作为大气环境资源的一部分，碳排放具有占据空间的无限性、状态的连续性以及流动性等特点，无法像土地一样分割并实现分割分配。事实上大气环境纳污容量的总量界定是很难的事情，将污染排放的容量资源进行分割、分配以界定产权也十分不易。大气环境为人类共同所有，没有明确的归属和产权特征。

其次，碳排放是非排他性的。某个个体或生产者可以使用和消费，其他个体或生产者同样可以使用和消费，而不像私人物品那样具有排他性的特征：在被 A 消费的同时排斥了 B 对该件物品的消费。对碳排放而言，某个体或企业碳排放者，通过使用高能耗装备、非节能环保装备等对大气环境造成了污染，其他碳排放者也同样可以效仿这种污染行为，也就是说，碳排放者间的污染行为不是互相排斥的。

再次，碳排放与碳减排具有非竞争性。某生产企业对碳排放的使用或消费并不会减少其他生产企业对碳排放的使用或消费。例如，碳排放者甲过度排放了二氧化碳，并不会造成乙排放二氧化碳的成本上升或排放量的降低；或者因为甲已经排放了二氧化碳，所以乙不能再排放二氧化碳或者排放的二氧化碳必须减少，因此，碳排放者的二氧化碳排放行为对大气环境纳污容量使用是非竞争性的。碳排放者完全可以根据自己的生产经营情况和意愿，不受限制地排放污染气体和消费大气环境资源，追逐实现自己利益最大化。

按照相关要素具体分析碳排放的外部性，可以分为公共外部性、生产或消费外部性以及代际外部性三个方面。

第一，公共外部性。公共外部性是碳排放外部性最本质和最基本的特征。世界上所有国家和地区最终都难逃环境恶化的惩罚，保护环境、防止气候恶化也是全球面临的共同挑战，低碳经济的公共外部性特点显而易见。从经济利益角度来看，气候的外部性问题不仅涉及国内不同生产者和消费者的利益，还关系到主权国家之间在国际贸易、投资以及公共资源分配等领域中的利益。碳排放的外部性既来源于市场本身，也来自于政策和制度因素。例如，发达国家为加大减排力度，提高环境标准并征收高额的环境税，国内相关企业就会因无法承担高额成本而向新兴经济体和发展中国家转移高能耗、高污染型产业，这一过程就是一个典型的减排外部性传导途径。从这个意义上说，那些历史累积碳排放居于较高水平的发达国家，有责任通过向新兴经济体和发展中国家转移低碳技术和资金，协助其实现低碳经济转型。

第二，生产或消费的外部性。低碳经济发展既面对生产的外部性又面对消费的外部性。碳排放的生产外部性是指从事碳排放公共品生产的企业从消费者获得的报酬难以弥补其生产成本，从而导致其缺乏生产积极性和有效供给。碳排放的消费外部性，主要表现为伴随工业文明带来的产品供给不断丰富，人类高消费需求容易得到满足并不断膨胀，由此带来能耗、污染和排放水平也会不断提高。因此，发展低碳经济须着力于供求两端，实现低碳供给和低碳消费的有机结合。

第三，代际外部性。气候变化不仅影响当代，更是涉及千秋万代。低碳经济发展不仅仅要着眼于当代经济，更要考虑未来发展的可持续性。资源耗竭和气候恶化不仅祸在当代，更是殃及子孙后代，低碳经济模式才是真正的可持续发展。

1.3.2 环境税

环境税（Environmental Taxation），也称生态税（Ecological Taxation），是20世纪末国际税收学界才兴起的概念，至今没有一个被广泛接受的统一定义。它是把环境污染和生态破坏的社会成本内化到生产成本和市场价格中去，再通过市场机制来分配环境资源的一种经济手段。

环境税作为环境经济政策的重要内容，其主要目的就是用经济手段调控企业环境行为，使企业为排污造成的环境污染损害承担相应成本，降低污染对环境的破坏。当排污企业被征税之后，税收负担将使其改变成本收益比，重新评估自身的资源配置效率，同时环境税也会对企业的经济决策和行为选择产生影响。

由于环境污染物主要包括废气、废水、固体废弃物、噪声、生态破坏五类，因而环境（污染）税也相应地分为以下五类：

（1）废气和大气污染税。对废气征税较常见的有对二氧化硫排放征收的二氧化硫税、对二氧化碳排放征收的碳税。以二氧化硫税为例，美国已在20世纪70年代就开征了二氧化硫税。根据其《二氧化硫税法案》的规定，二氧化硫的浓度达到一级标准的地区，每排放一磅硫征税15美分；达到二级标准地区按每磅硫10美分征税；二级以上地区则免征。德国、日本、挪威、荷兰、瑞典、法国等国也征收了二氧化硫税。

（2）废水和水污染税。废水包括工业废水、农业废水和生活废水。许多国家都对废水排放征收水污染税。如德国从1981年开征此税，以废水的“污染单位”（相当于一个居民一年的污染负荷）为基准，实行全国统一税率。又如荷兰按“人口当量”（相当于每人每年排入水域的污染物数量）征收的水污染排放费也属水污染税性质。

（3）固体废弃物税。固体废弃物按来源可分为工业废弃物、商业废弃物、农业废弃物、生活废弃物。各国开征的固体废弃物税包括一次性餐具税、饮料容器税、旧轮胎税、润滑油税等。意大利1984年开征废物垃圾处置税，对所有的人都征收，作为地方政府处置废物垃圾的资金来源。

（4）噪音污染和噪音税。噪音污染是指排放的音量超过人和动物的承受能力，从而妨碍人或动物的正常生活的一种现象。噪音税有两种：一是固定征收，如美国规定，对使用洛杉矶等机场的每位旅客和每吨货物征收1美元的治理噪音税，税款用于支付机场周围居民区的隔离费用；二是根据噪音排放量对排放单位征收，如日本、荷兰的机场噪音税就是按飞机着陆次数对航空公司征收。

（5）生态破坏税。主要包括森林砍伐税等，法国在1969年开征此税，规定为城市规划或工业建设目的而砍伐森林的，每公顷缴6000法郎的税；其他情况每公顷缴3000法郎的税。比利时1993年通过的“生态税法”中规定了一系列生态税，适用于饮料包装、可处理的剃刀和照相机、农药、纸张及电池等产品。

一般认为，英国现代经济学家、福利经济学创始人阿瑟·庇古（Arthur Cecil Pigou，1877—1959）是最早开始系统研究环境与税收的理论问题的创始人。1920年，庇古在其著作《福利经济学》中，提出了社会资源适度配置理论，认为如果每一种生产要素在生产中的边际私人纯产值与边际社会纯产值相等，那么该种生产要素在各生产用途中的边际社会纯产值都相等，而当产品的价格等于生产该产品所使用生产要素耗费的边际成本时，整个社会的资源利用达到了最适宜的程度。但是，在现实生活中，很难单纯依靠市场机制来达到资源利用的最优状态，因此政府就应该采取征税或补贴等措施加以调节。按照庇古的观点，导致市场配置资源失效的原因是经济主体的私人成本与社会成本不相一致，从而私人的最优导致社会的非最优。这两种成本之间存在的差异可能非常大，靠市场本身是无法解决的，只能由政府通过征税或者补贴来矫正经济当事人的私人成本。

除此之外，基于可持续发展的绿色税收理论和自然资本理论也为环境税提供了理论依据。

绿色税收主要是基于可持续发展的目标发展起来的理论。1962年，美国女生物学家莱切尔·卡逊（Rachel Carson）发表了一部轰动世界的环境科普著作《寂静的春天》，作者描绘了一幅由于农药污染所产生的可怕景象，惊呼人们将会失去“春光明媚的春天”，在世界范围内引发了人类关于发展观念上的争论。10年后，两位著名美国学者巴巴拉·沃德（Barbara Ward）和雷内·杜博斯（Rene Dubos）享誉全球的著作《只有一个地球》问世，把人类生存与环境的认识提升到一个新境界——可持续发展的境界。同年，罗马俱乐部（一个非正式国际著名学术团体）发表了研究报告《增长的极限》（The Limits to Growth），明确提出“持续增长”和“合理持久的均衡发展”概念。1987年，以挪威首相布伦特兰（Gro Harlem Brundt land）为主席的联合国世界与环境发展委员会发表了《我们共同的未来》的报告，正式提出可持续发展概念，并以此为主题对人类共同关心的环境与发展问题进行了全面论述，受到世界各国政府组织和舆论的极大重视，在1992年联合国环境与发展大会上可持续发展要领得到与会者的共识与承认。

可持续发展的基本含义是指资源的使用应在不同的代际之间（当代人和后代人）保持公平，它特别强调对地球有限资源的可持续利用，强调环境作为人类生存条件和全球共同财富必须受到特别保护。可持续发展的公平性原则包括两个方面：一方面是本代人的公平即代内之间的横向公平；另一方面是指代际公平即世代之间的纵向公平。可持续发展既要满足当代所有人的基本需求，给他们满足过美好生活的机会，也要实现当代人与未来各代人之间的公平。因为人类赖以生存与发展的自然资源是有限的，从伦理上讲，未来各代人应与当代人有同样的权力要求满足其对资源与环境的需求。可持续发展要求当代人在考虑自己需求与消费的同时，也要对未来各代人的需求与消费负起历史的责任，各代人之间的公平要求任何一代都不能处于对资源的独享地位，各代人都应具有同样的享用资源的机会和权利。

可持续发展的效率与公平要求，通过市场机制不可能完全解决，必须辅以非市场机制的手段，其中税收的作用是不可替代的。这就是绿色税收制度的起源。

绿色税收是指对污染行业和污染物的使用统一征税，或对投资于防治污染或环境保护的纳税人给予税收减免的税赋形式。绿色税收收入将像所得税一样，被用来减少经济扭曲，改善环境，提高生产和人类生存质量。用这种方式，绿色税收能够以最低成本改善生态，降低其他税收的扭曲性，达到"双重红利"目标。绿色税收是一个收入中性的税种，具有提高环境质量、降低税制成本、提高劳动就业率的潜在优势。

目前，对绿色税收理论有不同的界定，通常有狭义和广义之分。狭义的绿色理论从科技的角度认识可持续发展，认为可持续发展应是废物排放量的减少或不排放。广义的绿色理论包含人与自然的共同进化思想，尊重自然的思想，当代与后代兼顾的伦理思想，效率与公平目标兼容的思想等。

自然资本通常指在一定的时空条件下，自然资源及其环境能在可预见的未来产生的自然资源流和服务流的存量，具有自然和资本的双重属性。

1948 年，美国经济学家沃格特（Vogt）第一个提出了自然资本的概念，他指出耗竭自然资源资本会降低美国偿还债务的能力。1988 年戴维·皮尔斯（David Pearce）引入了自然资本的概念，他认为如果自然环境被当作一种自然资产存量服务于经济，可持续发展政策目标就可能具有可操作性。自然资本的正式提法首先出现在戴维·皮尔斯等 1991 年出版的《自然资源与环境经济学》一书中，不过他们并没有给自然资本下一个明确的定义。同年，康斯坦萨（Costanza）把自然资本定义为产出自然资源流的存量，是自身或通过人类劳动而增加其价值的自然物和环境。因自然资本所涵盖的范围太广，很难给出一个确切的定义，部分学者就以举例的形式给出自然资本的定义。如达利（Daly）认为自然资本是能够产生服务流和自然资源的存量——能为市场再生捕鱼流量的海洋，能再生出伐木流量的现存森林，能产生原油流量的石油储量；康斯坦萨等将生态系统提供的商品和服务统称为生态系统服务，并称之为自然资本。保罗·霍肯（Paul Hawken）在他的著作《自然资本论》

中指出自然资本可以被看作是支持生命生态系统的总和，包括常见的为人类利用的资源——水、矿物、石油、森林、鱼类、土壤、空气等，还包括草原、大平原、沼泽地、港湾、海洋、珊瑚礁、河岸走廊、苔原和雨林在内的生命系统。

自然资本除了拥有一般资本所具有的共性外，还具有显著的增值性、不可替代性、存量与流量特性以及非完全资本折旧特性。

自然资本的增值性主要体现在：自然资本可以像常规资本一样产生资源流或服务流，体现资本的增值特性。如对于矿产资源形成的自然资本而言，人类对矿产资源开发、加工和利用可以使矿产资源的价值增值；对于生态资源形成的自然资本而言，在保持生态系统结构和功能不断改善和更新的条件下，通过其自身繁衍或繁殖就可以实现资本的增值。

自然资本的不可替代性主要表现在其不可能用人造资本或其他资本进行替代。自然资本包括生态系统的功能和服务，只有在生态系统提供的服务退化时，人类才会认识到它的真正价值。从目前的科学技术发展水平来看，人类即使花巨资投入大量的人力和物力，也不可能替代自然所提供给人类的生态系统功能和服务。“生物圈 2 号”计划的失败也从另一个角度证明：作为自然资本的重要组成部分，生态系统的某些关键功能与服务是不能用其他资本替代的。

自然资本具有明显的存量与流量特征。存量是指在一定的时空条件下，自然资本以物质形态的形式存在于地球上的某一地理空间内的自然资本总量。例如某一地区内的矿产资源、水资源、土壤资源、草场资源、森林资源、动物资源等各类资源的总量。流量是指在某一时点，在一定的地理空间范围内自然资本的产出量。对于耗竭性资源如金属矿产资源和化石能源来说，是指其在某一时点的开采量；对于非耗竭性资源，如森林、草场、水等除了包括上述自然资本的物质输出量之外，还包括在某一时点其提供的功能和服务，包括调节气候、涵养水源、净化环境、提供优美舒适的人居环境等。存量与流量特征共同构造了自然资本的完整度量体系，存量在很大程度上决定着自然资本的流量，同时，自然资本流量又会引起存量特征的重大变化，二者互为因果、相互作用，共同构成了描述自然资本状态的完整统一体。

自然资本作为一种特殊形式的资本复合体具有非完全资本折旧特性。如土地资源，其经济价值与土地用途关系密切，随着时间的推移，土地用途由荒地变为农用地或建筑用地，其价值往往增加，这与一般资本随时间推移其经济价值递减的规律是不同的。对于自然资本中生态系统提供的生物多样性、制造氧气、气候调节等功能和服务，只要人类对生态系统的开发和利用程度不超过其自我调节能力的极限，生态系统就可以自然修复并源源不断地提供以上各种功能和服务，其经济价值也会随时间的推移而增加。另外，环境作为自然资本的一种形态，没有污染的健康的人居环境是环境自然资本的最佳状态，只要环境质量不下降，其作为自然资本的价值就不会随时间的推移而递减。

自然资源和环境属于公共物品，且是天然生成的，缺乏明确的产权主体，这样必然导致人们滥用资源，致使环境恶化。事实上，天然生成的环境和资源，和其他生产要素一样，也是一种资产，是自然资本向社会提供着它独特的环境和资源服务。这种资源的提供，也应得到相应的资本权益，因此，应该由政府代表社会作为自然生成的资源和环境的产权主体，以征集环境污染税的形式，从经济利益上建立起保护环境的机制。

1.3.3 产权理论

通常，产权是指财产所有权和与财产所有权有关的财产权。即财产所有权人依法对自己的财产享有占有、使用、收益处分的权力。由于不同产权学派研究产权问题的视角不同，学术界并没有对产权有统一的界定，但有关产权的一些本质属性还是达成了共识。首先，产权是排他性的，它是在一系列可选择的排他性行为中做出选择的权利；其次，产权不是指人与物之间的关系，而是由物的存在及它们的使用所引起的人们之间相互认可的行为关系；再次，产权具有经济实体性。学界认为：决定一个物品价值，尤其是经济价值，最核心的因素是该物品所附带权利的数量与强度，同时他们也都将产权视为社会制度等。

产权包括对财产的所有权、使用权、收益权和转让权等四种基本权利。所有权表明了产权所有人对该财产的占有关系；使用权是指产权主体使用财产的权利；收益权是指获得资产收益的权利；转让权是指将所有或部分财产权利转让给其他人的行为。转让权是体现产权完整性的最为重要的组成部分，它确定了产权主体承担资产价值的变化的权利。

按产权占有主体性质的不同可以将产权分为三种类型。其一，私有产权（private property rights）。私有产权是指财产权利完全界定给个人行使，个人完全拥有对经济物品多种用途进行选择的排他性权利。但是，私有产权并非是指各种权利永远不可分地完全掌握在个人手中，私有产权具有可分割性、可分离性和可让渡性，正是由于这一特性，私有产权制度推动了市场经济的发展。其二，共有产权（common property rights）。共有产权指任何人都有权分享同样的权利，为使用共有的财产而没有障碍地进行竞争。共有产权不具有排他性，因此，共有产权不具有可分割性、可分离性和可让渡性。某个人对一种资源行使某项权利时，并不排斥他人对该资源行使同样的权利。例如，大气环境是公有的，结果是个人造成污染却不对排放有害气体负责，往往会给资源利用带来外部效应。其三，政府产权（government property rights）。政府产权是指依照一定的法律程序所赋予或规定的各级政府的职能、职责及相应的权力结构和政府行为的权力边界。政府产权主要体现在：政府对其掌控的大量“公共资源”“社会资源”和“政策资源”的支配权。米尔哈普托·卡提斯（2002）研究了“产权在政府与民众之间的分配”，他指出任何国家、政府对企业都拥有相当的支配权。政府通过国有资产直接行使支配权，对民间企业通过规则、课税、补助金，间接地行使支配权。

著名的诺贝尔经济学奖得主科斯（R. H. Coase）是现代产权理论的奠基者和主要代表，被西方经济学家认为是产权理论的创始人。科斯产权理论的核心是：一切经济交往活动的前提是制度安排，这种制度实质上是一种人们之间行使一定行为的权力。因此，经济分析的首要任务是界定产权，明确规定当事人可以做什么，然后通过权利的交易达到社会总产品的最大化。

现代西方产权理论的全部思考和研究沿着下述思路展开：指出资本主义市场机制并非如标准福利经济学和传统微观经济学所描述的完美，实际的市场运行是有缺陷的，这一缺陷集中表现在外在性上。而外在性产生的根源在于企业产权界限含混，由此建成交易过程存在摩擦和障碍，这种摩擦和障碍又会严重影响企业行为和企业资源配置的结果。因此，考察市场行为者的利润最大化行为时，必须把产权列入考察范围，而不能简单地作为既定前提排除在分析视野之外。

科斯产权理论的形成与发展大致可分为两个阶段：第一个阶段是在20世纪30年代对正统微观经济学进行批判性思考。1937年，科斯在伦敦经济学院学报《经济学家》上发表了著名的论文《企业的性质》，指出市场机制运行中存在摩擦，克服这种摩擦的关键在于制度创新。第二个阶段是在20世纪50年代末至60年代中期。1960年，科斯发表了《社会成本问题》，论述了产权的经济作用，指出产权的经济功能在于克服外在性，降低社会成本，从而在制度上保证资源配置的有效性。

1966年，经济学家乔治·史提格勒（George Stigler）将科斯理论命名为“科斯定理”。科斯定理通常分为：科斯第一定理、科斯第二定理和科斯第三定理。

科斯第一定理假定交易费用为零，在此情况下，不管产权初始如何安排，当事人之间的谈判都会导致财富最大化的安排，市场机制会自动达到帕累托最优。如果科斯第一定理成立，那么它所揭示的经济现象就是：任何经济活动的效益总是最好的，任何工作的效率都是最高的，任何原始形成的产权制度安排总是最有效的。因为如果交易费用为零，人们自然会在内在利益的驱动下，自动实现经济资源的最优配置。此时产权制度没有必要存在，产权制度的优劣无从谈起。这种情况在现实生活中几乎是不存在的，在经济社会一切领域和一切活动中，交易费用总是以各种各样的方式存在，因而，科斯第一定理是建立在绝对虚构的世界中，但它的出现为科斯第二定理做了一个重要的铺垫。

科斯第二定理通常被称为科斯定理的反定理，其基本含义是：在交易费用大于零的世界里，不同的权利界定，会带来不同效率的资源配置。即交易是有成本的，在不同的产权制度下，交易成本是不同的，故资源配置的效率也不同，此时，为了优化资源配置，产权制度的选择是必要的。科斯第二定理中的交易成本是指在不同的产权制度下的交易费用。交易费用成为选择或衡量产权制度效率高低的唯一标准，根据交易费用可以选择产权制度。

科斯第三定理描述了产权制度的选择方法。它包括四个方面的内容：第一，如果不同产权制度下的交易成本相等，那么，产权制度的选择就取决于制度本身成本的高低；第二，某一种产权制度如果非建不可，那么，设计和实施该项制度时就应该考虑交易成本；第三，如果设计和实施某项制度所花费的成本大于实施该制度所获得的收益，这项制度没有必要建立；第四，如果建立一项新制度的成本无穷大，或新制度的建立所带来的收益小于其成本，则一项制度的变革就没有必要。

1.3.4 庇古的外部性解决方案：碳税

1.3.4.1 庇古理论

碳排放外部性的存在，引发了解决问题的广泛激烈讨论。事实上，经济学家在提出外部性问题的同时，就一直在探寻外部性问题的解决办法。外部性问题的产生，其根源是私人成本和社会成本的不一致。外部性问题的有效解决，取决于能否通过某种方法使经济活动行为的私人成本和社会成本趋于一致。新古典经济学认为，在完全竞争市场条件下，边际私人成本与边际社会成本相等，从而实现资源的最优配置；当两者不相等时，政府可以通过采取干预措施，如征税和补贴等手段，使边际税率或边际补贴等于边际外部成本或边际外部收益，实现外部性的内部化。

沿袭这个思路，经济学家阿瑟·庇古首先提出了针对外部性的治理措施，即通过征收一种矫正税（即碳税）使个人成本与社会成本等同，借以纠正负外部性的影响。这类税收被命名为“庇古税”，以纪念他对经济学理论的贡献。环境问题是外部性在环境方面的表现，即某种生产或消费活动对他人造成的无补偿的单方面影响，由于这些影响没有体现在市场交易的成本和价格中，因此导致了市场失灵。如果外部性给他人带来福利收益，则称为正外部性；否则称为负外部性。庇古税对外部性的治理措施是外部性的内部化，即对污染排放征收一定数量的税收以达到控制污染的目的。

庇古税的设计原则为污染者付费原则（Polluter Pays Principle，PPP），政府通过征税的方式将外部成本纳入生产者成本当中，再通过生产者自身的调节达到私人边际成本与社会边际成本相等，实现社会福利最大化。在征收庇古税下，企业的利润最大化条件为：

$$\max\ [p \cdot q_i - c_i(q_i, a_i) - t \cdot e(q_i, a_i)] \quad q_i > 0,\ e\ (q_i, a_i) > 0 \qquad (1-1)$$

式中，p 为产品价格，q_i 为产量，c_i 为产品生产成本，a_i 为污染削减量，e 为污染物排放量，t 为每单位污染物征收的庇古税。

企业利润最大化的一阶充要条件为（分别对 a_i、q_i 求一阶导）：

$$\begin{cases} t = \dfrac{c'_a}{e'_a} \\ p = c'_q + t \cdot e'_q \end{cases} \qquad (1-2)$$

可见，庇古税的税率应为最后一个污染单位所引起的外部边际社会损失；最终的产品价格由两部分组成，一部分是产品本身的生产成本，另一部分则是为污染物排放所付出的庇古税，税收与污染量成正比。

庇古税的内容可以做这样的假设：有 A、B 两个企业，A 企业的经济活动向大气中排放了污染物，给 B 企业造成损失，为了给 B 企业补偿，A 企业应当承担税赋，使其私人成本等于社会成本，B 企业损失因而得到补偿。“庇古税”对环境污染的观点是非常明确的，即通过税收方式给污染定价，他认为这是解决污染控制最好的办法。庇古税的作用原理见图 1－1。

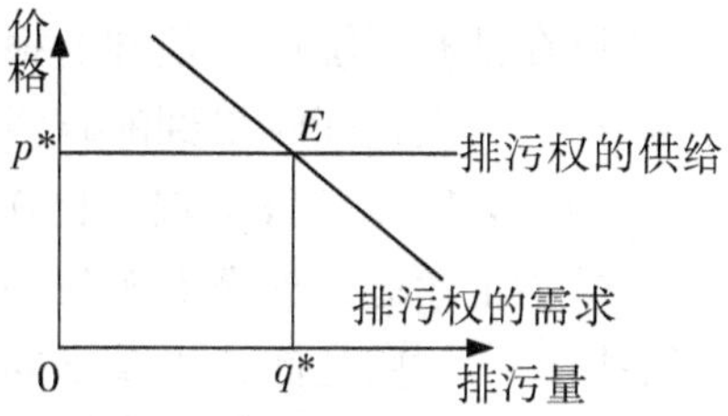

图 1－1　庇古税供需曲线

图中的负斜率曲线代表污染权的需求曲线，负斜率表明污染的价格与企业排污量之间的负相关关系。这种情况下政府设定的庇古税就是污染的供给曲线，由于庇古税多采用定额税率，因此在这种情况下，污染权的供给曲线完全有弹性，污染的价格也由此确定。此时，需求曲线的作用在于确定既定价格条件下的污染需求量或均衡污染量。通过确定合理的税收水平，从而达到政府要达到的理想水平，结果是税收越高，减少的污染也越多。

1.3.4.2　碳税

碳税是市场导向激励型减排政策的一种重要形式。税收减排政策主要具有以下优点：第一，税收政策能够为排放的外部性提供明确的价格信号，以纠正排放外部性造成的市场失灵；第二，税率一般比较稳定，可以为社会提供较稳定的价格信号，有利于企业的长期投资决策，同时，税率可以根据执行效果以及经济形势进行必要的调整，保障了政策灵活性；第三，对碳排放征税可能获得“双重红利”，一方面，征税促使排放物减少，带来环境福利增加，另一方面，将环境税收用于减少现行税收体制的曲性税收，可以获得经济福利的增加；第四，征税可以获得稳定的财政收入，税收可以为企业的减排行为提供税收优惠，从而激励企业进行减排投资，也可以补贴替代能源的研发，促进低碳技术进步以及对低收入群体的补贴；第五，与可交易许可证政策实施相比，征税无须创设新的行政机构，实施成本较小；第六，由于税收覆盖全，可以避免国内排放泄露问题。

当然，税收减排政策不能确保一个确定环境效果，也存在如下不足：第一，税负过于集中能源密集型行业，征收至少在短期内会对这些行业的产出和竞争力产生影响，这会引起排放企业对税收政策实施的抵制；第二，税收政策的分布效应，如果没有相应配套措施，会对经济欠发达地区发展产生不利的影响，会产生减排公平问题。此外，还包括碳税税率、税收的运用、税收的返还等问题。

欧洲在碳税改革运动中处于领导地位，因此碳税的"欧洲经验"也成为各国制定碳税政策前必须认真学习研究的对象。总体来看，欧洲碳税政策包括如下几个基本特征：首先，欧洲国家的碳税都是在对已有环境税进行修改的基础上实现的，主要通过在已有环境税的基础上根据能源消费和二氧化碳排放量对环境税负进行相应的提高；其次，征收得到的碳税主要用于减少劳动要素成本，主要通过减轻个人所得税和社会保障税来实现；再次，一部分国家的碳税政策也包含了对厂商的补贴，例如鼓励企业进行提高能源效率的投资，降低资本要素的税负；最后，税收优惠政策在居民与厂商之间，以及不同产业之间存在着非对称性。

不同国家的碳税制度总体上可以分为两大类，一类是在全国范围推行的碳税制度，这一类主要集中在欧洲发达国家，该类型可以再细分为独立碳税型和拟碳税型。独立碳税型的国家包括芬兰、瑞典、挪威、丹麦和荷兰，这些国家是全球最早推出碳税的五个国家，并且在这些国家碳税作为一个明确的税种单独提出。拟碳税型的国家包括意大利、德国和英国，这些国家碳税的推出时间较晚，并且这些国家的碳税属于拟碳税（pseudo carbon taxation），即没有将碳税作为一个单独的税种直接提出，而是通过将碳排放因素引入已有税收的计税依据，形成潜在的碳税。另一类为仅在国内部分地区推行的碳税制度，这类主要包括加拿大的魁北克省和不列颠哥伦比亚省，美国的加州等地区。由于仅在部分地区推行，因此这一类国家的碳税制度还处于尝试阶段。

1.3.5 科斯的外部性解决方案：碳排放权交易

1.3.5.1 科斯方案

尽管"庇古税"作为解决负外部性的一种方式简洁明了，但是也存在不可避免的缺陷。一是如果只是惩罚 A 企业，势必给 A 企业造成损害，不利于公平竞争；二是惩罚 A 企业造成的损失很可能大于给 B 企业造成的损失，不利于社会总产值最大化和损失最小化的原则。怎么解决负外部性呢？与庇古不同，科斯解决这一问题的思路是，通过界定清晰明确的初始产权，在当事人可以自由进行谈判交易的条件下，市场机制能够自动自发地实现资源的有效配置或社会福利最大化的安排。

从理论上溯源，早在20世纪20年代，福利经济学代表人物庇古提出“修正税”理论时，奈特（Knighe，1924）就反驳了庇古对“道路拥挤”现象的解释，认为“过度拥挤”固然与“外部不经济”有关，但产生“外部不经济”的原因，是对稀缺资源缺乏产权界定，如果将稀缺资源的产权界定为私人所有，则会避免“外部不经济”。1943年，埃利斯（Ellis）和费尔纳（Fellner）在分析“外部不经济”时，就已将视角聚焦于污染问题，并认为“外部不经济”与产权有关，是将“稀缺物品当作免费资源对待”，是“稀缺资源与有效率的产权相分离”。

尽管奈特、埃利斯和费尔纳将产生外部不经济的原因归结为缺乏产权界定，认为只要对稀缺资源进行完全的产权界定，就可以克服“外部性”，但他们并没有讨论产权与交易成本的关系。直到1960年，科斯在《社会成本问题》一文中提出“交易费用”概念，从产权和交易成本关系的角度提出了解决外部性问题的完整思路，这一思路为通过碳排放权交易解决碳排放外部性问题奠定了理论基础。

科斯认为，交易费用是通过价格机制组织生产的最明显的成本，即所有发现相对价格的成本。传统的庇古税通常把税收和补贴作为解决外部性的两大法宝，科斯对此提出了异议，提出必须解决的真正问题是避免较严重的损害，这实际上是强调了产权界定的重要性。此外，科斯强调交易费用是十分重要的变量。在交易费用为零时，只要产权是明确界定的，交易双方就可以通过自由协商来实现最优化的资源配置，从而有效地解决外部性问题，庇古税就没有征收必要。

在科斯定理下，企业的成本最小化条件为：

$$\min[C_{Ti} = C_i(r_i) + p(e_i - r_i - q_i)] \quad C_i(r_i) > 0, e_i > 0 \qquad (1-3)$$

式中，C_{Ti}为企业排污总成本，C_i为治理成本，p为排污企业要得到单位排污权愿意支付的价格，e_i为未进行任何污染治理时的排污量，r_i为选择的治理量，q_i为排污初始授权。令$\mathrm{d}C_{Ti}/\mathrm{d}r_i = 0$，则：

$$p = \mathrm{d}C_i(r_i)/\mathrm{d}r_i \qquad (1-4)$$

公式（1-4）说明，排污权定价的微观原理是使所有污染企业的边际治理成本相等，从而达到社会排污总费用的最小化，此时排污权市场价格等于边际治理费用。

科斯定理在碳排放权中的应用可以做如下通俗的解释：如果最初的产权界定给B企业，即A企业无权排放污染物。在这种产权安排下，A企业必须对B企业做出赔偿，实际上就是A企业向B企业购买污染权，或B企业把污染权交易给A企业。在这种情况下，只要A企业在生产后有足够的利润，使得在补偿解决污染问题的成本之后还有利可图，即使要做出污染赔偿，A企业的生产经营活动还会继续下去。反之，如果最初的产权界定给A企业，即A企业有权排放污染。在这种产权安排下，B企业要想避免污染损害必须向A企业购买污染权，例如B企业花钱为A企业安装一套净化污染装置。在这种情况下，无论B企业是否愿意花钱去向A企业购买污染权，A企业的生产经营活动都可以照常进行。

显然，科斯提出的解决负外部性的思路完全不同于庇古。但科斯的逻辑需要一个非常强的假设前提，即“交易费用为零”，而这个假设前提又恰恰在现实生活中几乎完全不能成立。现实世界中交易费用几乎总是大于零，任何交易都是要付出代价、耗费资源的。

在交易费用大于零的情况下，市场的交易成本不再是一个可以忽略不计的问题。事实上，科斯从未天真地认为交易成本可以为零，他对交易费用的研究的重点在于把交易费用因素引入经济学的分析，借以强调如何界定初始产权和产权初始界定合法性的重要意义。延续上面例子的思路，在A企业排放污染物对B企业造成负外部性和实际损害的条件下，污染权的初始界定是否恰当、合法、清晰，污染权的界定是给A企业还是B企业，都会产生截然不同的社会福利或效率水平。毫无疑问，最优的产权配置应当是交易费用最低的产权制度安排，这便是科斯第二定理的基本含义。在交易费用大于零的世界里，不同的权利界定，会带来不同效率的资源配置，最优的产权配置应当是交易费用最低的产权制度安排。

接下来就是碳治理中的交易制度的选择，制度选择的关键在于制度本身成本的高低，如果选择建立的制度成本过高或者收益远远小于成本，则不必建立新制度，而应该选择制度之外的其他政策工具。

1.3.5.2 碳排放权交易

碳排放权交易是市场导向激励型减排政策的另一种重要形式，是一种数量控制型激励政策。可交易排放许可证政策基本原理是，由政府设定污染物所允许的排放上限，这个排放上限以排放配额的形式分配给或出售给排放者，用以表示排放一定量的特定排放物的权力。企业要求它们的排放与所持排放配额数量一致，企业排放总量不能超过所拥有的排放配额总量，需要更多排放配额的企业必须从那些需要较少的企业手中购买。排放配额的转移通过市场交易的形式完成，企业通过减排活动可以形成富余的排放配额，并将其出售可以获得一定的收益，这相当于排放者为了排放要支付一定的费用。由于只有那些减排成本最低的企业才能出售排放配额，因此，该政策在理论上可以实现既定减排目标的成本最小化。

碳排放交易机制是该政策的核心实施机制。1968年，美国经济学家戴尔（Dale）率先提出了排放权交易（emissions - trading program）的设计，他认为：碳排放权是权利人在符合法律规定的条件下向环境排放污染物的权利。如果允许这项权利在特定条件下进行交易，便成为可交易的排放权（tradable permits）。蒙哥马利（Montgomery）（1972）进一步对这一问题进行了深入的研究，用严格的理论模型解释了用市场化方式去有效解决各种污染负外部性成本的问题，增强了用产权措施解决污染问题的影响力。碳权交易的实质是把碳排放权视为一种商品，并采用市场机制管理的一种污染治理手段。从本质上说，它是一种基于产权的交易，其产生、发展以及应用都以产权交易理论为根本，着重通过外部性的内部化来解决公共资源的成本收益不对称问题，可以有效地解决由于外部性的存在，一些具有公共资源性质的商品无法有效界定产权，社会外溢成本无人承担，资源往往过度使用的外部性问题。

碳排放权交易可以通过市场发现社会平均减排成本，具有信息成本低、政治实施阻力小以及减排目标确定等优点。但该政策仍存在以下主要不足：首先，配额市场交易价格容易过度波动，不利于企业的长期减排投资决策。由于配额供给量在短期内是固定的，完全缺乏弹性，而由于排放配额需求涉及能源替代，而能源替代在短期是有限的，因此短期内排放配额需求也高度缺乏弹性。当经济发展的不确定性增加，经济波动很容易导致配额供需失衡，造成配额的市场价格容易过度波动。其次，排放配额一般根据过去某个基年的排放量在履约期前设定，排放目标无法根据经济增长、能源结构调整、科学技术的发展变化进行灵活调整以反映新的减排形势。再者，由于排放配额的稀缺性是人为制造的，当市场监管不严和竞争不充分时，将引发大量的寻租行为，降低了市场的有效性。最后，排放交易市场体系的建立和正常运转很大程度上依赖于良好的市场经济环境和健全的法规体系，同时，持续、准确的排放核查技术、设备以及有效行政主管机构也是排放交易市场建立和正常运转必不可少的条件等。此外，该机制还存在交易体系覆盖范围不全、初始配额分配有效性不高以及配额拍卖收入再分配等问题。

1.3.5.3 碳排放权交易的应用

仿效美国的排污权交易制度，国际社会将科斯定理运用于温室效应的治理。其一般做法是：管理当局根据减排要求设定一个总体减排目标，并将该目标分割，按照不同国家、区域、企业的排放量情况层层下放，如果企业、国家或地区无法完成减排目标，则将会受到处罚。然后管理当局根据总体目标设定一个总体排放量，并转化为碳排放配额分配到企业，分配方式可以使用免费发放、拍卖、许可证等方式。由于各企业的减排成本有差异，减排成本高的企业将会购买配额，减排成本低的企业将会出售配额，从而形成自发的交易市场，实现整体减排成本的最小化。为配合碳排放权交易市场的有效运作，国际社会还设计了项目减排方案，即通过国际合作共同开放新能源项目，从而产生核证减排单位并转换为配额，为碳排放权交易市场提供了更低成本的配额来源。

目前，国际上已形成两类碳排放权交易市场，一类是在联合国气候变化框架下建立的、以欧盟为代表的非自愿交易市场，另一类是以美国为代表的自愿交易市场。在非自愿交易市场下又分为基于配额交易的碳市场以及基于项目交易的碳市场。根据世界银行的统计，截止到 2011 年，全球碳市场总市值已达到 1760.20 亿美元，交易量达到102.81亿吨二氧化碳当量，创历史新高。其中，全球最大的碳排放权交易市场——欧盟排放交易体系（EU ETS）中碳配额（EUA）市值为1478.48亿美元，占全球碳市值的84%，交易量为78.53亿吨二氧化碳当量，占全球碳交易量的76%，而基于项目的核准减排单位CERs市值也达到223.33亿美元。相比之下，自愿交易市场的规模远远小于非自愿市场，在美国区域温室气体减排行动（RGGI）下的配额交易量仅有2.49亿美元，同比减少45%，交易量仅为1.2亿吨二氧化碳当量，同比减少43%。

从各细分市场的情况来看，碳排放权交易市场主要具有如下发展趋势：

第一，配额市场的比重稳中有升，项目市场的比重在持续下降。目前市场已呈配额市场为主、项目市场为辅的局面。

第二，以欧盟排放交易体系（EU ETS）、美国区域温室气体减排行动（RGGI）、澳大利亚新南威尔士温室气体减排体系（NSW GGAS）为主的强制市场的规模和增长速度远远超过了自愿市场（voluntary market）和芝加哥气候交易所（Chicago Chimate Exchange，CCX）的规模和增长速度，目前市场已呈强制市场为主、自愿市场为辅的局面。

第三，配额市场中，在EU ETS市场保持主流地位的同时，美国RGGI市场开始发力，而CCX和NSW GGAS市场虽然自身市场规模有较大幅度的提升，但在整个配额市场中仍处于从属的地位。

第四，项目市场中，虽然项目市场和自愿市场有一定的发展，但是终究难以挽救项目市场总体上的弱势地位，特别是一级CDM市场，边缘化趋势非常明显。

从当前国际碳排放权交易市场发展趋势看，主要呈现以下五个特征：一是应用碳排放权交易体系应对气候变化的国家和地区越来越多；二是应用总量控制与交易体系的国家和地区越来越多；三是行业减排和信用抵消机制正成为国际减排市场的新宠，欧盟和其他各方倡导建立的更加广泛的行业信用减排机制，有助于挖掘更大的减排潜能和为发展中国家实施减排提供资金支持；四是在其他市场迅速发展的同时，欧洲市场的全球引领者地位更加突出；五是碳市场发展的金融化趋势日趋明显。碳资产和碳市场在本质上具有金融属性。随着越来越多金融工具被运用于碳市场交易以及金融机构的大量参与，碳市场的信用创造、价格发现、风险管理功能愈发凸显，碳排放权的流动性和收益性也逐渐增强。

专栏1－2　科斯案例——产权明晰，资源配置效率才能实现最优

这是一个著名的科斯案例（后来产权学派的三个分支就是由于对这一案例做出了三种不同的解释，从而表现出他们对科斯定理的独特理解）：当火车驶过一片种有树木和庄稼的土地时，机车排出的烟火经常引起周围的树木、庄稼着火，这是一种外在性。如何克服它呢？科斯认为关键在于明确产权。如果这块土地是属于有树木、庄稼的农场主的，农场主就有权禁止火车排放烟火，火车若要排烟，火车的所有者就必须向土地的主人赔偿一定的费用；反之，如果赋予火车主人具有自由释放烟火而又不负责任的权力，那么农场主若想避免由于火车释放烟火所导致的火灾造成的损害，进而要求火车不放烟火，就必须向火车主人支付一笔费用，以使火车主人愿意并能够不排烟火，甚至停止运行。科斯由此认为，更有效地消除外在性，用市场交易的方式实现赔偿，前提就在于明确产权。

假定一个工厂周围有5户居民，工厂的烟囱排放的烟尘使居民晒在户外的衣物受到污染而使每户损失75美元，5户居民总共损失375美元。解决此问题的办法有三种：一是在工厂的烟囱上安装一个防尘罩，费用为150美元；二是每户有一台除尘机，除尘机价格为50美元，总费用是250美元；第三种是每户居民有75美元的损失补偿，补偿方是工厂或者是居民自身。假定5户居民之间，以及居民与工厂之间达到某种约定的成本为零，即交易成本为零，在这种情况下：如果法律规定工厂享有排污权（这就是一种产权规定），那么，居民会选择每户出资30美元去共同购买一个防尘罩安装在工厂的烟囱上，因为相对于每户拿出50美元钱买除尘机，或者自认了75美元的损失来说，这是一种最经济的办法。如果法律规定居民享有清洁权（这也是一种产权规定），那么，工厂也会选择出资150美元购买一个防尘罩安装在工厂的烟囱上，因为相对于出资250美元给每户居民配备一个除尘机，或者拿出375美元给每户居民赔偿75美元的损失，购买防尘罩也是最经济的办法。因此，在交易成本为零时，无论法律是规定工厂享有排污权，还是居民享有清洁权，最后解决烟尘污染衣物导致375美元损失的最低成本都是购买防尘罩费用，即150美元，这样的解决办法效率最高。

通过以上例子说明，在交易成本为零时，无论产权如何规定，资源配置的效率总能达到最优，这就是“科斯定理”。

【本章小结】

本章界定了碳金融的概念、特征及功能，指出全球气候变暖是碳金融兴起的主要原因；国际社会及世界各国应对气候变化的主要措施包括碳税和碳排放权交易，后者推进碳金融的加速发展；碳金融发展的理论基础是由于公共物品产生的“公地悲剧”导致了外部不经济，解决外部不经济的主要措施是环境税和产权交易，富有建树的思想主要来自于“庇古税”和“科斯定理”。

参考书目

[1] [美] Coase R，A. 阿尔钦，D. 诺斯，等. 财产权利与制度变迁——产权学派与新制度经济学译文集 [M]. 上海：上海人民出版社，1994.

[2] 庇古. 福利经济学 [M]. 朱映，张胜纪，吴良健，译. 北京：商务印书馆，2006.

[3] Pachauri R. K.，Reisinger A.. 气候变化 2007：综合报告. 政府间气候变化专门委员会第四次评估报告. 第一、第二和第三工作组的报告 [R]. IPCC，2007.

[4] Pigou A. C.. The economics of Welfare [M]. London：U. K. MacMillan，1952.

[5] Alexandre Kossoy，Philippe Ambrosi. State and trends of carbon market 2010 [R]. World Bank，2010.

2 碳金融发展的国际协议及制度安排

2.1 国际气候协议的历史背景与演进

20 世纪 80 年代中期，人类活动温室气体排放量增加引起的全球气候剧烈变化，产生了种种环境问题，也引起了国际社会的强烈关注。发达国家、发展中国家举行了一系列的国际会议，紧急呼吁各国应签订一项具有约束力的全球性条约，来处理这一威胁人类生存的环境问题。

1990 年，联合国大会对此予以响应，成立了气候变化框架公约政府间谈判委员会（简称“谈判委员会”）。谈判委员会起草了《联合国气候变化框架公约》（下称《公约》），并于 1992 年 5 月 9 日在纽约联合国总部通过了这项公约。1992 年 6 月，《公约》在巴西里约热内卢地球问题首脑会议上开放供签署。在里约热内卢的首脑会议期间，共 154 个国家元首和其他高级代表（欧洲共同体）共同签署了《公约》。1994 年 3 月 2 日，《公约》正式生效。四年后（1998 年），批准或加入了《公约》的国家迅速达到 175 个，这些国家被称为“公约缔约方”，接受《公约》规范。截至 2014 年 2 月，《公约》的缔约方国家达到 196 个。

《公约》是世界上第一个以全面控制温室气体排放、应对全球气候变暖给人类经济与社会带来不利影响为宗旨的法律约束，也是国际社会在应对全球气候变化问题上进行国际合作的基本框架。《公约》由序言及 26 条正文组成，缔约方国家按照《公约》的规定每年举行一次缔约方大会。截至 2013 年，《公约》的缔约方国家已经举行了 19 届缔约方会议。

第 1 届会议：作为公约最高机构的公约缔约方会议，于 1995 年初在德国柏林举行了第一届会议。该会议通过了“柏林授权”，就加强《公约》发起了新的会谈。会议通过了《柏林授权书》等文件，同意就 2000 年后应该采取何种适当的行动来保护气候立即开始谈判，以及进行磋商，预期最迟于 1997 年签订一项议定书，议定书应明确规定在一定期限内发达国家所应限制和减少的温室气体排放量。

第 2 届会议于 1996 年 7 月在联合国日内瓦办事处举行。会议就《柏林授权书》所涉及的“议定书”起草问题进行讨论，但未获一致意见，决定由全体缔约方参加的“特设小组”继续讨论，并向第三届会议报告结果。会议通过的其他决定包括涉及发展中国家准备开始信息通报、技术转让、共同执行活动等。

第3届会议于1997年12月在日本京都举行。149个国家和地区的代表在大会上通过了《京都议定书》，它规定从2008到2012年期间，主要工业发达国家的温室气体排放量要在1990年的基础上平均减少5.2%，其中欧盟将6种温室气体的排放削减8%，美国削减7%，日本削减6%。

第4届会议于1998年11月在阿根廷布宜诺斯艾利斯举行。一直以整体出现的发展中国家集团分化为3个集团：一是环境脆弱、易受气候变化影响，自身排放量很小的小岛国联盟（AOSIS），他们自愿承担减排目标；二是期待CDM的国家，期望以此获取外汇收入，如墨西哥、巴西和最不发达的非洲国家；三是中国和印度，坚持目前不承诺减排义务。

第5届会议于1999年在德国波恩举行。会议决定将所列缔约方国家信息通报编制指南、温室气体清单技术审查指南、全球气候观测系统报告编写指南，并就技术开发与转让、发展中国家及经济转型期国家的能力建设问题进行了协商。

第6届会议于2000年在荷兰海牙举行。谈判形成"欧盟—美国等发展中大国—中国、印度"的三足鼎立之势。美、日、加等少数发达国家执意推销"抵消排放"和"换取排放"方案，并试图以此代替减排；欧盟凭借其人口和能源等优越条件，强调履行京都协议，试图通过减排取得与美国的相对优势；中国和印度则坚持目前不承诺减排义务。

第7届会议于2001年在摩洛哥马拉喀什举行。通过了有关《京都议定书》履约问题（尤其是CDM）的一揽子高级别政治决定，形成《马拉喀什协定》文件。该协议为《京都议定书》附件Ⅰ缔约方批准《京都议定书》并使其生效铺平了道路。

第8届会议于2002年在印度新德里举行。会议通过的《德里宣言》（下称《宣言》）强调抑制气候变化必须在可持续发展的框架内进行，这表明减少温室气体的排放与可持续发展仍然是各缔约国今后履约的重要任务。《宣言》重申了《京都议定书》的要求，敦促工业化国家在2012年底前把温室气体的排放量在1990年的基础上减少5.2%。

第9届会议于2003年在意大利米兰举行。在二氧化碳第一排放大户美国两年前（2001年）退出《京都议定书》的情况下，二氧化碳排放大户俄罗斯不顾许多与会代表的劝说，仍然拒绝批准其议定书，致使该议定书不能生效。然而，为了抑制气候变化，减少由此带来的经济损失，会议通过了约20条具有法律约束力的环保决议。

第10届会议于2004年在阿根廷布宜诺斯艾利斯举行。来自150多个国家和地区的政府、政府间组织、非政府组织的与会代表围绕《联合国气候变化框架公约》生效10周年来取得的成就和未来面临的挑战、气候变化带来的影响、温室气体减排政策以及在公约框架下的技术转让、资金机制、能力建设等重要问题进行了讨论。

第 11 届会议于 2005 年在加拿大蒙特利尔市举行。2005 年 2 月 16 日，《京都议定书》正式生效。这场在《京都议定书》生效后的会议为期 12 天，讨论关于运行的细节问题，包括灵活机制的履行程序等。“灵活机制”主要包括联合履约监督委员会问题和清洁发展机制理事会的建议，达成了 40 多项重要决定，包括启动《京都议定书》新二阶段温室气体减排谈判，以进一步推动和强化各国的共同行动，切实遏制全球气候变暖的势头。大会取得的重要成果是确立了《控制气候变化的蒙特利尔路线图》。

第 12 届会议于 2006 年在肯尼亚首都内罗毕举行。大会取得了 2 项重要成果：一是达成包括“内罗毕工作计划”在内的几十项决定，以帮助发展中国家提高应对气候变化的能力；二是在管理“适应基金”的问题上取得一致，基金将用于支持发展中国家具体的适应气候变化活动。

第 13 届会议于 2007 年在印度尼西亚巴厘岛举行，会议着重讨论“后京都”时期全球应对气候变化新安排的谈判并签署协议，即《京都议定书》第一承诺期在 2012 年到期后如何进一步降低温室气体的排放。大会通过了《巴厘岛路线图》，《巴厘岛路线图》是指，一方面签署《京都议定书》的发达国家要履行《京都议定书》的规定，承诺 2012 年以后的大幅度量化减排指标；另一方面，发展中国家和未签署《京都议定书》的发达国家（主要指美国）则要在《联合国气候变化框架公约》下采取进一步应对气候变化的措施，即“双轨”谈判。启动了加强《公约》和《京都议定书》全面实施的谈判进程，《巴厘岛路线图》设定了两年的谈判时间，即 2009 年底的哥本哈根大会完成 2012 年后全球应对气候变化新安排的谈判。

第 14 届会议于 2008 年在波兰波兹南市举行。在这次会议中，八大工业国——美国、英国、法国、德国、意大利、加拿大、日本及俄罗斯集团领导人在八国集团首脑会议上，就温室气体长期减排目标达成一致，并声明寻求与《联合国气候变化框架公约》其他缔约国共同实现到 2050 年将全球温室气体排放量减少至少一半的长期目标，在公约相关谈判中与这些国家讨论并通过这一目标。同时会议总结《巴厘岛路线图》一年来的进程，正式启动 2009 年谈判进程。按照工作计划，次年 3 月底、4 月初、6 月初分别在德国波恩举行会议，6 月底各方将拿出谈判文本，8 月或 9 月还将召开一次气候峰会，以便最终在 12 月的哥本哈根会议上取得成果。

第 15 届会议于 2009 年在丹麦哥本哈根召开联合国气候会议，商讨《京都议定书》一期承诺到期后的后续方案，即 2012 年至 2020 年的全球减排协议。经过马拉松式的艰难谈判，大会分别以《联合国气候变化框架公约》及《京都议定书》缔约方大会决定的形式，发表了不具法律约束力的《哥本哈根协议》。《哥本哈根协议》维护了《联合国气候变化框架公约》及其《京都议定书》确立的“共同但有区别的责任”原则，就发达国家实行强制减排和发展中国家采取自主减缓行动做出了安排，并就全球长期目标、资金和技术支持、透明度等焦点问题达成广泛共识。大会授权《联合国气候变化框架公约》及《京都议定书》两个工作组继续进行谈判，于2010年底完成工作。这是继《京都议定书》后又一具有划时代意义的全球气候协议书，被喻为“拯救人类的最后一次机会”。

第16届会议于2010年在墨西哥坎昆举行。会议的内容：一是在《京都议定书》下，确定发达国家缔约方在2012年后第二承诺期的减排指标；二是在《公约》长期合作行动特设工作组下，没有参加《京都议定书》的发达国家应该承担与其他发达国家可相比的减排指标。会议通过了《坎昆协议》，不过本次会议并未能完成2007年的《巴厘岛路线图》谈判，《坎昆协议》成为发展中国家和发达国家相互妥协的混合体。但本次会议也在一定程度上推动了气候谈判进程继续向前，向国际社会发出了积极信号。

第17届会议于2011年在南非港口城市德班举行。会议的主要议题：一是落实2010年墨西哥《坎昆协议》的成果，启动“绿色气候基金”，加强应对气候变化的国际合作；二是关于续签《京都议定书》第二承诺期的谈判。会议达成4份决议，包括发达国家在2012年5月1日前提交各自的量化减排承诺，从2013年起执行第二承诺期等。此外，会议还就进一步启动绿色气候基金（GCF），建立管理框架，每年提出1000亿美元协助贫穷国家适应气候变迁形成了决议。

第18届会议于2012年在卡塔尔多哈举行。2012年是《京都议定书》第一承诺期结束、讨论2020年后应对气候变化措施的“德班平台”开启的关键时间节点。不过，多哈会议的与会各方对第二承诺期的执行力度、有效时间和碳排放余额结转等仍存在严重分歧。会议最终就2013年起执行《京都议定书》第二承诺期以8年为期限达成了一致，确定了2013—2020年为《京都议定书》第二承诺期。大会还通过了有关长期气候资金、《公约》长期合作工作组成果、德班平台以及损失损害补偿机制等方面的多项决议。但在气候资金、绿色技术转让等关键议题上谈判无果。加拿大、日本、新西兰及俄罗斯已明确表示不参加《京都议定书》第二承诺期。

第19届会议于2013年在波兰华沙举行。会议落实了《巴厘岛路线图》所确立的各项谈判任务、已经达成的共识和各国所做出的承诺。通过了德班平台、资金、损失损害补偿机制一揽子决议，为2015年达成新的协议勾画路线图。但是在这次会议上，日本、澳大利亚两国的减排目标出现严重倒退。

第20届会议将于2014年在秘鲁召开。

《联合国气候变化框架公约》的谈判进程如表2-1所示。

表 2－1 《联合国气候变化框架公约》谈判进程

时间	会议	地点	成果
1992 年 6 月	联合国环境与发展会议	巴西里约热内卢	通过《联合国气候变化框架公约》，于 1994 年 3 月 21 日正式生效
1995 年 4 月	COP1	德国柏林	通过《柏林授权书》，要求各缔约方进行谈判，以通过量化目标和规定时限进行减排，以期最迟于 1997 年签订一项议定书
1996 年 7 月	COP2	瑞士日内瓦	通过《日内瓦部长宣言》，但会议未能就《柏林授权书》所涉及的"议定书"达成一致意见，决定由全体缔约方参加的"特设小组"继续讨论
1997 年 12 月	COP3	日本东京	通过《京都议定书》，规定 2008—2012 年主要发达国家的温室气体排放量要在 1990 年的水平上平均减少 5.2%，并为履约国设立 3 种灵活机制；其生效条件为 55 个《公约》缔约方批准，且其中的附件 I 国家缔约方 1990 年温室气体排放量之和占全部附件 I 国家缔约方 1990 年温室气体排放总量的 55% 以上
1998 年 11 月	COP4	阿根廷布宜诺斯艾利斯	通过《布宜诺斯艾利斯行动计划》，通过一个具体实施《京都议定书》时间表，把 2000 年订为最后期限，要求国际社会必须在此之前解决有关减少温室气体排放的机制问题
1999 年 10 月	COP5	德国波恩	通过《公约》附件——所列缔约方国家信息通报编制指南、温室气体清单技术审查指南、全球气候观测系统报告编写指南，并通过"技术的开发与转让""发展中国家的能力建设""经济转型国家的能力建设"等决定
2000 年 11 月	COP6	荷兰海牙	各国无法就碳汇、国内减量计划的补充性、遵约机制等关键议题取得共识；美国坚持大幅度折扣其减排指标，使会议陷入僵局，会议被迫延期至 2001 年 7 月继续举行。

续上表

时间	会议	地点	成果
2001年7月	COP6－2	德国波恩	2001年3月美国宣布退出《京都议定书》，因而在没有美国的参与下，大会通过了《波恩协议》，使得《京都议定书》得以继续实施。协议规定建立三个基金，允许发达国家在第一承诺期使用碳汇作为履约工具
2001年10月	COP7	摩洛哥马拉喀什	通过《马拉喀什协定》，确定清洁发展机制的具体规则，允许2000年1月1日之后实施的CDM项目获得核证减排量，并成立清洁发展机制执行理事会（EB）制定具体的运作程序
2002年10月	COP8	印度新德里	通过《德里宣言》，删除发达国家所提出的在《京都议定书》生效前与发展中国家就后者履行承诺问题进行进一步对话的要求
2003年12月	COP9	意大利米兰	达成森林碳汇标准，并通过了约20条具有法律约束力的环保决议
2004年12月	COP10	阿根廷布宜诺斯艾利斯	2004年11月俄罗斯正式批准《京都议定书》，满足《京都议定书》正式生效条件。会议讨论了如何落实将于2005年2月生效的《京都议定书》及资金机制、技术转让问题
2005年11月	COP11/CMP1	加拿大蒙特利尔	2005年2月16日，《京都议定书》正式生效，已有156个国家和地区批准了该项协议。召开了首次《京都议定书》缔约国大会；大会设定了《控制气候变化的蒙特利尔路线图》，并启动《京都议定书》新二阶段温室气体减排谈判，达成了40多项重要决定
2006年11月	COP12/CMP2	肯尼亚内罗毕	达成“内罗毕工作计划”，就“适应基金”问题达成一致意见，以帮助发展中国家提高应对气候变化的能力
2007年12月	COP13/CMP3	印度尼西亚巴厘岛	通过《巴厘岛路线图》，启动加强《公约》和《京都议定书》全面实施的“双规制”谈判进程，以期在两年内达成新协议

续上表

时间	会议	地点	成果
2008 年 12 月	COP14/CMP4	波兰波兹南	启动“适应基金”，通过 2009 年工作计划，推动谈判进程
2009 年 12 月	COP15/CMP5	丹麦哥本哈根	达成《哥本哈根协议》，提出 20 世纪内将全球气温升幅控制在 2℃以下的目标，坚持“共同但区别的责任”原则；设立哥本哈根绿色气候基金，发达国家承诺在 2020 年以前每年筹集 1000 亿美元资金用于解决发展中国家的减排需求；附录 I 各缔约方需在 2010 年 1 月 31 日之前提交经济层面量化的 2020 年排放目标，并承诺单独或者联合执行这些目标
2010 年 11 月	COP16/CMP6	墨西哥坎昆	通过了《坎昆协议》，一项是《京都议定书》附件 I 缔约方进一步承诺特设工作组决议，另一项为《公约》长期合作行动特设工作组决议，朝着建立具有法律约束力的全球气候行动框架迈出重要一步
2011 年 11 月	COP17/CMP7	南非德班	通过了四个决议，包括批准《京都议定书》工作组和《联合国气候变化框架公约》下“长期合作行动特设工作组”、实施《京都议定书》第二承诺期、启动绿色气候基金、建立德班增强行动平台特设工作组
2012 年 11 月	COP18/CMP8	卡塔尔多哈	通过了《京都议定书》修正案，确保 2013 年 1 月 1 日开始实施第二承诺期，承诺期延长到 2020 年 12 月 31 日；通过了长期气候资金、《联合国气候变化框架公约》长期合作工作组成果、德班平台以及损失损害补偿机制等方面的 4 项决议。俄罗斯、日本和加拿大退出《京都议定书》

续上表

时间	会议	地点	成果
2013 年 11 月	COP19/CMP9	波兰华沙	达成三项成果：德班增强行动平台基本体现“共同但有区别的原则”；发达国家再次承认应出资支持发展中国家应对气候变化；就损失损害补偿机制问题达成初步协议，同意开启有关谈判。日本、澳大利亚减排目标出现严重倒退

注：COP 为《联合国气候变化框架公约》缔约方大会，后面的数字表示《联合国气候变化框架公约》第几次缔约方会议；CMP 为《京都议定书》缔约方大会。

资料来源：根据 UNFCCC 网站 www. unfccc. com 资料整理。

2.2 《联合国气候变化框架公约》

《联合国气候变化框架公约》是 1992 年 5 月 22 日联合国政府间谈判委员会就气候变化问题达成的公约，1992 年 6 月 4 日在巴西里约热内卢举行的联合国环发大会（地球首脑会议）上通过。

《公约》是世界上第一个为全面控制二氧化碳等温室气体排放，以应对全球气候变暖给人类经济和社会带来不利影响的国际公约，也是国际社会在对付全球气候变化问题上进行国际合作的一个基本框架。《公约》的诞生是人类应对气候变化的里程碑，是国际气候谈判的基石。它是一个具有权威性、普遍性和全面性的国际框架，但没有法律约束力，也没有具体的行动方案。不过，该公约规定可在后续从属的议定书中设定强制排放限制。到目前为止，主要的议定书为《京都议定书》，后者甚至已经比《公约》更加有名。

该公约的实施由联合国秘书处负责，通过“政府间气候变化专门委员会（Intergovernmental Panel on Climate Change，IPCC）”实施会议和有关各项战略的安排。

缔约方自 1995 年起每年召开缔约方会议（Conferences of the Parties，COP）以评估应对气候变化的进展。1997 年，《京都议定书》达成，使温室气体减排成为发达国家的法律义务。按照 2007 年通过的《巴厘岛路线图》的规定，2009 年在哥本哈根召开的缔约方会议第十五届会议所诞生的《哥本哈根议定书》，是取代 2012 年到期的《京都议定书》的重要文件。

2.2.1 《公约》的建立历程

1898 年，瑞典科学家斯万 Ahrrenius 提出警告，称二氧化碳排放量可能会导致全球变暖。然而，斯万的学说并未引起广泛的关注，直到20世纪70年代，随着科学家们逐渐深入了解地球大气系统，“全球变暖”这一论调才引起了大众的警惕。

为了让决策者和一般公众更好地理解这些科研成果，联合国环境规划署（United Nations Environment Programme，UNEP）和世界气象组织（World Meteorological Organization，WMO）于1988年成立了“政府间气候变化专门委员会”（IPCC）。

1990年，IPCC发布了第一份评估报告。经过数百名顶尖科学家和专家的评议，该报告确定了气候变化的科学依据，并深刻影响了政策制定者和广大公众，也在一定意义上决定了后续气候变化公约的谈判进程。

20世纪80年代末至90年代初，国际社会举行了一系列以气候变化为重点的政府间会议，以响应越来越多的科学认识。1990年，第二次世界气候大会呼吁应在国际范围内建立一个气候变化框架条约。会议由世界气象组织、联合国环境署和其他国际组织共同主办，并邀请了137个国家及欧洲共同体的部长级别以上的官员参加谈判，以谋求国际社会共同解决全球变暖而提供的统一方案。

谈判的过程十分艰苦，直到会议结束，各国政府仍然未就减排温室气体达成共识，会议最后宣言也没有指定任何国际减排目标。不过，这次大会也取得了一定的成果——为未来形成气候变化公约的基本原则奠定了基础。这些原则包括：气候变化是人类共同关注的问题；公平原则；不同发展水平国家“共同但有区别的责任”，可持续发展和预防原则，等等。

同时，民间人士对气候变暖问题的关注也与日俱增。在美国、东南亚等地，有关热浪、风暴等气候变化的新闻报道不绝于耳。

1990年12月，联合国常委会批准了气候变化公约的谈判。1991年2月至5月期间，气候变化框架公约政府间谈判委员会（The Intergovernmental Negotiating Committee for a Framework Convention on Climate Change，INC/FCCC）连续进行了5次会议。参加谈判的150个国家的代表最终确定，于同年6月在巴西里约热内卢举行联合国环境与发展大会，并签署《公约》。

《公约》为全球应对未来数十年的气候变化设定了减排进程。尤其值得注意的是，《公约》建立了一个长效机制，规定各国政府须定期发布该国温室气体排放和气候变化情况的报告。联合国气候委员会负责定期对这些报告进行检查，以追踪公约的执行进度。

此外，《公约》规定发达国家须推动资金和技术转让，帮助发展中国家应对气候变化。发达国家还应采取措施，争取2000年温室气体排放量维持在1990年的水平。

该公约于1994年3月21日正式生效。

2.2.2 《公约》的基本原则和主要内容

《公约》的目标是减少温室气体排放，减少人为活动对气候系统的危害，减缓气候变化，增强生态系统对气候变化的适应性，确保粮食生产和经济可持续发展。

《公约》重点控制大气中二氧化碳、甲烷和其他造成“温室效应”的气体的排放，将温室气体的浓度稳定在使气候系统免遭破坏的水平上。《公约》对发达国家和发展中国家规定的义务以及履行义务的程序进行了一定的区分。《公约》要求发达国家作为温室气体的排放大户，应采取具体措施限制温室气体的排放，还应向发展中国家提供资金、技术等，以支付发展中国家履行公约义务所需的费用。发展中国家要承担提供温室气体源与温室气体汇的国家清单的义务，制订并执行含有关于温室气体源与汇方面措施的方案，不承担具有法律约束力的限控义务。《公约》还建立了一个向发展中国家提供资金和技术，使其能够履行公约义务的资金机制。

《公约》由序言、二十六条正文和附件三部分组成，主要阐述了目标、原则、缔约方承诺及运作机制。《公约》的最终目标是“将大气中温室气体的浓度稳定在防止气候系统受到危险的人为干扰的水平上”。为实现这一最终目标，《公约》还规定，附件Ⅰ所列的发达国家缔约方要采取减排措施，于10年内将二氧化碳排放量恢复到1990年的水平，但《公约》并没有指明各缔约方具体的减排目标。

为实现上述目标，《公约》制定了五项原则：第一，“共同但有区别的责任”原则，要求发达国家应率先采取措施，应对气候变化；第二，“统筹兼顾”原则，要考虑发展中国家的具体需要和国情；第三，“效率原则”，各缔约国方应当采取必要措施，预测、防止和减少引起气候变化的因素；第四，“适应性原则”，尊重各缔约方的可持续发展权，减排行动与各国发展计划相适应，与经济发展相适应；第五，“合作原则”，加强国际合作，合作减排，应对气候变化的措施不能成为国际贸易的壁垒，应避免歧视性措施。

缔约方承诺分为一般性承诺和特殊性承诺。一般性承诺面向所有缔约方，共有十项承诺，包括制订和定期更新国家清单和减排计划，在相关部门应用和传播减排技术，可持续管理汇和库，合作制订沿海地区综合性计划，评估减排措施对经济社会的影响，加强气候变化的科学研究，促进相关信息交流，提高气候变化教育水平和公众参与度等内容。特殊性承诺是针对附件Ⅰ和附件Ⅱ的发达国家而制订的。特殊性承诺为附件Ⅰ发达国家设定了共同的减排目标，要求其制定政策措施，定期评审和报告实施情况；同时要求附件Ⅱ发达国家向发展中国家提供资金和技术支持。发展中国家的履约取决于发达国家有关资金和技术支持的有效履行。

《公约》的运行机制主要包括缔约方大会、秘书处、附属科技咨询机构、附属履行机构以及资金管理实体。缔约方大会是最高权力机构，负责评审缔约方义务的履行情况，改进评估方法、评估措施的影响及减排进展，设立附属机构并评审其报告，制订议事规则等。秘书处负责日常事务，包括安排缔约方会议，编制和提交报告，订立行政和合同安排，国际协调等。附属科技咨询机构主要负责气候变化的评估以及履约措施、技术的评估。附属履行机构应对缔约方采取的步骤进行评估，协助缔约方会议评审缔约方提供的信息。《公约》还提出建立资金机制，由缔约方会议决定政策、优先顺序与标准，委托一个国际实体具体负责。

《公约》将缔约方分为三类，分别为附件Ⅰ缔约方、附件Ⅱ缔约方以及发展中国家缔约方。附件Ⅰ由 24 个 OECD 国家（OECD：Organization for Economic Cooperation and Development，经济合作与发展组织）、欧洲共同体成员以及 11 个向市场经济过渡的国家组成，附件Ⅱ由 24 个 OECD 国家及欧洲共同体成员组成（具体见表2－2）。

附件Ⅰ缔约方，是指工业化国家缔约方和正在朝市场经济过渡的缔约方。这些缔约方“应制订国家政策和采取相应的措施，通过限制其人为的温室气体排放以及保护和增强其温室气体库和汇，减缓气候变化。”其中签署了《京都议定书》的缔约方答应要以 1990 年的排放量为基础进行减排，承担削减排放温室气体的义务。如果不能完成削减任务，可以从其他国家购买排放指标。

附件Ⅱ缔约方不承担具体削减义务，但承担为发展中国家提供资金、技术援助等的义务，还应帮助特别易受气候变化不利影响的发展中国家缔约方支付适应这些不利影响的费用。

发展中国家缔约方不承担削减义务，以免影响经济发展，可以接受发达国家的资金、技术援助，但不得出卖排放指标。发展中国家缔约方能在多大程度上有效履行其在本公约下的承诺，将取决于发达国家缔约方对其在本公约下所承担的有关资金和技术转让的承诺的有效履行，并将充分考虑到经济和社会发展及消除贫困是发展中国家缔约方的首要和压倒一切的优先事项。

此外，《公约》还对争端的解决、公约的修正、议定书、表决权、批准加入、退约等操作问题做出了制度安排。

表2－2 《联合国气候变化框架公约》缔约方国家

附件Ⅰ国家	澳大利亚、立陶宛、奥地利、卢森堡、白俄罗斯、摩纳哥、比利时、荷兰、保加利亚、新西兰、加拿大、挪威、克罗地亚、波兰、捷克共和国、葡萄牙、丹麦、罗马尼亚、欧洲共同体、俄罗斯联邦、爱沙尼亚、斯洛伐克、芬兰、斯洛文尼亚、法国、西班牙、德国、瑞典、希腊、瑞士、匈牙利、土耳其、冰岛、乌克兰、爱尔兰、大不列颠北爱尔兰联合王国、意大利、美利坚合众国、日本、拉脱维亚、列支敦士登

续上表

附件Ⅱ国家	澳大利亚、意大利、奥地利、日本、比利时、卢森堡、加拿大、荷兰、丹麦、新西兰、欧洲共同体、挪威、芬兰、葡萄牙、法国、西班牙、德国、瑞士、希腊、瑞典、冰岛、大不列颠北爱尔兰联合王国、爱尔兰、美利坚合众国

资料来源：根据《联合国气候变化框架公约》内容整理。

2.2.3 谈判进程

为将《公约》目标具体化并寻求具体的减排方案，从1995年的第一次缔约国大会开始，各国进行了艰难而漫长的谈判（见表2-1）。谈判进程大致可以分为三个阶段，第一阶段与第二阶段以1997年《京都议定书》的制定为分界，第二阶段与第三阶段以2009年哥本哈根气候大会为分界。第一阶段，各国目标较为一致，即制定一份具有减排约束力的文件。以1995年《柏林授权书》为开端，缔约方进行了为期两年的谈判，终于在1997年通过了一份具有历史意义的《京都议定书》，为发达国家及安排设定了具体目标和时间表，要求在2008—2012年间发达国家的温室气体排放要在1990年的水平上减少5.2%，并为履约国设立了三种灵活机制。但该协议并不具有强制性，各国采取自愿的方式加入，造成了管理的松懈。第二阶段，在《京都议定书》制定后，各国开始出现利益分歧，谈判进程阻力重重。缔约方出现了三大阵营，第一阵营是以美国为首的发达国家，要求降低减排目标并要求发展中国家承担减排义务；第二阵营是以欧盟及岛国为主的国家，由于受到气候威胁较大，是《京都议定书》的坚实拥护者并力求提高减排目标；第三阵营是由77国及中国组成的发展中国家，拒绝承担减排义务并要求发达国家履行资金和技术的援助义务。三大利益团体的博弈，使得美国、加拿大、俄罗斯、日本先后退出了《京都议定书》，2005年《京都议定书》艰难启动，但减排效果大大削弱，发达国家对发展中国家的资金支持也迟迟不能到位。第三阶段，面临《京都议定书》第一承诺期的结束，但各国尚未提出2012年后的具体方案，哥本哈根气候大会成为了重要的转折点。《哥本哈根协议》虽然并不具有法律约束力，但其使得《京都议定书》得以延续，并为2012年后的减排道路指明方向。2013年启动了《京都议定书》第二承诺期。

虽然谈判过程步履维艰，但谈判成果丰富，会议先后取得了《京都议定书》《波恩协议》《巴厘岛路线图》《哥本哈根协议》“德班增强行动平台”等重要成果。

2.3 《京都议定书》

《京都议定书》是人类第一部限制各国温室气体排放的国际法案，1997年12

月，《联合国气候变化框架公约》第3次缔约方大会在日本京都召开。149个国家和地区的代表通过了旨在限制发达国家温室气体排放量以抑制全球变暖的《京都议定书》。

《京都议定书》的主要目标是将大气中的温室气体含量稳定在一个适当的水平，进而防止剧烈的气候改变对人类造成伤害。为了人类免受气候变暖的威胁，《京都议定书》规定，到2010年，所有发达国家的二氧化碳等6种温室气体的排放量，要比1990年减少5.2%。各发达国家从2008—2012年必须完成的削减目标是：与1990年相比，欧盟削减8%、美国削减7%、日本削减6%、加拿大削减6%、东欧各国削减5%～8%。新西兰、俄罗斯和乌克兰可将排放量稳定在1990年水平上。议定书同时允许爱尔兰、澳大利亚和挪威的排放量比1990年分别增加10%、8%和1%。而对于发展中国家，《京都议定书》遵循《联合国气候变化框架公约》制定的“共同但有区别的责任”原则，要求作为温室气体排放大户的发达国家采取具体措施限制温室气体的排放，而发展中国家不承担有法律约束力的温室气体限控义务。要求发达国家缔约国通过资金支持或者技术援助等形式，帮助发展中国家开展减少温室气体项目的开发与合作。

《京都议定书》在人类历史上首次以法规的形式限制温室气体排放。为了促进各国完成温室气体减排目标，议定书允许采取以下四种减排方式：

（1）发达国家之间可以进行排放额度买卖的“排放权交易”，难以完成削减任务的国家，可以花钱从超额完成任务的国家买进超出的额度。

（2）以“净排放量”计算温室气体排放量，即从本国实际排放量中扣除森林所吸收的二氧化碳的数量。

（3）可以采用绿色开发机制，促使发达国家和发展中国家共同减排温室气体。

（4）可以采用“集团方式”，如欧盟内部的许多国家可视为一个整体，采取有的国家削减、有的国家增加的方法，在总体上完成减排任务。

《京都议定书》建立了旨在落实减排目标的三种灵活履约合作机制，这些机制允许发达国家通过碳交易市场等灵活完成减排任务，而发展中国家可以从发达国家获得相关技术和资金支持，合作实现减排目标。

《京都议定书》中的三种灵活履约合作机制包括：联合履约机制（JI）、清洁发展机制（CDM）和排放权交易（ET），建立了碳排放权的市场交易机制，并实现了AAUs（ET下的配额）、ERUs（JI下的减排单位）以及CERs（核证减排量）的交易。AAUs可通过免费发放、拍卖等方式获得，而ERUs和CERs需要经过核证程序。

JI是指附件Ⅰ的缔约国之间交易和转让由合作项目产生的减排单位ERUs，使超额排放国家实现履约义务的机制（图2-1）。具体做法是投资国向东道国提供资金技术支持或双方合作开发东道国的项目，从而获得基于项目的ERUs，由东道国转让给投资国，同时在东道国的配额上扣减相应额度。一般情况下投资国的减排成本较高，通过与减排成本较低的东道国合作开发低成本的减排信用，实现互惠双赢。JI属于基线减排与信用交易型（Baseline - and - Trade），针对不同项目运用适当方法设定减排基准，该基准线是在没有实施该项目时的合理估计排放量，当企业减排后的排放量低于基准线，则可通过核证获得减排信用用于履约。2011年JI交易市场呈萎缩状态，交易量仅280万吨，比上一年减少了110万吨，市值仅2560万欧元，比上一年下降36%。截至2011年，全球共有570个正在执行的JI项目，其中有60%来自乌克兰和俄罗斯，同时这两个国家也是ERUs的最大发行方。

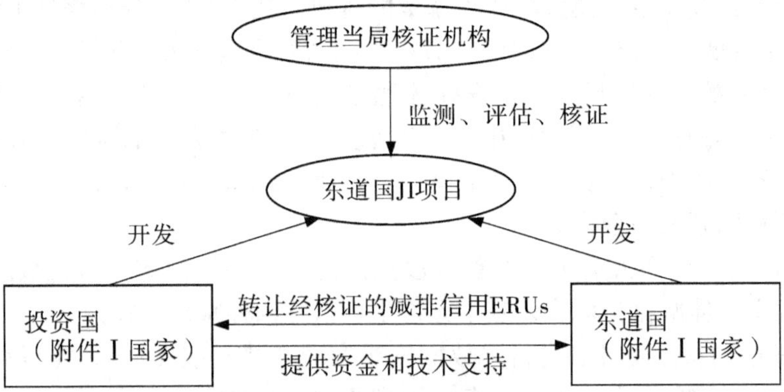

图2-1 联合履约机制（JI）

CDM是附件Ⅱ的缔约国通过资金支持或者技术援助等形式，与发展中国家开展减少温室气体项目的开发与合作，取得经核证的减排单位CERs，用于附件Ⅰ的缔约国履约的机制（图2-2）。CDM也属于基线减排与信用交易型，但与JI不同的是，其东道国为非附件Ⅰ国家。CDM是唯一一个涉及发展中国家的交易机制，不仅为发展中国家开发新能源提供技术支持，还能以低成本开发CERs，降低履约成本。根据《京都议定书》，CDM的目的在于协助未列入附件Ⅰ的发展中国家实现可持续发展和达成《公约》的最终目标，同时协助附件Ⅰ的发达国家履行承诺。《京都议定书》还规定，CDM各方需自愿参加，并证明CDM可获得与气候相关的实际可测量的长期效益，同时还要求减排具有额外性，即CDM所减少的排放量相对于没有实施该项目的减排量而言是额外的。自2002年以来，CERs交易市场呈现先增长后萎缩的走势，曾于2007年达到顶峰，近年来一直处于萎缩态势。2011年共注册859个CDM项目，签发3150万吨CERs，同比2010年增长140%。由于签发量激增以及其他政策因素，CERs价格从每吨9.1欧元降至7.9欧元，交易量为910万吨，同比下降27%，CDM一级市场市值降至7110万欧元，下降32%。

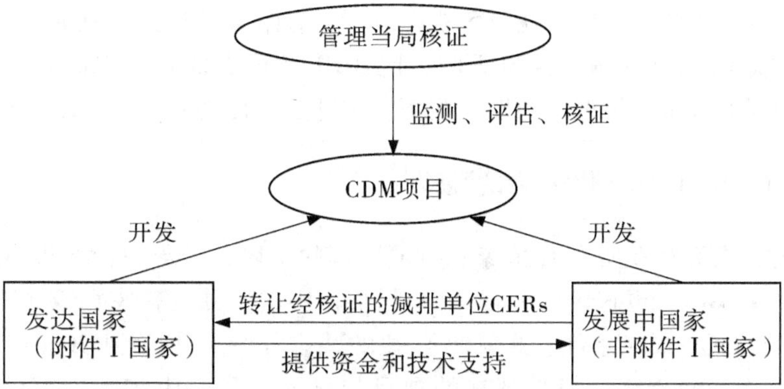

图2－2　清洁发展机制（CDM）

ET是指附件Ⅰ的缔约国相互间交易转让配额AAUs，以使超额排放国家通过购买节余排放国家的多余配额，完成减排义务的机制（图2－3）。这是国际碳排放权交易市场的制度基础。ET属于总量控制与交易型（Cap－and－Trade），即事前设定一个总体排放量上限，转化为一定量配额，再根据成员情况的不同对配额进行分配。它主要利用了不同国家的边际减排成本差异，边际减排成本低的国家可实现超额减排，从而将多余配额出售获益，而边际减排成本高的国家通过购买配额节约减排成本，因为配额交易可实现减排成本的最小化。2011年，AAUs价格持续下跌，从

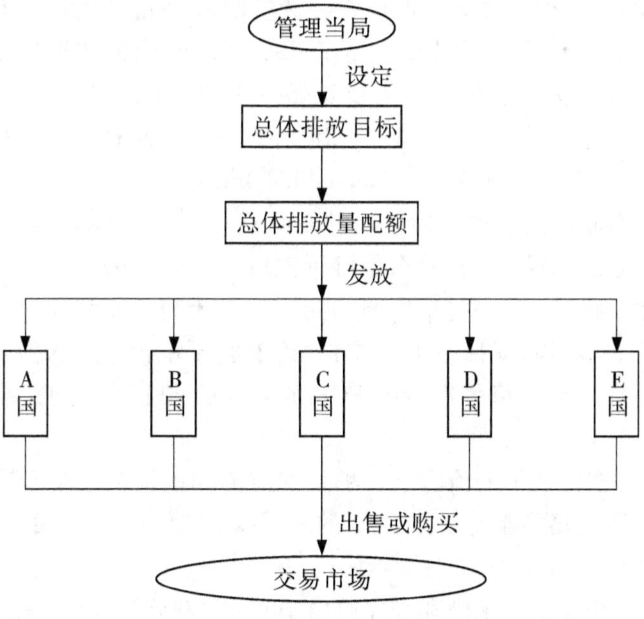

图2－3　排放权交易机制（ET）

2010 年每吨 5 ~ 7 欧元的价格跌至 5 欧元以下，有时甚至达到 1 欧元，全年平均每吨价格 5.1 欧元；交易量降至 470 万吨，比 2010 年下降 23%。其原因在于《京都议定书》机制下的减排效果低于预期，配额供应过多，且政策存在较大的不确定性。

专栏 2-1　JI 项目早期推动者的经验

最初，因为存在所有 JI 国家总排放限额的保障，世界银行希望 JI 项目可以执行得更快捷、更直接。然而，《马拉喀什协定》并没有像 CDM 机制那样，为 JI 机制的履行提供条件，这就使得 JI 的减排资产 ERU 直到 2008 年京都第一承诺期才开始产生。但是现在的项目却显示出几个中东欧国家分配到的 2008—2012 年的额度超过了它们的排放量，这种多余的排放配额可以用来补偿 2008 年以前的 JI 项目的成本。这促使世界银行同 JI 东道国合作开发早期的 JI 项目，例如，世界银行的原型碳基金（Prototype Carbon Fund，PCF）与拉脱维亚在 2000 年签署了第一份减排量购买协议。早期的 JI 项目在项目说明、基准线和额外性的确定、监测方案以及事前计算减排量等方面都是依照设想的 JI 规则和指导原则来实施。但是在实践中却发现，要完成这些计划所需要的时间比预想的要长得多。早期的 JI 项目并非直接获得联合履约监督委员会（Joint Implementation Supervisory Committee，JISC）的通过。JISC 制订的规则大体上来源于 CDM 的程序和方法学，JISC 曾大赞早期 JI 项目的优点，但最后却拒绝接受早期 JI 项目，认为该项目没有遵守 JISC 制定的模板和指导原则。这对早期的 JI 项目来说是灾难性的，因为要重做一份项目说明书绝非简单的复制粘贴，需要重新设计假设条件、方法学和额外性以适应路径 2 的种种要求，除此之外还要提交给认证独立实体（Accredited Independent Entity，AIE）重新审核，这样做成本非常高。世界银行同时以路径 1 和路径 2 做了实验，最后发现对于路径 2，要么是不可行，要么是可行但成本太高、风险太大。因此相对来说，路径 1 优于路径 2。一些东道国如捷克、匈牙利、波兰和罗马尼亚，它们早期的 JI 项目遵循的都是路径 1，现在已经获得了审批通过未做任何修改。因此，经过实验和总结，世界银行的 PCF 基金今后将主要采用路径 1 的方式开发 JI 项目。

JI 路径 1：在路径 1 的流程下，项目的监测和核证都是基于国内的规则和程序，只要满足《马拉喀什协定》中的六条关于项目合格性的标准，即可获得批准。

JI 路径 2：路径 2 的规则和程序是由 JISC 于 2006 年 10 月制定的，当东道国的项目不能完全满足《京都议定书》规定的六种合格性要求时，可以采取路径2。其内容包括：①核证程序。由独立的授权实体合作减量JI查验机构（AIE）审核。②由JISC最终审核。因此，路径2的CDM机制的流程比较相似，但是JI并不需要遵守CDM的方法学，也无须提交相应的方法学。

无论是路径1还是路径2，东道国都拥有签发和转移ERU的权利。

（资料来源：JI规划手册 www. jirulebook. org）

2.4 《巴厘岛路线图》

2007年12月15日，联合国气候变化大会在印度尼西亚巴厘岛通过名为《巴厘岛路线图》的决议。该路线图目的在于针对气候变化全球变暖而寻求国际共同解决措施。会议原定14日结束，但美国与欧盟、发达国家与发展中国家之间由于立场上的重大差异展开了激烈交锋，会期被迫延长1天。

2.4.1 《巴厘岛路线图》的主要目标

（1）确认为阻止人类活动加剧气候变化必须“大幅度减少”温室气体排放。建议，2020年前将温室气体排放量相对于1990年排放量减少25%～40%。但文件本身没有量化减排目标。

（2）为应对气候变化新安排举行谈判，谈判期为2年，应于2009年前达成新协议，以便为新协议定在2012年底前生效预留足够时间。2008年计划举行四次有关气候变化的大型会议。

（3）谈判应考虑为工业化国家制定温室气体减排目标，发展中国家应采取措施控制温室气体排放增长。比较发达的国家向比较落后的国家转让环境保护技术。

（4）谈判方应考虑向比较穷的国家提供紧急支持，帮助它们应对气候变化带来的不可避免的后果，比如帮助它们修建防波堤等。

（5）谈判应考虑采取“正面激励”措施，鼓励发展中国家保护环境，减少森林砍伐等。

2.4.2 《巴厘岛路线图》的主要内容

《巴厘岛路线图》包括13项内容和1个附录，主要内容包括：依照《联合国气候变化框架公约》原则，特别是“共同但有区别的责任”原则，考虑社会、经济条件以及其他相关因素，与会各方同意长期合作采取共同行动；大幅度减少全球温室气体排放量，未来的谈判应考虑为所有发达国家（包括美国）设定具体的温室气体减排目标；发展中国家也应努力控制其温室气体排放增长；在2009年年底之前，达成接替《京都议定书》的旨在减缓全球变暖的新协议。

《巴厘岛路线图》总方向是强调加强国际长期合作，提升履行气候公约的行动，从而在全球范围内减少温室气体排放，以实现气候公约制定的目标。路线图中的重中之重是《巴厘行动宣言》。主要包括4个方面的内容，即减缓、适应、技术和资金。其中，减缓主要包括发达国家的减排承诺与发展中国家的国内减排行动。

发达国家缔约方要依据其不同的国情，承担可测量的、可报告的和可核证的与其国情相符的温室气体减排承诺或行动，包括量化的温室气体减排、限排目标，同时要确保发达国家间减排努力的可比性。实际上这主要是为美国量身定做的条款，因为其他发达国家都是《京都议定书》缔约方，它们未来承担温室气体减排、限排的量化目标，已经由《京都议定书》特设工作组在谈判。

发展中国家要在可持续发展框架下，在发达国家履行向发展中国家提供足够的技术、资金和能力建设支持的前提下，采取适当的国内减缓行动。发达国家的支持和发展中国家的减缓行动均应是可测量、可报告和可核证的。而且，上述所谓"足够"，是指要达到发展中国家能够采取可测量、可报告和可核证的国内减缓行动的程度。

《巴厘行动宣言》要求加强国际合作执行气候变化适应行动，包括气候变化影响和脆弱性评估，帮助发展中国家加强适应气候变化能力建设，为发展中国家提供技术和资金，灾害和风险分析、管理，以及减灾活动等。要求加强减缓温室气体排放和适应气候变化的技术研发和转让，包括消除技术转让的障碍，建立有效的技术研发和转让机制，加强技术推广应用的途径，合作研发新的技术等。要求为减排温室气体、适应气候变化即技术转让提供资金和融资。要求发达国家提供充足的、可预测的、可持续的新的和额外的资金资源，帮助发展中国家参与应对气候变化的行动。《巴厘岛路线图》为下一步气候变化谈判设定了原则内容和时间表。

《巴厘岛路线图》的绘就具有里程碑意义。它首次将美国纳入到旨在减缓全球变暖的未来新协议的谈判进程之中，要求所有发达国家都必须履行可测量、可报告、可核实的温室气体减排责任。这是一个可喜的进步。占全球温室气体排放总量1/4以上的美国如果不被纳入未来的谈判，控制全球变暖的努力将无法取得理想的效果。《巴厘岛路线图》只规定2009年前必须完成相关谈判，并没有就2012年后的温室气体减排设定目标。至于2012年之后，各方应承担什么样的减排目标，则要留待2008年、2009年分别在波兰和丹麦举行的联合国气候变化大会解决，这为未来的谈判留下了悬念。

不过，这份路线图未能包括欧盟一直坚持的"发达国家在2020年前将温室气体减排在1990年的基础上减少25%～40%"的目标。由于美国反对，大会迟迟无法达成协议。但此事在最后时刻出现了意想不到的变化。美国代表葆拉·多布里扬斯基最终表示对路线图的支持，使得计划得以通过。

2.5 《哥本哈根协议》

《哥本哈根协议》是《联合国气候变化框架公约》缔约方于2009年12月7日至19日在丹麦首都哥本哈根召开第15次会议形成的协议。会议的目的是商讨《京都议定书》一期承诺到期后的后续方案，并就未来应对气候变化的全球行动签署新的协议。《哥本哈根协议》将代替2012年即将到期的《京都议定书》。考虑到协议的实施操作环节所耗费的时间，如果《哥本哈根协议》不能在缔约方会议上达成共识并获得通过，那么在2012年《京都议定书》第一承诺期到期之后，全球将没有一个共同文件来约束温室气体的排放。这会导致人类遏制全球变暖的行动遭到重大挫折。也因为这个原因，哥本哈根会议被广泛视为是人类遏制全球变暖行动最后的一次机会。

当地时间2009年12月19日早晨8时许，长达12天的哥本哈根联合国气候变化大会闭幕。联合国气候变化大会主席丹麦首相拉斯穆森宣布，《哥本哈根协议（草案）》未获通过。然而《哥本哈根协议（草案）》维护了《联合国气候变化公约》以及《京都议定书》确立的“共同但有区别的责任”原则，就发达国家实行强制减排和发展中国家采取自主减缓行动做了一定的安排，并就全球长期目标、资金与技术支持、透明度等焦点问题达成了共识。

2.5.1 《哥本哈根协议（草案）》内容

《哥本哈根协议（草案）》包括12项条款，主要内容如下：

（1）强调气候变化是人类当今面临的最重大挑战之一。我们强调对抗气候变化的强烈政治意愿，以及“共同但有区别的责任”原则。为达成最终的会议目标，稳定温室气体在大气中的浓度以及防止全球气候继续恶化，我们必须认识到每年全球气候升幅不应超过2℃的科学观点，在公正和可持续发展的基础上，加强长期合作以对抗气候变化。我们认识到气候变化的重大影响，以及对一些受害尤其严重的国家以及其应对措施的潜在影响，并强调建立一个全面的应对计划并争取国际支持的重要性。

（2）同意从科学角度出发，大幅度减少全球碳排放，并应当依照IPCC第四次评估报告所述愿景，将每年全球气温升幅控制在2℃以下，并在公平的基础上行动起来以达成上述基于科学研究的目标。我们应该合作起来，尽快实现全球和各国碳排放峰值。我们认识到发展中国家碳排放达到峰值的时间框架可能较长，并且认为社会和经济发展以及消除贫困对于发展中国家来说，仍然是首要的，以及更为重要的目标，不过低碳排放的发展战略对可持续发展而言必不可少。

（3）所有国家均面临气候变化的负面影响，为此应当支持并实行旨在降低发展中国家受害程度并加强其应对能力的行动，尤其是最不发达国家和位于小岛屿的发展中国家以及非洲国家，我们认为发达国家应当提供充足的、可预测的和持续的资金资源、技术以及经验，以支持发展中国家实行对抗气候变化举措。

（4）附录Ⅰ各缔约方将在2010年1月31日之前向秘书处提交经济层面量化的2020年排放目标，并承诺单独或者联合执行这些目标。这些目标的格式如附录Ⅰ所示。附录Ⅰ国家中，属于《京都议定书》缔约方的都将进一步加强该议定书提出的碳减排。碳减排和发达国家的资金援助的衡量、报告和核实工作，都将根据现存的或者缔约方大会所采纳的任何进一步的方针进行，并将确保这些目标和融资的计算是严格、健全、透明的。

（5）附录Ⅰ非缔约方将根据第四条第一款和第四条第七款，在可持续发展的情况下实行延缓气候变化举措，包括在2010年1月31日之前按照附录Ⅱ所列格式向秘书处递交相关的举措。最不发达国家及小岛屿发展中国家可以在得到扶持的情况下，自愿采取行动。

附录Ⅰ非缔约方采取的和计划采取的减排措施应根据第十二条第一款（b），以缔约方大会采纳的方针为前提，每两年通过国家间沟通来交流。这些通过国家间沟通或者向秘书处报告的减排措施将被添加进附录Ⅱ的列表中。

附录Ⅰ非缔约方采取的减排措施将需要每两年通过国家间沟通进行报告，结果在国内进行衡量、报告和审核。附录Ⅰ非缔约方将根据那些将确保国家主权得到尊重的、明确界定的方针，通过国家间沟通，交流各国减排措施实施的相关信息，为国际会议和分析做好准备。寻求国际支持的合适的国家减排措施将与相关的技术和能力扶持一起登记在案。那些获得扶持的措施将被添加进附录Ⅱ的列表中。

这些得到扶持的合适的国家减排措施将有待根据缔约方大会采纳的方针进行国际衡量、报告和审核。

（6）减少滥伐森林和森林退化引起的碳排放是至关重要的，我们需要提高森林对温室气体的清除量，我们认为有必要通过立即建立包括减少毁林和森林退化所致的排放量（Reducing Emissions from Deforestation and Forest Degradation，$REDD^{+}$）在内的机制，为这类举措提供正面激励，促进发达国家提供的援助资金的流动。

（7）会议决定采取各种方法，包括使用碳交易市场的机会，来提高减排措施的成本效益，促进减排措施的实行；应该给发展中国家提供激励，以促使发展中国家实行低排放发展战略。

（8）在符合大会相关规定的前提下，应向发展中国家提供更多的、新的、额外的以及可预测的和充足的资金，并且令发展中国家更容易获取资金，以支持发展中国家采取延缓气候变化的举措，包括提供大量$REDD^{+}$资金、支持技术开发和转让、提高减排能力等，从而提高该协定的执行力。

发达国家所做出的广泛承诺将向发展中国家提供新的额外资金，包括通过国际机构进行的林业保护和投资，在2010年至2012年期间提供300亿美元。对于那些最容易受到冲击的发展中国家如最不发达国家、小岛屿发展中国家以及非洲国家而言，为该协定的采用提供融资支持将是最优先的任务。

在实际延缓气候变化举措和实行减排措施透明的背景下，发达国家承诺在2020年以前每年筹集1000亿美元资金用于解决发展中国家的减排需求。这些资金将有多种来源，包括政府资金和私人资金、双边和多边筹资，以及另类资金来源。多边资金的发放将通过实际和高效的资金安排，以及为发达国家和发展中国家提供平等代表权的治理架构来实现。此类资金中的很大一部分将通过哥本哈根绿色气候基金（Copenhagen Green Climate Fund）来发放。

（9）最后，为达成这一目标，一个高水准的工作小组将在缔约方会议的指导下建立并对会议负责，以研究潜在资金资源的贡献度，包括另类资金来源。

（10）会议决定，应该建立哥本哈根气候基金，并将该基金作为缔约方协议的金融机制的运作实体，以支持发展中国家包括 $REDD^+$、适应性行动、产能建设以及技术研发和转让等用于延缓气候变化的方案、项目、政策及其他活动。

（11）为了促进技术开发与转让，我们决定建立技术机制（technology mechanism），以加快技术研发和转让，支持适应和延缓气候变化的行动。这些行动将由各国主动实行，并基于各国国情确定优先顺序。

（12）会议呼吁，在2015年结束以前完成对该协议及其执行情况的评估，包括该协议的最终目标。这一评估还应包括加强长期目标，比如将每年全球平均气温升幅控制在1.5℃以内等。

2.5.2 中国在哥本哈根会议上的承诺

经济高速增长的中国和印度碳减排任务如何确定是气候大会主要的议题之一。2009年12月18日，中国国家领导人在哥本哈根气候变化会议上发布了《凝聚共识，加强合作，推进应对气候变化历史进程》的讲话。讲话肯定了《哥本哈根协议》对国际社会共同应对气候变化的重大意义，总结了该协议的特点，并首次做出了中国的减排承诺。其主要内容为：

（1）维护《联合国气候变化框架公约》和《京都议定书》确立的"共同但有区别的责任"原则，坚持《巴厘岛路线图》的授权，坚持并维护《公约》和《京都议定书》"双轨制"的谈判进程。

（2）在"共同但有区别的责任"原则下，最大范围地将各国纳入了应对气候变化的合作行动，在发达国家实行强制减排和发展中国家采取自主减缓行动方面迈出了新的步伐。

(3) 在发达国家提供应对气候变化的资金和技术支持方面取得了积极的进展。

(4) 在减缓行动的测量、报告和核实方面，维护了发展中国家的权益。

(5) 根据政府间气候变化专门委员会（IPCC）第四次评估报告的科学观点，提出了将全球平均温升控制在工业革命以前2℃的长期行动目标。

中国领导人在会议上表示，中国正处于工业化、城镇化快速发展的关键阶段，能源结构主要以煤为主，降低排放存在困难。但是，中国始终把应对气候变化作为重要战略任务。1990年到2005年，中国单位国内生产总值二氧化碳排放强度下降46%。在此基础上，中国又提出，到2020年单位国内生产总值二氧化碳排放比2005年下降40%～45%，在如此长时间内这样大规模降低二氧化碳排放，需要付出艰苦卓绝的努力。中国的减排目标将作为约束性指标纳入国民经济和社会发展的中长期规划，保证承诺的执行受到法律和舆论的监督。中国将进一步完善国内统计、检测、考核办法，改进减排信息的披露方式，增加透明度，积极开展国际交流、对话与合作。中国政府确定减缓温室气体排放的目标是中国根据国情采取的自主行动，是对中国人民和全人类负责的，不附加任何条件，不与任何国家的减排目标挂钩。

2.6 碳金融的国际制度安排

碳金融作为国际社会为实现全球经济由“高碳经济”向“低碳经济”成功转变的金融手段，是一个全新的概念，它的发展需要一定的制度安排。碳金融发展的制度安排主要包括四个方面的内容：一是设立造法性条约；二是《京都议定书》的“灵活机制”；三是国际法制度规范；四是国际碳金融组织。

2.6.1 造法性条约的设立

造法性条约设立主要指《联合国气候变化框架公约》（UNFCCC）的签订和实施。UNFCCC作为一个造法性条约，定义了诸多的法律概念，并原则性地规定了公约的目标、缔约方会议、秘书处、附属科技咨询机构、附属履行机构、资金机制、信息交流、争端解决以及公约的生效、保留等诸多问题。但《公约》没有对个别缔约方规定具体需承担的义务，也未规定实施机制，从这个意义上说，该公约缺少法律上的约束力。但是，该公约规定可在后续从属的议定书中设定强制排放限制，如在后来的《京都议定书》中规定的强制减排条款等。

2.6.2 《京都议定书》的“灵活机制”

《京都议定书》的“灵活机制”主要指《京都议定书》中关于发达国家之间、

发达国家与发展中国家之间有关碳排放权交易转让的制度安排，包括第 6 条规定的联合履约机制、第 12 条规定的清洁发展机制以及第 17 条规定的排放贸易机制。“灵活机制”又称为京都机制。

联合履约机制主要是指发达国家之间通过项目级的合作，其所实现的温室气体减排抵消额可以转让给另一发达国家缔约方，但是同时必须在转让方的允许排放限额上扣减相应的额度。相对而言，该机制的谈判进展比清洁发展机制和排放贸易容易得多。目前，该合作机制的具体规则也已经完成谈判。

清洁发展机制的主要内容是指发达国家通过提供资金和技术的方式，与发展中国家开展项目级的合作，通过项目所实现的温室气体减排量，可以由发达国家缔约方用于完成在《京都议定书》第三条下的承诺。清洁发展机制应该是一项“双赢”机制：一方面，发展中国家通过合作可以获得资金和技术，有助于实现自己的可持续发展；另一方面，通过这种合作，发达国家可以大幅度降低其在国内实现减排所需的高昂费用。

清洁发展机制的提出源于巴西提交的关于发达国家承担温室气体排放义务案文中的“清洁发展基金”（Clean Development Fund，简称 CDF）。根据巴西的提案，发达国家如果没有完成应该完成的承诺，应该受到罚款，用其所提交的罚金建立“清洁发展基金”，按照发展中国家温室气体排放的比例资助发展中国家开展清洁生产领域的项目。在就该基金进行谈判时，发达国家将“基金”改为“机制”，戏剧性地改变了出资的实质。目前，有关清洁发展机制实施规则的谈判已经基本完成，清洁发展机制执行理事会将负责解决具体的技术细节问题。

排放贸易机制主要指在发达国家之间开展的缔约方对缔约方的温室气体排放贸易合作。排放贸易源于美国提出的谈判案文。美国根据其国内成功实施二氧化硫排放许可证的贸易制度，试图将其国内成功的二氧化硫贸易办法引入议定书的温室气体排放贸易。由于涉及发展中国家承担义务的问题，遭到发展中国家集体反对，美国等国则坚持引入该机制，最终未达成一致，故该机制仅仅是一个排放贸易的概念。

2.6.3 国际法制度的规范

国际法框架下的制度安排主要包括联合国国际交易日志（International Transaction Log，ITL）、国家注册系统、CDM 执行理事会（CDM EB）、联合履约监督委员会（JISC）、额外性规则以及基金机制。

联合国国际交易日志（ITL）是法定的碳交易的中央注册系统，与各国注册系统和欧盟排放独立交易日志系统（Community Independent Transaction Log，CITL）相链接，用以记录京都承诺期间排放配额的发放、国际转让和注销。该系统还能确保每个缔约方注册系统在每笔交易上遵守《京都议定书》。2008 年 10 月 16 日实现了与欧盟排放交易登记机关的对接，使得欧盟企业进口经联合国认可的碳信用额成为可能。联合国方面称，除了塞浦路斯和马耳他之外，欧盟各成员国的登记机关以及共同体交易日志都在 ITL 于欧洲中部时间 8:00 重启后实现了与 ITL 的成功对接。这两个登记机关的对接使得欧盟各成员国能够进口 CDM 项目产出的 CERs，帮助欧盟企业降低实现减排目标的成本。

国家注册系统是各个附件Ⅱ国家缔约方按照《京都议定书》规定建立的，以说明该方及该授权实体的排放配额持有情况。该系统还包括各种账户，以留出供履约之用的排放单位并从系统中消除排放单位。各账户持有者之间及各缔约方之间的转让与购买交易将通过这些国家注册系统进行。国家注册系统与联合国国际交易记录系统相链接，后者监督注册系统之间的配额转让情况。注册系统包括电子数据库，将跟踪、记录《京都议定书》温室气体碳贸易系统及各种机制下的所有交易情况。

CDM 执行理事会由 10 位成员组成，理事会根据议定书/公约缔约方会议（COP/MOP）的授权和指南，监督 CDM 项目的实施，并负责批准新的方法、认证第三方审定和验证机构、批准项目并最终为 CDM 项目签发碳排放信用。在 2008 年 10 月的第 34 次会议上，CDM EB 否决了 8 个 CDM 项目，其中的 5 个项目有望在 2012 年之前产出 400 万吨 CERs。受影响最大的是英国交易排放公司，被否决的 8 个项目中有 5 个由该公司参与。CDM EB 成为调控 CDM 项目二级市场泛滥的关键机构，它的监管保障了 CDM 项目的科学性和可行性。

JISC 是负责实施联合履约项目的委员会，其中有 10 位来自《京都议定书》缔约方的成员：3 位来自附件Ⅱ缔约方，3 位来自非附件Ⅱ缔约方，3 位来自经济转型国家（EIT），1 位来自发展中小岛国家（SIDS）。符合资格要求的缔约方，可遵照一个简单程序进行减排单位（ERU）的转让和/或购买。不符合资格要求的缔约方，必须接受由联合监督委员会执行的核查程序。

额外性规则是根据《京都议定书》关于联合履约机制（第 6 条）和清洁发展机制（第 12 条）的条款中规定，把减排单位（ERU 和 CER）授予基于项目的活动，但条件是这些项目达到了以其他方式产生的附加的温室气体减排量。额外性规则为碳交易的审查设置了严格的标准，保证了碳交易制度的规范性，降低了交易风险。

资金机制可以从本质上分为《公约》内资金机制和《公约》外资金机制。《公约》内资金机制是指根据《公约》或缔约方大会（COP）决议成立的具有“官方地位”的资金机制。《公约》外资金机制则是由利益相关方自行发起、成立或命名的“非官方”机制。总的来说，目前国际气候资金机制呈现出《公约》内外资金机制并存的格局，既体现了国际社会应对气候变化的努力，也反映了不同政治团体在气候变化领域的利益诉求，同时也导致资金机制及治理安排的谈判异常艰难。

根据《公约》的相关条款，缔约方一致同意发达国家应为其历史积累排放和当前的人均高排放负责，并向发展中国家提供资金支持和技术转移。《公约》第11条同时规定，为了管理和支付《公约》下的资金，需要建立相关机制。《公约》指定全球环境基金（Global Environment Facility，GEF）作为临时的资金机制，承担起《公约》资金主渠道的作用。随后在《公约》下又相继成立了气候变化特别基金（The Special Climate Change Fund，SCCF）、最不发达国家基金（Least Developed Countries Fund，LDCF）以及《京都议定书》下的联合国适应基金（The Adaptation Fun，AF）。上述资金机制组成了《公约》认可的资金管理体系。

全球环境基金（GEF）是包括气候变化、生物多样性、持久性有机污染物等多个领域的国际环境公约资金机制。GEF吸收捐资国捐资，按照环境有效性的原则，通过国际机构向受援国实施的环境友好和环境履约项目提供资金支持。

GEF具有独立的治理结构，但其运营需依托于世界银行，自身不具备法人地位。成员国大会是GEF的最高决策机构，GEF同时也接受各国际公约缔约方大会（COP）的指导。理事会是GEF信托基金运营的决策机构。GEF理事会每年召开2次，共32个成员，采用选区制，其中发展中国家16席、发达国家14席、经济转型国家2席。议事规则为全体同意制，如不能达成一致，则采取“双60”原则投票表决（每票代表的成员国和历史累计捐资额同时超过60%）。

GEF理事会议事时一般都会采取全体同意制，因此，客观地说，发展中国家在GEF的管理中能够发挥重要的作用，在一定程度上避免了GEF出现严重的“出资人导向”。

气候变化特别基金（SCCF）和最不发达国家基金（LDCF）是根据缔约方大会决议成立的应对气候变化的特殊资金机制。SCCF是为其他融资渠道补充融资的种子基金，旨在帮助发展中国家的气候适应、技术转让、能力建设及经济多元化项目。能够融入国家可持续发展和消减贫困战略的项目，且适应是其支持的优先领域。

LDCF主要是针对最不发达国家气候变化领域的能力建设和其他相关活动提供资金，包括最不发达国家编制国家适应气候变化行动计划（NAPA）以及NAPA中确定的紧急和优先适应措施。SCCF和LDCF由GEF托管。各方对SCCF和LDCF的捐助是自愿性的，没有强制的义务。

尽管SCCF和LDCF明确了发展中国家优先需要支持的领域，但是由于资源十分有限，两个资金机制未能发挥应有的作用。

联合国适应基金（AF）是基于发展中国家由于生态脆弱、基础设施较差，容易受到气候变化导致的不利影响等问题，国际社会为加强对这些国家适应问题的重视，根据《京都议定书》设立的。AF的设立需要大量协调工作，因此过程比较缓慢：设立基金的最后决定于2007年做出，理事会于2008年组建，第一笔拍卖于2009年实现。

AF董事会由16位成员组成，5个联合国区域每区各2位，1位来自小岛国集团，1位来自最不发达国家，2位来自附件I国家，2位来自非附件I国家。AF董事会构成体现了均衡原则。基金采用不通过国际执行机构，将资金直接拨付给受援国的支付方式，加强了受援国的国家主导性。GEF作为AF董事会的秘书处，对适应基金的管理影响有限。

AF的资金来自于《京都议定书》下经核证的减排量（CERs）中所扣减的2%部分的拍卖所得。AF资金本质上是对碳交易资金的再分配，是发展中国家出售减排额度的一部分。因此，AF被认为是"羊毛出在羊身上"，缺乏额外性，不能充分体现发达国家偿还历史债务的性质。

2.6.4 国际碳金融组织

国际碳金融组织主要包括世界银行碳金融部（World Bank Carbon Finance Unit，CFU）和国际金融公司（International Finance Corporation，IFC）。

世界银行碳金融部（CFU）是世界银行专门成立的碳金融部门。它运用OECD国家政府和企业的资金向发展中国家和经济转型国家购买以项目为基础的低碳技术，通过购买减少温室气体排放量（Certified Emission Reductions，CER）额度和转手交易，达到降低碳排放的目标。碳金融部门利用碳基金出资购买CER。碳金融部门不开展项目贷款或赠款，而是采用商业交易合同方式进行减排量CER的交易。减排量交易（或称碳融资）可以增加项目的资金融通能力，降低商业贷款或赠款的风险。世界银行的碳融资本质上是利用新型技术的私人和公共投资项目，换取减少温室气体排放的权利，项目方获得碳权后，通过冲减企业的碳指标或上市交易，使京都框架得以实施并缓解气候变化，促进经济的可持续发展。可以说，世界银行碳金融部门在维护发展中国家和经济转型国家的碳减排中发挥了重要作用，通过"碳金融援助计划"实现了发展中国家和经济转型国家能够充分参与《京都议定书》的规制。

2007年，世界银行的"碳伙伴关系基金"（Carbon Partnership Facility，CPF）设立，它为"气候变化与发展战略框架"计划的出台提供了资金支持。目前，世界银行已经与各国政府联手推出多只基金。世界银行碳金融部（CFU）代表参与方管理着12个碳基金和机构：原型碳基金、生物质碳基金、社会发展碳基金、意大利碳基金、荷兰CDM机构、荷兰欧洲碳机构、丹麦碳基金、西班牙碳基金、联合国伞形碳机构、欧洲碳基金、森林碳汇合作机构和碳合作机构。所有这些基金都是由OECD国家的政府和公司提供的，主要用于在《京都议定书》清洁发展机制和联合履约框架下，购买发展中国家和经济转型国家的基于项目的温室气体减排量。

国际金融公司（IFC）是世界银行下属机构，1956年7月正式成立，总部设于华盛顿。它虽是世界银行的附属机构，但本身具有独立的法人地位。

国际金融公司的主要宗旨是：配合世界银行的业务活动，向成员国特别是其中的发展中国家重点私人企业提供无须政府担保的贷款或投资，以及向发展中国家私营部门项目提供多变贷款和股本融资，鼓励国际私人资本流向发展中国家，以推动这些国家的私人企业的成长，促进其经济发展。为更好地配合联合国气候会议的宗旨和目标，控制大气中二氧化碳、甲烷和其他造成“温室效应”的气体的排放，将温室气体的浓度稳定在使气候系统免遭破坏、人类健康生存与发展的水平上，IFC设立专项基金管理机构（Sustainable Financial Markets Facility，SFMF），从事“可持续发展和减轻气候变化领域的金融服务”。IFC认为，气候变化特别对发展中国家造成巨大风险。国际金融公司应帮助它们应对这些风险，并确定融资方案，以减轻气候变化对他们的影响。IFC的碳融资产品和服务包括：碳交付保险、碳信用额度现金流的信贷安排、富碳项目债权和资产安排、气候中介机构与政府合作的碳信用培育和发展，以各种资本运营手段促进碳信用的实现。

专栏2-2　世界银行在碳融资和碳交易方面的经验

自从2000年原型碳基金（PCF）成立运作以来，世界银行在碳融资活动方面已经走过了十年的道路。当世界银行辅导的项目经过第三方认证并获得签发成为碳资产后，世界银行就通过旗下的基金以年度或定期付款的方式将其购买下来，这样世界银行就积累了大量的购买不同类型碳资产的经验，包括以下种类：

（1）CERs：核证减排量，来自CDM项目。

（2）ERUs：单位减排量许可证，来自JI项目。

（3）AAUs：指定排放配额，来自发达国家之间的转让。

（4）tCERs：临时性的核证减排量，来自CDM机制中的林业项目。

（5）VERs：核准减排量，产生于早期的碳金融交易，VER支付在通过第三方核查后发生，以期随后转化为京都资产，即CER、ERU、tCER或AAU的一种。

世界银行一直致力于建设、维持和扩大温室气体减排量的市场，并对东道国的可持续发展做出贡献。世界银行参与的项目范围十分广泛，涉及57个发展中国家和经济转型国家，以及23种技术类型，比如塞内加尔的节能照明工程、孟加拉的制砖能效提高、墨西哥的固体废弃物管理项目、中国的风能项目以及尼罗河的再造林项目。与世界总体的项目分布相比，世界银行碳基金参与的项目在地区分布上更加均衡，尤其是在非洲地区，世界银行碳基金减排项目数量远高于世界的平均分布。这为碳融资活动在最贫穷国家的普及积累了经验，在一些国家，它们的第一个CDM项目实现注册便是在世界银行的帮助下完成的。

同样地，世界银行碳基金已经开创了很多新技术的应用：它们都是7个技术类型里首次注册的，从而有力地推动了随后411个项目的注册（大多数非世界银行项目）。世界银行对自下而上构建CDM规则和开发新的方法学也一直不遗余力，如今已在12个行业的52种方法学上做出了贡献，并且深度参与政策讨论，开发新的规划方案，提升碳融资的效率和普及范围。在讨论这些概念的同时，世界银行积极将其付诸实践，已经实施了17个CDM规划方案活动（POA），其中包括第一个在非洲实施的规划方案活动。世界银行继续发挥创新精神，开发了两个面向2012年之后的基金，分别是林业碳伙伴基金（FCPF）和碳伙伴基金（CPF）。

【本章小结】

本章阐述了国际气候协议的历史背景与演进，介绍了《联合国气候变化框架公约》及《京都议定书》的目标、主要内容及相关实施措施。重点分析了《京都议定书》设立的联合履约机制（JI）、清洁发展机制（CDM）和排放权交易机制（ET）三种履约机制；对碳金融发展的主要制度安排如设立造法性条约、《京都议定书》的“灵活机制”、国际法制度规范以及国际碳金融组织进行了探讨和分析。

参考书目

[1] Pachauri R. K., Reisinger A.. 气候变化2007：综合报告，政府间气候变化专门委员会第四次评估报告．第一、第二和第三工作组的报告 [R]. IPCC, 2007.

[2] Parry M. L., Canziani O. F., Palutikof J. P., et al. 决策者摘要，气候变化2007：影响、适应和脆弱性，政府间气候变化专门委员会第四次评估报告，第二工作组的报告 [R]. IPCC, 2007.

[3] Metz B., Davidson O. R., Boseh P. R., et al. 决策者摘要，气候变化2007：减缓、防范与措施，政府间气候变化专门委员会第四次评估报告，第三工作组的报告 [R]. IPCC, 2007.

[4] Alexandre Kossoy, Philippe Ambrosi. State and trends of carbon market 2010. [R]. World Bank, 2010.

3 碳金融市场体系

碳金融市场体系是一种市场运作机制，通过确定制度结构、运行规则、参与主体、交易标的等，来保证碳金融市场的有效运行，是碳金融市场的基础核心。碳金融市场一般包括碳交易市场以及碳衍生品市场，其中，碳交易市场又可分为一级市场和二级市场，而碳衍生品市场可分为碳远期、碳期货、碳期权市场。本章讨论的碳金融市场体系是指碳交易市场体系，碳衍生品市场将在后续章节介绍。

3.1 碳交易市场的分类与设计原则

3.1.1 碳交易市场的分类

按照强制性特征分类，可以分为强制碳交易体系以及自愿碳交易体系两大类。强制碳交易体系是由国家或政府强制要求企业实施减排而在此基础上建立起来的市场体系，符合一定标准的行业或企业都必须承担规定的减排义务。目前该类型体系被世界各国广泛采用和普遍推行，其中较大的强制碳交易体系为欧盟排放交易体系（EU ETS）、美国区域温室气体减排行动（RGGI）以及澳大利亚新南威尔士温室气体减排体系（NSW GGAS）。自愿碳交易体系是由企业自愿实施减排而在此基础上建立起来的市场体系，企业运用项目产生的碳信用抵消自身的碳排放，因此也可以称为碳抵消交易体系。碳抵消交易体系又可分为两种形式：一种是自愿加入，自愿减排，即企业加入该体系及其减排量大小均没有强制性要求，日本自愿排放交易体系（J-VETS）即为此类；另一种是自愿加入，强制减排，即企业一旦自愿加入该体系，则将会被强制承担一定标准的减排义务，该类型体系的代表为芝加哥气候交易所（CCX）的碳交易体系。

按照交易标的种类分类，可以分为碳配额交易体系以及碳信用交易体系两大类。碳配额交易体系建立在总量控制与交易制度（Cap-and-Trade）基础上，由管理当局设定减排目标，并按照该目标的减排限额发放碳配额（allowance），企业通过减排和碳配额交易来完成各自的减排目标。目前世界上绝大部分国家和区域使用碳配额交易。碳信用交易体系建立在基线减排与信用制度（Baseline-and-Credit）基础上，由减排项目开发而产生的经认证授权的碳信用（credit），企业通过购买该碳信用来履约。目前只有少数市场采用碳信用交易，如NSW GGAS。

根据上述两种分类标准，综合形成四大类体系，如表 3－1 所示。

表 3－1　碳交易市场体系

		交易标的标准	
		碳配额	碳信用
强制性标准	强制性	强制性配额交易体系（如 EU ETS）	强制性信用交易体系（如 NSW GGAS）
	自愿性	自愿性配额交易体系（如 CCX）	自愿性信用交易体系（如 CDM）

按照覆盖区域分类，可以分为地方性碳交易体系和跨国性碳交易体系。地方性碳交易体系仅局限于一定区域，尚未形成全国性碳交易体系，如美国的 RGGI、澳大利亚的 NSW GGAS 等。跨国性碳交易体系涉及多个国家，目前最大的跨国性碳交易体系为 EU ETS，覆盖欧盟 27 个国家及挪威、列支敦士登和冰岛。然而，目前世界尚未形成全球性的统一的碳交易体系。

按照覆盖行业分类，可以分为单行业碳交易体系和多行业碳交易体系。单行业碳交易体系仅覆盖单一行业，如美国的 RGGI 仅覆盖电力行业，而多行业碳交易体系覆盖多数重污染行业，如电力、钢铁、金属、水泥、陶瓷、化工等。

3.1.2　碳交易市场的设计原则

碳交易市场体系的设计一般遵循以下原则：

（1）合理原则。合理原则是市场体系的前提。合理原则包括减排目标设定的合理性以及交易定价的合理性。减排目标的设定和交易定价不合理，都会直接损害企业减排的积极性，难以维持市场体系的正常运行。因而，减排目标和交易定价都需要经过科学的评估和实践的检验。

（2）公正原则。公正原则是市场体系的基础。无论是碳配额的发放、碳信用的认证还是履约结果的核定，都需要经过一系列的程序。在该过程中需要独立第三方进行公平公正的审核，才能保证各方利益不受损，维护市场体系的稳定。

（3）效率原则。效率原则是市场体系的核心。碳交易市场的设计初衷是通过市场交易实现企业减排成本最小化，因而碳金融市场体系须具备市场效率，尽量避免行政干预，使之成为自由化市场。

（4）惩治原则。惩治原则是市场体系的保障。在碳市场体系中，设定较为严厉的惩治措施，才能促使企业有效减排。

3.2 碳市场交易制度与市场结构

3.2.1 碳市场交易制度

碳市场交易制度可划分为两类，一类是总量控制与交易制度，另一类是基线减排与信用交易制度。总量控制与交易制度是由管理当局设定总体排放量上限，并转化为一定量配额，根据成员企业情况的不同对配额进行分配，成员企业可将减排后多余的配额卖出或购入配额进行履约，由此形成配额交易市场。基线减排与信用制度是管理当局为特定项目设定减排基准线，该基准线是在没有实施该项目时的合理估计排放量，项目减排后的排放量低于基准线的部分可通过相关机构核证，产生核证减排单位，在市场中进行交易并用于履约，由此形成项目交易市场。一般而言，总量控制与交易制度适用于强制碳交易体系，而基线减排与信用制度适用于自愿碳交易体系。

3.2.1.1 总量控制与交易制度

在总量控制与交易制度下，碳交易机制的运行流程大致分为总量设定、配额发放、交易、监控与遵约五个步骤，与之相对应，碳交易市场制度的设计需要考虑总量限制机制、配额发放机制、交易机制、监测报告核证机制、遵约机制以及起辅助作用的柔性机制，其框架如图3-1所示。

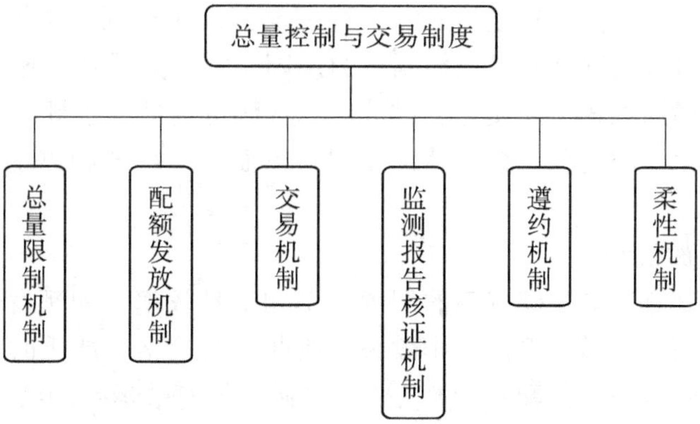

图3-1 总量控制与交易制度框架

（1）总量限制机制。

总量限制机制主要确定减排目标，进而确定配额的发放总量。

减排目标具有阶段性，其形式较为灵活，没有固定的标准，通常采取基期值的百分比形式，例如在《京都议定书》的第一履约期（2008—2012），欧盟提出在

1990 年的水平上减排 8%；也有采用预测值的百分比形式，如在《京都议定书》的第二履约期（2012—2020），墨西哥提出要在可预测的一般水平上（Business As Usual，BAU）减排 30%。基期的选择决定了减排责任的大小，进而决定了配额的稀缺度，并影响配额的价格。一般而言，基期选择越早，减排目标越严格，减排责任越大，配额发放量越少，配额价格就会越高。配额的价格决定减排成本，直接影响企业减排的积极性和减排效率。因而，目标和总量的设定是总量控制与交易制度的基础和核心。

减排目标和配额总量的大小需根据各实体情况而定，其设定必须遵循合理、公正、灵活、协调的原则，需要考虑经济社会发展程度、行业竞争力与企业承受能力，但很大程度上取决于政治性因素，即政府的政治意愿和政府如何预测实施减排对其重大战略布局的影响程度。如果政府政治意愿不太强烈，而且认为实施减排对其重大战略布局有重大影响，例如政府认为减排会严重影响能源安全，那么减排目标和总量的设定会相对宽松，反之则较为严格。

在政治因素的主导下，目标和总量的设置可以根据国际义务来设置或者根据经济发展水平、减排成本等因素综合考虑。减排目标可以是增加排放，也可以是减少排放，例如在 2008—2012 年间，澳大利亚被允许在 1990 年的排放水平上增加排放 8%。

目标及总量的设定有两种模式，一种是“自上而下”，另一种是“自下而上”。“自上而下”模式是由管理当局统一制定排放总量上限，基于充分协调的原则分配至下属实体，其设定的排放总量一般每年按一定百分比递减。“自下而上”模式是由下属实体按照自身情况和管理当局制定的规则设定各自排放量限制并递交管理当局审核，管理当局加总各下属实体的排放量，从而得到排放总量上限。“自上而下”模式更强调标准化、制度化和统一性，而“自下而上”模式则体现了灵活性、自由性和适应性。

（2）配额发放机制。

配额发放机制直接影响碳资源的配置效率和交易效率，配额发放不合理，会导致企业甚至国家利益受损，降低减排效果，扭曲市场价格，严重时会阻碍整个减排机制的运行。因而合理选择配额发放方式，是碳市场有效运行的前提。

配额的发放方式分为无偿发放和有偿发放两种。

无偿发放是由管理当局按既定分配标准向企业无偿发放碳配额，企业无须支付费用即可获得配额。这种方式实际上增加了企业的资产，容易被企业所接受，可减少企业抵触情绪，减少实施阻力，便于政策推行。该方式简单、易行，有利于降低企业成本，提高企业积极性，在交易体系成立初期被普遍采用。但该方式存在较大的缺陷：第一，违反了“污染者付费”（PPP）的原则，损害市场效率，可能出现分配不公，滋生权力寻租；第二，在分配效应上由企业占有了全部价值，社会公众没有得到相应的补偿；第三，企业可能为获得更多多余配额的交易利润而降低自身产能；第四，由于排放越多发放配额越多，该方式会带来“逆向选择”问题，即产能低、排放量高、治理成本高、减排能力低的企业反而获得更多的配额，从而扭曲资源配置，降低减排效率。

无偿发放又可分为“祖父制”（Grandfathering）和“基准制”（Benchmarking）。“祖父制”是以历史排放量为基准，用历史排放量乘以一定的减排比例。历史排放量的基准期选择可考虑最近一年或几年的平均，具备较为完善和精确的排放数据的时期或减排目标的基准期，同时应考虑所选历史基准期与预计执行期在经济水平、产业结构等方面的差别。“基准制”是以标准排放率为基准，用管理者制定的基准排放率乘上企业的经济活动指数（例如产值或投入等）。其计算公式为配额量 = 产品产量 × 基准的单位耗能 × 燃料排放因子。标准排放率是根据同类产品或同行业中能效比较高的水平设立一个“基准”，根据各个企业的产量水平和基准进行分配。“基准”决定了企业能够获得的免费配额的最大值，如果企业需要排放更多的碳，则需要额外购买或提高效能，如 EU ETS 选择的是一定基准期内同类产品生产中效能表现最佳的 10% 的平均值作为基准。“基准制”的最大优势在于能够激励企业提高效能，减少排放，但标杆数据的获取和计算也会增加成本，且可能出现技术偏差。

有偿发放是根据“污染者付费”原则，企业需要按照市场定价或竞价拍卖获得碳配额。其优点在于：第一，能反映企业的减排成本，具有市场效率和价格发现功能，为二级市场交易价格提供参考；第二，公平、透明，不易滋生权力寻租；第三，具有正向激励作用，成本的增加会促使企业加大减排力度，提高减排效率；第四，增加财政收入用于低碳社会的构建，补偿社会损失。在理论上，有偿发放是比无偿发放更为公平和更有效率的方式，但该方式会增加企业成本，容易引起企业抵触，产生实施阻力。

有偿发放可分为固定价格出售和拍卖。固定价格出售的定价机制可以是政府指导定价，即政府通过计算该体系覆盖范围内的边际减排成本来获得最优价格，或者可以是市场询价，即通过向特定企业询价的方式得到平均价格。固定价格出售方式由于价格单一，未能兼顾不同企业的需求，因而较为少见。拍卖的方式有许多种，大致分为暗标拍卖、升标拍卖和降标拍卖三种类型。

暗标拍卖又可分为一级价格拍卖和二级价格拍卖。一级价格拍卖仅提交单一标价，投标者无法调整价格或知道他人价格；二级价格拍卖又称为维克瑞拍卖，运作方式与前者相同，但最终拍卖价格为所有投标者的第二高价，这种方法有利于揭示真实价格。

升标拍卖又可分为公开升标拍卖、升标钟式拍卖和限时拍卖。公开升标拍卖是最常见的拍卖方式，由投标者多轮出价，公开竞价，价高者得；升标钟式拍卖中，拍卖商通常在规定时间间隔内公布一系列标价上升的价格，投标者声明在某个特定价格时想要购买的数量，在需求低于可用于销售的配额时停止；限时拍卖是升标钟式拍卖和多价格暗标拍卖的结合，在总的拍卖请求数目跌至截止水平时停钟，该截止水平位于指定部分高于被拍卖数目的位置，停钟后，所有投标者可以多价格暗标拍卖提交最后一轮的暗标价格，价高者得。

降标拍卖又称为荷兰式拍卖，多轮多价格拍卖，以高价开始，按照预先确定的量下降，直到锁定的配额量大于或等于需要拍卖的数量时停止。

不同阶段可以采用不同的拍卖方式。以 RGGI 为例，其拍卖方式为：初期拍卖以单轮、统一价格、暗标拍卖的方式进行，后期则转为多轮、增价拍卖。初次拍卖设立底价，以后每次的拍卖底价均高于首次拍卖底价；同时规定，每位参与者每次拍卖中最多不能购买超过当次所有拍卖配额的 25%，以避免恶意囤积。相对于固定价格出售，采用拍卖方式更有市场效率，因而被普遍推广。

对于配额发放的时间，不同发放方式则有所不同。无偿发放的配额通常在一年的年初一次性发放，而有偿发放的配额则在一年内多次发放。

目前各碳交易市场体系大多采用两种方式相结合的方法。由于碳市场形成初期，市场机制不完善，无偿发放成为主导方式，但会逐步被有偿发放所取代。欧盟最初的无偿发放配额比例达到 95%，拍卖的配额仅占 5%，到 2008 年无偿发放的配额比例调减至 90%，至 2020 年达到全部拍卖。

（3）交易机制。

交易机制的建立涉及三个系统，包括注册系统、交易系统和结算系统。注册系统用于记录管制对象的配额申报和配额账户变化情况，包括取得、转让、注销、回收和结转；交易系统用于促成配额买卖；结算系统用于交易标的交割和资金转移。三个系统相互独立又相互支持，共同实现配额的流转。

注册系统包括国家注册系统（NR）以及独立交易日志（ITL）。国家注册系统是国家层面上的注册平台，受管制的国家以国家政府名义持有该系统的账户，各个国家系统之间相互独立，且保持高度一致性，各系统之间可以相互转移配额，两个或以上国家可将其国家注册系统保存于一个综合系统中，但相互间仍独立。任何企业和个人投资者都可以在国家注册系统上开设账户。独立交易日志是一个独立的集中注册平台，将每一个注册系统链接起来，主要用于核实交易，即对每一次配额的签发和每一项交易进行独立审查，并给予批准或拒绝。各个国家需向独立交易日志报告配额持有量和排放量，以评估其履约情况。

与一般的证券市场交易和结算系统类似，交易系统和结算系统依赖于各个国家和地区建立起来的交易平台，如欧洲气候交易所（European Climate Exchange,

ECX）、欧洲能源交易所（European Energy Exchange，EEX）、纽约－泛欧（Blue-Next）交易所等。交易所一般采用会员制。交易市场分为一级交易市场和二级交易市场，一级交易市场实行拍卖交易，二级交易市场实行连续交易，并引入做市商制度。碳现货交易的交易形式类似于期货交易形式，采用标准化合约的方式进行，逐日交割，即每天交易完成后产生一个结算价，次日按照结算价进行实物交割。交割过程中，配额合约从卖方清算会员所在注册系统的个人持有账户转移到清算所注册系统的交易账户，然后再转移到买方清算会员所在注册系统的个人持有账户。合约的清算通过交易所的独立清算机构进行。

（4）监测报告核证机制（MRV）。

监测报告核证机制（Monitoring，Reporting & Verification，MRV）由监测、报告和核证三部分组成，其中监测机制用于对监管对象排放设施的监测追踪，报告机制用于企业报告排放量和履约情况，核证机制用于核查报告是否真实。监测报告核证机制是碳交易市场运行的重要保障，碳市场的数据必须能够实现可监测、可报告和可核证。

监测报告核证机制应遵循可信性、可靠性和高效性的原则。可信性原则要求排放数据真实和准确；可靠性原则要求机制的运行稳定和成熟；高效性原则要求排放数据的监测、报告和核证流程具有时效性。

常用的两种监测方法是通过计算得出企业的排放量，以及通过实地实时监测获得企业的排放量。第一种方法是根据企业的生产活动情况、能源使用情况、原料的碳排放因子、能源消耗的碳排放因子等诸多参数，间接计算得出企业的碳排放量。第二种方法是通过安装实时在线监测系统（CEMS）等技术手段，直接监测排放量。该系统能够自动生成和报告排放数据。未按规定安装检测系统的受监管企业不得向大气中排放二氧化碳。除监测系统重新验证、校准、质量保证性测试和日常维护外，受监管企业不能干扰、中断系统的运行，从而保证监测系统运行的连续性和数据的真实可靠性。

报告和核证机制的基本流程类似于财务制度，即各企业根据规定的测量计算章程提交自己的排放报告和履约报告，由独立、公正、权威的第三方进行审计核查，第三方机构的选择可以由企业自行决定，但该机构需要由相关认证机构授予资质。具体的程序可根据管制对象的大小进行分级，即较大的设施比较小的设施采用更高级别的程序。

报告的内容包括排放总量以及所有计算中用到的参数和计算方法，以确保准确性和可信度。报告的形式会有统一的标准，以确保数据的一致性和可比性。报告的周期设定需要考虑成本和数据准确性，周期越短，数据越可靠，成本越高。通常的报告周期为一年。

核查机构的主要责任是根据碳交易制度监管机构设定的数据核查要求，对参与交易的企业开展数据核查，具体包括：了解企业的生产状况及排放数据信息，包括生产排放活动、排放源、技术设备、氧化/转换因子等；了解企业的数据管理系统，分析并监察系统内数据质量；根据企业活动的特性和复杂程度，决定合理的验证水平；分析数据的风险及不确定性；撰写核查计划，分析风险以及企业活动的复杂情况；根据计划开展核查，包括搜集数据、获取所有额外需要的信息和证据，并依据数据、证据和信息做出验证结论；检查数据的不确定性，确保其在规定允许的范围内；在形成最终核查报告之前，要求企业提供确实信息，解释排放数据或重新计算排放数据等。以 EU ETS 市场为例，其 MRV 程序如图 3－2 所示。

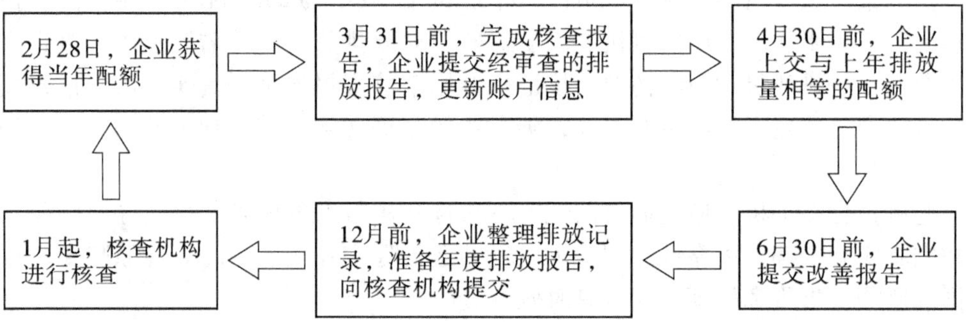

图 3－2　EU ETS 的 MRV 程序

（5）遵约机制。

遵约机制的设计目的是为了加强碳市场的可信性，促使企业履约。一个强有力的遵约机制是碳市场的重要保障。

遵约机制要求一定时期内受管制企业所提交的配额量必须与其排放量一致，否则将受到严厉的处罚。处罚措施一般分为两种，一种是补偿，另一种是罚款。补偿是指未能足额提交配额的企业在下一年补交一定额度的配额，即使企业缴纳了罚款也不能免除其提交适量配额的义务；补偿的配额可以是配额缺口量，也可以是配额缺口量的倍数。罚款是指未能足额提交配额的企业按照罚款标准乘以配额缺口量来向管理机构缴纳费用，罚款标准一般达到配额市场价格的数倍。

（6）柔性机制。

在碳排放权交易市场中，柔性机制起着补充、辅助作用，目的在于帮助企业降低履约成本，提高履约能力，增加履约灵活性，促进交易体系有效运行。柔性机制有抵消机制、储存机制、借贷机制、安全阀机制、配额价格控制储备机制和连接机制。

抵消机制（Offset）允许某地区或国家以其他地区或国家的减排项目所产生的减

排量来抵消其排放量，以达到节约减排成本的目的。在体系覆盖范围内的受管制企业以外的企业也可以通过抵消机制参与交易。因此，抵消机制不仅可以降低受管制企业的减排成本，还能增加市场参与者，提高市场流动性。《京都议定书》下的JI和CDM机制都是其中的一种。在抵消机制中，项目产生的碳减排信用与碳配额是等同的，即一单位减排信用可以等同于一单位配额使用，但该机制的使用会受到一定的限制，即对项目产生的减排量设定使用上限，因为该机制的过度使用会大幅降低配额价格，造成减排效果的扭曲，故抵消机制中的减排信用价格往往低于配额价格，并且减排信用的价格往往与配额价格走势大致相同，例如EUA与CDM项目下的核证减排单位（CERs）的价格存在一定的价差，但走势几乎一致。抵消机制的减排信用使用上限由各国自行决定，例如欧盟各国设置的比例从0至20%不等，一般设置为EUA数量的10%。关于抵消项目的具体内容在后面进行讲解。

储存机制（Banking）允许企业将多余碳配额或碳信用储存起来，用于将来使用或出售，其又可分为跨期储存与非跨期储存。储存机制有利于企业灵活调节配额的使用，稳定碳价格，但不允许跨期储存则可能会造成履约期末碳价格走低。储存机制还有利于激励企业最大限度减排，因为超额减排节余的配额具有长期价值。

借贷机制（Borrowing）允许企业使用未来一年的配额用于当年履约，并于下一年加强减排力度或增加配额购买来偿还预借的配额，增加履约灵活性。但由于借贷机制可能会导致现阶段超额排放，不能实现减排目标，因此绝大多数体系均不允许配额借贷。目前只有美国中西部温室气体减排协议（MGGA）设置该机制，但使用限制较为严格。

安全阀机制（Safety Valve）是为保证碳市场稳定性和可靠性，防止配额价格剧烈波动而设计的一种保护机制，当碳配额价格波动达到一定条件时，可启动特殊的措施稳定价格。如RGGI设置了履约期延长的安全阀机制和碳抵消安全阀机制。履约期延长的安全阀机制是指当市场调整期（每个履约期开始的前14个月）后的连续12个月内，碳配额现货平均价格等于或超过安全阀初始值，则可将三年的履约期延长至四年。碳抵消安全阀机制是指当市场调整期之后的连续12个月内，碳配额现货平均价格等于或超过安全阀初始值，则在该履约期内每个排放源可以使用碳抵消配额来抵消最高5%的总配额需求（原比例为3.3%）。欧盟设置了预售配额的安全法机制，即如果配额价格在连续6个月内涨幅超过前两年欧洲市场平均价格的3倍，则成员国需立即竞价拍卖未来配额，或者竞价拍卖新进入者储备当中所剩的配额。

配额价格控制储备机制（Allowance Price Control Reserve）允许企业以固定价格从配额价格控制储备中购买配额，以增加市场供给，稳定市场价格。配额价格控制储备机制的储备配额来源可以是：一是从每年的配额总量中提取一部分；二是未能拍卖成功的剩余配额；三是未能遵约企业补交配额的一定比例。该价格的确定要综合考虑经济状况、配额市场交易价格以及企业的减排成本等因素。

连接机制（Linking）允许不同交易体系间相互连接，以扩充体系，允许企业运用其他体系的履约工具来履约，增加选择性。不同的体系相互连接需要满足以下条件：一是使用的市场制度相一致，即只在总量控制与交易制度下的体系才能连接；二是具体执行机制相近，即配额的发放机制、监测报告核证机制等相匹配或能协调一致。连接方式可以分为双边连接和单边连接，前者是两个体系均承认双方的体系是兼容的，履约工具可相互使用和转让；后者仅单方允许使用其他体系的履约工具。目前，西部气候行动倡议（WCI）设置了这一机制来加强与美国其他的州和加拿大政府的合作。

柔性机制的使用具有选择性和不确定性，该机制会随着整个碳市场体系的完善而被不断改进或取消。

3.2.1.2 基线减排与信用制度

在基线减排与信用制度下，由减排项目产生的碳信用有两种使用途径，一种是进入自愿减排交易体系作为交易机制的主要交易对象，即自愿减排信用（Voluntary Emission Reduction，VER），另一种是进入强制减排交易体系作为抵消机制的辅助交易对象，例如 CDM 项目下产生的核证减排单位（CERs），但两种用途的最终目的都是为了抵消碳排放。

无论碳信用如何使用，其产生、交易和注销机制是类似的。在基线减排与信用制度下，碳交易机制的运行流程可大致分为项目开发、碳信用核准与签发、登记、交易和注销五个步骤，与之相对应，碳交易市场制度的设计需要考虑项目开发机制、核准签发机制、登记机制、交易机制、注销机制，其框架如图 3－3 所示。

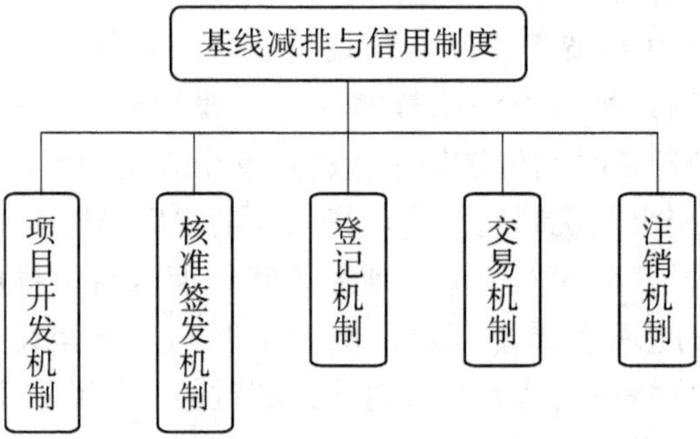

图 3－3 基线减排与信用制度框架

（1）项目开发机制。

项目开发需要经过项目识别、项目设计、项目审批、项目注册、项目实施与监测。项目识别是指项目参与方进行项目筛选和可行性分析。项目设计是指项目设计书（Project Design Document，PDD）的制作，项目设计书的核心内容包括方法学的选择、基准线的设定、额外性的论证和监测方法的确定。项目审批是指由指定主管机构审批，在 VER 项目下的审批较为简单，只需经过第三方认证机构审核，而在 CDM 项目下的审批，首先要经过项目所在国主管机构的审批，然后提交联合国指定经营实体（DOE）核查。由于 VER 的审核相对容易，故减排项目在无法进入 CDM 开发的情况下会选择开发 VER。项目注册是指经审核合格的项目在指定注册处注册，CDM 项目下的注册机构为联合国 CDM 执行委员会（EB），由 DOE 向 EB 提交注册申请；而 VER 项目则在 DOE 的注册系统中进行注册。项目实施与监测是指由项目开发者进行项目开发，并按照 PDD 的监测计划进行监测，监测结果须向核准减排量的机构报告。一般情况下，项目审核与减排量核证的 DOE 不能为同一个。

在项目开发机制中，关键的问题是基准线的设定和额外性的论证。在基于项目产生的碳信用交易市场中，由管理当局确定基准线设定方法，并由项目申请者从中选择适合该项目的方法，得到该项目的基准线。基准线是指在不开展该项目时温室气体排放量的合理假设水平，其设定方法为现实或历史排放量法、代表性技术方法以及同等情况类似项目法。基准线的确定是额外性的认定基础。额外性要求是指项目排放应低于基准线排放，意味着没有核准减排单位的收益，该项目不会存在投资价值，该项目应区别于一般的商业项目（VER 或 CERs）。

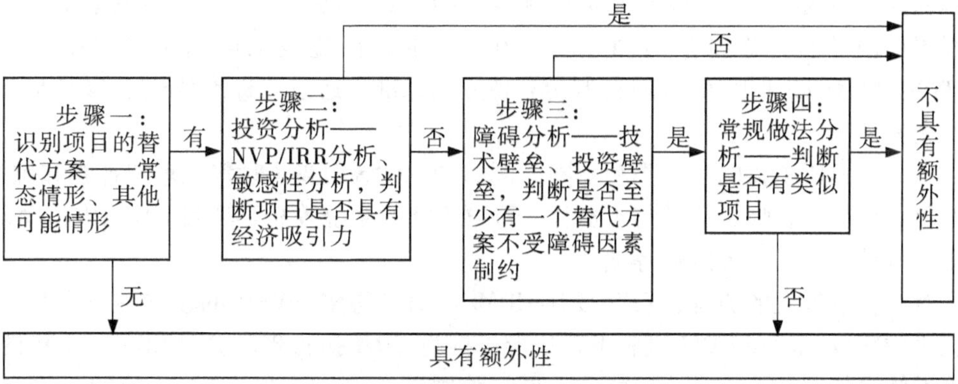

图 3-4 项目额外性要求分析

具有额外性的项目必须是没有替代方案、没有经济吸引力、有技术或投资障碍、没有类似项目的项目。额外性要求需要识别替代方案，并进行投资分析、障碍分析和常规做法分析。因此，确定一个项目是否具有额外性，需要经过以下步骤：

步骤一：确定该项目的替代方案，如果该项目不存在可行的替代方案，那么该项目就具有额外性；如果该项目有替代方案，那么就继续下一步的投资分析。

步骤二：如果项目具有经济吸引力，就是有利可图，那么该项目也没有额外性。

如果项目缺乏经济吸引力，那么就继续下一步的障碍分析。

步骤三：如果项目所有替代方案都受障碍因素制约，那么项目就没有额外性；项目至少有一个替代方案不受障碍因素制约，那么就要进行常规做法分析。

步骤四：如果项目没有类似的项目，那么该项目就具有额外性，反之则没有额外性。

（2）核准签发机制。

项目所产生的减排信用须经主管部门核证才能用于交易和履约。通过可靠的标准体系开发和认证、形成可信的碳信用是交易和抵消的基础，因此，核准签发机制是基线减排与信用制度的核心，标准的选择是关键。

选取何种标准来核准签发碳信用以及购买何种标准核准签发的碳信用，是由买卖双方共同选择。目前已由不同组织机构开发出十多种标准，包括自愿碳标准（VCS）、气候行动储备标准（CAR）、芝加哥气候交易所抵消项目标准（CCXOPS）、黄金标准（GS）、社会碳标准（SC）等，还有一些项目内部标准。各个标准之间存在竞争关系，运用最多的三种标准分别是 VCS、CAR 和 CCXOPS。

VCS 是由气候组织、国际排放交易协会、世界经济论坛和世界可持续发展工商理事会于 2007 年启动，其使用经过双重审核的 VCS 方法学，由 VCS 核证签发的碳信用称为自愿碳单位（VCU）。CAR 是一个由加州气候行动登记处于 2008 年设立的非营利性质的碳抵消登记平台和标准制定机构，其发展了一套包括碳减排监测和核证程序在内的自愿碳抵消活动标准，由该标准核证签发的碳信用为气候储备吨（CRT）。CCXOPS 是由 CCX 自行制定和使用的标准，通过该标准认证才能进入 CCX 进行交易。

不同标准所覆盖的项目类型不同，例如 CCXOPS 覆盖了垃圾填埋气捕捉和燃烧、农业甲烷捕捉和燃烧、造林与再造林、可再生能源系统等 9 类项目，SC 覆盖了沼气消化、水处理技术、节能灯等项目。

对于核准签发的流程，VER 要比 CDM/JI 简单得多。VER 的核准签发由第三方独立机构完成。而在 CDM 机制下，核准机构为 CDM 执行理事会（EB），CDM 的核准管理体系如图 3 – 5 所示。每一个项目均需与一个制定经营实体（DOE）签约，由指定经营实体向核准委员会（AP）提出申请，经核准委员会初审后交由下设的评估小组（AT）进行文件审查和实地评估，并对项目进行监测。评估小组向核准委员会提交报告，再由核准委员会向执行理事会做出核准提议，由执行理事会做出核准决定并提交缔约方大会。秘书处作为 CDM 核准程序提供必要支持。JI 机制有两种执行路径，分别是“Track1”和“Track2”，其区别在于东道国所满足的条件不同。在“Track1”下，东道国拥有自身的核准体系，可以自己核证和签发减排单位，而在“Track2”下，东道国没有建立自身的核准体系，则需要 JI 监督委员会（SC）进行

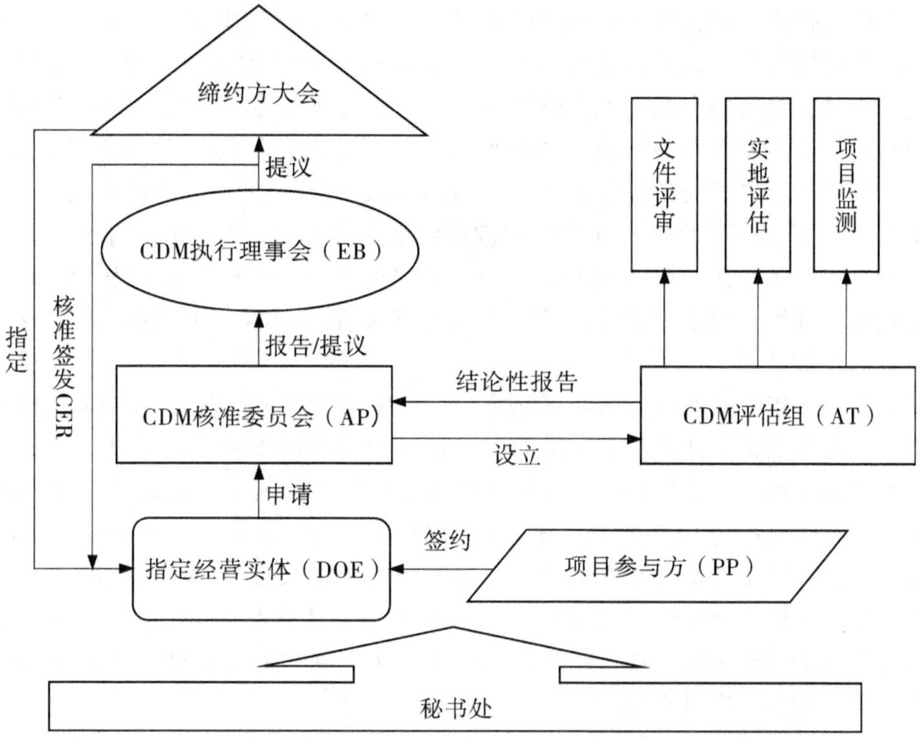

图 3－5　CDM 核准程序

核准。SC 的职责与 EB 大致相同，主要负责核准减排单位，向缔约方大会报告，指定独立经营实体，审查和修订 JI 指南和标准等。

（3）登记机制。

登记机制用于记录碳信用及追踪交易，由第三方登记系统进行登记。在登记系统中，买家可以看到减排项目和碳信用的信息，包括可交易的自愿减排额度、项目业主、实施地点、项目类型、项目采用的标准、项目审定和核查机构、挂牌价格等信息，并提供相关项目设计文件、审定核查报告、监测报告等供查询，使得信息公开化、透明化。登记系统提供了必要的技术支持使得基于不同标准核准签发的项目能以更透明的方式实施、核证签发碳信用、交易和注销。登记机制是碳信用交易的基础。

登记系统可以独立存在，也可以针对某个标准或交易所而设立，独立存在的登记系统对所有标准开发的碳信用都予以开放。使用较多的登记系统有 VCS 登记系统、CAR 登记系统、CCX 抵消登记系统等。

（4）交易机制。

在基线减排与信用制度下，碳信用的交易机制分为场外交易机制和交易所交易机制。

自愿减排体系的交易一般采取场外交易（OTC），没有固定的场所，通过现代通信技术和网络技术，以网络平台为基础，完成碳信用的创建、注册、跟踪、交易、交割和结算，交易中介充当了重要的桥梁作用，促使交易的完成。OTC 交易的一般流程是：项目开发者将核证后的碳信用在登记系统登记后即可获得交易的序列号，通过中介机构、电子交易平台等渠道或直接寻找买家，签订《VER 购买合同》，卖方将 VER 过户至买方账户，买方则将款项汇至卖方账户，买方可以将所购买的 VER 持有转售或注销。在 OTC 交易中，交易双方需要开设碳账户和资金账户，碳账户在登记系统中开设，用于 VER 的转移；资金账户要在独立第三方支付平台开设，用于资金的划转和结算。

芝加哥气候交易所（CCX）曾是唯一一个碳信用的交易平台，但 CCX 是一个自愿加入、强制减排的体系，其交易的产品是标准化的碳金融工具（CFI），既可以是基于配额的信用，即根据排放会员的排放基准线与交易所分配的减排目标而发放的配额，也可以是符合 CCX 自身标准并在 CCX 登记的碳信用。CCX 的交易机制由注册系统、交易系统和结算系统组成，注册系统用于记录会员的减排履约和 CFI 交易状况，交易系统是通过互联网运行在 CCX 注册账户持有人之间完成交易指令、成交确认并公示交易结果的系统，结算系统用于 CFI 交割与资金支付。CCX 采用保证金交易，当天交易，次日交割。

随着自愿抵消标准和第三方登记系统的陆续推出，交易所交易的 VER 日渐增多，部分交易所开始兼容或专门进行 VER 交易。荷兰 Climex 交易所设立了第一个 VER 场内拍卖平台，该平台自 2007 年启动，2009 年首次使用逆向拍卖机制，即由买家指定所需要的项目类型、标准和其他要求，然后由供应商就符合买家要求的 VER 竞相出价。因为当前的自愿减排市场供大于求，是典型的买方市场，买方可以根据自身的偏好、需求和对价格的接受程度，在不同卖方之间选择，具有较强的议价能力，占有优势地位。

强制减排体系的抵消碳信用交易则采取交易所交易方式，欧盟各大交易所均有 CER 交易。由 CDM 项目签发的 CER 并非全部进入交易所交易，而需要将签发总额的一定比例作为适应性费用存入特定账户。CER 的交易机制与配额的交易机制类似，采用标准化合约的方式进行，逐日交割。

（5）注销机制。

在自愿减排体系下，最终的买方会将 VER 在登记系统中注销以抵消相应的排放量。注销是 VER 被使用后退出市场的方式。

碳信用的签发登记、交易、注销都需经过登记系统。当 VER 被最终买方用于抵消后，VER 不仅在交易平台上注销，还在原登记系统中注销，相应的交易记录自动转入个人和企业的档案系统，从而保证 VER 不会被重复使用。

3.2.2 市场结构

随着碳交易体系的扩大和日渐成熟，市场参与者的队伍日益壮大。按照参与者地位划分，市场参与者可分为市场主体和辅助参与者。市场主体一般是指买卖双方，不同交易市场的市场主体有所区别；辅助参与者是促成买卖双方交易的参与者，如经纪人、中间商、清算机构、评级机构、咨询部门等。按照参与者性质来划分，市场参与者可分为机构参与者和个人参与者。按照市场性质来划分，可分为一级市场参与者和二级市场参与者。

3.2.2.1 市场主体

在配额市场的一级市场中，政府主管部门是配额的供给者，减排企业是配额的需求方，双方以拍卖的方式交易；在配额市场的二级市场中，买卖双方可以是减排企业，也可以是碳基金、投机商、商业银行等；在项目市场中，卖方为项目开发商或减排证书提供商，买方为自愿减排企业或其他投资者。

（1）政府机构。

政府机构不仅是配额的供给者，也可以充当碳信用的购买者。在相当长的一段时间内，政府在碳市场上扮演着重要的角色。

作为配额的供给者，政府是市场的主导者，控制着配额的发放量和分配比例，起着至关重要的作用。由于配额分配具有多层次性，因此不同层级的政府担当着不同的分配责任，例如欧盟碳交易体系中的配额供给机构为欧盟委员会以及下属各成员国的政府，欧盟委员会负责国家层面的配额供给和分配，各国政府负责微观层面的配额分配。

作为碳信用的购买者，政府可以采用直接购买和间接购买的方式。直接购买是通过政府直接竞标或采购获取碳信用，例如丹麦政府和荷兰政府通过招标和竞标购买减排权证和减排单位。间接购买是通过代表政府管理基金的第三方机构进行购买。例如在欧洲复兴开发银行内部成立专门购买碳信用的部门，向中欧和东欧的联合减排计划购买减排单位；世界银行和意大利环境与国土部共同成立一个基金，购买CDM和JI机制的碳信用；类似的做法也被西班牙、丹麦和荷兰政府仿效。政府机构参与市场交易，在早期市场中起着重要的推动作用，带动企业参与碳市场交易，提高碳市场参与度。

（2）减排企业。

减排企业是碳市场中最主要的参与者，是碳配额和碳信用的最终需求方，但由于其可通过加大减排力度而产生多余配额，从而也成为交易的供给方。按照市场体制不同，减排企业可分为强制减排企业和自愿减排企业。

自愿减排企业参与交易一般有以下几个原因：一是公益诉求和社会责任；二是

建立良好的品牌形象和公共关系；三是积累经验，为强制减排做准备。其参与的项目主要是甲烷类项目、造林和土地利用类项目以及可再生能源项目。由于没有强制性要求，因而自愿减排企业参与度远远低于强制减排企业。

强制减排企业是受管制而参与减排，其动机只有一个，就是履约。不同碳交易市场体系所覆盖的企业范围不一样，一般的选择需要考虑以下因素：一是具有环境有效性，即对该行业的管制能大大减少污染；二是具有经济效益，即管制的效益大于成本；三是管理的可行性，即企业规模较大、行业集中度较高则便于管制；四是国际竞争力要求，即管制行业为非跨国企业，则对国际竞争力的影响较小；五是是否存在替代政策，即如果征税的效果较好，则不采取该管制措施。各大体系一般的做法是首先从单一部门或少数行业开始实施强制减排，然后不断扩大覆盖范围。例如 NSW GGAS 和 RGGI 都仅覆盖电力企业；第一阶段的 EU ETS 仅覆盖能源供应、石油提炼、钢铁、建筑材料、纸浆和造纸五大部门，第二阶段则将航空业纳入管制，第三阶段还将化工、制氨、制铝等部门纳入管制。另外，为了控制成本，各大体系一般都会设置“准入门槛”，通常是以企业的排放量来设定，只有达到一定规模以上的企业才能参与交易，例如 EU ETS 规定年二氧化碳排放量超过 25000 吨的企业才能参与；RGGI 规定的规模限制是装机容量超过 25 兆瓦的电厂。

碳市场中不同部门企业的比例构成会直接影响碳市场价格和市场状况，例如英国和德国的能源公司大多被纳入管制，在强制减排企业中占有较大份额，拥有大量的碳配额，因此，欧盟碳配额价格与德国基载电力合约以及英国天然气价格息息相关。

（3）项目开发商。

在自愿减排体系中，项目开发商是碳信用的原始供应者，通过减排项目产生经核证的碳信用，提供给减排企业用于抵消其排放量。在 NSW GGAS 中，项目开发商又称为减排证书提供商（Abatement Certificate Providers，ACP）。

项目开发商担当着双重的角色，一是项目的开发者，需要具备项目开发的能力、资金和经验；二是碳信用的供应者，需要选择核证标准并寻找合适的买家。项目开发商不仅要承担项目本身的开发风险、财务风险等固有风险，还需承担项目无法获得注册及无法获得碳信用签发的风险以及签发出的碳信用价格过低而造成亏损的市场风险。目前较大的项目开发商有 Ecosecurities、Camco、Econergy、Agcert 等，主要开发地在亚洲、拉丁美洲、俄罗斯等减排成本较低的地区。

（4）碳基金。

目前世界上的碳基金主要是针对 CDM 项目设立的，为 CDM 项目提供资金来源，购买 CDM 项目产生的核证减排单位 CERs，并在国际碳市场中出售获得收益。碳基金是国际碳市场投融资的重要工具和主要交易主体之一。

不同类型的基金其设立的目的不同。国家碳基金的设立目的在于缩小本国减排目标与国内潜在减排量之间的差距，帮助企业和公共部门减排，加强碳管理，投资低碳技术的研发；世界银行碳基金主要是为了实现其三个战略目标，即“增强发展中国家从减排市场中的受益能力”，“确保碳金融在致力于全球环境问题的基础上能够贡献于可持续发展”，“有助于建设、保障和发展温室气体减排市场”；私营基金设立的目的是为了在碳市场上获取商业利润。

碳基金的运作方式一般是：由发起人发起设立或募资设立碳基金，发起人可以是政府、企业或国际组织；由管理人对基金进行管理，管理模式一般有政府组织管理、共同管理和企业化管理；通过投资获得或者受托购买项目产生的 CERs，在国际碳市场上出售获取收益，并按照出资比例或契约安排进行利润分配。

碳基金的资金来源可以有以下几种方式：第一，政府全额出资，这种基金主要以政府基金的形式存在，如芬兰碳基金、德国的 KFW、加拿大的 PERRL 等；第二，由政府与企业按比例出资，这是较为普遍的出资方式，世界银行的碳基金一般都采取这种方式；第三，由国际组织和政府共同出资，例如世界银行意大利碳基金、世界银行西班牙碳基金等；第四，由政府通过征税的方式出资，英国主要采用这种方式；第五，企业自行募集资金，如 Merzbach 基金、ICECAP 等。

碳基金的管理模式按照管理人的不同可以分为托管模式和非托管模式。托管模式是将碳基金委托其他组织机构来管理，其优势在于可以利用受托方的经验和地位来更有效地运作和管理基金，目前世界银行凭借其丰富的碳市场经验成为全球最大的受托方。非托管模式是由其中一个发起人来负责基金的管理和运作，该模式更具有针对性，一般以本国企业和政府为主要服务对象，实现本国目标。

与管理模式相对应，碳基金的投资方式有两种，一种是受托购买 CERs，运用自身的技能和专业知识，为受托方选择合适的 CERs，直接与项目开发商进行合同谈判，扮演中间人的角色；另一种是直接投资于 CDM 项目，为 CDM 项目提供资金支持，项目产生的 CERs 作为投资回报，扮演投资者的角色。

在世界碳基金格局中，世界银行碳基金和政府碳基金占据了主导的地位，表 3－2列出了世界主要主权国家的碳基金。随着碳市场的发展壮大，私营碳基金也得到迅速发展。

表 3－2　主要主权国家碳基金

碳基金种类	成立时间	规模	组织形式	目的
德国碳基金	2005 年	6000 万欧元	德国复兴银行与德国政府共同出资	为德国和欧洲有意购买交易证书企业提供的一种服务工具

续上表

碳基金种类	成立时间	规模	组织形式	目的
日本碳基金	2005 年	14000 万美元	主要由 31 家私人企业和两家政策贷款机构——日本国际协力银行和日本政策投资银行出资建立	主要用于购买《京都议定书》规则下的减排量，以完成本国的减排目标量
英国碳基金	2001 年	6600 万英镑/年	由政府投资、按企业模式运作的独立公司	通过帮助商业和公共部门减少二氧化碳的排放，并从中寻求低碳技术的商业机会，从而帮助英国走向低碳经济社会

资料来源：http：//econ. worldbank. org。

（5）投机商。

碳市场的投机商参与碳市场的目的在于套利赚取超额利润。这些没有减排需求的投机商是碳市场不可或缺的重要组成部分，一方面可以增加价格波动的随机性，另一方面可以使失衡的价格恢复均衡。如果套利投资者过少，市场交易不活跃，市场价格所反映的信息不充分，价格的有效性减弱，一旦价格偏离均衡状态，其恢复均衡的速度就会变慢，甚至无法回归均衡状态。

投机商可以由对冲基金、金融投资机构、非减排企业等机构投资者以及风险投资家等个人投资者组成。目前，欧洲和美国的对冲基金和私募投资公司在国际碳市场上较为活跃，它们以持有碳公司的股份或购买转售碳信用的方式参与碳市场，其中较大的投机商包括：

RNK 资本公司，是一家总部设在纽约、专门投资于碳排放权市场的对冲基金，其主要投资区域在亚洲、东欧、拉丁美洲和美国，投资于可再生能源、甲烷捕捉、地热、风能等项目。

Catadel 投资集团，是全球最大且最成功的对冲基金之一，是一家拥有超过 12 亿美元资产的美国基金，同时也是欧洲碳基金的参与者。

Tudor 投资资本公司，是一家大型美国对冲基金公司的子公司，已入股 CDM 开发 Camco 国际公司。

Stark 投资管理公司，总部设在威斯康星州，透过策略性雇用扩展其环境市场能力。

MissionPoint 资本伙伴公司，是一家总部设在美国的私募基金，透过全球碳市场投资和交易，是 Ecosecurities 集团的大股东，也是北美碳捕集与封存协会的创办者之一。

Dexion 资本公司，是一家总部在伦敦的对冲基金集团，除投资于碳排放权市场以外，还涉足天气市场和巨灾风险金融工具。

（6）商业银行。

商业银行参与碳市场的时间相对较晚，部分原因是商业银行普遍较为保守，同时碳市场相对于其他金融市场显得不成熟且规模较小。由于国际银行一般采取混业经营，其参与碳市场的方式并非局限于信贷融资，更多的是金融衍生品如基金、债券、期货的开发与交易，以及对减排项目的直接开发投资，故国际银行是碳市场的重要参与者。

欧洲的商业银行表现最为活跃。比利时富通银行是碳市场的早期参与者，提供交易、交易对手服务、结算和碳金融类的融资。荷兰银行把碳市场列为具有战略利益的领域，推出一系列永续经营的全球性私募股权基金，并参与碳交易、以汇率为基础的碳交易结算，以及由欧洲企业买主预先支付碳信用的融资。爱尔兰银行与 Edenderry 电厂签订协议，同意以欧洲气候交易所的欧盟碳配额报价编制的指数价格，提供给 Edenderry 电厂所缺的配额。欧洲投资银行与欧洲复兴开发银行合作成立多边碳信用基金，用于中欧、东欧及独立国家联合体的计划中创造碳信用。汇丰银行成立了碳管理工作团队，成为世界上首家实现“碳中和”的国际银行。另外，巴克莱银行、拉博银行等也陆续开展碳市场业务。

3.2.2.2 市场辅助者

在碳市场中，为交易服务的市场辅助者主要有交易所、经纪人、登记平台、第三方核证机构等，提供其他服务的市场辅助者主要有保险公司、专业服务机构、咨询机构、评级机构等。

（1）碳交易所。

在碳交易市场中，碳交易所既不直接参与买卖，也不接受客户的买卖委托，世界各大气候和能源交易所是碳市场场内交易的主要交易平台，其主要职能包括：确定交易对象；提供碳交易的场所和设施；制定碳交易所的业务规则；组织、监督碳交易；对会员进行监管；管理和公布市场信息。全球主要的碳交易所包括欧洲气候交易所（ECX）、欧洲能源交易所（EEX）、纽约－泛欧交易所（BlueNext）、芝加哥气候交易所（CCX）等。

欧洲气候交易所（ECX）是芝加哥气候交易所的全资子公司，成立于 2005 年，是世界碳市场的领导者。在该交易所交易的产品有碳现货、远期、期货、期权、互换等多种产品，其与伦敦国际原油交易所合作，通过伦敦国际原油交易所的电子交易平台挂牌交易碳期货合约。

欧洲能源交易所（EEX）由德国莱比锡电力交易中心和欧洲能源交易市场合并

而成，成立于2002年，是欧洲大陆交易量最大的能源交易中心。业务类型包括为碳市场参与者提供配额和国际碳信用的现货和期货交易产品。除了基本的服务外，EEX还为会员提供担保和风险承担的服务。

纽约-泛欧交易所（BlueNext）是一个全球性的二氧化碳排放权交易平台，由原纽约-泛欧交易所与法国国有金融机构信托投资局合作建立，成立于2007年，是第一个《京都议定书》下碳配额交易平台，以配额现货交易为主，后设立了碳期货交易市场。该交易所于2012年10月停止所有交易。

芝加哥气候交易所（CCX）是美国唯一的环境交易所，也是全球唯一一个自愿的、独立第三方认证的、具有法律约束力的碳排放权交易平台，成立于2003年，交易对象为碳金融工具CFI。2009年，美国联邦政府未能将CCX纳入强制减排方案中，使得CFI价格跌至冰点，最终，CCX于2010年停止CFI交易。

（2）经纪人。

经纪人是为市场上买卖双方提供中介服务并从中收取佣金的人。碳市场的交易是高度结构化的，需要具备相当高的专业水平，专业经纪人的附加价值极受重视。不管对买方还是卖方来说，经纪人是极其重要的市场情报来源，尤其是CDM和JI项目交易市场的规模较大、执行期较长和高度结构化，经纪人是不可缺少的纽带。经纪人的存在，可以大大减少买卖双方的交易成本，提高交易质量和效率，增加市场流动性。目前参与碳市场的主要经纪人机构有Evolution Markets、CO_2e. com、Tullett Prebon、Marex Spectron等。

Evolution Markets是一家专注于碳金融市场经纪业务的跨国公司，分支机构遍布纽约、伦敦、三藩市、卡尔加里和布宜诺斯艾利斯，其使用一种独特的“EvoFinance”方法。该公司与美国和世界各地的项目开发商合作，帮助开发商制定战略，最大限度地发挥环境效益的价值，指导碳信用CER和VER的产生，并在自愿碳市场上出售。

CO_2e. com是由Cantor Fitzgerald集团创立的一家领先的环保经纪公司，帮助企业解决气候变化相关的问题，包括温室气体、可再生能源和其他环保产品相关的经纪业务，碳信用的采购和交付业务，并通过战略发展、分析、认证、法律、会计、保险等专业服务解决碳交易问题。

Tullett Prebon是全球最大的交易商经纪公司之一，在利率产品、国债、非银行业务、能源与大宗商品、信用和股权、全球货币等多种产品门类支持客户的交易活动，还发展了排放权产品，成立了TP环境团队，在环境市场上为客户提供交易和咨询服务。

MarexSpectron是全球规模最大的、独立的私有经纪公司，由Marex集团于2011年收购当时从事能源批发和大宗商品的领先全球的经纪公司Spectron而合并形成，在大宗商品市场和能源市场上提供电子交易和清算服务。该公司早在2002年已活跃于环境市场，依靠自身的经验和关系帮助排放权市场参与者获得最好的市场价格，成为欧盟和美国排放权市场上首选的经纪人，业务范围覆盖强制减排市场和自愿减排市场。

（3）登记平台。

登记平台是自愿排放市场上为登记系统提供基础设施服务的机构。登记平台上的登记系统承担碳信用的登记、签发和注销功能，登记平台则为登记系统提供必要的设施、技术支持和服务。全球主要的登记平台有APX、Caisse des dépôts以及Markit。

APX是一个私营的能源和环境市场交易基础设施提供商，为多种标准开发和管理登记系统，是VCS登记系统的三个平台服务商之一，并担当VCS标准的中央项目数据库。同时APX还是北美所有可再生能源交易市场履约或可再生能源证书（REC）签发、追踪、购买和注销的基础平台提供者。

Caisse des dépôts是由附属于Caisse des dépôts的气候公司管理，可与APX的VCS中央项目数据库链接，但其信息不向公众公开。

Markit为包括碳信用、水和生物多样性证书在内的所有环境资产提供登记平台，而且其自身也运作了一个独立登记系统，可与多个交易平台链接，方便客户购买和销售其平台上的碳信用。

（4）第三方核证机构。

第三方核证机构是为碳信用的核证以及碳配额的监测报告核证提供服务的机构，必须具备独立性、专业性和规范化，是确保碳市场公正、公开、透明的制度安排。

第三方核证机构有非常严格的准入标准。例如CDM机制下的指定经营实体（DOE）需要具备法律资格、专业人员配备、足够的资金和资源、完善的内部管理等条件，经过EB的认证，由联合国缔约方大会指定。

第三方核证机构需要具备很高的专业水平，熟悉碳市场运作规则，掌握各行业的技术标准和方法学以制定相应的排放基线、评价其额外性、计算减排量和监测排放，能够识别企业提供材料的正确性和适用性。

第三方核证机构要遵守严格的行为规范，否则将会受到警告、罚款、停职或取消资格等处罚措施。

（5）保险公司。

保险公司参与碳市场的动机在于发现气候变化对现有产品的影响以及发掘碳市场的市场机遇。碳市场上存在多种风险，包括政策风险、市场风险、交易风险、项目风险、操作风险等，特别是在CDM项目中，存在碳信用的签发风险和交易对手风险，因而保险公司在帮助企业和项目开发商规避风险中扮演着不可替代的角色。碳市场对保险产品的需求日益增加，保险公司的地位也越来越重要。美国保险业巨擘AIG以及世界两大再保险公司——瑞士再保险与慕尼黑再保险公司均已为碳市场开发新的保险产品。

保险公司的业务主要有两大方向：一是利用保险的形式刺激各行业低碳减排，例如低碳汽车保险、绿色建筑覆盖保险、企业绿色商业保险等；二是对碳排放权交易过程中可能发生的价格波动、信用危机和交易危机进行风险规避和担保，例如森林碳保险、碳交易政策风险保险、碳排放权信用保险、碳交割保证等。

另一方面，保险公司还需承担自身的社会责任，因而保险公司还如同其他自愿减排企业一样，需要购买碳信用来抵消其运营对环境的影响。例如AIG直接注资温室减排项目来获取碳信用。

（6）专业服务机构。

专业服务机构是专门为碳市场提供法律、会计、税务等专业领域服务的机构。

法律服务机构的服务对象有两类，一类是政府部门，另一类是减排企业。一方面，法律服务机构早已参与到碳市场的构建和交易计划的制定之中，除了围绕这些体系的基础法律设计问题以外，法律服务的重心在于排放权力的建立，即哪些权利可以通过交易转移、交易协议的内容和设计，以及哪些法令规定公司可以在排放权交易计划中交易等。而另一方面，减排企业参与碳交易需要专业的法律知识，因而专精于碳交易的法律顾问日趋增多。

会计服务机构需要对减排企业和减排项目的碳资产和减排量进行专门审计或直接为减排企业和减排项目提供会计核算服务，并提供专业的会计咨询服务。但由于国际上尚未形成统一的通用碳会计准则，故会计服务领域的发展较为缓慢。

税务服务机构需要研究与碳市场相关的企业所得税和增值税问题，为政策制定者如何制定合理的税收提供专业解决方案，并为减排企业和减排项目处理这两大税种的纳税问题。

（7）咨询机构。

咨询机构是为碳市场交易主体提供专业知识指导、市场信息捕捉、交易技巧培训等服务，以及定期提供碳市场分析报告和市场调查报告的机构。碳市场参与者可以通过咨询和阅读咨询机构提供的报告，了解碳市场运行情况，及时更新市场信息，掌握交易技巧，从而制定企业战略、交易策略和理财策略。

咨询服务可以由专业的咨询顾问机构提供，例如丹麦COWI、荷兰CVDT、英国IT Power等，也可以由交易所、经纪人、专业服务机构等提供。

（8）评级机构。

信用评级机构是金融市场上一个重要的服务性中介机构，它是由专门的经济、法律、财务专家组成的、对证券发行人和证券信用进行等级评定的组织，其主要评级对象为各类公司债券和地方债券。目前，世界三大评级机构为标准普尔（S&P）、穆迪（Moody's）、惠誉（Fitch）。

碳排放规范可能影响工业公司的长期信用，因而促使信用评级机构将碳金融纳入研究程序。这对公共事业和电力、能源行业的分析至关重要。各大评级机构已将碳金融因素纳入各自的债券评级当中，并已开始追踪碳排放权交易市场。

专栏 3-1　欧盟碳交易体系扩张，航空业被纳入管制

2008 年 11 月，欧盟议会和欧盟委员会通过新法案，决定将国际航空业纳入欧盟 EU ETS 体系，该法案于 2009 年 2 月生效，并于 2012 年 1 月 1 日起实行排放交易。新法规规定，所有有飞机在欧盟境内机场起降的航空公司都必须要为其所排放的二氧化碳购买排放许可。欧盟的这一地区性法律规定将不仅适用于欧盟航空公司，在欧盟境内起飞和降落的非欧盟国家航班也将被强制划入征税范围，即全球 2000 多家航空公司都被纳入欧盟航空碳排放权交易体系。

国际民航组织几年前就认为，相比较于税收或其他收费等，收取碳排放费用是解决航空排放最有效的经济措施。因此欧盟认为，把航空业纳入排放权交易体系完全符合国际法，也符合国际民航组织的规定。但此举受到包括中国、美国、俄罗斯、印度在内的 20 多个国家的联合抗议和抵制。根据国际航空运输协会估算，全球航空公司 2012 年为 ETS 体系的支出至少将达到 24 亿欧元。路透社称，到 2020 年底，航空公司购买碳排放许可的成本将达到 9 亿欧元。根据航空公司的运载量，欧盟委员会表示，每名乘客增加的成本约为 2～12 欧元。

根据 2009 年修订的欧洲议会和欧盟理事会指令 2003/87/EC 的第二章有关航空业的规定，ETS 体系将航空公司 2004 年至 2006 年间的平均排放量作为参照，2012 年给予航空公司该排放量的 97% 作为排放总量指标，其中 85% 的排放额度可免费获得，15% 将用于拍卖，此后，在允许的排放总量逐年递减的同时，免费配额的比例也将逐年减少，直到 2020 年取消免费配额而全部采取拍卖方式发放。拍卖所得将用于处理欧盟内和第三国的气候变化，尤其是应用于降低温室气体排放、欧盟内和第三国适应气候变化影响（特别是发展中国家）、资助减缓和适应的研究和开发、通过低排放运输实现减排以及支付管理共同体体系的费用。另外，相当于分配配额总量的 3% 配额会被划出，作为特别储备，该飞机经营者在以下条件时可以向成员国权力机构申请从特别储备中提取免费配额：一是在规定时间段提交监测年吨公里数据之后开始运营附件 I

所列航空活动的飞机经营者；二是在规定时间段的第二年所提交监测年吨公里数据且数据平均每年提高18%的飞机经营者。每年的2月28日，主管机构将配额分配给飞机经营者。飞机经营者需在每年3月31日前将已审核的前一年排放数据输入欧盟注册机制，每年4月30日前提供足够的航空排放配额、一般排放配额和国际配额以抵补前一年的排放。未能上缴足够配额的飞机经营者，成员国将公布其名字，要求该飞机经营者支付每吨100欧元的超额排放罚款，并在下一年免费配额中扣除。若飞机经营者不遵守该指令，其管理成员国可要求欧盟委员会做出营运禁令。

按照欧盟的计划表，EU ETS在进入第三阶段后，将逐步全面覆盖所有的排污行业。欧盟的下一个目标是航海，欧盟委员会提出将航海业纳入碳排放权交易体系监管范围，制定出全球航空和航海运输行业碳排放的征收价格单；接下去是商品出口的“碳壁垒”，以此建立商品生产的“碳足迹”制度。

3.3 碳市场的交易标的

在各大碳交易市场体系中交易的标的分为碳配额和碳信用两大类。具体来说，目前碳交易市场上较为常见的是欧盟碳配额（EUA）和核证减排单位（CER），另外还有减排单位（ERU）、自愿减排量（VER）、清除单位（RMU）。

3.3.1 欧盟碳配额

当前，碳市场上交易的欧盟碳配额（EU Allowance，EUA）一部分是免费分配的，一部分是拍卖的。EUA通常采用标准化合约的形式，逐日交割，并采用实物交割的方式。表3－3和表3－4分别为欧洲能源交易所的EUA现货拍卖合约和连续交易合约。

表3－3 EEX一级市场欧盟碳配额拍卖合约

名称	EUA初始拍卖合约（第三履约期）
简介	2003年10月3日订立的2003/87/EC指令在2009年4月23日最后修订为2009/29/EG。在订立合同时，根据该指令的有效版本，该许可证允许排放1吨二氧化碳或1吨二氧化碳当量，并根据该指令第19章，许可证保存于登记系统中，可在交割日转移
合约对象	1EUA

续上表

名称	EUA 初始拍卖合约（第三履约期）
最小交易规模	500 份合约或其倍数
交易形式	单边拍卖，即交易参与者只能充当买家
交易时间	准确时间由拍卖日历公示
拍卖量	由拍卖日历公示
报价单位	欧元/EUA
最小价格变动	0.01 欧元/EUA
履约日期	在合同签订后的第一个欧洲商品清算所（ECC Lux）工作日
托管账户	根据德国破产法令第 166 条第 3 款第 1 项规定的结算终局性指令第 2 章，拍卖配额作为抵押品由 ECC Lux 托管持有于一级拍卖账户内
EUAs 的转让	根据合同的履行，成功中标者有权将其在 ECC Lux 注册系统中的托管账户托管持有的 EUA 转让至其指定账户，指令在发出后第一个 ECC Lux 工作日内执行

资料来源：根据 EEX 网站 http://www.eex.com/en/products 的资料整理。

表 3－4　EEX 二级市场欧盟碳配额现货连续交易合约

名称	EUA
简介	2003 年 10 月 3 日订立的 2003/87/EC 指令在 2009 年 4 月 23 日最后修订为 2009/29/EG。在订立合同时，根据该指令的有效版本，该许可证允许排放 1 吨二氧化碳或 1 吨二氧化碳当量，并根据该指令第 19 章，许可证保存于登记系统中，可在交割日转移
合约规模	1000EUA
报价单位	欧元/EUA
最小价格变动	0.01 欧元/EUA 乘以合约规模，即 10 欧元/合约
交易形式	连续交易
履约日期	在合同签订后的第一个 ECC Lux 工作日
托管账户	根据德国破产法令第 166 条第 3 款第 1 项规定的结算终局性指令第 2 章，配额作为抵押品由 ECC Lux 托管持有于账户内
EUAs 的转让	每个交易所成员有权将其在 ECC Lux 注册系统中的托管账户托管持有的 EUA 转让至其指定账户，指令在发出后第一个 ECC Lux 工作日内执行

资料来源：根据 EEX 网站 http://www.eex.com/en/products 的资料整理。

EEX 的一级拍卖市场为包括德国和波兰在内的 26 个欧盟国家以及挪威、冰岛和列支敦士登提供 EUA。EUA 拍卖合约中，1 份合约为 1 单位 EUA，等于 1 吨二氧化碳，最小拍卖量为 500 份，即 500 吨二氧化碳。拍卖时间为中欧标准时间（CET）早上 11 点。拍卖采取单边拍卖的方式，即只允许投标，不允许询价。交割制度为 $T+1$实物交割制度，当日拍卖，次日交割。拍卖后采取先付款后交付的方式：拍卖者收到支付款项后，由 EEX 的清算机构欧洲商品清算所（ECC Lux）将所购买的 EUA 转入成功中标者在 ECC Lux 中间账户系统中的账户，并在 ECC Lux 登记系统中的原一级拍卖托管账户做相应的变化。仅参与拍卖的参与者不需要缴纳交易所的年费，但要缴纳交易费用、清算费用和交割费用。德国和波兰的拍卖需要缴纳每吨 0. 2 欧元的交易费用和每吨 0. 1 欧元的清算和交割费用，而其他通过欧盟联合拍卖平台的拍卖则缴纳每吨 0. 1 欧元的交易费用和每吨 0. 05 欧元的清算和交割费用。

在 EEX 二级市场的 EUA 连续交易合约中，1 份合约为 1000 单位 EUA，即 1 手。最小交易量为 1 手，最小的价格变动为 0. 01 欧元/EUA，合计为 10 欧元/份。二级市场交易时间为 CET 早上 8 点至下午 6 点，交易注册时间为 CET 早上 8 点至下午 6 点 45 分。交割制度也是 $T+1$ 实物交割制度。交易成功后，由 ECC Lux 将已购买的 EUA 转入买方在 ECC Lux 中间账系统中的账户，然后在 ECC Lux 注册系统中的托管账户做相应的变化；同时需要进行资金结算。参与二级市场交易的参与者需要缴纳每年 2500 欧元的保证金，另外还要缴纳每吨 0. 2 欧元的交易费用和每吨 0. 1 欧元的清算和交割费用。

3. 3. 2 核证减排单位

核证减排单位（CER）是基于 CDM 项目所签发的碳减排单位，每单位核证减排量相当于减排 1 吨二氧化碳当量（CO_2e/t），可用于兑现附录 I 国家的减排承诺或者作为温室气体排放交易体系的交易单位，可在交易所二级市场中交易。与 EUA 类似，CER 也采用标准化合约的形式，逐日交割，并采用实物交割的方式。表 3 -5 为欧洲气候交易所的 CER 现货合约。

表 3 -5 ECX 核证减排单位现货合约

合约名称	CER 每日期货合约
交易单位	一手为 1000 单位排放权，可转换为 EUA 用于履约
相关时期	第三履约期
最小交易量	1 手
报价	欧元/吨
最小报价单位	0. 01 欧元/吨（10 欧元/手）

续上表

合约名称	CER 每日期货合约
最小价格变动	0.01 欧元
最大价格变动	无限制
合约上市	逐日合约，任一时刻仅有一个合约上市
交易系统	洲际交易所（ICE）期货交易所欧盟电子交易平台（WebICE）或通过其他授权的独立软件销售商进行交易
结算价格	如果流动性低，使用每日收盘时间（英国当地时间 16:50:00—16:59:59）交易加权平均结算报价，结算价格即为交易所交货结算价格（EDSP）
增值税和其他税项	按照终端市场法案（TMO），由英国皇家税务与海关总署承认，会员与洲际交易所欧洲清算所之间的 CER 每日期货合约的增值税率为零
交割方法	所有合约采用实物交割，交割于交割期内在清算会员与 ICE 欧洲清算所之间进行，交割期从合约日的当地时间 17:00 开始，到合约日后第二个工作日 15:00 结束
清算	ICE 欧洲清算所充当所有交易中央结算对手
合约安全	按照清算规则，ICE 欧洲清算所保证 ICE 欧洲期货合约均以清算所成员名义进行交易
其他信息	本合约允许大宗交易，最小交易量为 50 手

资料来源：根据 ICE 网站 https://www.theice.com/productguide/资料整理。

根据《京都议定书》第 12 条，交易后的 CERs 可交付至清算所（Clearing House），用于排放限制承诺的履约，由主管部门发放一个在 EU ETS 第三履约期内有效的 EUA 来交换一个 CER。

用于交换的 CERs 有一定的限制，不合格的 CERs 不能用于交换履约。对于 ECX，不合格的 CERs 包括由以下项目签发的 CERs：

（1）截至 2013 年 4 月的合同，发电容量超过 20MW 的水力发电生产项目（即“大型水电项目”）；

（2）根据 2013 年 5 月的合同，大型水电项目未列入交易所第三阶段的大型水电项目清单；

（3）受到欧盟、联合国或美国外国资产控制办事处制裁和/或交易控制的政权国家主办的项目，或者与欧盟、联合国或美国外国资产控制办事处制裁和控制交易确认的任何个人和公共或私实体有直接或间接的关系的项目。

而对于 EEX，不合格的 CERs 还包括含有己二酸生产所产生的三氟甲烷（CHF_3-23）和一氧化二氮（N_2O）的项目所签发的 CERs。

在 ECX 的 CERs 合约中，1 份合约为 1000 单位 CERs，即 1 手。最小交易量为 1 手，最小的价格变动为 0.01 欧元/CER，合计为 10 欧元/份。交易时间为伦敦时间早上 7 点至下午 5 点。交易的结算价格一般为成交价格，如果市场流动性低，则结算价格为每日收盘时间的交易加权平均报价。CER 的直接交易对手是 ICE 欧洲清算所，CER 的交割在交易者与清算所之间进行，交易成功后，合约从卖方清算会员所在注册系统的个人持有账户转移到 ICE 欧洲清算所注册系统的交易账户，再转移到买方清算会员所在注册系统的个人持有账户。

3.3.3 减排单位

减排单位（Emission Reduction Unit，ERU）是基于联合国履约机制所签发的碳减排单位，每单位核证减排量相当于减排 1 吨二氧化碳当量（CO_2e/t），可用于兑现附件 I 国家的减排承诺或者作为温室气体排放交易体系的交易单位，可在交易所二级市场中交易。附件 I 国家在监督委员会（Supervisory Committee）监督下，可获得或转让 ERU。其与 CER 不同，减排单位（ERU）的履约主体是具有减排任务的发达国家。

ERU 通常为标准化合约，逐日交割，并以实物交割为主。2010 年，纽约 - 泛欧证券交易集团 BlueNext 发起其首笔（ERU）现货合约交易，交易采用 Trayport GlobalVision 交易所交易系统。而此次现货交易的促成，是建立在 BlueNext 于 2010 年 1 月和 9 月举行的 ERU 拍卖之上的。其他交易所也相继推出 ERU 现货合约和期货合约。表 3 - 6 为 ECX 的 ERU 期货合约。

表 3 - 6 ECX 减排单位期货合约

合约名称	ERU 期货合约
交易单位	一手为 1000 单位减排单位，其为符合《京都议定书》框架的减排单位
相关时期	第三履约期
最小交易量	1 手
报价	欧元/吨
最小报价单位	0.01 欧元/吨（10 欧元/手）
最小价格变动	0.01 欧元
最大价格变动	无限制
合约上市	季度到期合约上市周期，3 月、6 月、9 月以及 12 月合约月份列出到 2015 年 12 月的合同，年度合同到期日到 2020 年

续上表

合约名称	ERU 期货合约
交易系统	洲际交易所（ICE）期货交易所欧盟电子交易平台（WebICE）或通过其他授权的独立软件销售商进行交易
结算价格	如果流动性低，使用每日收盘时间（英国当地时间 16:50:00—16:59:59）交易加权平均结算报价，结算价格即为交易所交货结算价格（EDSP）
交割方法	所有合约采用实物交割，交割于交割期内在清算会员与 ICE 欧洲清算所之间进行，交割期从合约日的当地时间 17:00 开始，到合约日后第二个工作日 15:00 结束
清算	ICE 欧洲清算所充当所有交易中央结算对手
合约安全	按照清算规则，ICE 欧洲清算所保证 ICE 欧洲期货合约均以清算所成员名义进行交易
其他信息	本合约允许大宗交易，最小交易量为 50 手

资料来源：根据 ICE 网站 https://www.theice.com/productguide/整理。

ECX 交换的 ERU 是被交易所认可的“合格 ERU”，不合格的 ERU 被剔除在交易的范围之外，其包括：

（1）2012 年 12 月 31 日当天或之前的合同标的，包括 2012 年 4 月 30 日来自于《京都议定书》第三阶段计划中成员国的减排项目或 2013 年 1 月 1 日以后的合同，项目核准过程遵从《京都议定书》9/CMP1 决定附件中第 23 号条款。

（2）2013 年 4 月之前的合同，发电量超过 20 MW 的大型水力发电生产项目与活动。

（3）2013 年 5 月后的合同，大型水电项目未列入第三阶段项目清单。

3.3.4 自愿减排量

自愿减排量（Voluntary Emission Reduction，VER）是指自愿减排项目签发的减排信用，也包括正在等候联合国执行理事会注册或者签发的、尚未取得 CER 的清洁发展机制项目产生的减排信用额度，即其隶属于 CDM 体系之外的项目。随着全球碳排放权交易市场对减排项目的有效性、持续性要求越来越严格，碳交易市场的买方越来越关注诸如沼气、垃圾填埋气及可再生能源等减排项目。但由于清洁能源机制以及政府指令促进低碳发展的局限性，以及调动公众减排责任心和利他心的诉求，一个全新的被称为“清洁发展机制项目的 VER 预备市场”应运而生。

与 CER 不同，VER 比 CER 申请程序简单，省去联合国的注册和国家发改委的审批的程序，且 VER 比 CER 价格低。VER 项目按照联合国制定的 CDM 项目方法学来开发和实施，VER 碳汇市场遵循《京都议定书》建立相应的碳汇市场规则。VER 购买方是自愿为减缓全球气候变暖付出的、具有特定公共关系需求的公司及个人，而提供方则是减排指标的项目开发商。目前，VER 的参与方正逐步扩大，VER 市场功能正渐渐完善。

3.3.5 清除单位

清除单位（Removal Unit，RMU）是一种可交易的碳信用额或“京都单位”（Kyoto Unit），其代表附件Ⅰ国家通过碳汇活动吸收 1 吨温室气体排放而获得的许可。

《京都议定书》条款 3.3 指出：“附件Ⅰ国家利用变换土地使用方式、减少森林砍伐、重新造林等方式达到大气中二氧化碳排放量的净减少，即可认定为产生清除单位。”

3.4 碳交易指数

碳交易指数（Carbon Index）是反映碳交易市场价格变动情况的指标，通常由国际金融机构根据指标编制方面的某项方法学进行计算并公布。碳交易指数反映了碳市场的供求状况和价格信息，有助于市场参与者了解市场动态，为投资者提供投资决策的参考依据。目前世界上已开发出较为完善的碳交易指数，例如巴克莱资本全球碳指数（Barclays Capital Global Carbon Index，BCGCI）、瑞银温室气体指数（UBS GreenHouse Index，UBS GHI）、道琼斯 - 芝加哥气候交易所 - CER 指数（Dow Jones CCX CER Index，DJ - CCX - CERI）、道琼斯 - 芝加哥气候交易所 - 欧洲碳指数（Dow Jones CCX European Carbon Index，DJ - CCX - ECI）以及美林全球二氧化碳排放指数（MLCX Global CO_2 Emissions Index）等。

3.4.1 巴克莱资本全球碳指数（BCGCI）

巴克莱资本全球碳指数（BCGCI）由巴克莱银行旗下的投资银行巴克莱资本于 2007 年发布，是世界碳市场上首支综合基准指数，成为世界碳交易指数的领导者。该指数涵盖了碳交易市场中每一种交易机制中最富流动性的投资工具，为资产管理、私人银行和机构投资者对快速增长的碳交易市场提供全面性的基准比较。

BCGCI 由巴克莱资本环境市场指数委员会（BCEMIC）管理，包括对指数规则、构成和方法学进行监管和对指数质量实施监控。每年度，指数发起人都会对指数所涵盖的交易机制、指数权重和碳投资工具进行调整，并由指数委员会批准。

BCGCI 采用标准结算价格和最适于国际投资者的市场日历，每日进行计算。巴克莱资本通过气候指数互联网站和包括彭博在内的其他电子商务频道为指数提供支持和分析。

BCGCI 会在每一个机制中选择一个碳投资工具，例如在 EU ETS 下选择 EUA 的期货合约，在 CDM 机制下选择 CER 的期货合约等，见图 3－6。从指数发起人的角度来说，被选择的工具应该最适于反映成交量情况并能提供精确的每日定价。当该工具可同时在远期和期货市场交易时，假定其流动性适宜、定价精确且稳定，则期货优先；不同交易所则成交量大的合约优先。而机制权重的设计反映的是碳排放额度交易的金融价值。权重值将把过去几年的场内外交易量以及期望期货交易量考虑在内。

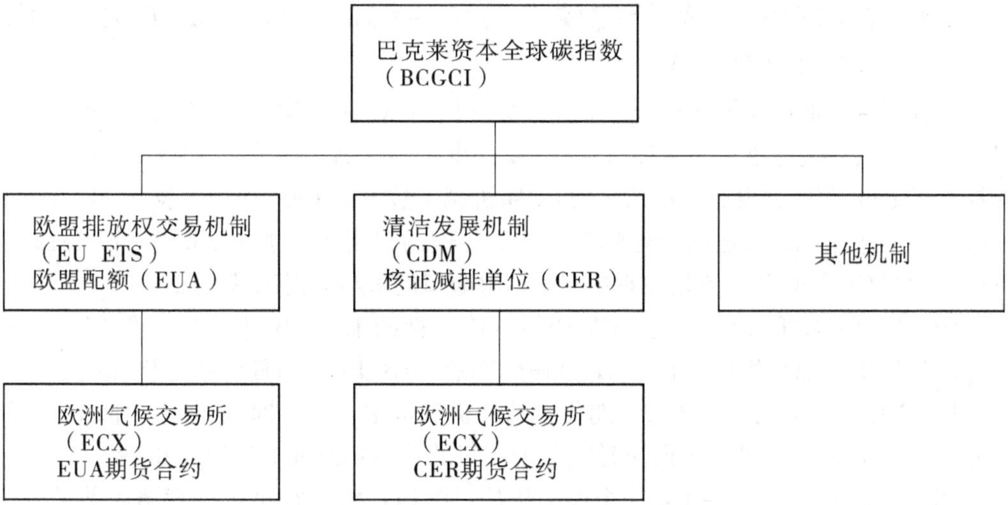

图 3－6　巴克莱资本全球碳指数架构

BCGCI 使用市场标准商品价格方法学进行计算。其复制了一个商品期货基金，这些期货会被周期性地调整回固定的百分比权重。每年的 11 月，指数会被重新设定权重。在 10 月的最后一天为决定日，指数对每个碳投资工具的持有将被决定，指数由固定百分比权重和合约当日收盘价计算。

3.4.2　瑞银温室气体指数（UBS GHI）

瑞银温室气体指数（UBS GHI）是由瑞士联合银行（UBS）伦敦分行于 2008 年发布的全球第一支综合性的温室指数，既包括碳排放权交易又包括气候变化因素，也是第一支追踪温室效应的可交易的投资基准指数。UBS GHI 及其子指数族是为满足那些寻求获得温室效应金融风险敞口便捷方法的投资者的需求。私人投资者可以通过该指数在宏观水平上简便地获得气候与碳排放市场敞口，而不必处理碳市场的复杂性。职业投资者可以通过主指数和特定指数来对冲总风险敞口。

UBS GHI 的气候风险敞口由芝加哥商业交易所（CME）上交易的热度天数与冷度天数即期月份月期货合约获得，而排放权风险敞口由 ECX 上交易的 CFI 年期货合约和北欧电力交易所（Nord Pool）上交易的 CER 年期货合约提供。

UBS GHI 所包含的合约数目没有限制，任何合约只要满足有关流动性的标准，由指数发起人和 UBS GHI 治理委员会商议即可包括在指数当中。

每年 5 月由气候发起人和 UBS GHI 治理委员会对气候权重进行重新设定，而排放权重则每季度调整一次。

3.4.3 道琼斯 - 芝加哥气候交易所 - CER/EC 指数（DJ - CCX - CER/EC - I）

道琼斯 - 芝加哥气候交易所 - CER 指数（DJ - CCX - CERI）和道琼斯 - 芝加哥气候交易所 - 欧洲碳指数（DJ - CCX - ECI）是由全球指数提供商道琼斯和芝加哥气候交易所于 2008 年联合发布，目的是为 CDM 机制下签发的 CER 现货以及 EU ETS 下的 EUA 提供一个精确而又透明合理的定价方式。这两只指数分别用来衡量 CER 和 EUA 价格，为在 CER 和 EUA 价格波动中寻求风险敞口的参与者提供基准点。

DJ - CCX - CER/EC - I 是 ECX 中最具流动性的 12 月份到期的 CER/EUA 期货合约，具体由三部分组成，包括 12 月份到期的 CER/EUA 期货合约价格和接下来连续两期 12 月份到期的 CER/EUA 期货合约的折现价格。到期时间小于一年的价格用欧元同业拆借利率折现，而到期时间大于一年的价格用欧元利率互换折现。

DJ - CCX - CER/EC - I 是一个滚动指数，滚动步骤是在每个季度结束前的连续四个交易日逐渐进行。在 4 天的滚动期内，指数权重会以每天 25% 的增量进行更新。滚动期结束后，即将期满的期货合约在指数内的权重会减少为零。指数权重为上季度最后一个交易日的每种合约利率所占的百分比。

3.4.4 美林全球二氧化碳排放指数

美林全球二氧化碳排放指数（MLCX Global CO_2 Emissions Index）由美林证券（Merrill Lynch）国际研究部于 2008 年推出。该指数旨在为快速增长的全球碳排放市场参与者提供精确的洞察市场的途径。美林全球二氧化碳排放指数主要以 EUA 与 CER 价格为基准，权重由其二者不同时期的基本工具流动性和相关性来决定，指数推出当年美林采用 71% EUA 与 29% CER 权数。

同时美林还推出了该指数的两个子指数，分别是美林欧盟排放配额指数（MLCX EUA Index）和美林核证减排量指数（MLCX CER Index），为参与碳交易市场的投资者进行交易、投资决策时提供全面参考。随着全球碳排放市场广度和深度的加大，美林国际研究部不断完善该指数，增加指数的基本工具数量。据悉，与该指数挂钩的交易型开放式指数基金（Exchange Traded Fund）也正在筹备中。此外，由于美林全球二氧化碳排放指数是美林全球财富管理（Global Wealth Management）旗下产品，故而其计算方法并没有公之于众。

专栏3-2　“热空气”问题的思考

《京都议定书》第一履约期的目标基准年设定在1990年，因为那是排放资料首次较齐备的一年。但1990年也是共产主义崩溃、苏联和其他华沙公约国家转型成市场经济的混乱年代，重工业遭受重创，企业倒闭，随后的温室气体排放也大幅滑落。因此，俄罗斯、乌克兰、波兰等东欧国家的排放量远低于《京都议定书》分配给其的配额。因此这些国家手里都握有大量的排放配额盈余。国际社会把这些盈余称为“热空气”，这是因为盈余带来的减排量只是一种字面上的成果，并非来自真正的节能或提高能效的努力，即名义上减排而非实质性减排。

俄罗斯等东欧国家产生了约130多亿吨的“热空气”，比欧盟和美国2010年的全部排放总额多出30～40亿吨。一旦这些碳配额进入市场，无疑将造成碳配额严重供大于求，从而拉低二氧化碳价格。荷兰环境评估局的最新报告也指出，如果对这些“热空气”的结转不做任何限制，那么2020年二氧化碳价格甚至会跌至每吨5美元。碳价过低，受限制的排放者就可以靠购买便宜的配额来解决，而不需进行实质性减排，大大降低政策的预期效果，阻碍碳减排计划的实施。

发展中国家要求在第二承诺期内，应该禁止“热空气”的交易，以保证减排的有效性。而且第二承诺期结束的时候，所有剩余的“热空气”也应被全部取消。但手握巨额AAUs盈余的东欧阵营也已经打起了“热空气”保卫战。波兰坚持要将“热空气”全部带入第二承诺期乃至2020年之后，并愿意将未来AAUs交易收入的10%用于援助发展中国家减排。俄罗斯也坚持要保留自己60亿吨之巨的“热空气”用于与将加入第二承诺期的国家进行交易获利。只有澳大利亚、列支敦士登、摩纳哥、挪威、瑞士和日本6国表示，不会使用或购买一期排放余额来扩充二期碳排放额度。

2012年多哈会议通过的一揽子决议，其中要求波兰、匈牙利、保加利亚及立陶宛等国家的“热空气”在第二承诺期只能少部分自用，不允许卖给其他国家，从而减少了《京都议定书》框架下的国际碳市场的供给，有利于提振目前跌至“冰点”的碳价格。

虽然多哈会议提出了已经产生出来的“热空气”的处理方案，将其对碳价格的影响降到最低，但“热空气”的产生问题依然是碳市场交易体系亟须解决的一个重大问题，简单来说，是配额发放过剩问题，而这一问题归根结底是由于总量控制与交易制度的配额刚性问题。配额刚性问题是由于一定时期内配额供应总量固定不变，无法根据实际情况而调节所导致的，即期初的预测量与实际需求量存在差异但无法得到调整。而这种差异可能是由于对企业减排能力的估计差异造成的，也可能是经济周期性变动所造成的，甚至可能是减排基准选择问题所造成的。它会带来两种极端效果，一是配额供应过多，产生大量“热空气”，致使价格大幅下跌，造成异常低价；二是配额供应过少，引起市场恐慌，致使价格大幅上升，造成异常高价。上述所说的“热空气”便是由于减排基准选择问题造成的。而更多的情况可能是由于经济周期性衰退导致排放的自然萎缩，排放量低于最初制定的目标，从而形成“热空气”，造成配额冗余。

解决“热空气”问题，需要进一步改进总量限制机制和配额发放机制，碳市场交易体系应在实践的检验中不断得到完善。

【本章小结】

本章阐述了碳交易市场体系的分类和设计原则；介绍了两种市场制度结构：总量与交易制度、基准减排与信用制度，以及两种制度下不同的机制设计和运作规则；市场的构成要素：市场参与者、辅助参与者以及中介和咨询机构；交易标的主要涉及 EUA、CER、ERU 以及 RMU；而碳市场指数则重点介绍了 BCGCI、UBS GHI、DJ－CCX－CER/EC－I 以及 MLCX Global CO_2 Emissions Index。

参考书目

[1] 唐芳芳．气候变化与碳交易［M］．北京：北京大学出版社，2012.

[2] ［美］索尼亚·拉巴特，罗德尼 R．怀特．碳金融——碳减排良方还是金融陷阱[M]．王震，王宇译．北京：石油工业出版社，2010.

[3] 王伟光，郑国光．应对气候变化报告（2012）——气候融资与低碳发展［M］．北京：社会科学文献出版社，2012.

[4] 焦小平，译．欧盟排放交易体系规则［M］．北京：中国财政经济出版社，2010.

4 碳金融交易产品

碳金融交易产品是碳金融市场中可交易的碳资产，作为权利义务关系的载体以及碳排放权交易的合法凭证，碳排放权采用多元化的形式使转让、变现成为可能。碳金融交易工具主要包括碳货币、碳债券、碳基金以及碳衍生产品，其中碳基金和碳衍生产品市场占有份额最大，是最常见的碳市场交易产品。

4.1 碳货币与碳货币体系的构建

4.1.1 碳货币的界定及特性

货币是商品交换发展到一定阶段，从商品中分化出来，并逐渐演变成充当一般等价物的商品。碳货币则特指以碳信用*或每吨二氧化碳当量碳排放权为基础的一般等价物，发挥交易媒介、价值尺度以及价值储藏的基本职能。

随着全球碳交易市场不断扩大以及交易平台的国际一体化进度的加快，以碳排放权为基础的低碳能源和低碳技术的计价以及国际结算的需求越来越大。与此同时，碳信用的政府信用基础、自由存储和借贷及稀缺性、可计量性和普遍接受性都凸显出其货币特性，使得与低碳能源和低碳经济绑定的碳信用从商品过渡为国际货币的可能性进一步加大。碳信用或每吨二氧化碳当量排放权已经表现出了货币特性，而碳交易市场也凸显出货币交易市场的特性。具体表现在以下几方面：

第一，碳信用的商品属性。碳信用的商品属性体现在将以二氧化碳为主的温室气体排放权作为可以转让或出售的交易单位。《京都议定书》对于碳减排做出不同阶段的部署，以配额和项目两种方式来控制全球总体的碳排放量，故而其具有稀缺性。碳信用的稀缺性决定了其交换价值，由此则会引致减排压力较大的发达国家碳信用的短缺，而发展中国家由于具有较大的减排潜力，释放出一定数量富余的碳信用。在国际碳交易市场中，发达国家通常作为碳信用的购买方，发展中国家作为碳信用的出售方，达成交易。碳交易中允许一定当量的二氧化碳进行转让或出售的权利就是其商品属性最集中的体现。另外，碳信用既可以通过现货交易实现即期交付，

---

* 碳信用，又称碳权。经过联合国认可的减排组织认证条件下，国家或企业用以增加能源效率、减少污染开发等形式减少碳排放的权利，因此得到可以进入碳交易市场的碳排放计量单位。即其为一种排碳的计量标准，一个碳信用相当于1吨二氧化碳。

又可以通过期货交易达成未来某天的交付约定，客观来说已经具备了与商品相似的性质。

而在国际普遍认识当中，二氧化碳排放权被认定根植于公约渊源的特殊商品。M. Wilder 曾指出："碳排放权作为一种新的商品，对于其产生的需求，是法律制定者试图利用市场力量降低温室气体减排成本并采纳某种监管结构的结果。"

第二，碳信用具有国家信用基础。《京都议定书》制定各国的减排目标、减排总量以及交易规则，并建立清洁能源、联合履约和国际碳排放权交易三种机制，推进碳排放权交易产生、核准与转让。故而从某种意义上来说，碳排放权是基于国际规则的信用秩序而建立，以国际公约作为信用基础，即碳信用是由国家政府或国际组织经过法律程序认可的。碳信用与其他商品不同，如若没有其所依托的政府信用认证和许可，碳信用将一文不值，这与以国家信用为基础的货币十分类似。

第三，碳信用的存储和借贷。碳信用可以自由存储和借贷，在欧盟温室气体排放贸易机制（EU ETS）以及美国区域温室气体倡议（RGGI）中，碳信用可以存储并用于将来某个时间的减排义务或者投入二级市场交易。这种方式在自愿减排国家中也同样适用，企业可以按照其生产安排的需求组织分配碳信用，对于多余的碳信用可以保留并累积。碳信用对于减排义务的抵减或者通过二级市场变现的同时，也就发挥了碳信用的价值储存作用，可以使市场参与者降低市场风险和减排成本。

第四，碳信用具有一般等价物属性。充当一般等价物的商品，必须具备三个内在属性：稀缺性、普遍可接受性以及可计量性。

首先，稀缺性。正如前文所提到的，碳排放权的稀缺性不言而喻，《京都议定书》等一系列规制碳排放行为的国际规制的签署，使得任意排放温室气体成为历史。所有签约国都必须遵守承诺并把全国的经济发展与碳排放联系在一起，在这种硬约束下，存在碳排放基数较大的国家，由本国减排目标压力而催生出强烈的碳信用的购买愿望或控制本国国内产出。因而，碳排放权指标成为一种稀缺资源，具有稀缺性。

其次，普遍可接受性。通过碳减排来应对气候变化得到了几乎全世界各国的认可和支持，全球 192 个国家都签署了《联合国气候变化框架公约》，这意味着对二氧化碳排放量这个指标的认可度已达到 90%。同时，《京都议定书》创造性地提出碳排放指标的交换机制，促成通过购买碳排放指标抵减减排义务。这愈加使得碳排放权作为一种国际商品，而被各国政府喜闻乐见。

最后，可计量性。可计量性具体包括两项内容：一是碳排量界定；二是碳排放指标总额界定。随着碳排放计量方法不断多样化，涌现出一系列包括现在的过程核算、空气混合后浓度监测和卫星遥感监测的多时间、空间尺度的监测计量相结合在内的先进方法。另外，联合国政府间气候变化专门委员会、多国权威机构也参与全球温室气体的排放。这充分说明，现有的温室气体排放的检测框架无论是从技术还是组织机构都是相对成熟的。

此外，碳信用还具备两个重要属性——可增长性和同质性。可增长性即碳信用由稳定的增长空间（来自于随着经济增长和技术进步而扩大减排空间），以及由完善的市场机制所带来的碳减排额的增加；同质性是指碳信用具有相同的计量单位，即1吨二氧化碳当量碳排放权，不同品质的碳排放权之间容易划分，易于评价。

4.1.2 “碳本位”国际货币体系的构建设想

“碳本位”货币的问题可以为一个短期问题和一个中长期问题。短期问题是，碳交易的结算货币会不会成为未来的主要国际货币；中长期的问题是，国际货币体系是否会在某种意义的碳本位上重建。从短期看来，碳信用货币化已经具备了一些基础条件；而从中长期来看，碳信用货币化并最终重构国际货币秩序还需要满足几个关键条件。

4.1.2.1 碳信用货币化方案基础

国际会计准则委员会（International Accounting Standards Board，IASB，国际会计准则的制定和发布组织）认为，碳信用体系更接近并且应该是一种货币体系。其核心原因是其直接来源于实现义务或者债务，可以通过市场得出公允价值。故而，国际会计系统以一系列方案面对碳信用货币化，为碳信用货币化未来发展做出铺垫。

以构建国际个人碳货币体系（Personal Carbon Trading，PCT）作为突破口，由政府配给每个公民碳货币，公民用于购买自己各类消费中的碳排放，并提供盈余和不足的市场交换机制。目前，IASB为此专门为国际会计标准体系提出了修正草案。

英国在PCT建立方面较为前沿，《英国气候变迁法案》（United Kingdom Climate Change Bill）授予政府有建立PCT的权利。碳货币作为一种非常重要的补充货币/代币（complementary currencies），被公众所接受，用于购买公众能源消耗活动。而且从统计数据上来看，英国每户居民平均一年的二氧化碳排放量达10吨，碳信用作为货币具有一定的现实基础。当碳交易从国家和企业延伸到个人的时候，就具备了成为一种完全流动领域货币的条件。

韩国于2009年7月开始在全国非生产性单位开展旨在节能减排的“二氧化碳储值卡”计划。参与者将根据使用的水、电、煤气等的节约量，换算成对应的二氧化碳排放量，从而获得相应点数的奖励。配额的分配，以及折算的点数将参照最近两年的使用量进行估算。储值额可以作为现金使用，也可以用来缴纳物业管理费，或兑换垃圾袋、交通卡、停车券等。每个点数最多可获得相当于3韩元（1美元约合1289韩元）的储值额。

目前国际上虽然没有形成统一的碳排放权市场，但是循着从《京都议定书》到《巴厘岛路线图》再到“哥本哈根会议”的路线，节能减排已经通过经济手段推演出市场机制，潜在的减排能力所形成的碳资产，会通过供需机制为碳输出国赢得客观的货币利益。随着全球统一碳市场运行日渐成熟、碳减排权价值趋于平衡，各国家和地区将有可能形成种类多样的碳货币，形成全球范围内“碳本位”的国际货币体系。

4.1.2.2 “碳本位”国际货币体系的具体构想

国际货币体系就是各国政府为适应国际贸易与国际支付的需要，对货币在国际范围内发挥其世界货币职能所制定的制度安排的总和。而“碳本位”国际货币体系是促进以碳信用为基础的货币发挥其交易媒介、价值尺度以及存储职能而建立的配套机制安排。该体系的构建需要完整地考虑货币发行权、与现行体系的兼容性以及超国界管理机制的问题。

第一，碳货币发行权的归属。碳货币是基于碳信用而发行，其取决于一定时期内超额实现的碳减排额，即实际排放额低于分配碳排放指标的部分。换句话说，一定时期内碳货币的总量，既取决于实施减排的力度，又取决于世界经济增长的趋势和惯性。

参照《京都议定书》和后京都的各个阶段全球减排协议确定的排放总量、减排目标和交易规则，已承诺参加强制减排的目标国家，实际减排量超过其承诺减排量的超额碳减排量，或自愿减排的国家，通过 CDM 等方式减少的碳排放量，构成碳货币的供给量，同时该国获得碳货币的发行权。

碳货币的发行权不仅取决于碳减排能力的大小，还受制于承诺减排数量的多少以及减排约束的程度。这并不是一个绝对数，各国目标减排量受自身减排能力、经济结构、减排重点和经济增长的承受度等综合因素影响。在满足全球目标减排量的前提下，国家可以根据自身情况与经济发展要求调整相应项目。

同时，《京都议定书》等国际公约赋予了二氧化碳排放权一套完整的新货币发行制度。不同减排责任位置的国家之间从短期看存在差别，发展中国家在第一阶段不承担减排义务，通过 CDM 实现的所有减排量都可以作为商品向强制减排国出售，从而现阶段发展中国家具有更多的碳货币供给能力。据统计，第一阶段累计 CDM 项目的投资流量达 250 亿～850 亿美元。但是从长期来看，发展中国家减排成本低、潜力大的优势也将慢慢消失。取而代之的是，低碳经济实力和清洁能源技术成为碳货币发行权的决定因素。国际格局的演变最终归结于各国低碳经济发展水平，环保技术先进、节能减排的经济体最终将引领低碳时代。

第二，碳货币与现行货币体系的兼容性。《京都议定书》确立的全球碳交易体系的三种机制，允许框架下国家和企业之间进行碳排放权交易。既然达到减排目标是上至国家下至企业项目的诉求，使得碳货币可能成为政府部门和企业部门之间流通的支付手段和储备资产，能够有效地和现行的货币体系链接。

在个人流通领域，京都框架外的个人自愿购买减排所产生的碳信用微乎其微。但是目前已存在一些针对个人碳信用交易的方案，David Miliband 的个人碳交易计划，以碳点为单位，购买电气、天然气以及燃料等能源类产品。且可以通过经济机制调配碳点的供求。国际会计系统也同样推出了一些个人化的碳货币方案。潘家华等人提出的个人碳预算方案，以个人为单位计算分配，打破了京都框架下以国家生产总量分配碳减排目标的模式。尽管目前个人碳交易计划实施并没有获得很大的成效，但是一旦个人碳交易被普及，碳货币流通将迎来更广阔的空间。目前已有少量的个人碳点交易和绿色信用卡等具备货币职能已实行，可以预想，未来碳点交易和绿色信用卡将有可能成为虚拟货币特性的增长点，同时也将增添碳货币体系在个人领域与现有货币体系的兼容性和转接性。

第三，碳货币本位的超国界管理机制。从碳货币发行机制来看，各国基于减排目标之上的超额减排量创造货币。碳货币的发行不受国家主权和地域的限制，由此需要超国界管理机制负责履行碳货币间协调和监管。超国界管理机制包括超国界管理组织框架设计和超国界管理制度（汇率制度）。

超国界管理组织框架设计的核心为管理机构的选取。当前，参与碳市场建设主要为联合国组织，包括环境规划署（United Nations Environment Programme，UNEP）、政府间气候变化专门委员会（Intergovernment Panel on Climate Change，IPCC）和气候变化框架公约（UNFCCC）以及世界银行（World Bank）、国际货币基金组织和各国环境部门。其中世界银行在支持全球碳交易、节能减排事业的发展中起到了先锋作用，尤其是在全球碳市场融资方面。国际货币基金组织主要的贡献在于促进国际货币合作、国际货币问题的商议和合作。由此看来，以国际货币基金组织作为超国界的管理结构是有一定的实践依据的。

传统上，按照汇率变动的幅度，汇率制度被分为两大类：固定汇率制度和浮动汇率制度。固定汇率制度和浮动汇率制度各有所长，到底哪种制度更优并没有固定的标准。以下采取情景分析法，比较分别采取两种汇率制度的差异。

采用固定汇率时，碳货币将与类似于“黄金标准”碳信用（gold standard carbon credits）的标准化碳货币挂钩，按照品质含量换算两国之间的碳货币比价，从而确定为两国的汇率。黄金标准碳信用由瑞士黄金标准基金会核准，该标签已被全世界60个非政府组织认可。其特指 CDM、JI 和符合一定标准，旨在促进新能源、能源效率和具有“严格额外性”的自愿减排项目所产生的优质碳信用。值得注意的是，市场实际汇率随碳货币供求关系上下波动。在浮动汇率制度下，碳货币间的汇率由市场供求关系决定，本国货币与他国货币比价存在浮动空间。两国之间的汇率比价的高低，显现出不同国家碳货币的品质高低。这个体制下，不同品质和类别的碳指标将作为不同货币交易。

综上所述，固定汇率制度达成的一个关键因素就是如何确定这个标准品质的货币。而浮动汇率制度则是基于碳排放权交易市场而运行，易于实践但是在稳定性方面稍显弱势。故而，采取浮动汇率制度还是固定汇率制度，还要根据国际碳交易市场实际运行的情况来确定。

4.1.2.3 “碳本位”国际货币体系面临的挑战

重整非稳定性货币体系的思路大致有三条：一是在不改变目前少数国别性货币作为国际货币的基础上，采用调整国家间发言权、增加国别性货币数量、强化国别货币国家之间的同步协调等间接方式，对其进行适当微调；二是重回金本位或商品本位，维持各国国别货币或区域性货币对于金本位或商品本位的兑换关系；三是打破现有国际货币体系的格局，建立全新的国际性统一货币。“碳本位”国际货币体系的设想属于第三种思路，由于其是从一个货币体系向另一个货币体系的跨越，面临着两大挑战——价值基础的稳定性、持久性问题以及参与主体体系建设问题。

第一，以碳信用作为价值基础的稳定性和持久性问题。碳信用价格的稳定性和持久性受三个重要性因素影响，分别为国际规则的延续性和一致性、经济波动规律以及减排技术的进步。

①国际规则的延续性和一致性。《京都议定书》从2012年开始进入第二承诺期，在“共同但有区别的责任”原则基础上，进行气候补偿机制以及国际合作等。签字以来，显现出其对国家发展权保障的局限性。这主要体现在减排承诺国数量减少、减排力度有限以及发达国家提供资金、技术支持的意愿不足三方面。现存问题能否解决将直接关系到碳信用价格变化，乃至整个减排体系的发展。特别是从中短期来看，并不能排除其价值基础出现较大波动风险。

②经济波动规律。碳交易市场还处在发展阶段，难以通过市场自身调节能力消化极端经济事件。2008年金融危机的发生给全球碳交易市场一记沉重的打击，碳减排权价格一度跳水。作为世界主要碳交易市场买方的欧盟国家自顾不暇，碳排放量急剧下降，不需要额外碳排放权交易达成减排目标，从而降低碳交易市场的交投总量。从数据上看，2009年2月中旬，CER期货价格一度跌至每吨8欧元左右，6月略反弹到12欧元上下，远远不及2008年6～7月，欧洲气候交易所CER期货价格曾高达每吨超过25欧元的价格，而凸显了碳交易市场与经济波动高度的相关性。

③减排技术的进步。减排目标是基于当期或历史期稳定减排技术进步速度测算得出。如果减排技术的进步与减排目标的核定出现极度不匹配的情况，例如：减排技术出现突破性进展，减排成本急剧下降，则致使碳货币价格大幅度波动，从而可能导致货币过度供给。但应当看到的是，极端情况的发生显然属于小概率事件，减

排目标也将随着减排能力而不断调整。

第二，碳本位货币体系中参与主体体系建设问题。碳本位货币体系与国别货币体系不同，不是由国家主权力量支撑。另外，碳本位货币体系的建立必须接受体系过渡期的摩擦。因此，碳本位实行存在两大难题——发行权的界定以及国家参与度。

纵观国际货币体系发展历程，任何重建货币秩序的努力和方向都将是核心国之间以及与外围国角力的结果。各国碳货币的发行取决于减排目标以及超额减排潜力，即目标约束的宽松程度直接影响该国所享用碳货币发行权的大小。当超额碳减排量成为一种货币体系的基础，承诺减排量必将引致争取竞争主导力的最大博弈，最终初始均衡减排目标可能无法达成。

现有的碳排放权交易市场中，发展中国家占据了重要的地位。碳本位货币体系也是如此。由于发展中国家对于未来碳货币体系的认知和接受度，可以直接左右国际碳货币体系的走向，为数不多的发达国家参与很难构建一个世界同性的全新货币体系。

虽然“碳本位”国际货币体系面临以上诸多挑战，碳信用的兴起以及与此相关的低碳资源市场的巨大发展潜力，为货币多元化格局提供了绝好的契机，也必将对世界货币体系产生深刻的影响，碳货币的一揽子化将极有可能成为现实。一旦碳货币体系建立起来，碳货币的储量或占有量将直接影响国家经济运行成本，进而影响其经济体系。特别是，对于经济落后、碳排放强度高的国家，必然会成为碳货币的求购者，增加经济发展的成本。对于中国而言，如何应对国际货币体系变更前景，如何提高低碳能源比例，促使“低碳地区”反哺“高碳地区”，做出合理的选择将是进一步理论和实践探讨的方向。

4.2 碳债券及其设计思路和国际实践

碳债券是政府、企业为筹措低碳经济项目资金向投资者发行并承诺在约定时期内支付利息和本金的债务凭证。

碳债券是低碳企业在资本市场融资的主要表现形式之一，既能有效满足交易双方的投融资需求，又能将风险分散至多个债券投资者。在国内国外碳交易机制尚不完善情况下，碳债券能够突破部分碳减排权交易标的非合约性、非标准化的短板，实现较低的转换成本、较强的金融示范作用，调动社会各界促进低碳经济发展。

4.2.1 碳债券的设计思路与运行模式

债券的设计既要满足资金筹措需求，又要满足投资者的回报要求。不同的经济金融环境，不同的资金报酬来源，对债券的设计有不同的要求。

4.2.1.1 碳债券设计的总体思路

首先，由国家面向民众与机构投资者发行碳国债，或由低碳企业发行碳企业债券，募集的资金只能投向有碳减排效应的清洁能源企业。

其次，碳国债或碳企业债券的利率设计为固定利率加浮动利率的模式，固定利率比基准利率低，体现社会对碳减排事业的支持，浮动利率为选择权形式，其高低或有无取决于被投资的清洁能源企业或项目在 CDM 交易中实现的收入水平。

最后，它在推出碳企业债券的同时搭建企业碳债券的增信平台，通过担保及以碳减排交易所得作为抵押品等方式实现企业碳债券的增信。

4.2.1.2 正在研究中的碳债券设计思路

国际上正在研究中的运行模式包括：碳零息债券、与通货膨胀或者碳排放价格相关联的碳指数关联债券以及碳常规抵押债券。

碳零息债券是指到期即偿还本金，期间不额外支付利息的债券。这类债券的到期期限一般较长，设定在 10 ~ 30 年，比较适合于投资早期的新能源技术或者是风险较高的国家投资项目。其存在的意义在于，帮助新兴行业和公司成长到风险较低、实力足够强大的阶段，再将公司卖出获得盈利，所以被学者们称为“孵化器”。上述效果的获得取决于债券期限较长的设计框架，更重要的是需要政府担保。达成普遍共识的设计方案有可转换债券和伊斯兰债券。可转换债券与普通的金融工具的可转换债券一样，其允许投资者在双方商定的时间和条款下将债券转化为公司股权。伊斯兰债券遵从伊斯兰教义，具有浓厚的宗教色彩，可能更容易吸引整个穆斯林国家的投资。其形式相当于租赁，利息不以应付利息的形式支出，而采取其他的方式，如定期付款。

碳指数关联债券这一概念来源于“The London Accord”项目组提供给世界银行政府借款人论坛的一篇报告。其指将债券利率水平的设定与政府碳减排目标、新能源发电的上网电价、国内化石燃料价格或温室气体排放权价格相关联。并在其中嵌入了激励政府完成碳减排指标的机制，以政府许诺的减排目标或低碳项目的价格作为衡量政府是否要额外多付利息的标准，即政府没有达到许诺的减排目标或低碳项目的价格的时候，应当付更多的利息。指数关联碳债券与大型新能源项目的风险相关联，扩大了低碳项目投资者可选投资组合集合，低碳项目的盈利率取决于碳交易市场的价格水平。

碳常规抵押债券是以公司的固定资产和生产可再生能源的现金流作为偿约保证，其中现金流由国家上网电价（Feed - in Tariff，FIT）* 政策作为保障，适用于符合新能源标准的新能源公司。这类公司通过出售生产的新能源，从而获取收入。收入流的可观性、持续性能够使得债券保持在较高的评级标准（一般为 AAA 级别），投资者投资于评级较高的债券，可以使得债券到期日前的年现金收益得到保证。目前 FIT（上网电价）政策已经在德国、西班牙、加拿大安大略省等地区实施。

4.2.1.3 碳债券设计思路特点

（1）与碳减排项目挂钩。碳债券的设计思路中，将碳债券与项目本身的实际收益、回收期、项目资产及折旧、企业现金流等情况挂钩，结合项目的实际收益、回收期、项目资产及其折旧，确定碳债券的利率、期限结构、债券担保、利息支付方式等债券主要条款。特别是在甄别项目的时候，优先考虑发行国家、世界主流社会所倡导的、在技术和经济等方面都优秀的、能够经过有效的核证减排认证程序的节能减排项目。

（2）考虑嵌入低碳资产。嵌入低碳资产的债券，更加集中于可再生能源行业。主要有两种方式：一是碳债券设计根据低碳企业股本结构、银行信贷比例等情况，进行合理的期限结构、利率水平设定，引导并调动更多的低碳资金尽快进入低碳经济领域，参与碳减排事业和利益分享。二是碳债券承载不同形式的碳金融资产，如以债券作为基础，构建利率产品，构建附带核证减排额指标（CER）产品，构建附带低碳企业股票转换权的可转换债券等。或者将到期交付碳资产实物和到期交付碳资产行使权利嵌入到碳债券合约中。

（3）采用灵活交割方式。交割方式包括实物交割和现金交割。在实物交割的情况下，碳债券在设定到期日按每张碳债券交付一定数量的核证减排指标（CER）；而在现金交割情况下，交割的对象是该数量指标所对应的市场价值，该市场价值由预先设定的计算方式确定。灵活的交割方式的采用，能够考虑到期交付碳资产和到期交付碳资产相应的对价。到期交付碳资产指在碳债券条款设定的交付日期交付指定的碳资产，包括排放权指标、行使购买排放权指标的权利等。灵活的交割赋予债券持有人选择的权利，从而可以减少和降低交割风险，提高债券流动性。

4.2.2 碳债券的国际实践

世界银行在 2008 年推出首支绿色债券（Green Bond），从此开启了碳债券的破

* Feed - in Tariff 是一种扶持新能源的政策机制，国家通过与新能源企业签署长期的采购合同，国家电网支付新能源企业高于火电的电价，弥补新能源发电的高成本，推动新能源技术在日常经济活动中的使用。

冰之旅。随后多只绿色债券取得的成功，使得一些国家和政府意识到绿色债券模式对于吸引私人资本、支持政府节能减排项目具有重要的现实意义。美国、英国、加拿大等国家政府、企业纷纷做出关于绿色债券、环境债券的提议，并推出目标多元、形式多样的碳债券。碳债券既可以由企业、投资银行直接发行，也可以由政府、国际组织发行，再由政府承担资源配置的功能。根据项目类别不同，又可以分为气候债券、环境债券、可再生能源债券、CDM 机制下债券等。

国际上发行的碳债券的典型代表包括：世界银行的绿色债券、欧洲投资银行发行的债券、美国政府发行的可再生能源债券、IFC 发行的支持中国 CDM 项目的人民币债券、智利 Agrosuper 公司*发行的碳债券以及与碳指数挂钩的债券。

世界银行绿色债券是对世界银行发行债券的统称，具有里程碑意义的有：首支债券、首支与“核定的碳减排量（CER）”相关联的债券、首支面向机构投资者的债券。其支持的项目大致分为两大类，一类为可以减少或者避免碳排放的项目，另一类为抵抗不可抗力气候因素的项目。欧洲投资银行发行的债券，是由欧洲投资银行主导发行，其发行的环境债券在欧洲范围内起到突出作用。美国政府发行的可再生能源债券是由美国财政部在刺激经济计划中发行，专门用于支持可再生能源的债券，以税收抵免对债券持有人的利息。IFC 发行的支持中国 CDM 项目的人民币债券为中期债券，不但为项目方提供资金支持，还为其参与全球清洁技术领域提供咨询服务。智利 Agrosuper 公司发行的碳债券，是目前国际上比较有代表性的企业债券之一。与碳指数挂钩的债券作为新生代产品，特指商业银行与投资银行创立的与碳指数挂钩的结构性理财产品。

碳债券的发行呈现出一定的规律：从发行主体来看，政府与国际组织始终站在举足轻重的位置，而商业银行与投资银行在债券的发行中起到主要的推动作用，以私人企业为发行主体的债券微乎其微。从债券类型来看，以项目为依托的债券占了主体部分，而与碳指数挂钩的债券正处于探索期。对于中国而言，碳债券的发行一直处于讨论阶段，随着发行碳债券的时机日渐成熟，由浦发银行担任主承销商的国内首支碳债券有望近期发行。

4.3 碳基金及其运作机制

《京都议定书》提出工业化国家在 2008—2012 年间减少至少 50 亿吨 CO_2 排放量，其中至少有 25 亿吨 CO_2 排放量必须来源于减排交易。在此背景下，不少发达国

* Agrosuper 公司为智利的一家大型食品公司，参见：http://www.agrosuper.com/usa/en/mision-ision.php。

家选择通过碳基金形式来达到节能减排项目目标。随着其成熟度的增加，在碳减排、碳投资与碳交易活动中发挥了积极而关键的作用。

4.3.1 碳基金的含义与分类

4.3.1.1 碳基金的内涵

碳基金没有严格的定义，英文著作中诸如“碳基金”（Carbon Funds）和“碳工具”（Carbon Vehicle）等都是对其的称谓。Nina kozlecka（2009）给出了一个相对完整的定义，认为碳基金是由政府、企业、个人或金融机构投资设立，专门集合投资者资金用于购买在全球范围内投资温室气体减排项目*或者碳信用，从而获取回报的投资工具，基金的收益形式为其投资标的所产生的碳排放指标或者现金。从世界碳基金运行实践来看，碳基金定义有广义和狭义之分。

广义的碳基金泛指碳采购工具（Carbon Procurement Vehicle），包括碳基金（狭义）、碳项目机构和政府采购计划。其指政府、金融机构、企业或个人投资的专门资金，购买碳信用或投资于温室气体减排项目，或给予投资者碳信用或现金回报，或以较小成本达成减排目标。狭义的碳基金则专指通过预付资金或股权投资的方式资助碳减排项目，达到获得碳信用或现金回报的目的。狭义的碳基金指风险投资型基金，常由私人投资者投资。欧洲碳基金即为典型的风险投资型基金。

与狭义碳基金不同，碳项目机构为 CDM 和 JI 项目提供专业技术和管理经验支持，促进项目碳信用提升，多见于私人投资项目。以日本温室气体减排基金为例，其由日本私人企业投资 1 亿日元资金建立，专门用于开发和购买碳减排项目。而政府采购计划不针对私人开放，采用直接购买或直接管理的方式，支持非强制减排国家（即《京都议定书》附件 B 的国家）完成其减排目标，如荷兰 ERUPT 计划。

4.3.1.2 碳基金的分类

依照资金来源、基金发起与管理模式、基金投资策略三个维度，碳基金可以分为以下类型：

（1）以碳基金资金来源划分。国际碳基金的资金来源有政府、政府与私人部门按比例分配以及私人部门，分别被称为公共基金、公私混合基金以及私人基金。

公共基金由政府承担所有的出资。典型的公共基金包括：英国碳基金、瑞典 CDM/JI 项目基金、奥地利碳基金、芬兰碳基金等。

公私混合基金由政府和私人按照一定比例分配出资资金。作为碳基金最常见的

---

* 碳基金的投资标的包括：碳排放指标、温室气体（GHC）、清洁发展机制（CDM）和联合履约机制（JI）。

一种资金来源方式，最具代表性的为世界银行的基金。此外，意大利碳基金、日本碳基金、德国 KFW 也属于这类。

私人基金完全由私人部门自行募集资金。比较有代表性的为 Merzbach 夹层碳基金、气候变化资本碳基金。

总的来说，碳基金的发展循着由公共基金到公私混合基金，再到私人基金的路径。早期的碳基金均为公共基金，2000 年推出首支公私混合基金，而私人基金于 2003 年才出现。随着碳基金的发展，私人基金以及公私混合基金占碳基金的大部分比例，而公共基金数量增幅正在萎缩。

（2）以碳基金发起与管理模式划分。碳基金的发起可以为政府、企业以及政府和企业共同发起等模式。基金的管理模式主要包括政府管理、委托银行或世界组织管理、企业化管理。碳基金的发起模式和基金的管理模式既可以相同也可以交叉。

由政府发起及管理的基金。这类基金多见于发达的工业化国家，其中的大部分国家希望通过与《京都议定书》中发展中国家（即非附件国家）合作，购买碳信用抵消本国超过《京都议定书》限制减排值部分，弥补其不能满足《京都议定书》2008—2012 年温室气体减排目标。也有部分政府投资碳基金从而获取盈利。如奥地利政府创立的奥地利地区信贷公共资讯公司（KPC）为奥地利农业部、林业部、环境部以及水利部实现 CDM 项目，已在印度、匈牙利和保加利亚完成减排项目。

由政府发起、委托银行或世界组织管理的基金。国际组织在全球碳减排项目中起到至关重要的作用，最初的碳基金就是由国际组织牵头与各国政府或银行合作促成的。世界银行的社区发展碳基金专门针对贫困地区和贫困国家的基金，澳大利亚、比利时布鲁塞尔、加拿大、丹麦、意大利、卢森堡等国家陆续参与到其中，此外还有 17 个公司和金融机构参与其中，社区发展碳基金的日常管理由世界银行进行。与此相类似的碳基金有丹麦碳基金、西班牙碳基金等。

由政府发起、企业化管理的基金。企业化管理模式是指基金的薪酬分配、经费开支、投资等决策全权由董事会完成。这种类型基金的主要代表为英国碳基金和日本碳基金。英国碳基金是由政府发起，企业化管理的基金，政府并不实际参与碳基金的管理，而是授权给董事会完成。

由政府和企业合作发起、商业化管理的基金。这种类型的典型代表是德国复兴信贷银行（KFW）和日本的碳基金。以日本碳基金为例，其资金来源于 31 家私营企业与日本国际协力银行（JBIC）和日本政策投资银行（DBJ），这两家银行代表日本政府管理该基金。

由私营企业发起、企业化管理的基金。私营企业多为背负减排目标的能源供应商或者大型工业企业，通过直接作为碳基金的大股东及进行碳交易方式，获取碳减排信用，完成企业减排标准；或者间接参与核证减排量（CER）的中间交易获取盈利。比较有代表性的是隶属于英国气候变化资本集团的碳基金（即气候变化资本碳基金），其为私募股权基金，主要致力于核证减排量（CER）的全球采购。

（3）以基金的投资策略划分。按照碳基金的投资策略，基金可以划分为信用购买型、风险投资型、自愿减排型以及混合投资型等。

信用购买型是最早出现的碳基金类型。其专门通过碳减排量购买协议实现由CDM/JI项目产生的碳信用从生产方到购买方的转移。碳信用的购买方一方面可以运用碳信用抵消强制碳减排量，另一方面参与二级市场进行交易获取利润。其典型代表为摩洛哥碳基金（The Carbon Capital Fund Morocco），其于2008年由摩洛哥储蓄管理金融机构（CDG）建立，由CDG旗下股权投资公司管理。主要职责在于帮助摩洛哥减排项目开发CDM项目并获得碳信用额度，投资方向主要为能效提高、废弃物处置、森林再造以及可再生能源项目。

风险投资型基金向减排项目进行投资，其对CDM/JI减排项目发挥着关键作用。除了提供资金支持以外，还提供专业的技术和经验，促进减排项目的完全开发。故而，此类基金一般由具有丰富开发管理经验的公司运营，例如益可环境国际金融集团公司（EcoSecurities）。气候变化投资碳基金（Climate Change Investment 1 and 2）是典型的风险投资基金，其主要投资于传统的CDM和JI项目的股权资本与债务，通过收取碳信用获得收益，投资地点在拉丁美洲国家、印度、中国和东南亚地区，承诺投资额为1.09亿欧元。

风险投资型基金与信用购买型基金作为占份额最大的两类基金，其区分标准为获得碳信用的方式。碳信用的获得方式通常有购买协议（ERPA）* 和初级碳市场，进入初级碳市场的程度越高，则可识别为风险投资型基金。近年来，随着碳信用价格的增长，风险投资型基金规模迅速扩张。其直接进入初级碳市场，可以获得比信用购买型成本更低的碳信用，且适合小型碳减排项目，使得信用购买型基金与风险投资型基金相互竞争激烈。

自愿减排型基金为单一自愿减排项目提供必要的资金支持和技术支持，促进自愿减排项目的开发。由于投入项目过于单一，且由自愿减排过渡到强制减排是碳减排的必然趋势，所以自愿减排型基金总量较少，占总资金的比例几乎可以忽略不计。

混合投资型结合信用购买、风险投资、自愿减排等多种投资策略。2007年12月建立的艾卡碳基金（Arkx Carbon Fund）就是混合投资型基金，其对多个项目市场进行广泛的投资，包括可再生能源项目、CDM项目、欧盟碳排放权配额与核准减排量等。

---

* 购买协议（ERPA）是确定CDM项目中CER交易双方权利和义务的依据，目前主要采用世界银行和荷兰政府制定的标准版本。

除上述分类标准以外，以获得信用的投资项目划分，碳基金可以分为单纯CDM或JI项目、混合型CDM与JI项目、自愿减排项目等。以投资目标划分可以分为减排承诺驱动、投资获利驱动以及自愿减排驱动三种类型。与前文划分方式重合度较高，此处就不对每种类型一一赘言。

（4）其他碳基金。在上述划分标准之外，还存在几种不常见的碳基金类型，例如基金的基金、对冲碳基金。

基金的基金（Funds of Funds）作为世界银行创新碳基金类型，其主要用于基金的重建与开发，这种基金结构提供了多元投资组合，分散投资风险，有利于投资大型减排项目。

对冲碳基金（Hedge Carbon Funds）是指通过碳互换机制、碳现货与期货等方式对冲投资性资本或投机性资本，从而避免或降低风险的目的。2008年以后碳基金管理者加大对碳信用额度的购买，以对冲为目的的碳基金出现。如曼投公司推出50万美元套汇基金，通过买卖期货合约，调整碳配额价格、碳信用额度和其他能源商品价格。英国气候变化投资集团管理者投入近10亿美元资金用于碳信用投资额度。

4.3.1.3 碳基金的法律框架

碳基金具有严格的法律框架，一般由投资人、股东和碳基金管理公司组成。碳基金的管理者主要包括银行、政府以及私营企业。基金的管理者通过碳基金投资委员会开展业务，碳基金投资委员会起到上传下达的总揽作用，决定碳基金开发的政策，对每个提出的投资项目检查提出意见，并组织定期（每半年或1年）开会讨论。但是其具体角色由投资基金属性和类别决定。基金管理公司则负责基金的日常管理，其通常与投资者关系密切。其架构如图4－1所示。

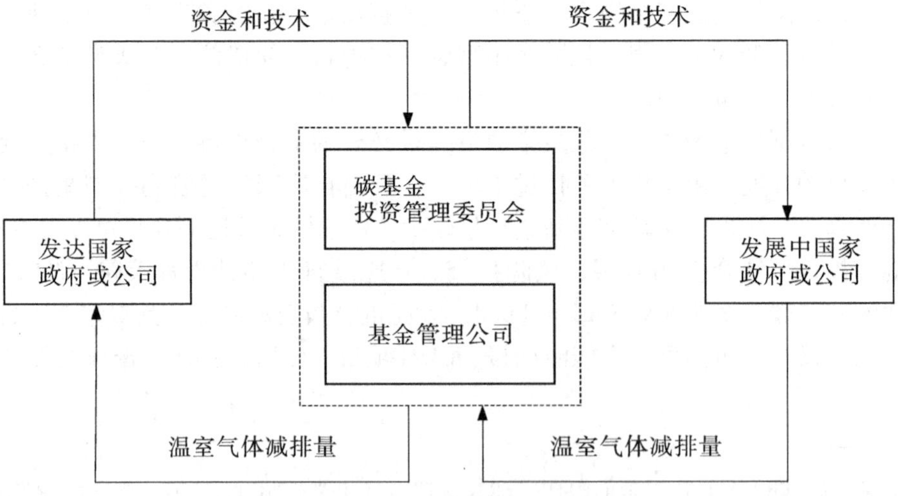

图4－1 碳基金运行架构

在此框架下，购买并获得碳信用是碳基金的重要初衷之一。碳基金通过初级碳市场、二级碳市场以及 OTC 市场获取碳信用和碳许可。其获取信用类型包括：清洁能源发展机制 CDM 项目产生的核证减排量（CER）；联合履约机制 JI 项目产生的减排量（ERU）；非《京都议定书》覆盖的减排计划产生的自愿减排量（VER）；其他有减排而产生的排放许可或衍生品。有些碳基金通过直接购买碳减排购买协议 ER-PA，用于项目购买碳信用；而有些碳基金则通过项目初期建立与 CDM 或 JI 机制的业主的联系，获取 CDM 或 JI 项目的碳信用额。其中初级碳市场中，碳信用的开发及使用包括项目开发、购买信用、使用信用抵消减排量等。

以识别相关项目产生的碳信用额为标志，碳基金的投资过程开始启动。经过认购和筹措资金阶段、投资阶段以及撤资阶段完成投资过程。由碳基金直接使用碳减排购买协议 ERPA 产生的碳信用、项目机构通过特殊目的实体 SPE、特殊目的工具 SPV、特殊目的公司 SPC 产生的碳信用得到确认后，碳信用额度会被转移给基金管理人，基金管理人通过按比例转移碳信用给投资人，或再次投放到二级市场售卖获得资金回报。

4.3.2 碳基金运作机制

碳基金的运作机制，是指运行和管理碳基金的管理结构集合及运行机理，其核心为基金内部管理系统的内在联系、功能及运作机理。碳基金的运作机制主要包括组织机制、投融资机制、风险控制机制以及退出机制。

4.3.2.1 组织机制

碳基金由于出资主体、筹资途径和投资目标的不同，形成不同的组织机构、管理模式。目前主要的碳基金参与主体包括发起人、管理人和投资人。发起人和管理人包括世界银行、商业银行、政府机构以及其他私人机构，投资人包括政府、私人企业以及此二者的混合投资。碳基金多通过信托的方式在投资人和管理人之间设立托管人与受益人之间的关系。

从国内外碳基金运营情况来看，碳基金的管理结构与通常的有限责任公司或股份有限公司相仿，如图 4－2 所示。

碳基金的组织管理结构具备权力机构、监督机构以及执行机构三个层面。通常设置出资方大会作为碳基金的权力机构，由负责出资的政府或私营机构构成，其担负决定基金重大规划、重大事项的责任。由出资方大会选出出资方委员会，作为碳基金管理权利的常设机构。

碳基金中特设东道国委员会担任监事会的职责，由减排项目代表国参与。东道国委员会具有向托管人和出资人提出碳减排项目标准、碳排放量、项目执行以及利益共享等方面建议的权利，即仅仅局限于项目的选择和执行。

出资方委员会委托基金管理公司进行基金的日常运行和管理。基金管理公司作为执行层，通常由国际双边或多边组织和专业的基金管理公司，独立于碳基金。基金管理公司通过设立基金管理团队，负责基金的管理和日常运营。

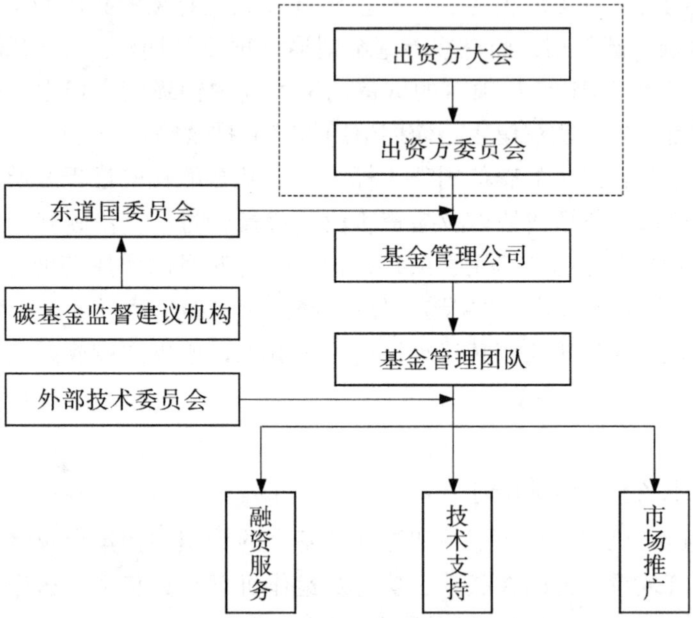

图 4-2　碳基金组织管理机构

不同出资人性质的基金，对于组织机构的构成有不同的称谓。公共基金、公私混合基金通常名称是出资方大会、出资方委员会、东道国委员会等。而私有基金通常称为股东会、董事会和基金管理人。

4.3.2.2　投融资机制

碳基金主要作为中间人投资于清洁能源发展机制所出售的 CER。随着私人机构的增加，直接融资的投资方式开始出现。碳基金对于 CDM 项目的投资决策是建立在基本的清洁能源管理运作规则之上，考量项目是否能够促进可持续发展、是否具备额外性、是否有助于技术进步、是否具有合理的 CER 价格等方面*，识别和判断 CDM 项目是否合格。具体来说，做出投资 CDM 项目的决策，需要遵循一套流程。首先核实项目的真实性、额外性。为了确定项目的额外性，对潜在 CDM 项目设置一个检测计划，收集真实准确的排放数据，为参与者依照经批准的方法对项目的具体

* 参照国家发展和改革委员会关于清洁能源管理运行相关规定。

情况制定基准线，再将潜在项目的排放量与基准线参考情景的排放量进行比较。除此之外，监测计划还应该监控项目基准线及其排放量失败的风险。排放基准线和监测计划必须根据经批准的方法来设计，如果需要使用新方法，必须由执行理事会批准，规避 CDM 项目投资决策失误。

碳基金的融资方式主要存在以下几种形式：第一，政府承担全部的出资，采用征税或其他形式，保证收入来源。第二，政府和企业按比例共同出资，这种融资方式筹资量大、速度快并且组合灵活，是目前较为常见的方式。第三，企业自行筹资方式，即由企业自身募集资金，常见于企业出资的碳基金。随着碳减排权交易认知度的提升，私人机构的参与度增加，以政府机构为主的融资方式逐渐转换为公私结合的方式。

4. 3. 2. 3 风险控制机制

碳基金投资 CDM 项目包括前期准备和中期监测两个阶段，其中前期准备包括：项目设计和描述、国家批准、审查登记、项目融资；中期监测包括监测、核实认证和签发 CER。在项目的不同阶段，CDM 项目可能会遇到不同的风险，包括审批风险、审查风险、注册风险、核证风险、CER 交付风险、CER 价格风险、汇率风险等。其中前四种风险主要存在于项目方和核证、审批以及注册部门的信息传递过程中，当项目不符合国家可持续发展的政策要求或 CDM 项目方法学问题，则出现审批风险。审查风险则指经营实体的项目设计文件不符合 CDM 项目要求，从而需要对项目设计文件反复修改直到合格。注册风险则是指 3 个以上 EB 成员提出注册申请的异议，从而需要重审查。核证风险来源于核证期间，经营实体由于监测思路、监测方法以及计量设备存在缺陷，而造成监测结果不可靠的风险。而后三种风险，则来源于项目技术水平以及外部市场风险。故而，风险控制始于对上述两大类风险的准确识别。

鉴于上述可能面临的风险，碳基金在开展 CDM 项目之前就必须明确项目各方不同时期的风险承担问题，通常采用风险分担机制，并充分利用外部专业力量，对风险实施有效的控制。

第一，项目卖方风险控制。由于项目方是信息优势者，其主要承担项目开发阶段的风险。对于项目地质条件、生产状况、市场需求等情况，项目合作方处于信息劣势地位。选取项目方作为风险承担者，能够有效地制衡，防止道德风险，强化其化解风险的能力。除此之外，项目卖方在审批风险（国内）也应当承担相应的职责。

第二，CDM 项目买方风险控制。按照规定，项目买方承担的风险主要有 CDM 项目运行风险、CER 价格波动风险和汇率风险。对于 CDM 项目中财务风险、运营风险等传统经营风险，特别是针对 CER 价格波动风险和汇率风险，可以运用诸如信用交付保证、气候衍生品的金融衍生品来对冲、规避风险。

第三，依托专业化中介机构，降低 CDM 项目运行期总体风险。CDM 项目的申请、审批程序复杂、专业性强。通过利用专业化中介机构，能够发挥其专业咨询优势、融资优势，控制 CDM 项目运行中的风险。

4.3.2.4 退出机制

碳基金的退出主要是通过在国际碳市场进行碳排放权交易实现退出。碳信用指标的各级交易市场构成碳基金的交易场所，即 CER 交易市场。按交易区域和影响范围，国际碳市场可以依次分为国际级市场、国家级市场、州市级市场和零售级市场。其中国际市场、国家级市场、州市级市场均为面向国际公约或国家减排规则限制的参与主体而设立的，而零售级市场则面向不受国内相关规则限制的公司和个人。按照类型，可分为项目市场和准许市场，其中项目市场通过项目合作完成。

除了碳基金运行程序中的正常退出以外，如果存续期到期，基金也面临关闭或者改制。与传统投资基金或者持有人决议决定基金存续期的方式不同，碳基金投资标的的特殊性使其受国际公约影响较大，大部分碳基金运营期限与其担负的任务有关。例如：为了完成《京都议定书》碳减排量目标的碳基金，在目标完成后就面临存续期满的问题。

4.3.3 世界银行旗下的碳基金

世界银行设立碳基金的初衷是实现《京都议定书》规定的清洁能源机制（CDM）和联合履约机制（JI）下的减排额度融资，并为世界碳市场输出流动性。但碳基金实现的效果已经被看作是世界银行激励国家转变为低碳发展道路的重要途径之一。世界银行的第一支基金成立于 1999 年，名为原型碳基金（PCF），总资产 1.80 亿美元。世界银行目前管理着总价值超过 25 亿美元的 12 个碳基金和融资机制。其尽量在全球范围内实现减排项目和技术类型分配的平衡，在世界 65 个国家支持 150 个项目，均匀分布在东亚、南亚、拉美、非洲和东欧，作为碳排放权市场的先锋，是 CDM 项目的主要投资者。经过了 10 余年的发展，世界银行碳基金已经进入了成熟期。这些基金的注资总额为 27.4 亿美元，其中已承诺资金额为 19 亿美元。在建立世界银行碳融资伙伴合作关系方面，世界银行与基金的参与机构、捐助机构以及东道国共享成果，目前已经有 66 个政府和不同部门的私营公司为这些基金做出了贡献。

4.3.3.1 世界银行主要碳基金

世界银行管理的基金主要分为：综合型基金、国别基金和集合型基金。

综合型基金是由多个国家政府和企业等实体部门综合参与出资，并委托世界银行管理的一种形式。世界银行碳基金运行初期，基本上都采取这种形式，其中包括 3 个综合型的特别基金（原型碳基金、社区发展碳基金、生物碳基金）和欧洲碳基金。综合型基金都是直接促进投资地区节能减排和可持续发展的。

国别基金是由单一主权国家出资，并与世界银行签订协议，协议委托世界银行管理的基金。其出资资金并非绝对意义上的来自国家政府，也面向国内其他经济实体开放募集资金。国别基金的发起国主要是为了满足《京都议定书》中关于既定年限期间减排要求需要而发起设立的，其主要目的是为了从发展中国家购买足够的减排量，故而其实际上为政策性碳基金，这些基金往往倾向于投资减排量大的工业项目。其主要包括荷兰清洁能源发展机制基金、荷兰欧洲碳基金、意大利碳基金和丹麦碳基金、西班牙碳基金。

集合型基金是指将世界银行管理的碳基金与其他机构基金集合在一起，由世界银行统一管理的模式。主要包括：伞形基金、碳森林伙伴基金以及碳伙伴基金。

伞形碳基金旨在多批次为各参与国团体从大型项目（超过1000万吨二氧化碳当量）中购买减排量。伞形基金1（UCFT1）剔除低于1000万吨二氧化碳当量的项目，只投资大型项目。伞形基金2（UCFT2）则将中小规模的项目打包处理。

碳森林伙伴基金（FCPF）和碳伙伴基金（CPF）旨在后京都时代发挥其在碳市场中的引领作用。碳森林伙伴基金（FCPF）的信托人和准备基金为世界银行，由14个政府和组织提供资金，对减少森林砍伐和森林退化造成的排放（Reducing greenhouse gas Emissions from Deforestation and forest Degradation indeveloping count, REDD）参与国提供技术、环境和社会保护的指导。基金专注于减少因毁林及森林退化所致的排放，以及通过森林保护、可持续的林业管理、造林等增加森林碳汇的活动。碳伙伴基金（CPF）由两个信托基金构成，采用买家和卖家均衡参与的治理结构。其针对有巨大潜力来缓解今后碳排放的目标进行长期投资。

4.3.3.2 世界银行主要碳基金的构成、投资目标和分布

世界银行目前管理的碳基金共12个，其中包括4个综合型的特别碳基金、6个国别基金以及2个面向2012年以后的碳基金。特别碳基金依次为原型碳基金（PCF）、向经济不发达的国家和社区提供融资的社区发展碳基金（CDCF）、为生态项目提供融资的生物碳基金（BioCF）、伞形碳基金（UCF）。国别基金则为荷兰清洁能源发展机制基金（NCDMF）、荷兰欧洲碳基金（NECF）、西班牙碳基金（SCF）、意大利碳基金（ICF）、丹麦碳基金（DCF）、欧洲碳基金（CFE）。面向2012年之后的两个新的碳基金为碳森林伙伴基金（FCPF）和碳伙伴基金（CPF）。除了面向2012年以后的两个新的碳基金以外，其余的10支基金均已投入运作。

在碳基金的运作中，世界银行承担的是中介服务的角色，其利用其自身地位能够吸引相当数量的资金和项目的优势，一方面，作为委托方，成功地连接卖方和买方，从而以低价高效的形式实现节能减排的目标；另一方面，在碳基金系统中有层次地规划基金的功能。具体的构成、投资项目和区域如表4-1所示。

表4－1　世界银行碳基金构成、投资项目和区域分布

基金类别	基金发起人	投资项目	投资区域
原型碳基金	6个政府部门和16家公司	三氟甲烷、烃类和采矿中甲烷的处理	中国、东亚和太平洋区域占55%，东欧和中亚地区占22%，拉丁美洲和加勒占20%
社区发展碳基金	9个政府组织和15家公司	30%控制甲烷排放，19%提高能源使用效率	非洲和南亚占20%，东亚和太平洋地区占25%
生物碳基金	6个政府组织和13家公司	1号基金50%用于环境恢复和社区更新造林活动，11%用于森林砍伐和森林退化产生的减排交易项目，其他覆盖植被、农林间作、自然更新、林牧活动	基金1撒哈拉以南的非洲地区占33%，其余分布在世界各地
荷兰清洁能源发展机制基金	荷兰住房、空间规划与环境部	44%分解HFC－23，22%促进化石燃料转化，煤矿甲烷气体回收占12%、水电项目占8%、垃圾填埋气体回收占8%、地热占6%	东亚和太平洋区域占84%，一些大项目在中国，拉丁美洲有很多小项目，大约占13%，非洲约占1%
荷兰欧洲碳基金	荷兰经济部	57%用于提升能源效率，32%用于水电，11%用于风能	乌克兰约占78%，波兰约占22%
意大利碳基金	意大利环境、土地和海洋部	分解HFC－23占35%，水电占35%，垃圾填埋气体利用占15%，温室气体逃逸回收项目占9%，能源效率提升占6%	东亚和太平洋地区约占55%，南亚约占22%，中东和北非约占14%，欧洲和中亚约占9%
丹麦碳基金	丹麦政府气候能源部	30%用于回收逃逸温室气体，22%用于分解HFC－23，21%用于减少垃圾填埋气体，16%用于提高自发电能源的效率，7%用于减少甲烷气体，4%用于减少PFCs和SF_6排放	东亚和太平洋地区占45%，欧洲和中亚占30%，拉丁美洲和加勒比地区占15%，南亚区域占6%，非洲占4%
西班牙碳基金	西班牙政府，后对公共和私人参与主体开放	分解HFC－23占33%，提升工业中能源效率占22%，垃圾填埋气体处理占16%，风能开发占10%	东亚和太平洋地区占65%，拉丁美洲和加勒比地区占18%，欧洲和中亚占11%，中东和北非占4%，南亚和非洲占1%

续上表

基金类别	基金发起人	投资项目	投资区域
伞形碳基金	5支世界银行碳基金和11个外部实体	基金1购买1000万吨的减排项目，基金2购买打包后的中小规模项目	多个国家和地区
欧洲碳基金	3个政府组织和2家公司	41%用于俘获逃逸气体技术，34%用于回收垃圾填埋气体，25%是基于甲烷避免技术	欧洲和中亚地区占41%，中东和北非区域占34%，东亚和太平洋区域占25%

资料来源：World Bank。

4.3.3.3 世界银行主要碳基金运作情况分析

第一，设置系列基金完成多元化目标。世界银行碳基金在发展中国家购买节能减排项目所产生的温室气体减排量，从而实现三大目标。分别为“增强发展中国家从温室气体减排市场中受益的能力”“确保碳金融着力于全球环境问题并为可持续发展做出贡献”以及“建设、保障和发展温室气体减排市场”。

为了实现不同种类、不同侧重点的目标，世界银行基金采用“4+6+2”的模式，将12支碳基金划分为三个系列。其中，4个综合型碳基金主要用于培育《京都议定书》机制下全球碳市场的形成和发展，6个国别基金在于帮助国家和地区履行《京都议定书》约束下的减排目标，2个面向2012年以后的碳基金主要用于推广“减少滥伐森林和森林退化（REDD）”以及扩大利用碳融资以推动减少排放活动，是对于后《京都议定书》时期碳金融方式的探究和展望。

第二，以培育发展中国家发展减排项目能力为中心。早在《京都议定书》生效之前，世界银行和相关工业国家政府发起了“国家战略学习计划（NSS）”，辅导部分发展中国家熟悉和理解清洁发展机制减排的规则、程序。此后还推出与世界银行基金相配套的建设计划或学习计划。如原型碳基金、社区发展碳基金和生物碳基金设立后，相对应的PCFplus，CDCFplus和BioCFplus能力建设计划也开始运行。为了协助京都框架下对CDM和JI机制有热忱的国家开展减排项目，世界银行从2005年开始整合三项能力计划，推出全面、系统的“碳基金辅助计划”（CF－Assist）。

总的来说，世界银行做出的一系列综合型能力建设和技术援助计划，出发点都是培育发展中国家参与温室气体减排市场的能力。

第三，促使私营资本进入碳排放权市场。碳基金作为碳排放权的最大买方，对其他资本实体投入有很强的示范、带动作用。普遍认识中，能够接受世界银行碳基金注资的减排项目，在项目质量和前景上都有保障。这促使该项目更容易通过其他手段（如商业贷款）获取资金，同时引起私营实体对节能减排项目的关注。由此促使金融机构、私营实体更多地参与节能减排项目的构建和实施。

第四，平衡碳减排项目在类型和区域的分布。世界银行碳基金致力于让世界各国的减排项目或技术能够公平地获得资金资助，故而相比于世界节能减排项目的分布，世界银行碳基金参与项目显现出均衡分布的特征。根据世界银行的研究报告，世界总体JI和CDM项目不均衡地分布在东亚、南亚、拉美、东欧和中东，其中东亚和南亚是减排项目的主要载体。而世界银行碳基金减排项目相对均匀地分布在东亚、南亚、拉美、非洲和东欧，比率保持在20%左右。而技术类型分布则与总体CDM和JI项目的分布上没有多少出入，包括水电、填埋气体、甲烷回收利用、造林和再造林、其他可再生能源和分配。

在世界碳基金的格局中，除世界银行系列基金以外，由主权国家或私营企业设立的碳基金份额也越来越大。比较有代表性的包括：由英国政府出资的英国碳基金、由德国政府与德国复兴信贷银行共同设立的德国复兴信贷银行（KFW）碳基金、由爱尔兰政府设立的多边碳信用基金（MCCF）、由私人企业和政策性机构共同设立的日本温室气体减排基金（JGPF）等。

专栏4-1　首支世界银行基金——原型碳基金（PCF）

原型碳基金是全球首支碳基金，于1999年设立，由世界银行集团的国际复兴开发银行（International Bank for Reconstruction and Development，IBRD）担任基金的托管人，总资金额为1.8亿美元。1999年7月20日批准、2008年6月9日修改的国际复兴开发银行《关于建立原型碳基金的修正决议》（以下简称决议），对原型碳基金的内部管理结构、基金管理以及职责权限做出了详细的规定。

原型碳基金以国际复兴开发银行的信托基金的形式而成立，由根据决议捐赠的基金以及其他基金资产构成。其中国际复兴开发银行作为基金的托管人以及法律所有人，持有组成基金的资产，单独管理和使用基金资产。协议的签署方只在托管人和每个出资方之间建立托管人与受益人的关系。

原型碳基金的运行原则为：第一，为加入伞形碳基金提供项目资源并产生高质量的减排信用；第二，致力于在出资方和东道国之间就项目产生的减排量或其他利益上实现公平共享；第三，推动托管人在基金发展和项目执行过程中的知识。基金的运行包括提供由直接签署或通过中间商签署的、以减排量购买协议形式存在的项目资源。托管人作为承接方促进项目产生的、经过协议确定数量的减排量从东道国向出资方转让。运作过程中，资助温室气体减排和加入基金项目将获得回报：①获得除《联合国气候变化框架公约》和《京都议定书》管制框架下授权的个人以外的任何第三方专属权利，以及由独立第三方核证项目产生的温室气体的质量和数量；②出资方可以获得确定数量的温室气体减排量的权利。

出资方大会承担评估基金的运作以及现有项目，对托管人下一年基金的运作总体规划和战略进行指导，并定期组织出资方大会的组织会议。选举出资方委员会成员，评估和授权支付国际复兴开发银行的基金发展成本。根据每个出资方对资金总贡献的百分比分配投票权，每个百分比获得一票。出资方委员会由 7 人组成设立，其中 4 名来自于公共部门出资方的官员，3 名来自私有部门出资方的官员、主任或雇员。出资方委员会的每位成员有投票权，且代表构成商业交易所需要的法定人数。东道国委员会作为碳基金的监督建议机构，向托管人对项目选择标准和项目组成标准、项目执行以及其中获取的知识如何传播和提高提供建议。东道国委员会会议至少每年召开一次，时间、日期和地点由托管人决定。

托管人设立基金管理单元。基金经理作为首席执行官领导基金管理单元，对其日常运行负有全权责任。监督项目选择、监督基金运作、维持与出资方和受益人的接触沟通、确保基金运走与 UNFCCC 管制框架和世界银行集团运行政策和规程一致以及收集、组织、管理、传播托管人在基金运行中的知识和信息。托管人被授权实现基金的行政管理。能够代表基金开展任何行动、签署任何合约、投资基金持有资产等。同时，受到协议权利限制，不能超过决议规定的费用或成本以外的成本或费用预算总额的 10% 以上。将资金财产承诺用于项目的准备，除非托管人在项目概念文件中向出资方委员会表明，且出资方委员会少于两名成员在 30 天内提出反对。

（资料来源：根据世界银行原型碳基金运行规程整理）

4.4 碳衍生品及其交易机制

碳衍生品是碳金融发育到高级形式的产物，其具有规避风险及价格发现的功能，是碳金融衍生产品的具体化表现形式。由于发行碳股票或者碳债券等基础性融资工具，对企业要求较高，而未能被广泛使用。目前碳融资市场上主要的融资产品是碳衍生品。

4.4.1 碳金融衍生品的特征与交易机制

碳金融衍生品与传统金融衍生品遵循相同的资产衍生链，通过一级、二级专业评级机构等专业机构的结构化处理，实现由实体经济要素到虚拟衍生品的转变，所不同的是碳金融衍生品是从碳减排量转换为碳虚拟商品，再在虚拟商品的基础上衍生出碳虚拟衍生品。

4.4.1.1 碳金融衍生品的特征

（1）交易标的虚拟性。碳金融衍生品是在碳基础产品的基本框架下衍生出来的，其交易对象是对基础碳排放权交易单位在未来不同条件下处置的权利和义务。其本身没有价值，只是作为一种合法的权利或义务的证书。其运行独立于碳基础工具交易机制，能够为产品的持有人带来一定收益，到期或者符合交割条件时，按照金融衍生品的价格计算收入或者损失。

（2）与现货价格的联动性。虽然碳金融衍生品的运行独立于基础产品，但其价值及价格变动规律与原生品密切相关。通常，金融衍生品与基础产品之间的关系由合约内容所决定，其联动关系既可以是线性的，也可以表达为复杂的非线性函数，甚至是分段函数。据研究表明，碳期货的价格变动规律与碳原生品的价格变动一致性程度高。而且由于衍生品是市场预期的变动，其比基础产品的价格变动更为敏感。因为如此，碳金融衍生品可以作为转移碳原生品价格变动风险的工具，其也蕴含着巨大的风险。

（3）高杠杆性与高风险性。碳衍生品交易通常采用保证金制度，即交易所要求交易者只要缴付基础产品价值的某个百分比即可获得衍生品的经营权和管理权。保证金分为初始保证金和维持保证金，当保证金账户余额低于维持保证金时，持有人就会被要求追加保证金。待交易到期日时，对金融衍生品进行反向交易，对差价进行结算；或者进行实物交割，缴付一定数量的保证金，获得基础产品。其以较少的资产获取较多的收益，是高杠杆性的突出表现。在保证金制度下，交易者对基础工具未来价格的预期和判断对其盈亏所带来的影响将放大。基础产品价格的波动对碳金融衍生品盈亏的不确定性影响，将由于杠杆性而诱发更高的不确定性。

（4）产品设计的复杂性和灵活性。碳衍生品是将基础工具、指标、相关资产、期限等通过一定的设定加以组合、复合和分解得出，其本身构成复杂性来源于所属基础资产的关联关系的多样性。除此之外，碳衍生品因其种类的不同、针对客户群体的不同，合约的时间、金额、杠杆比例、价格等参数设计相对灵活，以充分发挥其套期保值的目的。

（5）交易目的多重性。碳衍生品在交易过程中可发挥避险和投资的功能。其市场参与主体通常有套期保值、套利以及投机三个目的。套期保值的投资者通过进行市场间的反向操作，实现锁定价格、保证利润的目标；套利者通过在不同市场间、不同品质标的间进行频繁操作，获取收益；投机者纯粹以利润为趋势，买卖标准化的碳衍生品合约。总而言之，市场的参与者通过转移与该基础工具相关价值变化的风险获得经济利益。

4.4.1.2 碳金融衍生品交易机制

碳金融衍生品的交易机制是指衍生品交易的基本规则与模式，包括交易产品、交易平台以及价格形成机制等要素。解决如何交易、谁来交易、如何保证交易顺利进行等问题。

(1) 交易产品。碳金融衍生品市场交易的衍生品，主要包括碳远期、碳期货、碳期权以及其他金融衍生品，其中碳期货为种类最多、最常见的交易方式。各类不同的合约形态各异，从核准减排量的产品形态上看，EUA 多为期货合约和期权合约，而 CER 多为远期合约。除了以 EUA、CER 为代表的交易标的以外，其中也不乏基于 AAU、ERU、RMU 以及 REC 的衍生品合约。下文将对各类衍生品的交易原理、合约构成做进一步说明。

(2) 交易平台。碳衍生品市场分为场外交易市场和场内交易市场，其最初在场外交易市场交易，后发展到在交易所内部交易。其中，场外交易市场主要是针对价格、时间、地点均需要商讨的合约，如碳远期、碳互换。场内交易市场专门交易标准化合约，如碳期货、碳期权。从交易标的上来说，EUA 系列衍生品由交易所结算，分为场内和场外两种交易方式；CER 系列产品多在场外交易市场交易。碳市场交易大部分还是通过有中介参与的场外柜台交易，与直接的双边交易相比，场外交易的价格也较公开透明，操作更加灵活。

全球主要碳金融衍生品及交易体系与交易所有：欧洲气候交易所（ECX），芝加哥气候交易所（CCX），印度碳交易所（MCX 和 NCDEX），纽约商业交易所控股有限公司（NYMEX Holdings，Inc）。部分交易所还开通了场外交易结算通道，如欧洲气候交易所（ECX）。

(3) 价格形成机制。由于衍生品交易场所不同，其所采用的价格形成机制也有所不同。总的来说，碳金融衍生品交易机制主要有以下几种：

第一，集中竞价制度。集中竞价是衍生品交易所最普遍的交易方式，其指所有的买卖指令必须在特定时间汇集，并在交易所内进行集中公开、公平的撮合交易，最终形成衍生品价格。集中竞价制度根据竞价形式不同，可以分为公开喊价方式和计算机撮合成交方式两种。公开喊价是传统报价方式，依靠人工方式形成交易价格。计算机撮合成交方式是在公开喊价的原理上设立，并通过计算机自动化交易方式对双边交易指令进行配对。相较于公开喊价，计算机撮合方式具有准确、连续、成本低等特点，使得其成为目前最主要的衍生品交易方式。公开喊价方式大都常见于老牌交易所，由于碳衍生品交易为新兴市场，其交易所交易大都依托于现有的电子交易平台，其中欧洲气候交易所（ECX）碳期货依托的英国伦敦国际石油交易所电子期货交易平台就是个典型代表。

第二，协议定价制度。协议定价制度程序简单，首先征集合约交易意向方的意向价格，然后通过合约出售方的规则进行筛选，最终符合条件的买卖双方进行报价交易。其优点在于，能够在最低委托数额限制的情况下，促成大额交易。这种议价方式下合约的价格、时间以及数量都能够通过商讨达成，适合非标准化合约特别是大额交易。在早期的碳衍生品场外交易市场中，由于交易主体、交易标的的局限性，通过协议确定合约价格能够很大幅度地提高成交的成功率。碳远期、碳互换合约，由于数额较大且难以分割，多采用协议定价的方式。

第三，做市商制度。做市商制度是由具备实力和信誉的法人充当市场交易中介，不断地向投资者提供买卖价格信息，并按其提供的价格接受投资者的买卖要求，以其自有资金和证券与投资者进行交易。做市商制度是市场发育到一定程度，为矫正买卖指令不均衡，为市场提供即时信息和流动性而引入。在碳衍生品市场中，金融机构（主要是国际领先的商业银行）作为市场的主要参与者，在二级市场上充当市商，为碳交易提供必要的流动性。

4.4.2 全球主要碳衍生产品

4.4.2.1 碳远期交易

碳远期交易双方约定在将来某个确定的时间以某个确定的价格购买或者出售一定数量的碳额度或碳单位。其是适应规避现货交易风险的需要而产生，CDM 项目产生的 CER 通常采用碳远期的形式进行交易。通常，项目启动之前，由交易双方就签订合约，规定碳额度或碳单位的未来交易价格、交易数量以及交易时间。其为非标准化合约，一般不在交易所中进行，通过场外交易市场对产品的价格、时间以及地点进行商讨。由于监管结构较为松散，容易面临项目违约风险。

目前有限排、减排需求的国家都参与的 CDM 项目大部分为 CDM 远期项目。而对于我国而言，参与的 CDM 项目，大部分都签订了 CER 远期合约，而极少参加期货市场的套期保值，而且不做看涨或者看跌期权来规避风险。

碳远期交易与碳现货的价格密切相关，其包括固定定价和浮动定价两种。固定定价方式规定未来的交易价格不随市场变动而变化的部分，以确定的价格交割碳排放权。浮动定价在保底价基础上加上与配额价格挂钩的浮动价格。合约中会同时列出欧盟参照价格和基础价格。例如：假设双方约定 CER 保底价为 8 个计价单位，且承诺平均分配配额价格溢出部分，其中固定和浮动定价的比率为1∶1，如果交易时的配额价格为12个计价单位，则本次远期合约的交割价格为：

$$交割价 = 保底价 + 与配额挂钩的浮动价 = 8 + (12 - 8)/2/2 = 9$$

式中：8是保底价，（12－8）是溢价，溢价要买卖双方平均分配，故除以2，又因为浮动价与固定价是1∶1，故要再除以2。

4.4.2.2 碳期货交易

（1）碳期货交易原理。

碳期货属于标准化融资工具，其交易原理在于套期保值。购买者通过在碳期货市场进行与碳现货市场相反的买卖操作来达到套期保值的目的，锁定碳融资收益。交易双方事先将未来交易的时间、资产、数量、价格都确定下来，其具备风险规避和碳价格发现的双重功能。目前碳配额排放单位EUAs通常采用这种方式进行交易。期货交易一般在交易所中进行，也有少数参与场外交易市场交易。

与传统期货合约相比，以碳排放权作为基础的碳期货交易表现出如下三个主要特征：第一，价格规律。据BlueNext统计，碳期货价格与碳现货价格的波动周期相符程度高。第二，碳期货交易资费。碳期货交易一般面临比较多门类的手续费，其中包括管理费、交易费和清算费。如BlueNext交易所的管理费为7500欧元/年，场内和场外交易费分别为0.002欧元/吨、0.0015欧元/吨。第三，碳期货与碳期权的关系。碳期货作为目前碳期权唯一的基础资产，其价格对期权本身价格以及期权合约的交割价格有重要的影响。

（2）碳期货合约。

碳期货合约是由交易双方签署的、规定双方权利义务的凭证。其由九个要素构成，分别为交易品种名称与代码、交易单位、报价单位和最小变动价位、每日价格最大波动限制、交割品级、交割方式、合约交割月份、交易时间以及最低交易保证金。

交易品种名称与代码：对合约交易品种的名称进行界定，并以符号作为代表方式。国际上现有的相关期货品种名称与联合国清洁发展机制在术语规范上保持了严格的一致，均称为“核证减排量”期货。包括欧洲气候交易所、芝加哥气候期货交易所、纳斯达克商品事业部、美国绿色交易所、印度泛商品交易所等在内的期货交易所推出的与京都机制相联系的期货品种均名之为核证减排量期货。

交易单位：期货交易所的每手期货合约代表的标的物的数量。在国际上，除了印度泛商品交易所的CER期货使用了每手250吨CER交易单位以外，其他诸如欧洲气候交易所、芝加哥气候期货交易所、纳斯达克商品事业部、美国绿色交易所的交易单位均为每手1000个CER单位。

报价单位：报价单位一般根据交易所所属地来确定，如芝加哥气候期货交易所以美元为报价单位，印度泛商品交易所以卢比为报价单位，其他诸如欧洲气候交易所、纳斯达克商品事业部和美国绿色交易所的交易单位均为欧元。

最小变动价位：国际上各交易所的最小变动价位分别是欧洲气候交易所 0.01 欧元/吨、芝加哥气候期货交易所 0.01 美元/吨、纳斯达克商品事业部 0.01 欧元/吨、美国绿色交易所 0.01 欧元/吨、印度泛商品交易所 50 派士/吨。

每日价格最大波动限制：对于碳期货市场，最大波动限制较为宽松，欧美核证减排量期货不限制每日价格波动范围，印度则执行了日内 4%、6% 和 9% 的阶梯式限制的某种复杂设定。

交割品级：交割品级是指由期货交易所同意规定的、准许在交易所上市交易的合约商品的质量等级。国际上同类期货交割品级要求均以欧洲气候交易所的要求为准，该交易所要求可供交割的核证减排量必须是由联合国清洁发展机制理事会签发，但拒绝其中装机容量超过 20MW 以上的水电项目、土地利用变更和森林（LULUCF）项目和核电项目。

交割方式：碳期货交割主要有现金交割和实物交割两种方式。欧美、印度的同类期货交割最终以在官方排放贸易登记处的核证减排量"过户"为标记，交易所仍然扮演买卖双方履约对手的角色。

合约交割月份：国际上合约交割月份大都以 3 个月作为间隔，印度泛商品交易所核证减排量期货的合约交割月份设定为 2 月、5 月、8 月和 11 月，而欧洲气候交易所、芝加哥气候期货交易所、美国绿色交易所、纳斯达克商品事业部的合约月份都是 3 月、6 月、9 月和 12 月。在一般的期货交易中，也存在交割月份按月计算。

交易时间、最后交易日和交割日期：欧美交易所普遍设计成交割月的最后一个星期一（如果该日是非交易日，那么最后交易日为上一个星期一）。印度泛商品交易所则把交割月的日历日期 25 日作为最后交易日（如果该日为非交易日，那么最后交易日为上一个交易日）。

最低交易保证金：最低交易保证金有比例保证金和定额保证金两种形式。欧美的碳期货交易保证金规定采用确定金额，例如美国绿色交易所投机客户的开仓保证金是 743 欧元，维持保证金是 675 欧元；套期保值客户开仓保证金和维持保证金均为 675 欧元。

4.4.2.3 碳期权交易

（1）碳期权的交易原理。

与传统的期权合约不同，现存的碳期权实际是碳期货期权，即碳期货基础上产生的一种碳金融衍生产品。碳期权的价格依赖于碳期货价格，而碳期货价格又与基础碳资产的价格密切相关。首支碳期权是于 2005 年 EXC 推出的 EUA 期权，是为了满足全球金融市场的动荡所带来的避险需求，吸引工业企业、能源交易公司以及基金等经济实体参与，其产品及市场功能愈加多元化、复杂化。

碳期权的交易方向，取决于购买者对碳排放权价格走势的判断。以 CER 期权为例，当预计未来 CER 价格上涨时，CER 的卖方会购买看涨期权对冲未来价格上升的机会成本，如果未来 CER 价格下降，通过行使看涨期权 CER 卖方获得收益。反之反式，期权的购买者能够通过区别购买看涨期权或者看跌期权锁定收益水平。此外，还可以通过对不同期限、不同执行价格的看涨期权和看跌期权的组合买卖来达到锁定利润、规避确定风险的目的。碳期权除了具备碳期货一样的套期保值作用以外，还能使买方规避碳资产价格变动时带来的不利风险，同时从碳资产价格利好中获益。

（2）碳期权合约。

碳期权合约是由交易双方签署的合法凭证，规定期权的买方向卖方支付一定数额的权利金后，即可获得合约有效期内的选择权。目前比较常见的合约为 EUA 期货期权、CER 期货期权以及 ERU 期货期权。与期货合约相似，其由如下要素构成：

交易品种名称与代码：由于碳期权是基于碳期货合约而设立，所以交易品种名称根据期货的合约不同而不同，而正如上文所提到的，期货的通用名称为“核证减排量”期权，故而全球各大交易所推出的与京都机制相联系的期权品种均名之为核证减排量期货期权。

交易单位：交易所一般以手作为交易单位，而每手代表的核证减排量有所不同。在国际上，除了印度泛商品交易所使用了每手 250 个核证减排单位作为交易单位以外，其他主要交易所交易单位均为每手 1000 个核证减排单位。

报价单位：报价单位一般根据交易所报价所采用币种，如：芝加哥气候期货交易所以美元为报价单位，印度泛商品交易所以卢比为报价单位，而欧洲气候交易所、纳斯达克商品事业部和美国绿色交易所的交易单位均为欧元。

最小变动价位：最小变动单位即为价格变动的最小单位。国际上各交易所的最小变动价位分别是欧洲气候交易所 0.01 欧元/吨、芝加哥气候期货交易所 0.01 美元/吨、纳斯达克商品事业部 0.01 欧元/吨、美国绿色交易所 0.01 欧元/吨、印度泛商品交易所 50 派士/吨。

每日价格最大波动限制：国际上对于碳期权最大波动限制较为宽松，欧美核证减排量期货期权不限制每日价格波动范围，印度则执行了日内 4%、6% 和 9% 的阶梯式限制。

合约交割月份：国际上期权合约分为季度合约和月度合约。季度合约中，欧洲气候交易所、芝加哥气候期货交易所、美国绿色交易所、纳斯达克商品事业部的合约月份都是 3 月、6 月、9 月和 12 月，而印度泛商品交易所核证减排量期货的合约交割月份设定为 2 月、5 月、8 月和 11 月。

交割方式：碳期权交割主要有现金交割和实物交割两种方式。欧美、印度的同类期权交割最终以标的期货所有权转移为标记，交易所仍然扮演买卖双方履约对手的角色。而现金交割则是由交易双方根据价格进行现金结算。

4.4.2.4 碳期货和碳期权的代表性产品

目前，全球最有代表性的碳期货和碳期权产品包括：

欧洲气候交易所碳金融合约（ECX CFI），该期货和期权合约是在欧盟排放交易计划下的高级的、低成本的金融担保工具。

排放指标期货（EUA Futures），该产品由交易所统一制定，实行集中买卖、公开竞价，规定在将来某一时间和地点交割一定质量和数量的EUA的标准化合约。

经核证的减排量期货（CER Futures），欧洲气候交易所专门针对CER市场的需要，推出了经核证的减排量期货合约，以避免CER价格大幅度波动带来的风险。

排放配额/指标期权（EUA Options），欧盟排放配额期权赋予持有买方在期权到期日或者之前选择履行该合约的权利，对手方/卖方则具有履行该合约的义务。

经核证的减排量期权（CER Options），其为依附于清洁能源发展机制产生的CER，对获得的CER看涨或者看跌期权。

4.4.2.5 碳套利和互换交易

（1）碳套利交易。

碳套利交易是指在买入或卖出碳信用合约的同时，卖出或买入相关的另一种合约，通过合约之间的价差及变化来获利的金融活动。碳金融市场提供跨市场、跨商品和跨期交易三种投资套利方式，进行碳排放权套利交易的合约直接应该具有相同的认证标准，合约标的物等量或数量相近时，由于价格、时期、地点等不同，价格预期不同，就有市场价差创造出套利空间。

套利和套期保值操作方式相仿，但本质上存在区别。主要体现在交易目的、交易基础、市场范围和交易依据四方面。套期保值旨在转移市场风险，常在期货市场和现货市场之间展开，依据价格大体在同步趋势基础上，通过持有两个市场中的反向头寸，防止价格大幅度变化影响正常利润；而套利是一种投机机制，其往往发生在能够敏锐获取价格变化、期望从相对价格变化中获利的投机者之中，二级市场中的投机者主要包括碳基金。他们通常没有保值的需求，不采用碳减排单位的实际交割方式，而是在预测市场未来走势后，利用自己的资金，频繁地买卖碳金融产品，不仅仅是局限于几个不同的市场，既可以在同一品种不同交割月的合约之间进行套利交易，也可以在不同品种的同一交割月之间进行。套利交易在为碳市场价格带来波动性的同时，发挥其价格发现的功能，作为市场的润滑剂增加流动性。

市场中较为普遍的套利交易发生在EUA、CER和ERU之间，其中典型的套利交易碳排放产品包括EUA和CER、CER和ERU之间的互换/掉期交易，以EUA和CER价差作为基础资产的价差期权等。

（2）碳互换交易。

碳排放权互换是指交易双方通过合约达成协议，在未来的一定时期内交换约定数量的不同内容或不同性质的碳排放权客体或债务。投资者利用不同市场或者不同类别的碳资产价格差别买卖，从而获取价差收益。互换的产生主要基于目标碳减排信用难以获得和发挥碳减排信用的抵减作用两个原因。由此产生两种形式碳排放互换制度安排：一是温室气体排放权互换交易制度，政府机构或私人部门通过资助国家减排项目获得相应的碳排放减排信用，该机制下碳排放权客体是由管理体系（如联合国执行理事会）核准认证后颁布，其一般是涉及市场内行为。二是债务与碳减排信用互换交易制度，债务国在债权国的许可下，将一定资金投入碳减排项目，其实质上是债务国和债权国之间的协议行为。

第一种形式是通常意义上的互换交易制度，以欧盟碳排放权交易市场为例，其于2004年对EU ETS指令进行修正，以增强其与《京都议定书》的协调性。该指令允许EU ETS下的排放实体能够利用清洁能源机制CDM和联合履约机制JI中获得的减排信用履行减排义务，即欧盟成员国可以利用CDM项目从发展中国家或未参与强制减排的国家购买减排信用，达成减排任务。其增强了成员国减排方式的可选择性。单就EU ETS市场而言，CDM产生的CER可以进入EU ETS进行交易，EUA和CER可以进行互换。具体而言，当减排目标不能通过本国减排能力达成的时候，其可以通过投资清洁能源项目，获取由此而产生的CER，通过EUA和CER对应比例的互换协议，达成互换。而第二种形式的互换，则发生在具有特定债权债务关系的国家之间。

专栏4-2　碳衍生品的创新方向——由传统衍生品到新型衍生品

全球碳金融市场日益迈向成熟，以碳原生工具为基础的衍生品不断创新。从碳金融衍生品的演变规律上看，基本上遵循了从传统衍生品到新型衍生品的路径。

传统衍生品包括基于EUA和“核证减排量”的传统衍生产品，由于EUA是全球碳金融市场上规模最大的交易单位，故而最初的“碳衍生”是从其开始。而在“核证减排量”基础上衍生出来的碳金融工具，最初也是基于CER和ERU的传统衍生产品。由于CER是基于特定项目的碳资产，产出周期长、核证后产量高度不确定，对购买这类资产实现“碳中和”的市场参与者提出了更高的碳风险管理要求，所以CER的衍生品远比EUA更加丰富。

其设计思路主要体现在两个方面：一是针对基于担保或“承兑”的CER（又称gCER）而设计的产品。早期参与主要在一级CER市场上进行开发，渐渐延伸到二级市场中，部分参与者为一级市场的CER提供担保，而部分则利用一级市场交易CER现货合约，二级市场交易gCER远期合约。这些gCER合约在大部分主要的气候交易所都挂牌交易。二是针对EUA和CER之间的价格差异而设计的产品。由于基于项目的碳资产存在较大的交货风险，这来源于项目种类、国家差异、审批过程、注册周期等诸多因素，EUA的远期价格与各类同期的CER合约价格都存在价差。由此产生不同碳资产之间的互换产品。

随着碳金融衍生品市场的深化，碳金融市场中也涌现出其他新型的碳衍生品，包括将碳资产挂钩传统的气候衍生品（如与气候期权、重灾保险、重灾债券等形成的结构化产品）、基于投资碳资产未来应收账款的证券化产品、挂钩碳资产的结构性产品，甚至还包括碳保险、各类挂钩资产的结构性证券等。同时，新型的、复杂化的衍生产品还在不断的开发和设计中。

【本章小结】

本章界定了碳货币的定义、类别和特征；分析了以碳排放权为基础的国际货币体系的可能性、构想和挑战；介绍碳债券的设计思路、运行模式以及发行情况；分析了碳基金的基本构架、运行机理以及国内外实践经验；最后，阐述了包括碳远期、碳期货、碳期权等在内的碳金融衍生品的市场机制及制度安排。

参考书目

[1] [加] 约翰 C. 赫尔．期权、期货及其他衍生产品 [M]．王勇，索吾林，译．北京：机械工业出版社，2012.
[2] [美] 迈克尔·德宾．金融衍生品入门 [M]．崔明香，译．北京：中国青年出版社，2008.
[3] 雷立钧．碳金融研究——国际经验与中国实践 [M]．北京：经济科学出版社，2012.
[4] 蔡博峰，等．国际碳基金研究 [M]．北京：化学工业出版社，2013.
[5] 魏一鸣，等．碳金融与碳市场——方法与实证 [M]．北京：科学出版社，2010.
[6] 周洛华．从《京都议定书》看全球货币新体系 [N]．上海证券报，2008-1-2.
[7] 康芒斯．制度经济学 [M]．北京：商务印书馆，1981.

⑤ 碳资产定价的计量技术与方法

5.1 碳资产定价的基础理论与方法

由于具备了融资和交易的功能，碳排放权成为一种典型的金融产品。不同的金融产品具有不同的定价方法，但基础的方法不外乎三类：第一，基于现金流贴现的估值方法（如净现值模型）；第二，基于不存在无风险收益的无套利的定价方法（如期权定价模型）；第三，基于风险/收益的定价方法（如 CAPM 模型）。

5.1.1 基于现金流贴现的估值方法

5.1.1.1 资金的时间价值

在投资应用中，资金的时间价值不可忽略：现在的 1 元钱在将来不止 1 元钱，即指资金具有时间价值。资金的时间价值是指资金随时间推移而发生的价值的变化。

在投资决策中，考察资金的时间价值，正是考察使用该资金进行投资所须放弃的利益，即机会成本。机会成本是所放弃诸方案中盈利最大方案的利润值。例如某资金若投资于某工程，就放弃了将其存入银行或贷给他人的机会。若现有资金 100 万元，银行年利率为 10%，贷给他人年利率为 12%，则从机会成本的角度计算，这笔资金的时间价值应为 12%（或者说 12 万元）。

一笔资金如果不用于投资则不会有资金增值，如资金不存入银行，不购买股票，而只是锁在自己的抽屉里，随着时间的推移，不仅不会增值，或许还要贬值。资金拥有者应当把资金投入到创造增值的活动中去，并有权获得资金时间价值带来的回报。

资金的价值随时间的变化而变化，其原因有如下几种：

①通货膨胀：在通货膨胀情况下，用商品和劳务购买力所表示的货币价值不断下降。

②风险：现有手头的 100 元是确定的，而明天是否仍是 100 元是不确定的，这种不确定就是风险。风险对于投资者而言，是非常重要的。

③个人消费偏好：不同的人有不同消费习惯（或不同的消费偏好），许多人偏好眼前的消费，而不是将来的消费。

④投资的机会：货币（或资金）正如其他商品一样，也具有价值，如现在得到的1万元现金与一年后得到的1万元相比，人们都会选择前者，因为现在的1万元存在投资的机会，如存入银行，假若年利率为6%，则一年后将得到10600元。

5.1.1.2 资金的增值过程

西方经济学者分析货币的时间价值提出流动偏好说和时间偏好说两种理论，流动偏好说认为支付利息（代表货币的时间价值）是使用资金的报酬，而时间偏好说则认为利息是补偿时间的损失。

马克思的资金循环理论认为：资金不仅在时间上是连续的，而且在价值上是不断增值的。资金经过一段时间后，由 G 变为 G'，两者之间的差值 $\Delta G = G' - G$ 即为货币资金的时间价值。货币资金的时间价值具有三个特点：

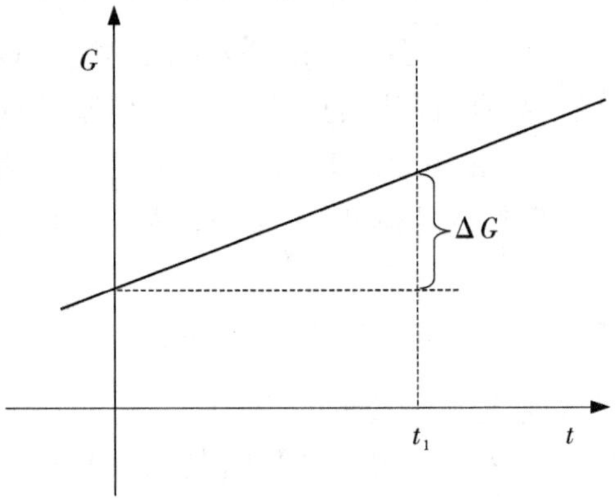

图5－1　资金的时间价值

（1）增量 ΔG 的大小是时间的函数，即 $\Delta G = f(t)$，如图5－1所示。其中 t 为时间，ΔG 表示资金的增量（货币的时间价值）。

（2）ΔG 可能是正值也可能是负值。正值表示经营有效，负值表示发生亏损。

（3）ΔG 的大小反映出效率的高低。效率就是单位时间的利用价值（$\Delta G/\Delta t$），效率高表示单位时间内的资金利用价值增大。

5.1.1.3 基于现金流贴现的估值模型

人们之所以愿意持有某类资产，是因为该资产能够为其带来预期收入（差价与利息），该资产一般常指股票、债券等有价证券。证券的价格受多种因素的影响，如政治、经济、心理等，但决定性因素是股息（债息）及银行利率。本部分从对股票与债券的定价出发，分别介绍基于现金流贴现的估值模型在这两种基础资产上的运用。

从理论上说，股票的价格可以看作是股票投资者对未来各期预期收益的现值之和，是一种适当利率下的贴现。

设第 t 期每股预期股息收入为 D_t，贴现率为 r（或股东要求的实际收益率），n 期股票的理论价格为 W，则：

$$W = \frac{D_1}{1+r} + \frac{D_2}{(1+r)^2} + \cdots + \frac{D_n}{(1+r)^n} \tag{5-1}$$

设 $t-1$ 时刻的股利为 D_{t-1}，t 时刻的股利为 D_t，从 $t-1$ 到 t 时间内，股利增长 $\Delta D = D_t - D_{t-1}$，股利增长率 g_t 为：

$$g_t = \frac{D_t - D_{t-1}}{D_{t-1}} \tag{5-2}$$

（1）零增长模型。

假定未来各期预期股息不增长（或增长率为0），即各期股息固定为D，或$D_1 = D_2 = \cdots = D_n = D$，则：

$$W = \frac{D}{1+r} + \frac{D}{(1+r)^2} + \cdots \frac{D}{(1+r)^n} \tag{5-3}$$

前n项的和为：

$$W_n = \frac{D}{r}\left[1 - \left(\frac{1}{1+r}\right)^n\right] \tag{5-4}$$

当投资者持有期限很长时，即$n \to \infty$，有

$$W = \frac{D}{r} \tag{5-5}$$

式（5-5）即零成长模型。

当贴现率r为银行利率时，上述公式变为：

$$股票价格 = \frac{股息}{银行利率} \tag{5-6}$$

式（5-6）具有非常重要的意义：它表明股价与股息成正比，与银行利息成反比。它反映降低利率促使股价上扬这种股市现象。

例如，A公司每年派发现金股利2元，贴现率为10%，用零成长模型公式可计算出该公司股票价格（内在价值）为2/0.1=20元。若该股票市场价格是18元，则该股票被估价较低，具有投资价值。

（2）固定成长模型。

假设股利以固定的增长率g增长，设第一年股利为D，则第二年股利为$D(1+g)$，第三年股利为$D(1+g)^2$……

股票的价格W则为各期股利的折现之和，即

$$W = \frac{D}{1+r} + \frac{D(1+g)}{(1+r)^2} + \cdots + \frac{D(1+g)^{n-1}}{(1+r)^n}$$
$$= \frac{D}{r-g}\left[1 - \left(\frac{1+g}{1+r}\right)^n\right] \tag{5-7}$$

（若$g > r$，当$n \to \infty$，$W \to \infty$。这是不大可能的。）

在永久持有股票且$g < r$时，上式可简化为

$$W \xlongequal[n \to \infty]{g<r} \frac{D}{r-g} \tag{5-8}$$

将上式与零成长模型比较：

$$\Delta W=\frac{D}{r-g}-\frac{D}{r}=\frac{gD}{r(r-g)}>0 \qquad (5-9)$$

这就是前景看好、增长潜力较大的公司股票市价较高的理论依据。ΔW 被称为增长机会现值，据此可将股票分为三种：

$$\Delta W\begin{cases}>0 & \text{增长型股票，} g>0\\ =0 & \text{稳定型股票，} g=0\\ <0 & \text{负增长型股票，} g<0\end{cases}$$

可见，股利恒定增长评估模型也适用股利恒定减少的情况，此时 $g<0$。

零成长模型实际上是固定成长模型的一个特例。当固定成长率为零时，固定成长模型变为零成长模型。

（3）三阶段模型。

股利长期不变，或永久以固定增长率增长模型都是不现实的。任何公司的发展都是阶段性的，很多公司在起步阶段发展快，经过一段时间调整，才进入稳定的发展阶段。为此，我们设想股利变化经过三个阶段。这种模型也许更接近现实。

第一阶段：股利以固定比率 g_0 增长，持续 k 年；

第二阶段：从 $k+1$ 到 n 年，经历一个转换时期，在这一时期，股利增长率以直线形状变化；

第三阶段：进入持续稳定状态，股利以新的比率 g_n 恒定增长，如图 5 -2 所示。

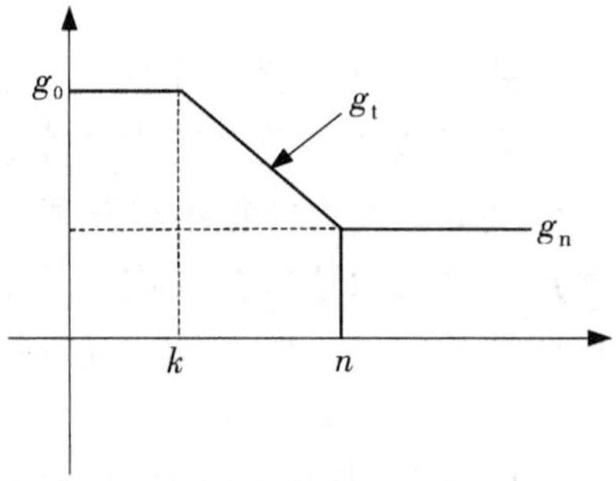

图 5 -2　股利增长三阶段模型

第二阶段中增长率由直线方程决定：

$$g_t=g_0-(g_0-g_n)\frac{t-k}{n-k} \qquad (5-10)$$

当 $t=n$ 时，正是过渡期的末尾。由直线方程可知，给定 g_0，k，n，g_n 和最近一年的股利 D_0，就可以计算出任何将来时间的股利，然后再给定一个合适的折现率，可以计算出预期股利的现在价值。

其股票价格可由下式估计得到：

$$W=D_0\sum_{t=1}^{k}\left(\frac{1+g_0}{1+r}\right)^t+\sum_{t=k+1}^{n}\left(\frac{D_{t-1}(1+g_t)}{(1+r)^t}\right)+\frac{D_{n+1}}{(1+r)^n(r-g_n)} \qquad (5-11)$$

其中：D_0 为最近一年的股利，$D_{n+1}=D_n(1+g_n)$ 为第 $n+1$ 年的股利。

三阶段股利折现模型的最后一部分，实际上是固定成长模型，即前两个阶段退化（不存在或 $n=0$）时，三阶段模型变为固定成长模型。

三阶段模型计算比较麻烦，且无法利用模型直接求折现率。

（4）债券价格的评估模型。

债券价格的评估与股票相似，也以其收益的现值作为该种债券的评估价。债券价格的评估根据付息方式不同有下列两种情况。

①每年支付利息到期还本的债券。记 PV 为债券的价格，C 为年利息收入，D 为债券面值，n 为债券尚存的偿还期，r_i 为各年的贴现率。则：

$$PV = \frac{C}{(1+r_1)} + \frac{C}{(1+r_2)^2} + \cdots \frac{C}{(1+r_n)^n} + \frac{D}{(1+r_n)^n}$$

$$= \sum_{i=1}^{n} \frac{C}{(1+r_i)^i} + \frac{D}{(1+r_n)^n} \qquad (5-12)$$

若将各年的贴现率近似地用一个平均的贴现率 r 代替，则上式可简化为：

$$PV = \sum_{i=1}^{n} \frac{C}{(1+r)^i} + \frac{D}{(1+r)^n} = C\frac{1-(1+r)^{-n}}{r} + \frac{D}{(1+r)^n} \qquad (5-13)$$

②到期一次还本付息的债券。这类债券的评估模型比较简单，如下式所示：

$$PV = \frac{nC+D}{(1+r)^n} \qquad (5-14)$$

由于债券的面值、期限、发行利率在发行时已经确定，债券价格的高低完全由贴现率决定。如果银行利率上调，贴现率增大，债券的价格就会下跌，甚至跌破面值；相反，贴现率下降，债券价格上升。

总之，基于现金流贴现的估值方法，其基本思想是资产当前的价值应该由其未来现金流的贴现值所决定，不同的未来现金流假设显然会影响现值。如现金股利贴现模型等。但是由于此方法主要关注的是公司的特征，而不是市场价格，因此在资本市场实际应用中受到了一定的限制。

5.1.2 基于不存在无风险收益的无套利定价方法

无套利定价思想是金融衍生产品定价的基本方法，即通过基础资产和无风险资产构造的投资组合的收益来复制衍生品的收益，则在无套利情况下，复制的衍生品价格应等于购买投资组合的成本。

5.1.2.1 无套利定价的思想

严格意义上的套利是在某项金融资产的交易过程中，交易者可以在不需要期初投资支出的条件下获取无风险报酬。比如同一资产在两个不同的市场上进行交易，然后立即在另一个市场上高价卖出。如果市场是有效率的话，市场价格必然由于套利行为做出相应的调整，重新回到均衡的状态。这就是无套利的定价原则。根据这个原则，在有效的金融市场上，任何一项金融资产的定价，应当使得利用该项金融资产进行套利的机会不复存在。换言之，如果某项金融资产的定价不合理，市场必然出现以该项资产进行套利活动的机会，人们的套利活动会促使该资产的价格趋于合理，并最终使套利机会消失。

例如，期初有两项投资A和B可供选择。我们已经知道，到了期末这两项投资可以获得相同的利润，还有，这两项投资所需的维持成本也相同。那么根据无套利原则，这两项投资在期初的投资成本（也就是它们期初的定价）应该相同。假如两者的期初定价不一致，比如投资A的定价低于投资B，则套利者将卖空定价高的投资B，然后用其所得去买入定价低的投资A，剩下的即为期初实现的利润。到了期末，由于两个投资的回报以及维持成本相同，套利者正好可以用做多投资A的利润去轧平做空的投资B。值得注意的是，套利者这么做的时候，没有任何风险。如果市场有效率，上述无风险利润的存在就会被市场其他参与者发现，从而引发一些套利者的套利行为，结果产生以下的市场效应；大量买入投资A导致市场对A的需求增加，A的价格上涨；大量抛售B使B的价格下跌。结果A和B的价差迅速消失，套利机会被消灭。所以，投资A和B的期初价格一定是相同的。

5.1.2.2 无套利定价的应用

看一个远期外汇定价的例子。假定市场条件如下：货币市场上美元利率是6%，马克利率是10%；外汇市场上美元与马克的即期汇率是1美元兑换1.8马克（1∶1.8），问题是一年期的远期汇率是否还是1∶1.8呢？

答案是否定的，因为在此情况下会发生无风险的套利活动。套利者可以借入1美元，一年后要归还1.06美元；在即期市场上，他用借来的1美元兑换成1.8马克存放一年，到期可以得到1.98马克；在即期市场上套利者在购买1.8马克的同时按照目前的远期汇率（1∶1.8）卖出1.98马克，换回1.1美元。在扣除掉为原先借入的1美元支付的本息1.06美元之外，还有一个剩余0.04（1.1－1.06）美元。如果不计交易费用，这个剩余就是套利者获取的无风险利润。显然，1∶1.8不是均衡的远期外汇价格。

那么，无套利的价格是什么？需要把握的要点是无套利均衡的价格必须使得套利者处于这样一种境地：他通过套利形成的财富的现金价值，与他没有进行套利活动时形成的财富的现金价值完全相等，即套利不能影响他的期初和期末的现金流量状况。只有这样，才能消灭套利机会引起的无风险利润，套利活动才能终止。在本例中，套利者借入1美元，如果不进行套利活动，他一年后将得到1.06美元；如果他实施了套利活动，他一年后将得到1.98马克。这两种情况都是从期初的1美元现金流开始，到期末时两个现金流的价值也必须相等。于是1.06美元＝1.98马克，即1美元＝1.8679马克。这个价格才是无套利的均衡价格。本例中潜在的套利者将会发现，当外汇市场美元兑换马克的远期汇率为1∶1.8679时，他的套利活动并不能改善他的财富状况。

由此，可归纳出无套利定价机制的主要特征：

其一，无套利定价原则首先要求套利活动在无风险的状态下进行。当然，在实际的交易活动中，纯粹零风险的套利活动比较罕见。因此实际的交易者在套利时往往不要求零风险，所以实际的套利活动有相当大一部分是风险套利。

其二，无套利定价的关键技术是所谓“复制”，即用一组证券来复制另外一组证券。

其三，无风险的套利活动从即时现金流看是零投资组合，即开始时套利者不需要任何资金的投入，在投资期间也没有任何的维持成本。

5.1.3 基于风险/收益的资本资产定价方法

金融市场的基本职能不仅在于配置资金，而且也分散风险。收益和风险是投资者进行资产配置时所需考虑的中心问题。

5.1.3.1 收益与风险

投资者进行投资的目的是获取一定的收益。收益，即收入或资本的增值。收益率即收益总额占投资总额的百分比。

$$收益率 = \frac{总收益}{投资总额} \times 100\%$$

投资者进行投资是为了获取一定收益，但是投资发生在现在，收益是未来的收入。受时间等因素的影响，未来的收益可大可小，甚至遭受损失，这种收益的不确定性即是风险。

5.1.3.2 投资多元化与资产组合

（1）投资多元化。

投资多元化就是将资金分配到不同的领域，以达到减少投资风险的一种投资策略。过去，在考虑投资收益与风险问题时，主要讨论个别证券资产。但是，投资决策并不仅仅局限于个别证券。事实上，人们所持有的资产有多种形式，如银行存款、股票、债券等各种不同的资产。西方投资界将投资多元化形象地比喻为“不把所有的鸡蛋放在同一篮子里”。

为什么投资多元化能减少投资风险呢？

按照多元化原则，投资者可以将资金分散投资于若干种不同的证券，由于某种证券价格下跌造成的损失可能因其他证券价格的上扬而得到弥补，从而减轻了个别证券的风险对投资者的影响。

20 世纪 60 年代，有人计算了纽约证券交易所 470 种普通股的风险。通过随机分组，计算每组组合的收益率的平均标准差，得到图 5－3 所示的投资效果。

图 5－3 说明当组合中证券的数目由 1 种逐渐增加到 15 种时，组合的风险逐步下降，接近市场系统风险水平，组合的非系统风险逐渐趋于零。非系统风险是指与

市场无关的风险，是每个证券特有的风险。因为非系统风险是互不相关的随机变量，能通过组合相互抵消，但整个市场波动的系统风险，并不能相互抵消。

另外一些研究结果表明：用随机选取的证券组成的简单多元化组合，其收益率不受证券数目多少的影响，而组合的风险则与证券数目有密切关系。美国经济学家瓦格纳（W. H. Wagner）和劳（W. P. Law）的研究结果见表5－1。

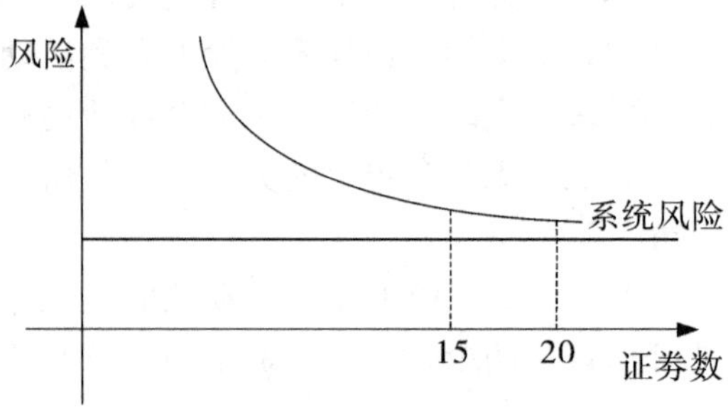

图5－3　简单多元化的效果

表5－1　多元化组合对投资收益率和标准差的影响

组合中证券数	组合的月收益率	组合的月收益率的标准差	组合收益率与市场收益率的相关系数
N	R_p（%）	σ（%）	ρ
1	1.10	0.70	0.54
2	0.84	0.50	0.63
4	0.96	0.46	0.77
5	1.01	0.46	0.79
10	0.96	0.42	0.85
15	1.07	0.40	0.88
20	1.09	0.39	0.90

从表中可见，证券数目不同的组合收益之间差异很小，而组合的标准差则随证券数的增加从0.70降低到0.39，下降幅度达到44%。同时，组合与整个市场的相关性显著提高。这种现象表明投资多元化降低投资风险的效果。

（2）组合资产。

作为投资对象的各类证券的组合就称为组合资产。

下面讨论组合资产的风险与单个资产风险间的关系。假设选定 n 种资产进行组合投资，若用 R_i 表示第 i 种资产的期望收益率，σ_i 是它的风险（收益率的标准差），χ_i 是资产组合中第 i 种资产的投资比例系数（$i=1, 2, \cdots, n$），ρ_{ij} 为资产 i 与资产 j 收益率的相关系数，σ_{ij} 是第 i 种和第 j 种资产收益率的协方差，即 $\sigma_{ij}=E[(R_{it}-R_i)(R_{jt}-R_j)]$（收益偏差乘积的数学期望）

组合资产的总收益的期望值记为 R，总方差记为 σ^2，则

$$R=\sum_{i=1}^{n}\chi_i R_i \tag{5-15}$$

$$\sigma^2 = \sum_{i,j=1}^{n} \chi_i \chi_j \sigma_{ij} = \sum_{i,j=1}^{n} \chi_i \chi_j \rho_{ij} \sigma_i \sigma_j \qquad (5-16)$$

特例：若 n 种资产的收益是毫不相关的，即 $\rho_{ij}=0$，$i \neq j$，i，$j=1$，2，…，n，则式（5－16）可转化为：

$$\sigma^2 = \sum_{i=1}^{n} \chi_i^2 \sigma_i^2 \qquad (5-17)$$

若进一步假设等比例投资于这 n 种资产，即 $\chi_1 = \cdots = \chi_n = \frac{1}{n}$，则：

$$\sigma^2 = \sum_{i=1}^{n} (\frac{1}{n})^2 \sigma_i^2 = \frac{1}{n} \sum_{i=1}^{n} \frac{\sigma_i^2}{n} = \frac{1}{n} \overline{\sigma_i^2} \qquad (5-18)$$

这里 $\overline{\sigma_i^2}$ 表示组合中所含资产的方差的平均值，一般 $\overline{\sigma_i^2}$ 有界。故

$$\lim_{n \to \infty} \sigma^2 = \lim_{n \to \infty} \frac{\overline{\sigma_i^2}}{n} = 0 \qquad (5-19)$$

式（5－19）说明：若市场上存在充分多的收益不相关的资产时，则等比例投资于这些资产所构成的组合风险趋于零。

例如，若有一个投资计划，投资对象为资产 A 和资产 B，资金给定，投资金额可在这两种资产间任意比例分配。资产 A 与资产 B 的期望收益率和它的标准差如表 5－2 所示。

表 5－2　资产 A 和资产 B 的收益率与标准差

资产	收益率 R_i（%）	标准差 σ_i（%）
A	5	4
B	8	10

在收益率的相关系数分别为 1，0，－1 的状态下，分别计算在 $X_A=1$，0.65，0.50，0.25，0 时，组合资产的收益及其标准差。

由公式（5－15）、式（5－16）计算可知，组合资产的收益率与标准差 σ 计算值如表 5－3 所示。

表 5－3　组合资产的收益率与标准差

资产 A 所占比重	资产 B 所占比重	$\rho_{AB}=1$		$\rho_{AB}=0$		$\rho_{AB}=-1$	
		R	σ	R	σ	R	σ
1.00	0.00	5.00	4.00	5.00	4.00	5.00	4.00
0.65	0.35	5.75	5.50	5.75	3.90	5.75	0.50
0.50	0.50	6.50	7.00	6.50	5.40	6.50	3.00
0.25	0.75	7.25	8.50	7.25	7.60	7.25	6.50
0.00	1.00	8.00	10.0	8.20	10.0	8.00	10.0

由表5-3可以得出以下结论：

①各种比例（任意比例）的组合资产风险不超过单个资产风险的最大值。即组合资产的风险小于单个资产的风险。

②在收益相同的情况下，负相关或不相关的资产组合，能使组合资产的风险很快降低，特别是负相关的资产组合。换句话说，资产收益间的相关系数越低，越能通过组合分散风险。资产相关性是确定风险大小的重要因素。

③投资比例的不同，影响组合资产的收益率与风险的大小。

理论和实践均表明：通过组合确实可以减小证券投资的风险。因此，有必要研究和建立组合投资的最优化模型，选择恰当的投资比例，从而达到投资收益与风险的最优化。

5.1.3.3 Markowitz模型（马科维茨模型）

现代证券组合投资理论的框架是由著名美国经济学家、诺贝尔经济奖得主Hany Markowitz创建的，他提出的Markowitz组合投资最优化模型（简称Markowitz模型），被视为现代资产组合理论的基石。Markowitz模型是在一定的假设条件下的组合投资优化模型。

（1）基本假设。

Markowitz为其组合理论提出以下假设：

①证券市场是有效的，证券的价格反映了证券的内在价值，每个投资者都掌握充分的信息，了解每种证券的期望收益率及标准差；

②投资者追求较高的收益、较低的风险，即投资者都是风险厌恶者（风险回避者）；

③投资者以期望收益率及收益率的标准差为选择投资方案的依据；如果要选择风险较高的方案，必须有额外收益作为补偿；

④各种证券的收益率之间有一定的相关性，它们之间的相关程度可以用相关系数或协方差来表示。

Markowitz组合理论的精髓是：只要组合中的资产不是正相关的，就可在不牺牲投资收益率的前提下，减少投资风险。根据Markowitz理论，为了提高组合的效果，应当尽可能选择负相关或至少相关程度很低的证券组成证券组合，人们有时把这种组合称为Markowitz证券组合。

（2）Markowitz模型。

收益最大、风险最小，这是投资者追求的两个目标。投资者总是希望这两个指标都达到最优，但事实上是不可能的。投资者必须在两者之中做出选择。

Markowitz认为：投资者大多是风险厌恶者，他们总是在一定预期收益及风险水平上选择组合证券。理性的投资者总是希望在已知风险的条件下，获得最大期望收益；或者在已知期望收益的条件下，使投资风险达到最小。

资产组合的总收益可用各个资产预期收益的加权平均值计算，组合资产的风险即收益的不确定性可用方差或标准差描述。Markowitz 利用二次规划建立了一套数学方法，解决了如何通过多元化的组合降低组合资产中的风险问题。

设有 n 种不同的风险资产，第 i 种风险资产第 t 年的实际收益率为 R_{it}，n 年实际平均收益率记为 R_i，$R_i = \frac{1}{n}\sum_{t=1}^{n} R_{it}$，第 i 种风险资产在组合中的投资比例为 χ_i，且 $\sum_{i=1}^{n}\chi_i = 1$，$\chi_i \geqslant 0$。

那么，组合资产的期望收益率 $R_p = \sum_{i=1}^{n}\chi_i R_i$；假定通过组合，收益率预定达到目标为 r，即满足条件 $\sum_{i=1}^{n}\chi_i R_i = r$。

组合资产的风险用收益率的标准差表示，方差为标准差的平方，即

$$\sigma^2 = \sum_{i,j=1}^{n}\chi_i\chi_j\sigma_{ij} = \sum_{i=1}^{n}\sigma_i^2\chi_i^2 + \sum_{i,j=1,i\neq j}^{n}\sigma_{ij}\chi_i\chi_j \tag{5-20}$$

组合的目标应使风险最小，即方差最小。此时，标准差亦最小，即

$$\min\sigma^2 = \sum_{i=1}^{n}\sigma_i^2\chi_i^2 + \sum_{i,j=1,i\neq j}^{n}\sigma_{ij}\chi_i\chi_j$$

综上所述，Markowitz 优化模型为：

$$\left.\begin{array}{l}\min\sigma^2 = \sum_{i=1}^{n}\sigma_i^2\chi_i^2 + \sum_{i,j=1,i\neq j}^{n}\sigma_{ij}\chi_i\chi_j \\ \text{s. t}\begin{cases}\sum_{i=1}^{n}\chi_i R_i = r \\ \sum_{i=1}^{n}\chi_i = 1 \\ \chi_i \geqslant 0, i = 1,2,\cdots,n\end{cases}\end{array}\right\} \tag{5-21}$$

上述模型是以投资比例为变量的二次规划。通过求解二次规划，可以确定最优投资比例。Markowitz 模型用定量的方法研究投资组合问题，在理论与实践上都具有很强的指导意义。Markowitz 模型可进一步推广为以下情形：

①不相关风险资产投资优化模型。假设投资者只对不相关风险资产进行组合投资，上述模型中 $\sigma_{ij}=0$ $(i\neq j)$，Markowitz 模型简化为：

$$\left.\begin{aligned}&\min\sigma^2=\sum_{i=1}^{n}\sigma_i^2\chi_i^2\\&\text{s.t}\begin{cases}\sum_{i=1}^{n}\chi_i r_i=r\\\sum_{i=1}^{n}\chi_i=1\\\chi_i\geqslant 0,i=1,2,\cdots,n\end{cases}\end{aligned}\right\}\qquad(5-22)$$

②存在安全资产时风险资产组合优化模型。在实际中存在着风险很小的资产，如短期国债、短期融资券、短期银行储蓄及短期财产抵押贷款等。由于受通货膨胀的影响较小，它们的投资收益相对稳定，风险很小，因而可看作安全资产。现在选择1种安全资产和 n 种不相关风险资产进行投资组合。设安全资产的收益率为 R_f，χ_i（$i=1$，2，…，n）为风险资产的投资比例，$\chi_0=1-\sum_{i=1}^{n}\chi_i$ 为安全资产的投资比例。

则组合投资的期望收益率为：$r=(1-\sum_{i=1}^{n}\chi_i)R_f+\sum_{i=1}^{n}R_i\chi_i$，风险为标准差 σ。

存在无风险资产投资时，不相关资产组合优化模型为：

$$\left.\begin{aligned}&\min\sigma^2=\sum_{i=1}^{n}\chi_i^2\sigma_i^2\\&\text{s.t}\begin{cases}(1-\sum_{i=1}^{n}\chi_i)R_f+\sum_{i=1}^{n}\chi_iR_i=r\\\sum_{i=0}^{n}\chi_i=1\\\chi_i\geqslant 0,i=1,2,\cdots,n\end{cases}\end{aligned}\right\}\qquad(5-23)$$

说明：

a. 上述模型均为二次规划模型。理论上可用二次规划的旋转迭代算法求解。

b. 上述模型均假设资金比例大于等于零，即 $\chi_i\geqslant 0$，$i=1$，2，…，n，其实际意义为不允许卖空。我国现阶段的证券投资就不允许卖空。原因在于我国证券市场还处于初步阶段，法制尚不健全，不便规范卖空行为。随着证券市场的发展，我国迟早会允许投资者卖空。

5.1.3.4　资本资产定价模型

Markowitz 的组合理论解决了理性投资者的最优投资决策问题：如何确定投资比例。进一步要问：在资本市场达到均衡（供给 = 需求）时，或所有投资者的投资行为均与现代资产组合理论描述的一致时，资产的收益如何决定，资产收益的风险如何测度，以及任意一种资产的期望收益与风险之间的函数关系是什么？

Markowitz 模型选择证券组合需要大量而复杂的计算，这不仅使一般的投资者难以胜任，即使对有相当数学基础的投资者也不胜其烦。投资者需要寻找一种更简单实用的方法。

斯坦福大学教授威廉·夏普在 1963 年发表了《证券组合分析的简化模型》一文，提出了一种证券组合选择的新方法，称为资本资产定价模型（CAPM）。CAPM 不仅具有理论上的意义，而且已被广泛用于组合决策中的资产选择和财务管理中的计算留存收益成本。夏普因此也获得 1990 年的诺贝尔经济学奖。

CAPM 的基本假定：现实的资本市场是复杂的，用模型来研究时，需对它做某些简化才能抓住主要矛盾，得到反映资本市场实质的模型。当然，某些假定与现实不甚吻合。对此问题，米尔顿·弗里德曼认为："关于理论的有关假定问题不是在于它们能否描述真实，它们永远也做不到这一点，而在于它们能否充分符合我们的目标，这一问题的唯一答案是看理论是否成立，即它能否产生充分精确的预测。"

为了讨论方便，资本资产定价理论做了以下八大假设：

①投资者是风险回避者；

②投资者可以在无风险利率下无限制借入或贷出，在资本市场上无风险证券确实存在；

③所有投资者对各证券的未来期望收益率与标准差的预测将会一致，因此，市场上有效边界只有一条；

④投资者的投资期限相同；

⑤证券的交易单位可以无限制地分割；

⑥市场上不存在交易成本和税金；

⑦资本市场是一个竞争的市场，有关证券的信息对所有投资者是均衡地传播；

⑧资本市场处于均衡状态（需求 = 供给）。

上述假设需以金融市场的有效性假设为前提。市场有效性假设是指价格已经反映了所有可能得到的消息。

以上的简化条件将复杂的资本市场抽象为一个完全竞争的市场，并将问题的焦点从如何投资转化为如果每个人以理性方式投资，证券价格会有什么结果。从而揭示市场均衡状态下每一种证券的收益与风险的关系，为建立资本资产价格理论奠定了基础。

在组合投资条件下，给定预期收益，有无穷多种组合可以实现该预期收益；同样，给定预期风险，有无穷多种组合可以实现该预期风险，哪种组合最有效？

（1）有效组合与有效边界。

如果以预期收益 R_0 为纵坐标，预期风险 σ^2 为横坐标，则任一可行的组合唯一

确定了 $\sigma^2 - R_0$ 上的一个区域，称为可行集，记为 D。

Markowitz 假定：投资者大多是风险厌恶者，他们总是在一定预期收益或风险水平上选择组合证券。理性的投资者总是希望在已知风险条件下，获得最大期望收益，或在已知期望收益条件下，使投资风险达到最小。具有上述性质的组合称为有效组合；所有有效组合形成的集合称为有效集；有效集在风险与收益的空间上的轨迹称为有效边界，它是理性投资者决策的机会集。

首先考虑由一种风险资产和一种安全资产的组合。设安全资产的期望收益为 R_f（是定值，其收益方差为0），另外，设风险资产的期望收益为μ，标准差为σ，安全资产的持有量为χ，投资于风险资产的比例是 $1-\chi$，所构成的组合资产的期望收益与标准差是：

$$\mu_p = \chi R_f + (1-\chi)\mu \tag{5-24}$$

$$\sigma_p = (1-\chi)\sigma \tag{5-25}$$

由两式整理得组合资产的收益与风险（标准差）的关系为：

$$\mu_p = R_f + \frac{\mu - R_f}{\sigma}\sigma_p \tag{5-26}$$

显然，是一条过（0，R_f），（σ，μ）两点的直线，如图 5-4a 所示。

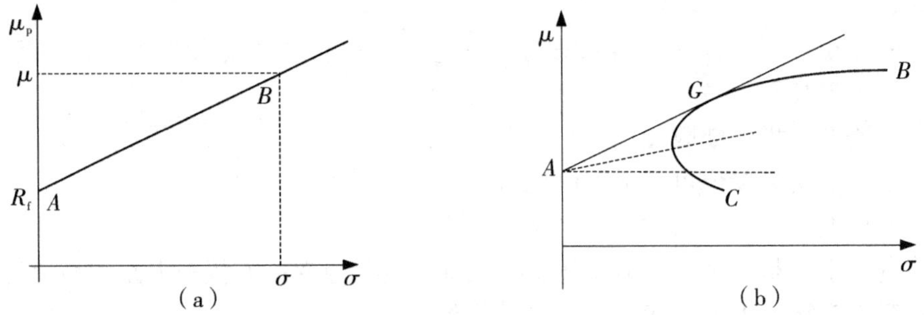

图5-4　安全资产与风险资产的组合

线段 AB 是安全资产和风险资产可能组合的领域，其期望收益和风险都是两资产比例的加权和，因为都是在一次线性组合范围内，所以都是有效边界。

人们的投资机会，不仅在于安全资产与风险资产的轮番购入，而可能是通过借入资金，进行风险资产的投资。借入实际上就是负的贷出，而安全资产的卖空就等同于资金的筹集。假定贷出利率与借入利率相等，投资机会就从图 5-4a 中的 B 点向右上方延伸，也就是说，投资者可能选择的领域和有效边界是一条由 A 经 B 点延伸的直线。B 点的左方表示贷出一部分资金到安全资产，右边的射线表示借入一部分安全资产来购买组合。

以上分析同样可以推广到多个风险资产的情况。当市场上存在多个风险资产时，其风险资产组合的有效边界就是图 5-4b 所示的凸形集合。若用曲线 *CB* 表示风险资产组合的有效边界，过 *A*（0，R_f）点作 *BC* 曲线的切线，切点为 *G*，则射线 *AG* 是安全资产与风险资产的组合。

（2）无差异曲线。

当两个不同的投资方案产生的结果不易直接比较时，如一个投资方案的期望收益大，但风险也大，另一个投资方案的期望收益小，但风险也小时，可用效用函数来选择方案。某投资方案的效用是该方案的结果给予投资者的满足程度的度量。因此，它是一种主观评价。

对于同一投资方案，投资人对风险的不同偏好，决定其满足程度不同，因而效用函数不同。

在风险与收益空间上对应的一种曲线称为无差异曲线，在该曲线上的任意两点，投资者所获得的效用相同（无差异），如图 5-5 所示。

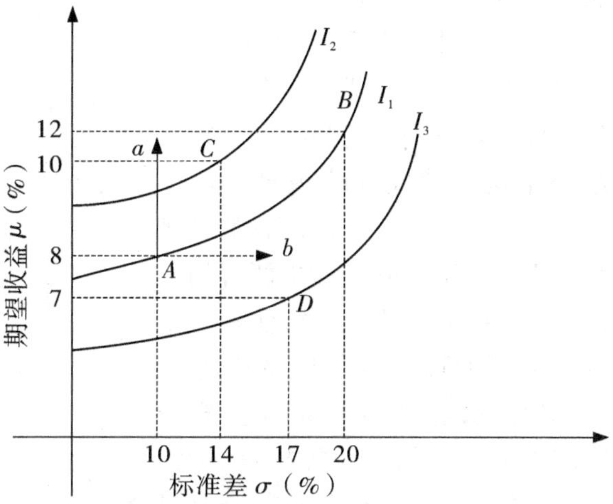

图 5-5　无差异曲线图

图 5-5 中，当方案 *A* 由方向 *a* 所指的任一方案代替后，投资者的效用就会增加，因为 *a* 线上任一点，在期望收益增加的同时，方差并不增加；相反，朝 *b* 方向的任何改变都将会减少投资者的效用，因为这时方差增加而收益不变；但我们可以在两者间找到一点（如 *B*），所得投资者的效用既不增加也不减少。比如用 *B* 代替 *A*，期望收益和方差都有增加，但其效用却没变，这说明增加的收益恰好被增加的风险所冲销，所以，这两种投资对投资者而言是无差别的。重复上述程序，我们可以找到无差异曲线 I_1；如果从 *C* 点出发，按照以上程序，又可以找到另一无差异曲线 I_2，等等。

由于投资者的最终选择取决于对风险的偏好，根据期望效用最大化原则，他所选择的将是使其达到最高无差异曲线的方案。

假定某投资组合的有效边界为图 5-6 的曲线 *AB*，根据一定效用假设，得到无差异曲线簇 U_1，U_2，U_3 等。

无差异曲线簇中有一条与有效边界相切。设切点为 *H*，则 *H* 对应投资者在机会集中效用到达最大的组合，故对应于他的最优投资方案。

当存在无风险资产的投资机会时，所有的投资者面对的是相同的直线 *RM* 表示的有效集（见图5-7）。每个人根据自己的无差异效用曲线与 RM 的切点选择不同的组合。例如投资者甲的无差异效用曲线簇为 I_1，I_2，I_3，若没有安全资产的话，则他将选择组合 C，效用值为 I_1，现在他选取的组合为 A，效用值提高为 I_2。虽然 I_3 效用值更高，但这条曲线与有效集（RM）不相交，就是说现有的组合都达不到 I_3 的效用值。同样，投资者乙的无差异曲线簇为 J_1，J_2，J_3，同样的分析方法，所以他选取组合 D。有效组合边界 RM 上对应的所有的组合都是由安全资产与风险证券的有效组合 M 组成的。它们之间的区别仅在于组合中这两种成分的相对比例不同。例如，组合 A 中的两者的比例为0.30∶0.70，组合 D 中两者的比例为-0.45∶1.45，换句话说，不管投资者对收益和风险的偏好如何，他们都选择组合 M 和安全资产来构造自己的最佳的投资方案。其中，组合 M 是由资本市场上可供选择的风险证券按一定比例组成的，称为风险证券的有效组合。

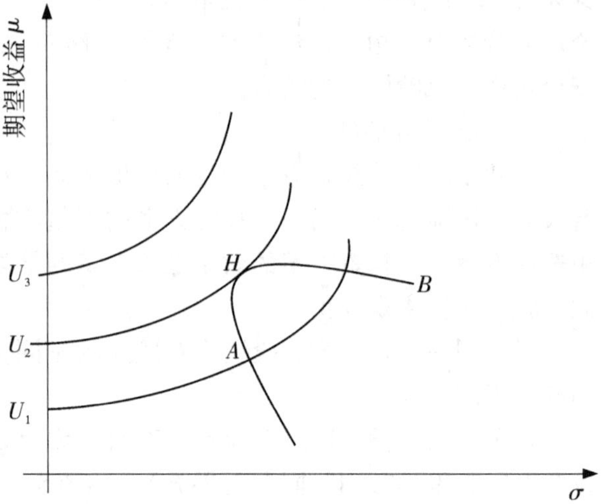

图5-6　单个投资者的最优投资组合

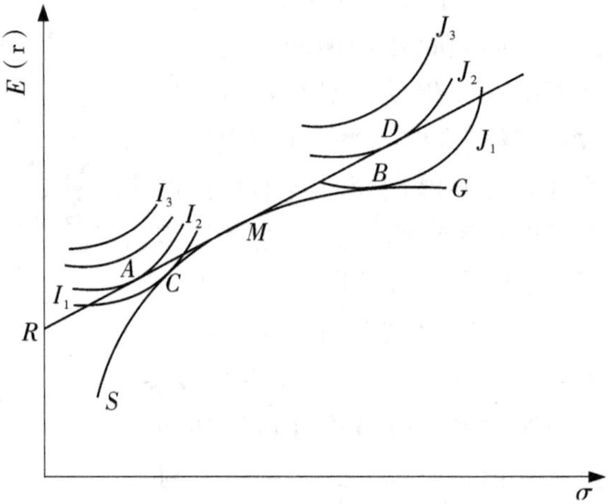

图5-7　多个投资者的最优投资组合

因此，风险证券的有效组合 M 的构成以及其成分证券所占的比例，与投资者的偏好无关。

组合 M 中究竟包括哪些风险证券呢？根据均衡市场的原理，在市场达到均衡状态时，每种风险证券的价格将调整到使其供求达到均衡，即市场上每一种证券的流通量正好等于该证券的需求量。就是说，每种风险证券既不稀缺，也没有剩余。由于每个投资者除了安全资产以外，只持有风险证券组成的组合 M，所以组合 M 中必须包括市场上所有的风险证券。倘若有一种证券不包括在组合 M 之中，又没有人愿意以当前的价格购进这种证券，那么持有这种证券的投资者的投资组合必然不是最佳的组合，因为对所有的投资者而言，最佳的风险证券的组合只有唯一的组合 M。于是，该投资者势必要抛掉这种证券，优化自己的组合。其结果，该种证券的价格便会下跌，它的期望收益率将会上升，直到其他的投资者愿意购买为止。达到市场均衡时，这种证券就会被接收到组合 M 中去，为全体投资者所持有，既不稀缺，也不剩余。这时，每种证券在组合 M 中所占的份额正好等于其市场价值占市场上全部证券的市场价值的权重。

因此，组合 M 又称为市场组合。所谓市场组合就是由全部风险证券组成的证券组合，每种证券的投资比例正好是市场价值与全部风险证券的市场价值之比。市场组合是资本市场均衡理论中的一个重要概念。根据假设条件，投资者理性的、有效的投资中只包含安全资产的借贷和市场组合。

（3）资本市场线。

在资本资产价格理论的框架中，只要知道无风险资产的收益率、市场组合的期望收益及标准差，理性投资者就很容易确定有效组合边界 *CML*（见图 5－8）。此模型称为资本市场线的数学模型（CML 模型）。

假定 R_f 为完全市场上的无风险利率，ER_p 和 σ_p 代替投资组合的期望收益率和风险，M 点代表市场投资组合。从图 5－8 中可以看出 *CML* 线上的投资组合均优于 *AMB* 弧上的其他组合（根据收益方差准则可知）。因此，*CML* 线为新的有效边界，即为资本市场线，其表示在以无风险利率借入或贷出资金情况下的有效边界。

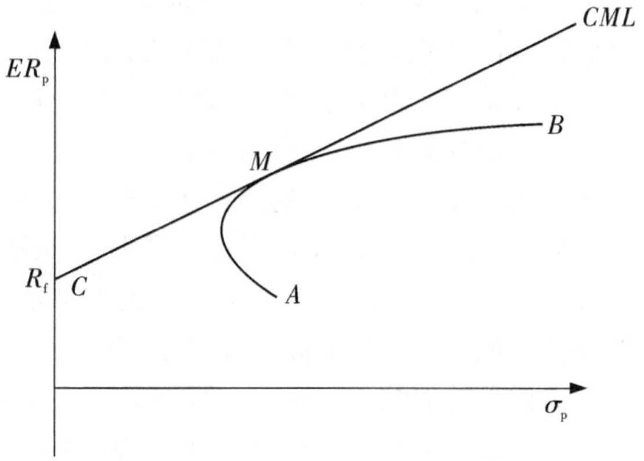

图 5－8　资本市场线的确定

资本市场线反映了组合资产的风险与收益之间的线性关系，所在直线过（0，R_f）及 M（σ_M，ER_M）两点，由直线的点斜式方程可得资本市场线的数学模型为：

$$ER_p = R_f + \frac{ER_M - R_f}{\sigma_M} \times \sigma_p \qquad (5-27)$$

式中，ER_p 和 σ_p 分别代表投资组合期望收益率与标准差，R_f 表示无风险利率，ER_M 和 σ_M 代表市场组合 M 的期望收益率与标准差。

由式（5－27）可看出，R_f 为截距，是完全市场借贷的利率水平或无风险证券（如国库券等）的报酬。（$ER_M - R_f$）$/\sigma_M$ 为直线 *CML* 的斜率，其斜率为正值，表示风险每增加一个单位，期望报酬相应增加的数量。直线斜率可称为风险价格。从

CML 模型可知，有效组合的总报酬（或收益）等于无风险利率加上风险贴水，而风险贴水又等于风险价格乘以投资组合的风险。

资本市场线说明了有效投资组合的期望收益与风险之间的关系，这种关系只适用于有效投资组合，至于无效性的投资组合与其他个别证券则不存在这种关系。

在市场作用力的影响下，当整体市场上升时，大多数股票价格都上升；而当整体市场下降时，大多数股票都会出现负收益。所以，单个证券的价格随着整体市场中资产估价的变化而变化。如何描述某种证券收益与市场收益间的关系呢？

（4）证券市场线。

证券市场线揭示了在市场均衡状态下，证券的期望收益率与其风险的关系。如果某种证券的期望收益率和协方差对应的点位于证券市场上方 U 点处（见图 5－9），表示该证券的期望收益率高于在均衡条件下它的系统风险应得到的期望收益率，其实际价格低于其均衡价格。投资者增加持有该证券的比例，从而刺激对该证券的需求，对其价格产生向上的推动力。随着价格上升，增加该证券持有比例的边际收益逐渐下降，直至其对应的点落在证券市场线上的 U' 点，这个过程才停止。同理，如果证券或组合 H 对应的点落在证券市场的下方（见图 5－9），它的系统风险大于市场组合的风险而期望收益率小于市场组合的收益，说明它的价格高于相对于其系统风险的均衡价格。换言之，该证券或组合没有提供足够的收益率来吸引投资者。由于需求不足，供给增加，将压迫其价格下跌，边际收益上升，直至上升到 H' 点，供求才达到均衡状态，价格才不再变动。证券市场线揭示了市场均衡状态下证券的期望收益率与其系统风险的关系。

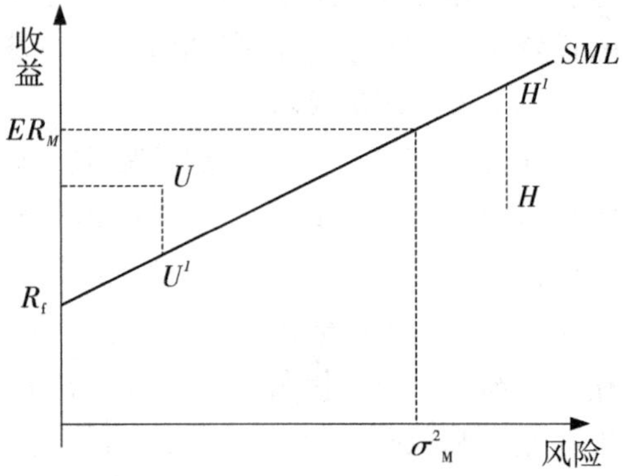

图 5－9 证券市场线

下面介绍证券市场线的数学模型（SML 模型）的建立。

当允许卖空及以无风险利率无限地借入贷出某资产时，投资者的最优决策模型为：

$$\left.\begin{aligned} &\max\theta = \frac{ER_M - R_f}{\sigma_M} \\ &\text{s. t：} \sum_{i=1}^{n} \chi_i = 1 \end{aligned}\right\} \qquad (5-28)$$

式中，R_f 为无风险利率，M 点为市场组合，σ_M 表示市场组合收益标准差，ER_M 为组合资产的期望收益，χ_i 为第 i 种资产的投资比例系数，$i=1, 2, \cdots, n$。

记 σ_{iM} 为第 i 种资产与市场组合 M 收益之间的协方差，或：

$$\sigma_{iM}=\mathrm{COV}(R_i,R_M) \tag{5-29}$$

可以证明：证券的收益与风险关系如下式所示：

$$ER_i=R_f+\frac{ER_M-R_f}{\sigma_M^2}\times\sigma_{iM} \tag{5-30}$$

式中，ER_i 表示第 i 个风险资产的期望收益，式（5－30）表明，在均衡的状态下，风险证券或组合的期望收益率是它与市场组合收益的协方差的线性函数。在协方差－期望收益率坐标图上，可以用直线 SML 表示。这条直线称为证券市场线，如图 5－9 所示。

协方差反映了该风险证券的收益率随市场变化的程度，即该证券风险中的系统风险。式（5－30）说明，证券的系统风险越大，期望收益率越高。

式（5－30）中，R_f 为截距，$\frac{ER_M-R_f}{\sigma_M^2}$为直线的斜率。

特别地，当 $\sigma_{iM}=0$ 时，风险证券的收益率等于无风险利率 R_f；当 $\sigma_{iM}=\sigma_M^2$ 时，证券的期望收益率恰好等于市场组合的收益率 ER_M。

由于 SML 是一条直线，由图 5－9 可知，证券市场线是经过无风险资产及市场组合所对应的点（0，R_f），（σ_M^2，ER_M）两点的一条直线。

（5）资本资产定价模型（CAPM 模型）。

SML 模型是用协方差描述证券的系统风险。人们习惯于以市场组合作为衡量风险的标准，即用证券（或组合）的协方差相对市场组合方差的倍数来说明证券（或组合）相对于市场组合的风险。

一般地，令：$\beta_i=\frac{\sigma_{iM}}{\sigma_M^2}$。其中，$\beta_i$ 表示证券 i 相对于市场组合的风险，称为贝塔系数；σ_{iM} 表示证券 i 的收益率与市场组合收益率的协方差；σ_M^2 表示市场组合收益率的方差，简称市场组合的方差。则 SML 模型表达式简化为：

$$ER_i=R_f+(ER_M-R_f)\beta_i \tag{5-31}$$

式中，ER_i 为第 i 种证券的预期收益率，R_f 为无风险利率，ER_M 为市场组合预期收益率（如上证指数股票的收益率等），β_i 为第 i 项证券的贝塔系数。β 系数是度量证券相对风险（或系统风险）的指标。

式（5－31）也适合于证券组合。

设 n 种风险资产组合的投资比例分别是 χ_1，χ_2，…，χ_n，投资组合的预期收益率记为 ER_p，市场组合的预期收益率记为 ER_M，考虑组合资产的贝塔系数 β 与各证券的贝塔系数之间的关系。

由式（5－31）两边同乘 χ_i，得

$$\chi_i \cdot ER_i = \chi_i \cdot R_f + \chi_i \cdot (ER_M - R_f) \cdot \beta_i \quad i = 1, 2, 3, \cdots n \tag{5-32}$$

组合资产收益率 ER_p：

$$\begin{aligned} ER_p &= \sum_{i=1}^{n} \chi_i \cdot ER_i \\ &= \sum_{i=1}^{n} [\chi_i R_f + \chi_i \beta_i (ER_M - R_f)] \\ &= R_f \sum_{i=1}^{n} \chi_i + (ER_M - R_f) \sum_{i=1}^{n} \chi_i \beta_i \\ &= R_f + (ER_M - R_f) \sum_{i=1}^{n} \chi_i \beta_i \end{aligned} \tag{5-33}$$

记 $$\beta_p = \sum_{i=1}^{n} \chi_i \beta_i \tag{5-34}$$

故 $$ER_p = R_f + (ER_M - R_f)\beta_p \tag{5-35}$$

即组合资产的贝塔系数是构成组合证券贝塔的加权平均数。式（5－31）及（5－35）揭示了在市场均衡状态下，证券或证券组合的期望收益率是 β 的线性函数，解决了证券的定价问题。这就是著名的资本资产定价模型，即 CAPM 模型。

资本资产定价模型把风险证券在均衡状态下的投资收益分成两部分：第一部分是 R_f，即无风险资产的收益率，它是由于资金被占用、消费被推迟而获得的时间报酬，其大小等于证券市场线的截距。第二部分是（$ER_M - R_f$）β_i，表示证券的风险溢价。证券的系统风险越大，这部分收益越高。因而，这部分收益是承担系统风险而获得的风险报酬。

由式（5－31）可以看出：当 $\beta = 0$ 时，$ER_i = R_f$；当 $\beta = 1$ 时，$ER_i = ER_M$。由这两点，便确定了图 5－10 中的 *SML* 直线。在均衡条件下，所有证券与组合，不管有效与无效，都位于该直线上。

从式（5－31）～式（5－35）可知：每一贝塔水平可以看作是代表一个风险组，所有落入该风险组的证券都预期得到该组相适应的收益，所以，已知证券收益的贝塔值，就可以利用 CAPM 模型直接求解期望收益。

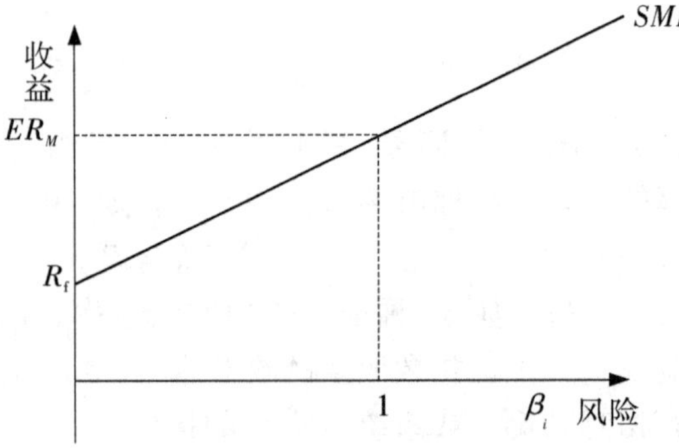

图 5－10 *CAPM* 线

5.1.3.5 套利定价模型

资本资产定价模型（CAPM）刻画了在资本市场达到均衡时，资产收益的决定机制，但它基于众多的假定，其中的一些假定常与现实不符；在检验 CAPM 时，难以得到真正的市场组合，更重要的是，一些经验结果与 CAPM 相悖。如“小公司现象”：当以公司规模为基础形成资产组合时，小公司每年的平均收益率还比大公司的平均收益率高出 20%。这种现象很难用 CAPM 来解释，它激励人们去建立新的资本市场均衡理论。

1976 年，史蒂芬·罗斯（Stephen A. Ross）提出了一种新的资本资产均衡模型——套利定价模型（简称为 APT）。该模型认为风险可由多个因素产生，不仅仅是一个市场因素。尤其是它对风险态度的假设比 CAPM 更宽松，因此也更加接近现实。

（1）基本假定。

①投资组合包含大量的资产，但不一定是市场组合；

②允许卖空，且投资者可以取得卖空收益；

③投资者不一定是风险厌恶者；

④证券或组合的收益是多种因素共同影响的结果。

（2）套利定价模型（APT）。

假定证券 i 的收益受 n 个因素 F_1，F_2，…，F_n 的影响，则证券 i 的期望收益率的通用公式为：

$$ER_i = R_f + b_{i1}\lambda_1 + b_{i2}\lambda_2 + \cdots + b_{in}\lambda_n \qquad (5-36)$$

式（5-36）就是套利定价模型。式中，R_f 表示无风险资产的收益率，b_{ij} 表示证券 i 对因素 F_j 的敏感度（$j=1, 2, \cdots, n$），λ_j 表示第 j 个风险因素 F_j 的边际贡献。

公式表明：在均衡市场下，证券或投资组合的预期收益率与其对因素的敏感度呈线性关系，且以无风险资产的收益率为截距。

（3）建立套利定价模型的步骤。

套利定价模型没有规定某种证券或组合的收益模型中包括几种因素，也没有规定这些因素是什么。建立套利定价模型要依靠投资者的经验和判断力，选择识别风险因素，并估计相应的 λ，其步骤如下：

第一，识别风险因素。可以运用因素分析的统计技术，从证券价格变动的时间序列中确定影响证券价格的因素。在构造 APT 模型时，通常考虑的风险因素有：违约破产风险、利率风险、国际贸易不平衡的风险、购买力（通货膨胀）风险、管理风险、经济周期风险、行业风险、政治（政策）风险、失业率风险等。

第二，估计风险因素的期望值以及方差。

第三，列出每种证券对各种因素的敏感度（b_{ij}），可以通过证券的价格与风险因素的回归曲线的斜率来计算其敏感度。投资组合对风险因素的敏感度就是其成分证券对该风险因素的敏感度的加权平均数。

第四，列出套利定价模型，根据模型估计出证券或组合的收益率及方差。

由此，套利定价模型为投资者提供了衡量资产现行价格与均衡价格关系和构造套利组合的策略。

综上，基于风险/收益的资本资产定价方法认为，投资者只有在承担不可分散的风险时才能获得补偿，而承担这种不可分散的风险越大，获得的收益也应越高。均值－方差组合理论、资本资产定价模型（CAPM 模型）、套利定价模型（APT 模型）均在一定程度上解释了资产或资产组合的定价，但仍存在不能解决的“异常现象”。

专栏 5－1　金融产品定价

金融产品定价是金融学最核心的工作，它是保值、套利、金融产品设计和创新以及风险管理等的基础。但总的来说，金融产品的定价方法是对绝对定价法与相对定价法的运用，且有关模型的假设具有相似性。

1. 绝对定价法与相对定价法

绝对定价法就是根据金融工具未来现金流的特征，运用恰当的贴现率将这些现金流贴现成现值，该现值就是绝对定价法要求的价格。股票和债券定价大多使用绝对定价法。这种方法的优点是比较直观，也便于理解。但它有两个缺点：一是金融工具（特别是股票）未来的现金流难以确定；二是恰当的贴现率难以确定，它取决于金融工具风险的大小，还取决于人们的风险偏好，而后者是很难衡量的。实际上，夏普的 CAPM、罗斯的 APT 等重要的资产定价理论都是为了确定恰当的贴现率。但半个世纪以来，金融理论界在此领域的成果虽然多如牛毛，但至今远未形成定论，理论与实际还相距甚远。

相对定价法则利用基础产品价格与衍生产品价格之间的内在关系，直接根据基础产品价格求出衍生产品价格。该方法并不关心基础产品价格的确定，它仅仅把基础产品的价格假定为外生给定的，然后运用风险中性定价法或无套利定价法为衍生产品定价。衍生产品定价主要运用相对定价法。相对定价法的优点主要有两个：一是在定价公式中没有风险偏好等主观的变量，因此比较容易测度；而且它非常贴近市场。在用绝对定价法为基础产品定价时，投资者即使发现市场价格与理论价格不符，也往往无能为力。二是在用相对定价法为衍生产品定价时，投资者一旦发现市场价格与理论价格不符，往往意味着无风险套利机会就在眼前。

2. 衍生金融产品定价的基本假设

现代金融学衍生金融产品（以期权为主要代表）的定价理论建立在以下5条关于金融市场特征的假设基础上。

假设1：市场不存在摩擦。也就是说，金融市场没有交易成本（包括佣金、买卖差价、税赋等），没有保证金要求，也没有卖空限制。市场无摩擦假设能够简化衍生金融工具定价的分析过程。首先，对于大规模的金融机构来讲，这一假设有一定的合理性。因为这些金融机构的交易成本低，它们在保证金和卖空方面所受到的限制也比较少，所以上述假设比较接近现实。其次，对于规模小的市场参与者来说，只有首先了解了无摩擦状态下的市场定价机制，才能对复杂场合下的市场规律进行进一步的研究分析。

假设2：市场参与者不承担对手风险（couterpart risk）。这意味着，对于市场参与者所涉及的任何一个金融交易合同，合同对方不存在违约的可能。

假设3：市场是完全竞争的。金融市场上任何一位参与者都可以根据自己的意愿买卖任何数量的金融产品，而不至于影响该金融产品的价格。他们都是价格的承受者，不是价格的制定者。现实中规模比较大、交易品种比较成熟的市场接近这一假设。

假设4：市场参与者厌恶风险，且希望财富越多越好。如果有两个投资机会的风险相同，则投资者偏好回报率高的投资机会，若它们的回报率相同，则投资者偏好风险水平低的投资机会。

假设5：市场不存在套利机会。如果市场上存在着获取无风险利润的机会，套利活动就会进行调整，直到这种机会消失为止。从严格意义上来讲，套利是指在某项资产的交易过程中，投资者在不需要期初投资支出的情况下，获取无风险报酬。无套利假设是金融衍生工具定价理论生存和发展的最重要的假设。

5.2 碳资产价格的影响因素与碳价格行为

分析碳资产与价格变化的方法主要分为四类：利用随机游走模型可分析当前碳价格和历史碳价格之间的关系；通过重标级差分析法的经典R/S与修正R/S模型、分整自回归移动平均模型（ARFIMA模型），可分析历史碳价对未来碳价走势的影响，采用混沌理论可分析碳市场内部机制对碳价的影响。

（1）随机游走模型。

碳市场价格的随机游走是市场弱式有效的基本条件，随机游走意味着碳价的变化是独立同分布增量，碳市场是弱有效性的。模型如下：

$$\lg P_t = \mu \lg P_{t-1} + \varepsilon_t$$

式中，ε_t 是随机扰动项，服从独立同分布（RW1）；$\mu = E(R_t)$ 为价格变化的期望。

ε_t 满足独立同分布，独立不仅意味着任何增量间都是不相关的，而且任何关于增量的非线性函数也不相关。要求某一随机变量在很长的一段时间里保持相同的分布，这在现实中是不合理的。根据坎贝尔·罗闻全（Campbell Lo.）和麦金莱（Mac Kinley）（1997）的研究，放宽同分布的假定，ε_t 独立但不同分布，使随机游走模型更符合现实（RW2）。在 RW2 上放宽 ε_t 独立的假定而只要求 ε_t 不相关（RW3）。

本节采用序列相关检验碳价的 RW1 假设。根据坎贝尔·罗闻全和麦金莱（1988）提出了方差比率，并证实无论在同方差增量情形下还是在异方差增量情形下，方差比率检验均比序列相关检验可靠。序列相关检验和单位根检验，都假定碳期货合约价格变量服从正态分布，而方差比率检验不需要这一假设。方差比率的基本原理是：如果碳期货合约价格服从随机游走过程，那么 k 期收益的方差 σ_k^2 应是单期收益方差 σ_1^2 的 k 倍。本章根据在碳价同方差增量情形下（RW1）和在异方差增量情形下（RW3）分别构建各自的方差比统计量进行分析。

（2）R/S 分析。

R/S 分析是赫斯特（Hurst）（1951）在实证研究的基础上提出的。后经过曼德勃罗（Mandelbrot）、活利斯（Wallis）（1969）和曼德勃罗（Mandelbrot）（1972，1975）发展成熟。

一个碳价序列 $\{x_t\}$，对于整数 n，k（$k \leqslant n \leqslant t$），$x_t = \lg P_t - \lg P_{t-1}$，碳价的极差 $R(n)$ 为：

$$R(n) = \max_{1 \leqslant k \leqslant n} \sum_{j=1}^{k} (x_j - \bar{x}_n) - \min_{1 \leqslant k \leqslant n} \sum_{j=1}^{k} (x_j - \bar{x}_n),$$

碳价的标准差 $S(n)$ 为：

$$S(n) = \sqrt{\frac{1}{n} \sum_{j=1}^{k} (x_j - \bar{x}_n)^2},$$

碳价的 Q 统计量：$Q(n) = \dfrac{R(n)}{S(n)}$，当 $n \to \infty$ 时，$Q(n) = cn^H$，c 为常数。

H 即为碳价的 Hurst 指数。当 $0 < H < 0.5$ 时，碳价格表现出短期的记忆性，碳价对未来价格走势的影响时间持续短，反持续状态，某一时刻碳价上升可能意味着下一阶段碳价的下跌；当 $H = 0.5$ 时，碳价序列为白噪声序列，碳价序列服从随机游走；当 $0.5 < H < 1$ 时，碳价序列为长记忆，当前碳价对未来走势有长时间的持续影响。

根据罗闻全（1991）、张贤旺和赖松钟（1993）的研究，如果碳价序列包含短期记忆、存在异质性、非平稳等状况时，经典 R/S 会产生有偏的 Hurst 指数，因而一个时间序列表现出很强的短期相关性。由于分析结果偏向于长期检验性结果，而碳市场价格波动较为剧烈，很有可能存在这种短期记忆、非平稳特征，因此，我们引入修正的 R/S 进行分析。

根据罗闻全（1991）的研究，碳价的 Q 统计量变为：

$$Q(n) = \frac{R(n)}{\sigma_n(q)}$$

$$其中,\sigma_n^2(q) = \frac{1}{n}\sum_{j=1}^{n}(x_j - \bar{x})^2 + \frac{2}{n}\sum_{j=1}^{q}w_j(q)\{\sum_{i=j+1}^{n}(x_{i-j} - \bar{x})(x_j - \bar{x})\}$$

$$= \sigma_n^2 x + 2\sum_{j=1}^{q}w_j(q)\rho$$

$w_j(q) = 1 - \frac{j}{q+1}$，$q<n$，$\sigma^2 x = s^2$，$\rho$ 为碳价序列 $\{X_t\}$ 的自相关系数，q 为滞后阶数。

（3）ARFIMA 模型。

依据分整自回归移动平均模型（ARFIMA）不依赖于特定分布的假设，能较为可靠地检验碳价序列对未来的记忆性。

碳价的 ARFIMA（p，d，q）模型：

$\Phi_p(B)(1-B)^d x_t = \Phi_q(B)\varepsilon_t$，其中 p、q 均为整数。

$\Phi_p(B) = 1 - \Phi_1 B - \cdots - \Phi_p B_p$，为碳价序列自回归滞后 p 阶算子。

$\Phi_q(B) = 1 - \Phi_1 B + \cdots + \Phi_q B_q$，为碳价序列移动平均滞后 q 阶算子。

$(1-B)^d = 1 - dB - \frac{d(1-d)}{2!}B^2 - \cdots$，为分数维差分算子。 151

其中，B 代表滞后算子，即 $Bx_i = x_{i-1}$，

左边 $\Phi_p(B)$ 代表自回归函数，其中 Φ_1，Φ_2，…，Φ_p 代表自回归系数，

右边 $\Phi_q(B)$ 代表移动平均数函数，其中 Φ_1，Φ_2，…，Φ_q 代表移动平均系数，

p 代表自回归阶数，q 为移动平均阶数，d 为模型的差分参数。

ε_t 是均值为 0、方差为 σ_ε^2 的 IID 干扰项。为防止混淆，可令 $\Phi_p(B)(1-B)^d x_i = \theta_q(B)\varepsilon_t$，这样，自回归表达式不动，移动平均表达式变为：

$\theta_q(B) = 1 + \theta_1 B + \cdots + \theta_q B_q$

当 $d=0$ 时，ARFIMA 变形为 ARIMA 过程，碳价格表现出短期记忆特征，当 $d \neq 0$，且 $d \in (-0.5, 0.5)$ 时，碳价格表现出长期记忆特征或者反持久性特点。

（4）混沌分析方法。

一个动力系统是由 n 个独立的状态变量来描述的，状态变量所在的空间称为相

空间。我们把碳市场看作一个动力系统，但是，碳市场中可供观测的变量很少，最直接的只有碳价序列，因此，利用碳价序列，选择一个延滞时间和一个合适的嵌入维，建立多维的相空间。

由于无法知道碳市场系统动力学方程，我们计算碳价序列的一些特征值对其系统运动过程做部分了解。对于碳市场是否处于混沌状态，我们通过以下两个特征来判断：

一是系统相空间中的吸引子是否具有分数维。计算碳价的关联维，关联维提供了空间复杂度的度量，判定系统是否处于混沌状态（格拉斯伯格（Grassberger）和普罗卡恰（Procaccia），1983）。

$X = \{x_1, x_2, x_3, \cdots, x_N\}$， $\{x_t\}$ 是碳价收益率，m 是嵌入维，关联积分 $C_m(r) = \frac{1}{N^2}\sum_{i,j=1}^{N}\theta(r - |X_i - X_j|)$，$\theta(x)$ 是 Heaviside 函数，关联维 $D = \lim_{r\to 0}\frac{\lg C_m(r)}{\lg r}$。

二是系统对于初始条件是否具有敏感性，通过计算碳价的最大 Lyapunov 指数来判断（Wolf，1985）。

重构相空间模型为：$Y(t_i) = (x(t_i), x(t_i + \tau), \cdots, x(t_i + (m-1)\tau))$，$(i = 1, 2, \cdots, N)$，$\tau$ 是时间延迟；$L_0' = |Y(t_1) - Y_0(t_1)| > \varepsilon$，$L_1 = |Y(t_1) - Y_1(t_1)| < \varepsilon$，最大 Lyapunov 指数为 $\lambda = \frac{1}{t_M - t_0}\sum_{t=0}^{M}\log_2(\frac{L'_i}{L_i})$，其中，$M$ 是总迭代次数。

5.2.1 碳价历史信息对当前价格波动的影响

本节运用的数据源于荷兰的欧洲气候交易所（ECX）。欧盟排放交易体系许可权分为两个阶段，2005—2007 年和 2008—2012 年。因此，选用 ECX 几个主要的碳期货合约作为研究对象。由于在 EU ETS 的两个阶段中，不同阶段的合约价格表现出较大的差异性，而同一阶段的期货合约则具有较高的一致性，因此，本章主要以 DEC06、DEC07、DEC08 和 DEC09 为研究对象。数据的选取区间为：DEC06（2005. 04—2006. 12），DEC07（2005. 04—2007. 12），DEC08（2005. 04—2008. 12），DEC09（2005. 04—2009. 02）。

5.2.1.1 历史价格信息对当前价格的影响

我们检验碳市场当前价格是否已经包含了历史价格信息。

首先对碳价序列进行单位根检验，都是 I（1）平稳的（见表 5－4），这是一个时间序列是随机游走的必要条件。序列相关检验和方差比率分析结果见表 5－5 和表 5－6。

表 5 – 4　单位根检验

合约	水平	一阶差分	结论
DEC06	−0.92	−6.82 * * *	I (1)
DEC07	0.09	−5.12 * * *	I (1)
DEC08	−0.31	−8.72 * * *	I (1)
DEC09	−0.61	−9.53 * * *	I (1)

注：最佳滞后长度根据赤池信息准则（Akaike information criterion），* * * 表示 1% 水平下显著。

表 5 – 5　ECX 期货合约序列相关检验

合约	Q (K)	Q 值	P 值	合约	Q (K)	Q 值	P 值
DEC06	Q (1)	0.0330	0.823	DEC07	Q (1)	0.1240	0.699
	Q (2)	3.0824	0.204		Q (2)	8.3618	0.013
	Q (3)	8.8110	0.029		Q (3)	9.9103	0.011
	Q (4)	15.534	0.002		Q (4)	10.112	0.030
	Q (5)	16.124	0.004		Q (5)	10.107	0.069
DEC08	Q (1)	0.0001	0.971	DEC09	Q (1)	0.0065	0.901
	Q (2)	0.1551	0.900		Q (2)	1.0302	0.601
	Q (3)	0.3456	0.974		Q (3)	1.3050	0.810
	Q (4)	1.4580	0.813		Q (4)	2.3960	0.712
	Q (5)	1.4712	0.901		Q (5)	2.5321	0.780

序列相关检验的原假设是：时间序列不存在序列相关。表 5 – 5 给出的 Q 值 和 P 值可以反映应不应该接受原假设或拒绝原假设。

DEC06：在 $Q(1)$，P 值为 0.823，$Q(2)$ 时，P 值为 0.204，因此表明 DEC06 合约与其滞后 2 阶的价格不相关，轻度的随机游走：而在 $Q(3)$、$Q(4)$、$Q(5)$ 后概率值较小，均小于 5%，说明拒绝原假设，认为 DEC06 存在一定的市场弱有效性，与其滞后 3、4、5 阶的价格序列相关；DEC07 只有在滞后一阶时才是非序列相关，其他情况下是序列相关，因此 DEC07 不是随机游走序列，不是市场弱有效性；DEC08、DEC09 在滞后阶数为 1、2、3、4、5 时均接受原假设，表明不存在序列相关，因此其是随机游走序列，表现出市场弱有效性。

表5－6　ECX 期货合约方差比率

合约	q	VR（q）	ψ（q）	ψ^*（q）
DEC06	2	1.2101	2.4012＊＊	0.6012
	4	1.1901	2.0111＊＊	0.6312
	8	1.3451	2.7012＊	0.9600
	16	1.4012	1.6509	0.6980
DEC07	2	0.8103	－4.7034＊	－0.8012
	4	0.6512	－4.7231＊	－0.9501
	8	0.6301	－3.4051＊	－0.8991
	16	0.7213	－2.3121＊＊	－0.7501
DEC08	2	1.1341	3.6965＊	2.6542＊
	4	1.2131	3.5759＊	2.3839＊＊
	8	1.2187	2.9031＊	1.9050
	16	1.2501	1.8012	1.2434
DEC09	2	1.0514	3.8056＊	2.8975＊
	4	1.3414	4.0002＊	2.6578＊
	8	1.3254	3.3278＊	2.2012＊＊
	16	1.4123	2.0511＊＊	1.3278

注：$\psi(q)$、$\psi^*(q)$ 分别表示同方差情形和异方差调整情形下的统计量，服从均值为0、标准差为1的正态分布，在5%和1%的显著水平下的临界值分别为1.96和2.58。如果计算出来的统计量大于临界值，那么就意味着关于随机游动的原假设（即 $VR(q)=1$）被拒绝。＊＊表示在5%的统计水平下显著，＊表示在1%的统计水平下显著。

表5－6说明：DEC06在95%的置信水平上拒绝原假设（RW1），但经异方差调整后是随机游走的。DEC07在异方差调整下是随机游走序列，DEC06、DEC07均可接受原假设（RW3），是随机游走序列，同时存在严重的异方差现象。DEC08、DEC09的随机游走性不明显，异方差调整后也不明显。

由于只有DEC06、DEC07是随机游走的，而DEC08、DEC09不是随机游走，因此认为碳价随机游走不明显，碳市场基本上不是弱有效的。当前碳价格没有完全包含历史价格信息，有可能存在非线性特征。同时，部分碳价期货合约存在严重的异方差现象（见表5－7）。

表5－7　ECX期货合约ARCH－LM检验结果

合约	F统计量	P值	LM统计量	P值
DEC06	45.5735	0.0000	38.1356	0.0000
DEC07	105.7830	0.0000	120.3692	0.0000
DEC08	1.5670	0.1702	1.8391	0.1822
DEC09	2.1101	0.1267	2.0513	0.1578

ARCH－LM检验：检验残差序列中是否存在ARCH效应的拉格朗日乘数检验，即ARCH－LM检验。

原假设：残差序列中不存在ARCH效应，换言之，不存在条件异方差。

表5－7中数字表明：DEC06、DEC07存在异方差现象，DEC08、DEC09不存在异方差。

因此，我们认为碳价的随机游走不明显，碳市场基本上不是弱有效性的。

5.2.1.2　碳市场历史价格对碳价未来走势影响

我们采用R/S分析法、修正R/S分析法和ARFIMA模型方法对碳价格序列与长期记性进行分析，研究碳市场价格对未来价格的走势的影响以及这种影响的持久性。表5－8为ECX经典R/S分析结果。

表5－8　ECX经典R/S分析结果

	DEC06	DEC07	DEC08	DEC09
H	0.6123	0.6201	0.5278	0.5109

表5－8表明，碳价Hurst指数均大于0.5，关联维$d=(2-H)$小于布朗运动的分数维1.5。波动轨迹符合分数布朗运动，碳价是持续、正相关的，具有长期记忆性。Hurst指数越接近0.5，系统中的噪声越大，序列越接近随机过程。DEC08、DEC09较DEC06、DEC07序列更随机，更“市场化”。

碳市场存在非周期循环，但是这种非周期循环是不太稳定的，变化较大。

表5－9为ECX修正R/S分析结果。

表5－9　ECX修正R/S分析结果

	DEC06	DEC07	DEC08	DEC09
ρ	0.1120	－0.1250	0.1312	0.1519
q	4	6	5	5
H	0.5023	0.5234	0.4951	0.4802

注：ρ为碳价序列滞后一期的自相关系数，滞后阶数q选择根据Andrew（1991）。

由表5－9的修正R/S分析表明，碳市场噪声很大，序列较为随机，长期记忆过程不明显。对于经典R/S分析和修正R/S分析之间的差距，我们认为可能是由以下原因造成的：

数据中的噪声过大，Peters（1994）认为价格中存在某种短期的马尔科夫依赖性，而由于我们采用的是日收益数据，噪声较大；碳市场具有其他金融衍生品的市场特性，也有其独特性，受政策、国际谈判、碳减排技术的影响较大，短期的波动性较大，短期的记忆性也就较强，经典R/S分析和修正R/S分析偏差较大。

表5－10为ARFIMA模型的分析结果。

表5－10　ARFIMA模型d的估计值

	DEC06	DEC07	DEC08	DEC09
d	－0.2908	－0.0532	－0.1203	0.0009
t	－1.6519***	－0.6234	－0.8991	0.0091

注：***表示10%水平下显著。

ARFIMA模型分析表明，碳市场没有明显的长期记忆性，而更多的是短期记忆性。表5－10说明：除DEC06具有较为显著的长期记忆关系，其他合约的长期记忆性均不明显。

表5－11为ECX DEC08的波动率分析结果。

表5－11　ECX DEC08波动率分析结果

序列	经典R/S分析H	ρ	q	修正R/S分析H	d	t
r_t	0.5214	0.1312	5	0.4951	－0.1234	－0.9103
$\lvert r_t-\bar{r}\rvert$	0.7489	0.1062	5	0.6503	0.2315	1.6812***
$(r_t-\bar{r})^2$	0.7012	0.0630	3	0.6302	0.0615	0.6267

注：ρ为碳价序列滞后一期的自相关系数，滞后阶数q选择根据Andrew（1991）。***表示10%水平下显著。

表5－11的结果显示：收益率的绝对均值离差的Hurst指数较大，ARFIMA模型也显示了较强的长期相关性。对于均值离差平方，R/S分析和修正R/S分析均显示出了较强的长期相关性，而ARFIMA模型分析则不支持这一论断。

因此，碳市场历史价格对碳价未来走势的影响分析表明，碳历史价格对于未来价格的影响更多表现出短期效应，长期的影响力不大。

5.2.2 碳市场内在机制对碳价格波动性的影响

对于碳市场价格波动规律，我们认为，受到外部环境较大冲击（政策、谈判、配额分配等）引起的不规则变动是暂时的，会自行恢复趋向均衡。现代研究表明，和碳市场十分类似的金融市场，价格波动本质上是内部而非外部的，不稳定性造成了一些巨幅价格波动。虽然碳市场有其自身的特殊性，但是作为一种商品市场，也有其共同性，因此我们采用混沌理论来分析碳市场机制对于碳价波动的影响。

碳价关联维和最大 Lyapunov 指数计算结果见表 5－12 和表 5－13。

表 5－12　ECX 碳期货合约关联维计算

m	DEC06（*D*）	DEC07（*D*）	DEC08（*D*）	DEC09（*D*）
2	0. 1225	0. 0531	0. 2601	0. 2623
3	0. 2123	0. 0845	0. 3924	0. 3901
4	0. 2999	0. 1240	0. 5034	0. 5001
5	0. 3989	0. 1420	0. 6389	0. 6254
6	0. 4103	0. 1598	0. 7801	0. 7046
7	0. 5207	0. 1902	0. 8923	0. 8257
8	0. 5258	0. 2013	0. 9902	0. 9117
9	0. 5856	0. 2404	1. 1803	1. 1435
10	0. 6901	0. 2501	1. 2016	1. 1517
结果	递增	递增	递增	递增

表 5－12 说明：关联维 *D* 值较小且是分数，说明了碳市场系统的自由度均不大，系统均可以由少数变量表征。由于分数维度的存在，碳市场出现了分形特征。*D* 随 *m* 的增长而增长，表明碳市场系统是一个随机时间序列的随机系统，不是由自由度决定的非线性动力学系统，它在有限维数的相空间中不存在吸引子。因此，碳市场价格波动内生的复杂性非线性动力学现象不明显。

表 5－13　ECX 碳期货合约收益率的最大 Lyapunov 指数

m	DEC06	DEC07	DEC08	DEC09
2	0. 7203	0. 6758	0. 8301	0. 7523
3	0. 5108	0. 7312	0. 4213	0. 4203
4	0. 6302	0. 5602	0. 3102	0. 3523
5	0. 4498	0. 2832	0. 2705	0. 2312

续上表

m	DEC06	DEC07	DEC08	DEC09
6	0.3189	0.4102	0.2623	0.2679
7	0.3401	0.2789	0.2304	0.2302
8	0.2693	0.2159	0.1879	0.2178
9	0.2801	0.1699	0.2230	0.2234
10	0.2498	0.2102	0.1351	0.1617

表5-13说明：最大Lyapunov指数均大于0，具有正的Lyapunov指数是混沌吸引子的一个基本特征。碳市场具有混沌特性，对碳期货市场进行长期的价格预测不具有太大的意义。最大Lyapunov指数表示对碳市场系统演化预测能力的衰减速度。第二阶段（DEC08、DEC09）指数基本上较第一阶段小，短期预测能力稍强。

混沌理论分析表明，碳市场价格波动的内生复杂性非线性动力学现象不明显。碳市场较为复杂，介于混沌和随机游走序列之间，具有部分市场特性和分形市场特征。

通过以上分析可知，碳市场基本不是市场弱有效的；碳价长期记忆性不强，而更多地表现出短期记忆性；碳市场价格波动内生的复杂性非线性动力学现象不明显，介于混沌和随机游走序列之间，具有部分市场特性和分形市场特征。说明了碳市场较一般的期货市场更具有复杂性。那么，这一复杂的价格波动是如何形成的呢？我们试着结合碳市场内部和外部的环境因素来分析。

对于碳市场历史短、参与者较少等市场特殊性等原因，我们采用反馈机制来分析碳价波动性原因。

碳市场价格发生波动，市场内部机制对价格扰动做出及时反应，并产生扰动后的价格，扰动后的价格进入市场，连同市场的内部机制，再次发生变化，推动着市场价格的进一步变动。而且这种价格的变动会由于参与者的差异、扰动的多样化而不同。

在碳价波动中存在着市场反馈机制。参与者包括价格上涨时购买、价格下跌时卖出的正反馈交易者和价格上涨时卖出、价格下跌时买进的负反馈交易者。正反馈交易者是对价格的进一步上涨有了预期，对于碳市场信心十足，认为还有上涨的空间，因为碳市场每季度的交易量都迅速增长，不排除有这种信心的存在。

分析认为，在欧盟碳市场上，负反馈效应更为明显。价格过高，人们会卖出其持有的合约，因为外部不确定性较大，目前的盈利才是最重要的。而且第一阶段和第二阶段的合约不能跨期，追高价的长期持有显然风险较大。反馈机制的存在使得碳价的变化不会同线性市场理论一样，碳价格受到市场信息的冲击而偏离基本价格后，市场机制能够在较短时期内调整到新的价格水平上。碳价有了记忆性，价格上下前后变化之间不是孤立的，而是相互关联依赖的。

按照以上的分析，碳市场价格应该具有较长期的记忆性，并且碳价的波动是内生的复杂性非线性动力学现象，碳价的大幅波动应该是由内部的不稳定造成的，但前面的分析得到，除了 DEC06 表现出较弱的长期记忆性外，修正 R/S 分析和 ARFIMA 分析表明 DEC07、DEC08、DEC09 的长期记忆性均不明显，而关联维和最大 Lyapunov 指数分析碳市场的内生的复杂性非线性动力学现象不明显，长期预测较为困难。这一现象使得碳市场与一般具有反馈效应的金融市场相比具有较大的差异。

5.2.3 异质性环境对碳价格波动的影响

碳市场处于一个较为复杂的外部环境中，因此，价格的反馈机制经常受到干扰而产生偏差、中断。这种干扰会对碳市场产生多大影响呢？在一般的金融市场上，我们认为外部环境是较为成熟的，不确定因素较少，是同质的。Zeeman（1974）提出了异质交易者模型。在金融市场上，异质性主要表现在交易者方面，由于存在不同类型的交易者，并且这些交易者对未来的预期也不相同，因此交易者本质是异质性的，异质性交易者的存在会导致市场出现复杂动力学结构、异方差、混沌行为等。这种异质性表现在碳市场上，更多的是外部环境而不是市场交易者，因为碳市场的交易者是有限的，需求也较稳定。而外部环境变化因素较多，如国际谈判对配额的改变、天气温度变化对电力的需求等。我们提出异质性环境这个概念，认为欧盟碳市场是环境异质性的。

异质性环境对市场价格产生影响，这种影响会干扰市场内部的价格反馈机制。在几次主要的价格的暴涨暴跌中，异质性环境的影响力超过了市场本身。

①天气对碳价影响较大。由于欧盟 55% 的 EUAs 持有人是热力和电力部门，寒冷干燥的冬季需要较大的热力而减少了水力发电，将造成 EUAs 的短缺和碳价的上涨。夏季，气候炎热干燥，电力需求激增，水电资源匮乏，而高温导致核电维修频繁，因此，用电依靠煤电导致碳排放量上升，碳价迅速上升。季节性的冲击，使得碳价的记忆性很难超过季节的变动，表现出短期记忆，这和修正 R/S、ARFIMA 分析结果符合。

②配额对于碳价有巨大的影响力。碳市场具有一般的市场规律，配额分配过多，碳市场需求方变少，同时，供给方也会增多，碳价下跌。

③能源价格对于碳价也有较大的影响。碳价将随着能源价格的变化而变化。

④特殊事件（国际谈判、金融危机、重要公告等）对碳市场价格产生价格冲击，干扰市场机制。

因此，异质性环境会对碳市场价格产生较大的影响，干扰正负反馈机制，干扰价格的持续影响，对价格机制产生冲击，在碳市场发挥主导作用，使得碳价格不是随机游走的，价格的长期记忆性较弱，碳市场内生复杂性非线性动力学现象不明显，关联维处于递增状态。因此，我们认为欧盟碳市场价格波动一方面是由于市场机制的作用；另一方面是外部环境的异质性冲击也加大了这种价格的波动性，使得市场波动更为复杂。

5.3 碳排放权现货定价技术

5.3.1 碳排放权的经济学基础：公共资源的负外部性

环境是具有非排他性和竞争性的公共资源，在没有明晰排放权的情况下，由于社会边际成本与私人边际成本的不对等而产生负外部性，从而导致了资源配置的扭曲。

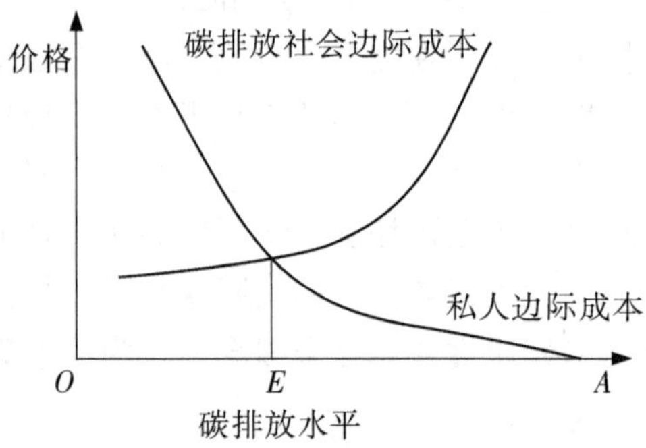

图 5-11 社会的碳排放最优水平

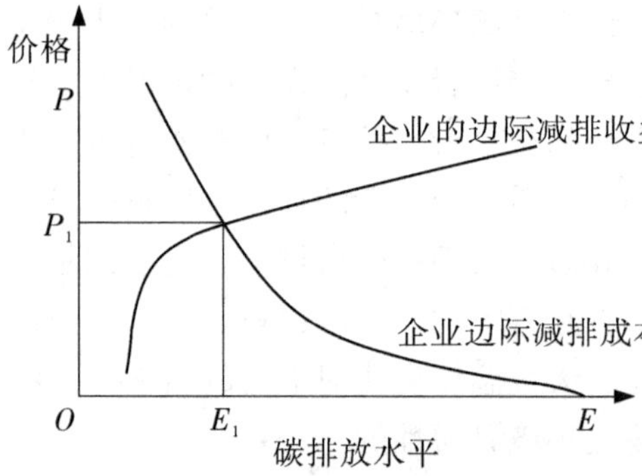

图 5-12 企业的最优碳排放水平

图 5-11 为社会的碳排放最优水平图，横轴代表碳排放水平，纵轴代表价格。随着碳排放的增多，治理的难度将会加大，碳排放的社会边际成本的斜率是递增的；而私人边际成本则相反，排放量越小，采用减排技术减少排放对应的成本越高，边际成本就会越大，所以碳排放的私人边际成本的斜率是递减的。在没有监管与界定产权的情况下，生产企业会选择在碳排放私人边际成本为 0 的 A 点上进行生产，而这时的碳排放社会边际成本将是极高。作为碳排放均衡点 E 的最优碳排放水平，按照科斯第一定理，通过界定明确的产权，产权人在交易成本为零或很小的情况下进行自由交易从而可以达到的。

对于不同行业、不同企业，具有不同的边际减排成本曲线。在界定了明晰的排放权、排放权可进行自由交易的条件下，拥有较高减排成本的企业将更倾向于购买碳排放权，而拥有较低减排成本的企业将倾向于减少排放、出售碳排放权。而对于每一个企业来说，排放权的价值是根据本企业的边际减排收益与边际减排成本来确定的，由于边际收益递减规律，企业的边际减排收益曲线的斜率是递减的。我们假定某企业的减排成本曲线如图 5-12 所示。

当企业的边际减排收益 = 边际减排成本时，将会得到企业最优的碳排放量 E_1 和价格 P_1。对于各个具有不同边际减排成本曲线的企业会根据自己的情况来确定碳排放权的可接受价值，通过市场互相竞价，得到碳排放权的市场价格 P，如果排放权的市场价格 P 高于 P_1，企业会选择出售排放权：如果排放权的市场价格 P 低于 P_1，企业会选择购买碳排放权，这样就能实现碳排放权的交易。

碳排放权作为碳金融的原生产品，在微观上对于企业来说，生产决策要受到环境的制约，必须考虑扩大生产规模的收益和购买碳排放权的成本之间的对比，使企业有动力减少碳排放，并使减排的成本发生在成本 - 收益最优化的污染源上；对于政府来说，在宏观上可使社会整体减排费用降低。

碳排放权交易被认为是国际控制温室气体的首选机制，它使得环境价值通过市场手段得以体现，比起单纯地通过行政手段强制减排或税收政策，碳排放权交易更能低成本地有效减少温室气体排放。碳排放机制主要包括四个方面：碳排放权总量确定、碳排放权初始分配、碳排放权交易及碳排放监管。其中，碳排放权总量的确定是根据大气状况通过科学推算出来的，而碳排放监管则根据立法和科学检测手段达到，在给定碳排放总量的情况下，碳排放权交易的关键在于初始分配和交易价格。

5.3.2 基于供需关系的碳排放权现货定价

从根本上说，与证券等其他资产一样，碳金融市场内碳排放权价格主要由其供求关系决定，而交易市场的存在则是碳排放权价值发现的基础。碳排放权的初始配额与相关企业拥有的配额量一同构成了市场的供给量；而行业内实际减排需求及对于相关企业拥有的配额量共同决定着市场的需求量，以上两者便构成了市场的供求双方，从而决定了碳排放权的价值。

5.3.2.1 碳排放权供需结构分析

同普通商品一样，在碳排放权市场上，碳配额量的需求量与其价格呈反比关系，表明随着碳排放权价格的上升，对碳配额量的需求下降，表现在图形上为一条向右下方倾斜的曲线，如图 5 - 13 中的 D；碳配额量的供给量与其价格呈正比关系，表明随着碳排放权价格的上升，对碳配额量的供给也随之增加，表现在图形上为一条向右上方倾斜的曲线，如图 5 - 13 中的 S。当碳配额的市场需求量与市场供给量恰好相等时，市场达到均衡，此时的均衡价格即为我们要求的碳排放权的现货价格。

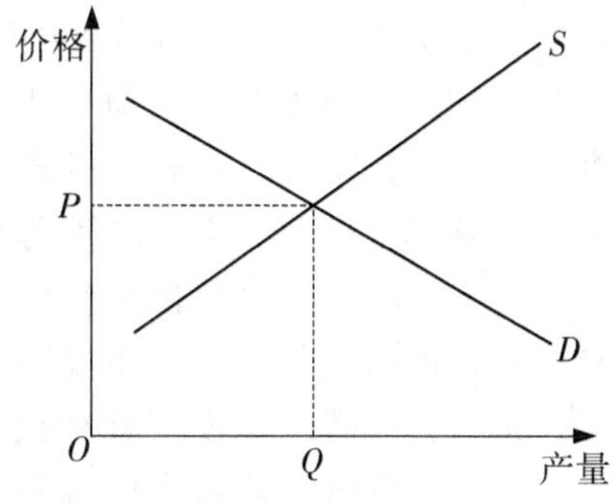

图 5 - 13 碳排放权均衡价格的形成

碳排放权的均衡价格表现为碳交易市场上需求和供给这两种相反的力量共同作用的结果，它是在市场的供求力量的自发调节下形成的。当市场价格偏离均衡价格时，市场上会出现需求量和供给量不相等的非均衡的状态。一般说来，在市场机制的作用下，这种供求不相等的非均衡状态会逐步消失，实际的市场价格会自动地到均衡价格水平。

具体来看，当市场的实际价格高于均衡价格时，会造成供给量大于需求量的超额供给的市场状况，一方面会使需求者压低价格，另一方面，又会使供给者减少供给量，这样，碳排放权价格必然下降，一直下降到均衡价格的水平。相反地，当市场的实际价格低于均衡价格时，会造成需求量大于供给量的超额需求的市场状况，一方面，迫使需求者提高价格，另一方面，又使供给者增加供给量，这样，碳排放权价格必然上升，一直上升到均衡价格的水平。由此可见，当市场上的实际价格偏离均衡价格时，市场上总存在着变化的力量，最终达到市场的均衡或市场出清。

图 5 - 13 表示的是碳金融需求供给的经济分析，S 表示现实环境中碳金融的供给曲线，D 表示碳金融的需求曲线。根据微观经济学原理，供给与需求曲线相交的一点决定了均衡产量（均衡碳配额），均衡价格为 P。

5.3.3.2 碳排放权供给量不足的机理分析

碳排放权供给量天生存在不足，其在现实中的均衡产量低于理论上的供给与需求的交点。

图 5 - 14 表示的是碳排放权需求供给的经济分析。其中，S_t 表示在理想条件下碳排放权的供给曲线，S_r 表示现实环境中碳排放权的供给曲线。D 表示碳排放权的需求曲线。根据微观经济学原理，供给与需求曲线相交的一点决定了均衡产量。也就是说理论上，碳交易市场上均衡的碳排放权交易水平应该是 OQ_t；但是现实中，均衡的交易量则是 OQ_r。从图 5 - 14 可以看出，$OQ_t > OQ_r$，也就是实际的碳排放权供给量小于理论上的碳排放权供给量。可见，尽管低碳产业本身的发展对于社会而言具有较大的正外部性，但由于低碳产业存在市场不完全性，导致低碳产业的投资不足，碳排放权的供给量也随之不足。

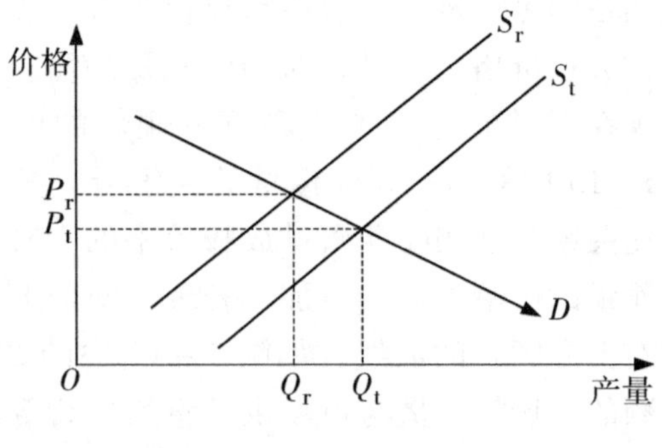

图 5 - 14 碳排放权需求供给的经济分析

造成实际碳排放权供给量低于理论上碳排放权供给量的原因，主要归于以下几点：第一，低碳产业投资具有较大的风险性。第二，低碳产业进入门槛较高。碳排放额度是一种虚拟商品，其开发以及交易要求相对较高，碳交易合同的签订涉及跨国交易，整个交易过程都相当复杂，这都导致了碳交易过程较高的交易成本。第三，碳交易市场分割和信息不对称。第四，政策的不确定性。低碳政策未来发展的不确定性一定程度上也导致了碳金融供给不足，主要表现在：首先，很多国际公约的可延续性以及可执行性都具有较大的不确定性。其次，原始减排单位的交易中，交付风险是较大的风险。

专栏5－2　沈阳启动碳排放交易，首笔“碳资产”6000元成交

当下，二氧化碳等工业污染物对全球气候变暖造成的影响越发严重，大力推行节能减排、低碳经济已经成为国家发展战略。《中共中央关于全面深化改革若干重大问题的决定》提出，“要加快生态文明制度建设，推行碳排放权等交易制度。”

以每吨15元的价格，购买400吨碳排放量。11月28日，辽宁碳排放权交易中心交易平台，在铁西区国家级生产性服务业聚集区启动交易。沈阳千缘置业有限公司成为东北首家获得碳资产的企业。沈阳也成为继深圳、上海之后，全国第三家进行碳排放交易的城市。

当天，龙源集团提供了辽宁昌图石虎风电项目2000吨自愿减排量，刚一上市，便被沈阳千缘置业有限公司认购400吨，交易额6000元。据介绍，碳资产是继现金资产、实物资产、无形资产之后第四类新型资产，其本质是基于国际金融活动而形成的碳金融资产。二氧化碳排放权交易的原理很简单。政府每年给企业发放二氧化碳排放配额，年终进行审核、注销。企业如果采取节能减排工作，使二氧化碳排放量低于政府发放的配额量，那么企业就可以将剩余的这部分配额出售；相反，如果企业二氧化碳排放超过配额，就需要向碳排放配额富余的企业购买。这样就有了交易的需求，碳排放权市场就应运而生。

谈到购买碳资产，沈阳千缘置业有限公司董事长刘进文表示，作为房地产开发企业，我们在建筑领域积极采用节能技术和节能材料，比如铁西金谷建设使用钢结构，不用一块砖，少用混凝土，这样与同类建筑相比，就减少碳排放量达到50%以上。

有关专家表示，沈阳千缘置业有限公司购买400吨碳排放量，虽然仅仅花了6000元钱，但用不了多久，这笔碳资产就会升值，为企业带来更大的回报。

如何进行碳交易？

辽宁碳排放权交易中心交易平台，包括注册登记系统、电子交易系统、交易结算系统和资料报送系统等。交易用户不需要在电脑上下载及安装交易系统客户端，交易系统全部集成在网页内部，用户通过一部手机就可以实现碳排放权的交易，没有时间、地点的限制，使交易更加方便快捷。

5.4 碳排放权期货定价技术

欧盟排放权交易体制下的碳排放权期货市场主要是欧洲气候交易所（ECX）。伦敦洲际交易所（ICE）于每个交易日结束后都将免费发布 ECX（位于荷兰）当天碳金融期货合约交易的收盘价格。ECX 的碳排放权期货交易品种包括 EUA、CER 每日期货等。本部分从两个模型分别阐述关于碳期货的定价技术。

5.4.1 碳排放权期货定价的持有成本模型

不管是外汇期货，还是利率期货和股指期货，持有成本理论均适用于其合约的定价，碳排放权期货亦不例外。从经验来看，任何一种金融期货的价格都以市场现时可利用的信息为基础，部分地依赖于对相关资产价格的估计。作为购买金融期货合约的一种替代方法，人们也可以现时在现货市场买入相关金融资产，并持有至金融期货的到期日。

5.4.1.1 假设前提

（1）碳排放权期货市场是完全的，即没有税收和交易成本，也没有对碳金融期货合约自由买卖的限制。这样形成一个理想的境界，没有套利存在，也没有市场摩擦。

（2）假定相关碳排放权可以卖空，又可以储存。

（3）市场是有效的，即卖空行为易于进行，相关碳排放权资产有足够的供给，无明显的季节性调整，没有季节性消费等。

5.4.1.2 建模

在碳金融期货中，持有成本包括融资成本和相关资产的收益，即

持有成本 = 融资成本 - 资产收益

（1）为避免期现套利，从现货与期货的定价关系入手，建立持有成本模型。

一方面，当交易者购买现货，并持有至碳排放权期货合约到期日而进行交易，就有确定的利益。为了避免套利的出现，期货价格应不大于碳排放权的现货价格与持有到交割时的持有成本，即

$$F_{0,t} \leqslant S_0 (1 + C) \tag{5-37}$$

这里，$F_{0,t}$ 为 t 时刻交割的碳排放权期货合约的现时价格，S_0 为碳排放权的即期价格，C 为用 S_0 表示从现时持有至期货交割的持有成本的分数形式。

另一方面，当现货价格相对碳排放权期货价格而言较高时，交易者则会通过卖空现货，并买进碳排放权期货以获得套利利润。为了防止套利（其实两种市场存在

一个动态的均衡过程)，碳排放权期货价格不应小于碳排放权现货价格与持有成本之和，即

$$F_{0,t} \geqslant S_0 \ (1+C) \tag{5-38}$$

由式（5-37)、式（5-38）不难看出，

$$F_{0,t} = S_0 \ (1+C) \tag{5-39}$$

（2）为避免跨期套利，从远期期货价格与近期期货价格入手，建立持有成本模型。

一方面，当远期期货的价格高于近期期货的价格，并剔除从近期 $t=n$ 持有至远期 $t=d$ 的持有成本时，交易者会卖出远期期货并买入近期期货而进行套利。为了防止套利，远期期货的价格应不大于近期期货的价格与相应的持有成本之和，即

$$F_{0,d} \leqslant F_{0,n} \ (1+C) \tag{5-40}$$

这里，$F_{0,d}$为 $t=d$ 到期的远期期货的现时价格，$F_{0,n}$为 $t=n$ 到期的近期期货的现时价格，$n<d$，C 为从 $t=n$ 至 $t=d$ 期间持有成本的分数。

另一方面，如果远期期货价格相对低于近期期货价格，则会出现买入远期期货合约，并卖出近期期货合约而进行套利的交易。为了防止套利，$F_{0,d}$与 $F_{0,n}$之间应满足如下关系式：

$$F_{0,d} \geqslant F_{0,n} \ (1+C) \tag{5-41}$$

结合式（5-40)、式（5-41）可得：

$$F_{0,d} = F_{0,n} \ (1+C) \tag{5-42}$$

以上在完全市场的假设条件下，建立了两种持有成本模型。由于式（5-39）和式（5-42）具有相同的形式，故可采用式（5-39）作为完全市场下的持有成本模型的一般形式。

5.4.2 碳排放权期货定价的预期理论

传统预期理论进一步可分为三种形式：一是简单性预期，这种预期是把上一期的价格作为本期预测价格。用数学公式表示为：

$$P_t^* = P_{t-1} \tag{5-43}$$

二是外推性预期，它是根据价格变动趋势来预测价格走向。用数学公式表示为：

$$P_t^* = P_{t-1} + \alpha \ (P_{t-1} - P_{t-2}) \tag{5-44}$$

三是适应性预期，它是依据以前的预期差距进行现在的预期。用数学公式表示为：

$$P_t^* = P_{t-1}^* + \beta \ (P_{t-1} - P_{t-1}^*) \qquad 0<\beta\leqslant 1 \tag{5-45}$$

对于适应性预期，过去的价格总是影响现在的预期。运用递推法可得：

$$P_t^* = \beta P_{t-1} + \beta(1-\beta)P_{t-2} + \beta(1-\beta)^2 P_{t-3} + \cdots$$
$$= \beta \sum_{k=1}^{\infty} (1-\beta)^{k-1} P_{t-k} \quad (5-46)$$

上述三种传统预期公式可用一个更加一般的预期公式统一表示，即

$$P_t^* = \sum_{k=1}^{\infty} w_k p_{t-k}, \qquad \sum_{k=1}^{\infty} w_k = 1 \quad (5-47)$$

当 $w_k = \beta(1-\beta)^{k-1}$ 时为适应性预期；当 $w_1 = 1-\alpha$，$w_2 = \alpha$，$w_k = 0\ (k>2)$ 时为外推性预期；当 $w_1 = 1$，$w_k = 0\ (k>1)$ 时为简单性预期。从该统一公式可以看出，传统预期汇集了有关过去价格的所有信息，但是没有理由断定预期的期货价格只与以往的价格有关，实际上还要考虑许多非价格因素，更为重要的是缺少一个经济行为理论做基础。

现在我们提出一个关于期货价格形成的新理论：期货价格形成的理性预期理论。该理论不仅包容了上述三个理论的精华部分，而且对人们的预期形成给予了经济学上的行为分析，并给出了完整的数学描述。

1961 年美国经济学家约翰·穆思提出理性预期理论。他认为预期是对未来事件进行有信息依据的预测，与任何经济体系的特性相关的信息反映了其结构本身，因而理性的交易者将运用有关经济体系的结构信息来形成预期。

我们认为理性预期不同于一般预期的主要特征有两个：① 理性预期从本质上来说是主观的，即是一个人的特有判断，它不能与做出这种预期的决策者相分离而独立存在。通常所说的期货市场上的预期价格，实际上是指市场上所有交易者预期的某种总和。②一个特定的经济变量的预期，不应限定为单一的预期值，而应看作是该变量未来值的一个完全概率分布。另外，在期货市场上，所谓结构信息不仅包括以往的价格信息，而且还包括其他有关的非价格信息。如政局变化、经济形势、投机心理、大户操纵、持有成本、偶然事件等，都可能引起期货价格的波动，而且这些因素在一定条件下都可以发挥比以往价格信息更大的作用。

为了严格地阐述期货价格形成的理性预期理论，现在运用数学语言来描述。交易者会根据自己当时所能获得的信息来进行概率估计，用 I_{t-1} 表示在时间 $t-1$ 所能得到的所有信息，用 $f(x_t \mid I_{t-1})$ 表示被预测的经济变量 x_t 的条件概率密度，对应于条件概率密度是条件数学期望 $E[x_t \mid I_{t-1}]$，定义为：

$$E[x_t \mid I_{t-1}] = \int_a^b x_t f(x_t \mid I_{t-1})\, \mathrm{d}x_t \quad (5-48)$$

条件数学期望是对预测变量的预测。既然是预测，总会有误差，用 $\in_t$ 表示这种误差，则有 $\in_t = x_t - E[x_t \mid I_{t-1}]$ (5-49)

误差 $\in_t$ 有两个重要性质：①预测误差的条件期望值为零。②正交性。即预测误差不仅期望值为零，而且应当与任何交易者可得到的信息不相关，否则就可以通

过把这种相关性结合进行预测来改善预测的准确程度。换句话说，一个好的预测，其标志是任何随后的预测误差将是内在的不可预知的，因而同预测形成时可得到的信息无关。用数学公式表示，即为：

$$E[\in_t,\ I_{t-1} | I_{t-1}] = 0 \tag{5-50}$$

现用一个简单的供需关系模型来说明期货价格形成的理性预期理论。假设供给函数与需求函数是线性的，即

$$\begin{cases} q^D = a - bp \\ q^S = -c + dp \end{cases} \tag{5-51}$$

因为供求平衡决定价格，所以令 $q^D = q^S$，则有实际价格：

$$p = \frac{a+c}{b+d} \tag{5-52}$$

在分析理性预期时，由于要假定预期价格与实际价格的相互作用，需要引进时间变量。这样模型变为：

$$\begin{cases} q_t^D = a - bp_t + v_t \\ q_t^S = -c + dp_t^* + u_t \end{cases} \tag{5-53}$$

模型中 a、b、c、d 是大于零的常数，属于外生变量，即模型据以成立的外部条件。p_t 表示实际价格，p_t^* 表示根据信息 I_{t-1} 所作的理性预期价格。商品的实际需求量取决于实际价格，而供给量取决于生产者对未来价格走势的理性预期。整个模型所要解释的变量 p_t 和 p_t^* 是内生变量。两个方程的外加随机项 v_t 和 u_t，反映了随机的需求和供给的突然变化对模型的影响，这种突然变动分布的期望值是零。令 $q_t^D = q_t^S$，可求得：

$$p_t = \frac{a+c}{b} - \frac{d}{b}p_t^* - \frac{1}{b}(u_t - v_t) \tag{5-54}$$

该公式表明任何时期的实际价格取决于价格预期、外生变量和随机项。运用预期价格 p_t^* 的表达式 $p_t^* = E[p_t | I_{t-1}]$ 可得：

$$\begin{aligned} p_t^* &= E[p_t | I_{t-1}] = E[\frac{a+c}{b} - \frac{d}{b}p_t^* - \frac{1}{b}(u_t - v_t) | I_{t-1}] \\ &= \frac{a+c}{b} - \frac{d}{b}E[p_t | I_{t-1}] - \frac{1}{b}E[(u_t - v_t) | I_{t-1}] \end{aligned} \tag{5-55}$$

因为 u_t 和 v_t 是随机项，$E[u_t | I_{t-1}] = 0$，$E[v_t | I_{t-1}] = 0$，而 $E[p_t^* | I_{t-1}] = p_t^*$，故有：

$$p_t^* = \frac{a+c}{b+d} \tag{5-56}$$

期货价格形成的理性预期理论，使实际上两个截然不同的概念相等，即交易者

对商品价格主观的心理的预期值平均等于商品价格的实际数值（$p_t^* = \frac{a+c}{b+d} = p_t$）。理解这一结论要把模型的外生变量与内生变量区分开，对于外生变量交易者预期尽管重要，但不影响外生变量的取值，因外生变量是由模型的外部条件给定的。另一方面，内生变量的预期会影响内生变量的动态，上述例子表明对价格的预期（内生变量）影响到内生变量实际价格和供需量。在期货市场上预期价格平均等于实际价格，正是期货市场具有价格发现功能的根本原因所在。根据期货价格形成的理性预期理论可以断定：如果预测变量的实际值不等于预期平均值，是由于该经济体系内存在着不可预测的不确定因素，否则将会有完全预测。但理性预期不同于完全预测，因为它考虑到经济体系中的不确定性。当然该理论并不要求不同的交易者有同样的预期，只不过表明每个交易者的预期将会分布在被预测变量的实际数值周围。

从期货价格形成的理性预期理论可以看出，期货市场上价格不断波动的原因可以有两个：第一，信息不是对所有交易者都是完全的，即获得信息有先有后，能迅速获得信息的交易者总是在期货市场占据有利地位，这使得 $p_t^* \neq E[p_t \mid I_{t-1}]$；第二，随机项的数学期望不为零，即 $E[u_t - v_t] \neq 0$，这只有当经济体系受到预料之外的突然冲击时才会出现。

期货价格形成的理性预期理论给予期货市场管理以两点有益的启示：第一，公布信息应迅速、同时和公开，即对有关期货市场的信息披露要有严格的规范。第二，对期货市场的管理要有一个相对稳定的政策，以免期货市场受到人为的、突然的不利冲击。在正常情况下，做到这两点有助于期货价格波动的减缓。

综上所述，可以得出如下结论：期货市场上的价格是期货交易者根据当前现有的信息进行有理性的预期后，通过公开竞价的方式，决定买进或卖出期货合约所产生的结果。当有了影响供需的新信息或实际供需状况发生变化时，交易者的观点也随之改变，价格也会跟着变动。随着交割期的临近，有关影响期货市场价格的各种不确定因素越来越少，所以据以做出的理性预期价格也就越接近现货市场价格。另外，从长期看，交易者是能够进行比较符合实际的正确预期的。

如果某个交易者老是按着错误的预期来做决策，就会在期货市场上不断亏损，到头来必然被淘汰。还有，期货市场中价格机制的形成不是由哪个特定交易者的意志决定的，它是全体交易者根据一切可利用信息试图预测未来价格走势的集体智慧的结晶。

5.5 碳排放权期权定价技术

碳排放权期权即赋予购买者在未来某一日期，以协议价格买入或卖出定量碳排放权的权利。欧盟排放权交易体制下的碳金融期权市场主要是欧洲气候交易所（ECX）。伦敦洲际交易所（ICE）于每个交易日结束后都将免费发布 ECX（位于荷兰）当天碳金融期权合约交易的收盘价格。ECX 的碳金融期权交易品种包括 EUA 期权等。

5.5.1 碳排放权期权定价的 Black – Scholes 公式

1973 年，布莱克（Black）和斯科尔斯（Scholes）教授发表了题为《期权价格与公司负债》一文，提出了有史以来第一个期权定价模型，在学术界和实务界引起了强烈反响。在那篇突破性论文中，他们成功求解微分方程，利用市场的套利条件，导出到期日以前的期权价格的精确公式。期权价值模型在理论与实践中运行十分广泛。

5.5.1.1 Black – Scholes 模型假设

Black – Scholes 有如下七条假设条件：

①期权的标的物为一有风险的资产，其现行价格为 S，这种资产可被自由地买进或卖出；

②交易成本和税金为 0；

③期权为欧式期权，其执行价格为 E，权利期间为 T（以年表示）；

④安全利率一定，即无风险利率为常数；

⑤在期权到期日前，标的资产无任何收益（如股息、利息等）的支付，期权商品价格变化呈随机分布，且是连续的；

⑥标的物价格的波动性为常数；

⑦标的物价格的变动符合几何布朗运动，即

$$dS = \mu S dt + \sigma S dz \tag{5-57}$$

其中，dS 表示标的物价格无穷小的变化值；dt 表示时间无穷小的变化值；μ 表示标的资产在每一无穷小期间内的平均收益率；σ 表示标的资产价格的波动性，或收益率的标准差；dz 表示均值为 0、方差为 $1dt$ 无穷小的随机变量。

实际上，看涨期权的美式期权持有人没有理由在到期日前行使权利，因为提前行使选择权无疑放弃了价格可能继续上涨而进一步获利的机会，也就是放弃了期权的时间价值。在正常情况下美式期权的持有人往往在将近到期日才做出是否行使权利的决定。因此，这个模型也能用来计算美式期权的价值。

5.5.1.2 Black – Scholes 期权价值模型

Black – Scholes 模型推导过程比较复杂，本节主要介绍基本原理及其应用。

根据上述假设，标的资产价格遵循随机过程（式 5 – 57），再设 f 为看涨期权的价格，或是随着 S 的变化而变化的其他衍生产品的价格。变量 f 必然是 S 和时间 t 的函数，根据伊托引理可得 Black - Scholes 微分方程式：

$$df = \left(\frac{\partial f}{\partial S}\mu S + \frac{\partial f}{\partial t} + \frac{1}{2}\frac{\partial^2 f}{\partial S^2}\sigma^2 S^2\right)dt + \frac{\partial f}{\partial S}\sigma S dz \tag{5-58}$$

由边界条件及正态分布，可推导出 Black - Scholes 模型。

（1）看涨期权价值模型。

$$C = SN(d_1) - E \cdot e^{-rt} \cdot N(d_2) \tag{5-59}$$

$$d_1 = \frac{\ln(S/E) + (r + 0.5\sigma^2) \cdot t}{\sigma\sqrt{t}} \tag{5-60}$$

$$d_2 = d_1 - \sigma\sqrt{t} \tag{5-61}$$

式中，C 为期权的现在价值；S 为标的物的现在价格；E 为执行价格；e 为自然对数底（e = 2.7182）；r 为无风险利率（连续复利计息，年利率）；t 为距期权到期日的时间，以一年的一定比例表示；$N(d_1)$，$N(d_2)$ 是 d_1，d_2 标准正态分布函数的值；σ 表示标的物价格的波动性，即标准差。

Black - Scholes 模型表明：期权的价格是标的物市场价格、商品市场价格的变动、期权执行价格、距到期日时间的长短以及安全利息率的函数。

上述模型需要 5 个参数，其中 4 个容易取得，S，E，t 为标的物与期权的参数，由金融媒介公布发表，利率 r 可以采用与期权到期时的政府债券的利率，只有一个参数 σ 需要估计，可以采用历史股价数据计算历史方差。

这些变量与期权价格的关系概括起来如下：

①期权标的物越高期权价格越高；

②期权标的物市价变动越大期权价格越高；

③期权执行价格越高期权价格越低；

④距到期日的期限越长期权价格越高；

⑤无风险利率越高期权价格越高。

（2）看跌期权价值模型。

上述 Black - Scholes 模型只适用于看涨期权，而不适用于看跌期权。但是，通过看跌期权与看涨期权的平价关系，我们可用看涨期权的价格，推算出相同标的物、相同剩余时间和相同执行价格的看跌期权的价格。

所谓看跌期权与看涨期权的平价关系，是指看跌期权的价格与看涨期权的价格，必须维持在无套利机会的均衡水平的价格关系。如果这一价格关系被打破，则在这两种价格之间，就存在着无风险的套利机会，于是，套利者必将通过套利行为而把那种不正常的价格关系拉回到正常水平。

设看涨期权的价格为 C，看跌期权的价格为 P，期权商品的执行价为 E，标的物资产的市场价格为 S，则看跌期权与看涨期权的平价关系为：

$$S = E + C - P \quad 或 \quad P = C - S + E \tag{5-62}$$

考虑货币的时间价值，上式应变为：

$$P = C - S + Ee^{-rt} \tag{5-63}$$

将看涨期权价格模型代入上式，得：

$$\begin{aligned} P &= C - S + Ee^{-rt} \\ &= SN(d_1) - Ee^{-rt}N(d_2) - S + Ee^{-rt} \\ &= S[N(d_1) - 1] + Ee^{-rt}[1 - N(d_2)] \\ &= Ee^{-rt}N(-d_2) - S[N(-d_1)] \end{aligned} \tag{5-64}$$

（注：$N(-d) = 1 - N(d)$是正态分布函数性质）

式（5-64）即是看跌期权的 Black - Scholes 价值模型。

5.5.2 碳排放权期权定价的二叉树模型

1979 年，罗斯、瑞德门恩及巴特等人发表《期权定价：一种简化的方法》一文，他们用一种比较浅显的方法导出了期权定价模型。该模型先假设：期权合约距到期日只剩下一个周期；在期末只有两种可能的情况；持有人员只能在期末行使选择权；在期权有效期内，没有分红派息的情况发生。即研究期末只有两种结果的欧式期权的价值模型，以此为基础，可以进一步扩展到多期间的期权价值模型。这一模型称为二叉树模型，又称“二项式模型”。

5.5.2.1 看涨期权价值的二叉树模型

（1）简化情形（一期间模型）。

以某标的期货看涨期权为例：假定标的物现行价格为 S，投资者购买一年期的欧式看涨期权，到期日，标的物价格可能上涨到原来的 u 倍，也可能下跌到原来的 d 倍，标的物的价格变化如图 5-15 所示，是二叉树模型。现在要考虑标的物的看涨期权的价值。

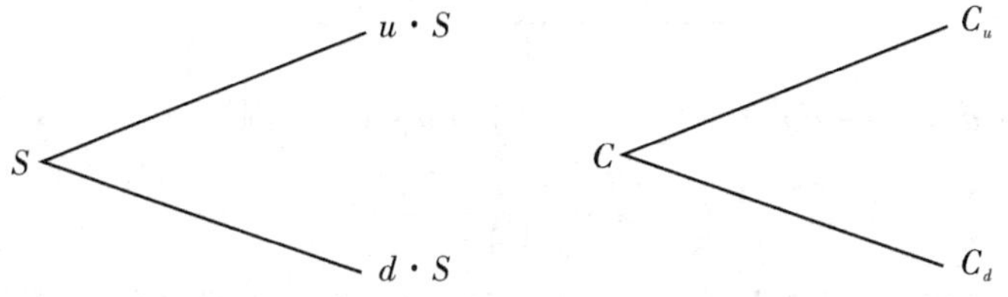

图 5-15　标的物价格变动　　图 5-16　看涨期权价值的变动

在此一期间模型中，如果目前的看涨期权价值为 C，执行价格为 E，股价上涨后和下跌后看涨期权价值分别为 C_u和 C_d，则：

$$C_u = \max[(u \cdot S - E), 0] \tag{5-65}$$

$$C_d = \max[(-d \cdot S + E), 0] \tag{5-66}$$

看涨期权价值的变动如图5-16所示。目前的看涨期权价值 C 尚是一个未知数，二叉树模型正是要确定 C 的表达式。

假定投资者在卖出一个看涨期权的同时，买进 h 单位标的物组成投资组合（套期保值）。其中 h 为套期保值比率。

标的期货价格上涨时的投资组合的损益分两部分：投资者所买进标的物的损益为 $h(uS-S)$；卖出看涨期权收取期权费并将它投资于无风险资产而获得的收益为 $(1+r)C-C_d$，总的损益值为 $h(uS-S)+(1+r)C-C_u$。

标的期货价格下跌时的投资组合的损益也分为两部分：标的期货价格变动的损益为 $h(dS-S)$；期权价格变动的损益为 $(1+r)C-C_d$，总的损益值为 $h(dS-S)+(1+r)C-C_d$。

根据套期保值组合，无论股价上涨还是下跌，其损益均保持相等，即

$$h(uS-S)+(1+r)C-C_u = h(dS-S)+(1+r)C-C_d \tag{5-67}$$

由上式可解出 h，即

$$h = \frac{C_u - C_d}{uS - dS} \tag{5-68}$$

要消除套利机会，式（5-67）两边必须同时为0。这样可由式（5-67）的任一边解得其中的 C，具体过程如下：

由 $h(uS-S)+(1+r)C-C_u=0$，得：

$$(1+r)C = C_u - h(uS-S)$$

$$C = \frac{C_u - h(uS-S)}{1+r} = \frac{C_u - h \cdot u \cdot S + h \cdot S}{1+r} \tag{5-69}$$

将式（5-68）代入上式，整理得：

$$C = \frac{\dfrac{C_u(1-d)}{u-d} + \dfrac{C_d(u-1)}{u-d}}{1+r} \tag{5-70}$$

令：$P=(1-d)/(u-d)$，$1-P=(u-1)/(u-d)$，则：

$$C = \frac{PC_u + (1-P)C_d}{1+r} \tag{5-71}$$

式（5-71）表明：目前的看涨期权价值，是期权到期日的看涨期权价值的加权平均数的现值。其中，权数为预期标的期货价格涨跌的概率（即 P 和 $(1-P)$），贴现率是此期间的无风险利率 r。

（2）多期间模型。

一期间模型虽然简单、朴素，但它已包含着二叉树定价模型的基本原理和基本

方法。因此，为使二叉树模型所得的结果尽可能符合或接近实际，把这一期间模型推广到“二期间模型”或“多期间模型”，即把既定的剩余期间分割成越来越多的小期间。在剩余期间一定时，这种被分割成的小期间越多，则每个小期间的时间就越短。

现在，分析一种离期权到期日尚有两个期间的情况。

假设在目前，期权的标的物价格为已知，每一期间均可能上涨到原来的 u 倍，或下跌到原来的 d 倍，其上涨和下跌的概率也分别为 P 和 $(1-P)$。这样，在整个有效期间，标的物价格的变动情况将如图 5－17 所示，而与此相应的看涨期权的价值及其变动情况如图 5－18 所示。

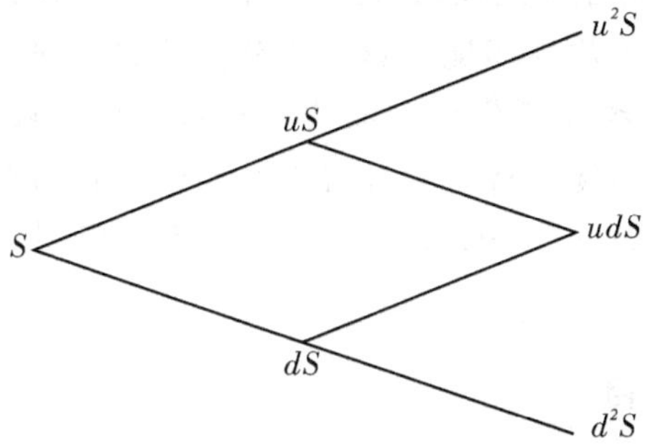

图 5－17　二期间标的物的现货价格变动

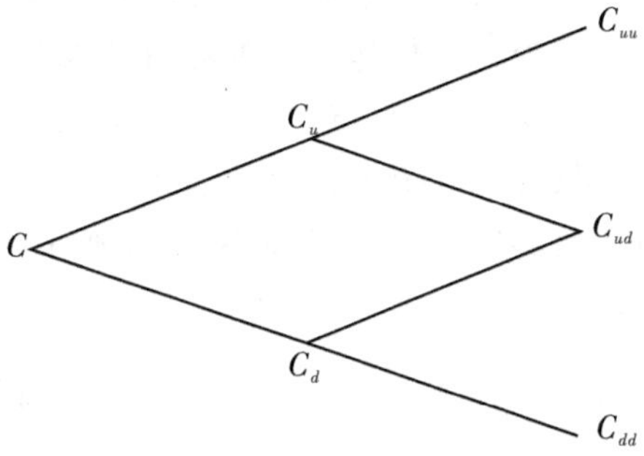

图 5－18　二期间的期权价格变动

由图 5－17 和图 5－18 可见，在期权到期日，标的物的价格将有三种可能，与这三种可能的价位相对应，看涨期权将有三种可能的价值。

根据一期间模型的分析，要求出 C，首先要求出 C_u 和 C_d，而要求出 C_u 和 C_d，必须先算出 C_{uu}、C_{ud} 及 C_{dd}。如将现在称为“期间 0”，将第一期间结束时称为“期间 1”，将第二期间结束时（即期权到期日）称为“期间 2”，则 C_u 是 C_{uu} 和 C_{ud} 的加权平均数在期间 1 的现值；C_d 是 C_{ud} 和 C_{dd} 的加权平均数在期间 2 的现值。因此，可得到如下二式： 173

$$C_u = [PC_{uu} + (1-P)C_{ud}]/(1+r) \qquad (5-72)$$

$$C_d = [PC_{ud} + (1-P)C_{dd}]/(1+r) \qquad (5-73)$$

将上述两式代入式（5－71），得：

$$C = \frac{P^2C_{uu} + 2P(1-P)C_{ud} + (1-P)^2C_{dd}}{(1+r)^2} \qquad (5-74)$$

式（5－74）的分子恰好是二项式的展开式。所以有人称之为“二项式模型”。推而广之，如果把期间数扩大至 n，并设 k 为标的物价格上涨的次数，而 $(n-k)$ 是标的物价格下跌的次数，则：

$$C=\frac{1}{(1+r)^n}\sum_{k=0}^{n}\frac{n!}{k!\,(n-k)!}P^k\,(1-P)^{n-k}\max\,(0,\ u^kd^{n-k}S-E)\tag{5-75}$$

根据中心极限定理，当 n 趋向于无穷大时，二项式分布将逼近正态分布。于是，二叉树模型的结果也将逼近 Black - Scholes 模型的结果。因此，只要 u、d、P 等参数选择得当，则二叉树模型可转化为 Black - Scholes 模型。

【本章小结】

本章首先阐述了碳资产定价的三类基本方法，即基于现金流贴现的估值方法、基于不存在无风险收益的无套利定价法以及基于风险/收益的资本资产定价方法；然后指出碳价历史信息、碳市场内在机制以及异质性环境会影响碳资产价格，导致碳价格行为发生变动；最后，具体分析碳排放权现货价格和期货、期权价格的确定：碳排放权的现货价格基于供求关系均衡，碳期货价格基于持有成本与预期价格两方面因素的共同作用，而期权价格则由经典 Black - Scholes 模型及二叉树模型予以定价。

参考书目

[1] 赫尔曼·E. 戴利. 超越增长：可持续发展的经济学 [M]. 上海：上海译文出版社，2006.
[2] S. 弗雷德·辛格，丹尼斯·T. 艾沃利. 全球变暖：毫无来由的恐慌 [M]. 上海：上海科学技术文献出版社，2008.
[3] 泰坦伯格. 排污权交易：污染控制政策的改革 [M]. 北京：生活·读书·新知三联书店，1992.
[4] 约翰·赫尔. 期权、期货和其他衍生品 [M]. 北京：清华大学出版社，2009.
[5] 郑振龙. 金融工程 [M]. 北京：高等教育出版社，2003.

6 碳金融的风险管理

6.1 碳金融风险的界定与分类

6.1.1 碳金融风险的界定

风险源于人们对未来结果的不确定性，也是所有人类活动都具有的内在属性。风险本身并无好坏之分，即表现为中性，所以，在抽象层面上，风险是指未来收益的不确定性，由风险因素、风险事故、风险损失等要素构成。广义的风险认为风险产生的结果可能带来损失、获利或是无损失也无获利。金融风险是指金融变量的变动所引起的资产组合未来收益的不确定性，属于广义风险的范畴。

目前国际对于碳金融风险还没有统一的界定标准，基于国际对碳金融风险的研究，可将碳金融交易风险定义为：由于碳金融市场运作的不确定性给碳金融市场参与交易的宏观和微观主体以及整个社会经济造成损害的可能性。

6.1.2 碳金融风险的种类

风险的形成是风险因素不断组合、增加、成长所导致的结果。国际碳金融市场起步较晚，配套制度体系尚不完善，在运行过程中面临着诸多难题和风险。在整个CDM 项目周期中，从项目准备到减排量核证，存在着各种履约风险、价格风险、政策风险及国际市场风险。在清洁发展机制（CDM）下，由于基准线标准不明确、替代产品的出现等因素而形成基准线划定风险；项目主办商则面临着开发失败的风险、项目中期中断的风险以及项目替代的风险等各种商业风险；参与机构则同时面临着破产风险、项目质量和持久性风险等机构风险。世界银行在《2011 年碳市场现状和趋势》报告中指出，自然风险和人为风险会导致碳逆转的发生，进而转变形成碳交易风险。从碳金融参与企业的角度，又存在着公司为遵守碳政策而影响财务业绩的监管风险、由气候变化造成行业损失的实体风险等。随着碳金融市场的快速发展，也形成了碳金融衍生产品的政治风险、操作风险和经济风险。在 2010 年至 2011 年初，由于国际碳市场监管制度框架存在的漏洞和犯罪分子的恶意网络攻击，国际碳金融市场经历了碳增值税舞弊、经核证减排量（CERs）的回收再销售、网络钓鱼欺诈等系列事件，极大削弱了国际碳市场的基础，也进一步显露了碳金融市场面临的多重风险。

基于碳金融交易标的和内容的复杂性、交易额的杠杆性、交易时间的跨期性、交易结果的不确定性等特征，将碳金融交易风险划分成：政策风险、市场风险、信用风险、操作风险、流动性风险和项目风险等。其中政策风险和项目风险是碳金融业务比较特殊的风险。

6.1.2.1 政策风险

政策风险是指由于政策、制度的调整而给市场主体造成损失的不确定性。按照政策制定的主体和内容来分，碳金融政策风险至少包含三个方面：其一，从本质上看，碳排放指标的交易买卖是基于政策和法律的人造市场，因而，与碳排放相关的政策变动对该市场的影响巨大。其二，当前的政策安排（如是否允许跨期储存碳排放指标）也会引发碳金融交易风险。其三，减排认证的相关规定也可能引发交易风险。原因在于减排单位是由监管部门根据一定的标准对其进行认证。因为技术发展存在不确定性以及宏观碳金融政策可能发生变化，关于认证的程序及标准也会发生变化。而且，由于碳减排项目交易会牵涉到不同国家，必然会受到相关国家政策和法律的约束。所以，碳金融交易市场的发展将面临巨大的政策风险和法律风险。

根据碳金融政治风险的内容可知，碳金融交易政治风险有以下几个特征：

（1）影响的全局性。作为一种外生风险，碳金融政策变化的影响是全局性的，其风险一旦发生，将会对碳金融交易项目产生根本性影响，有的可能直接决定碳金融是否存在。

（2）政策风险的不确定性。体现在两个方面：首先，单个国家的政策不确定。各国的碳减排承诺是以全球经济稳定发展为前提，而实施碳减排是要以经济发展为代价的，一旦政府无法承受减排带来的经济衰退压力时，各国政府支持碳减排就会缺乏积极性。其次，国际政策的不确定。国际碳排放政策涉及发达国家与发展中国家的利益，一定程度上也牵涉到国际政治力量的对比，国际碳排放相关政策和交易机制的变化是不是能保证公平公正，直接影响到各国政府和企业推行碳交易机制的积极性。这些内外政策变化的不确定性，无疑增加了从事碳金融业务的风险。

（3）对政策风险防范很难。防范政策风险的难度在于碳减排政策涉及国与国、政府与企业等多方面的利益关系，牵涉范围如此大，以至没有坚定和可行的风险技术手段来加以控制。除非不参与碳金融业务，而这样又丧失了碳金融业务发展的大好机遇。

6.1.2.2 市场风险

市场风险是指碳金融市场中由于利率、物价、股指等市场因素的变化而造成损失的可能性。主要包含汇率风险、利率风险和股权资产波动的风险。

在碳金融交易中，上述市场因素依然存在，但也展现了不同的一面。首先，

CDM 项目需要跨国境交易，即将 CERs 出售给国际上需要碳排放权的买家，这期间必然要进行外汇结算，因此汇率的波动将影响到参与双方的利益。其次，碳金融项目一般都需要一个很长的周期，如 CDM 从开发到审批，再到最后的交易，一般少则数月，多则数年，因此，期间的利率波动也会引起风险。再次，与其他金融资产价格波动相比，碳排放权价格波动还具有独特的随机特征，尤其在第一承诺期过渡到第二承诺期的阶段，价格波动的轨迹是不正常的。当第一承诺期快截止时，若供大于求，碳排放价格将下降甚至为零，这是由于只有很短的时间内可以将碳排放权转移到下一承诺期，而无法及时转换的碳排放权将一文不值。反之，若供不应求，因为无法从下一承诺期获得碳排放权，碳排放价格势必会飞速增长，因此，这种不正常的价格轨迹将使得碳金融市场充满着市场风险。另外，整个市场经济的走势也可能引发碳金融市场风险。例如，当宏观经济发生危机时，许多银行企业由于资金紧张，就可能从碳排放市场交易中撤出，从而使得碳金融市场低迷；此外，由于经济出现衰退，很多发达国家的大企业因为产量减少，碳排放减少，从而使得对碳排放权的需求量减少。这些特征或因素不仅会造成市场风险，甚至可能对全球的碳排放贸易市场造成巨大冲击，从而给碳排放权交易的双方造成重大损失。

6.1.2.3 信用风险

信用风险是指在交易过程中因交易对手未按条款履行交易义务或信用质量失真，而造成当事人损失的可能性。我国在从事碳金融业务时，也必然会产生信用风险，例如，CDM 项目借款人发生信用违约，或是在从事与碳排放权相关的衍生品交易时，对手不履行交易义务的风险等。碳金融信用风险具有一般信用风险的特征，但由于碳金融业务的复杂性和特殊性，它还表现出两面不同的特征。第一方面，碳金融信用风险收益和风险分布的不对称性特征更加突出。一般来讲，信用风险的概率分布不是正态分布，其分布也不具有对称性，而对碳金融信用风险来讲，这种特征将更加突出。例如，对于 CDM 项目来讲，它要受到政策因素、项目复杂的审批程序以及 CERs 价格变动等因素的影响，从而导致它的概率分布更加向左倾斜（向左倾斜是因为损失将会没有下限，而一般来说，收益上限却是固定的）。而对于碳减排权的衍生品交易来说，交易对手违约的可能性将更大，这种不对称性也将更加明显。第二方面，在碳金融信用风险中，信息不对称现象更加显著。由于碳金融交易业务存在着很大风险，当从事碳金融交易业务时，交易双方由于信息不对称，很容易发生“逆向选择”以及“道德风险”。如在 CDM 项目信贷中，由于信息不对称，对商业银行最不利的借款者却容易获得资金，这时就出现了“逆向选择”，当出现 CDM 项目的不利因素时，又导致了“道德风险”的产生。

6.1.2.4 操作风险

目前，全世界也没有对操作风险有统一的定义，但对它的性质却有比较一致的认识。一般认为，操作风险会引起损失，它与操作程序不当、员工工作失误以及外部突发事件密切相关。依据引发操作风险的因素起源不同，可以将它分成四类：人员风险（如发生操作失误）、系统风险（如系统出现失灵）、流程风险（如流程执行不够严格）及外部事件风险（如发生突发事件、存在外部欺诈等）。同一般的金融业务相比，我国在从事碳金融业务时，更容易发生操作风险。由于碳金融在我国是新生事物，参与者对碳金融项目的开发程序、交易规则以及操作模式等都不是很熟练。另外，碳排放权作为一种虚拟商品，销售对象更牵涉境外客户，其合同期限很长，这样，操作风险的外生因素干扰很强。在碳金融交易领域，我国不仅缺乏相关的专业人员，也没有建立起合理的内部控制程序和系统，外部的“风吹草动”，都会引起风险。同时，碳金融操作风险与一般的金融业务操作风险一样也具有内生性的特点，而我国商业银行只能对操作风险的内生风险进行管理和防控，并且这种管理并没有消除操作风险，因此，碳金融操作风险是很大的。

碳金融操作风险具有两个明显的特点：第一，对碳金融操作风险的可控性很小，操作风险的诱发因素既有外部因素又有内生因素，各种因素交织错杂导致风险难控；第二，操作风险发生频率较小，但一旦发生风险就会带来很大损失，严重的会危及企业生存。

6.1.2.5 流动性风险

流动性风险是指为满足客户的流动性需求，而引起成本增加或价值损失的可能性。它包含大量交易的能力、及时交易的能力以及不变价格交易的能力这三个方面。在碳金融交易业务中，市场由于缺乏流动性而使交易难以完成，它就能够给整个市场带来额外的交易成本，即为流动性成本。流动性成本加上由于它变动所带给碳金融市场各参与主体的潜在损失即为市场的流动性风险。如在 CDM 项目信贷中，如果金融主体一时之间无法按照确定价格卖出持有的碳金融资产时，就面临了流动性风险。

碳金融流动性风险分为：资产流动性风险及负债流动性风险。如果碳金融资产到期不可以如期足额收回、不能到期偿还负债、无法满足新的合理贷款要求及其他融资需求等，进而引起损失的可能性，即为资产流动性风险。负债流动性风险指金融主体从事碳金融业务筹集的资金，因为内生或外生因素发生变化，或者受到外部冲击而导致损失的可能性。其中，对于商业银行来说，碳金融资产流动性风险包含对信贷额度的非预期使用以及偿还期改变的风险等；负债流动性风险则包含提前支取大额存款的风险以及再融资风险等。

6.1.2.6 项目风险

项目风险是指在 CDM 项目周期内因项目的变化形成损失的不确定性。CDM 项目需要经过准备、实施、评估、核证等多轮环节，各环节中均存在着诸多的不确定因素，往往容易出现周期延长、成本增加等现象，造成效益产出的不确定性。而当项目东道国政局发生动乱时，CDM 项目还将面临项目停产的潜在风险。

《京都议定书》下有三种减排机制：清洁发展机制（CDM）、联合履约机制（JI）以及排放贸易（ET）。现以 CDM 机制为例，介绍碳金融交易的项目风险。图 6－1 是 CDM 项目的开发流程图。

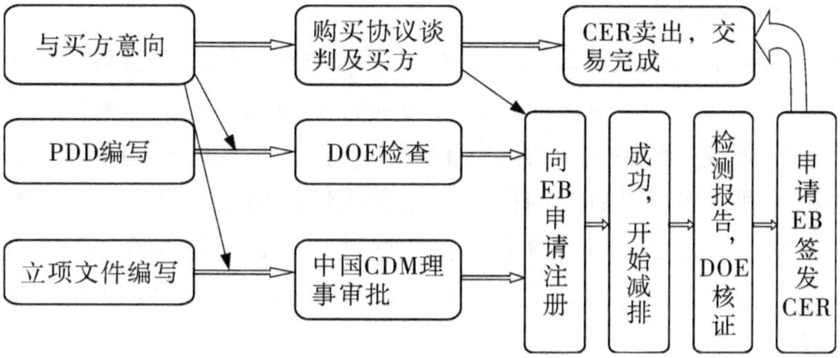

图 6－1　CDM 项目开发流程

图中，PDD 表示项目设计文件；DOE 表示联合国制定经营实体，EB 是联合国 CDM 执行理事会。CDM 项目包含两个重要环节：审批环节和 CER 交付环节。审批环节主要是应用方法原理论对 CDM 项目进行审批、核实、注册和核证等。CER 交付环节，即将 CER 卖出，交易结算等。这两个环节直接关系到 CDM 项目是否能够成功。而 CDM 项目又是一种比较特殊的无形商品，具有远期的特征，不确定因素多，导致它存在的风险很大。另外，受国内外复杂环境等多种因素的影响，CER 的价格波动也较大，从而易产生价格风险。总之，可将 CDM 项目风险概括为：审批风险、CER 交付风险和 CER 价格风险。

从整个项目的开发流程中，可以看到，碳金融项目风险除了具有客观性、偶然性之外，同时具有两个特征：其一，规律性。通过对大量风险事件资料的统计分析，可发现其概率规律，从而可以开展风险管理。其二，风险的多样性和重叠性。多样性指造成风险的因素很多；重叠性指项目风险中又包含了政策、法律、操作、市场等在内的风险因素，从而导致各种风险层层相套。

6.2 碳金融风险的辨识

6.2.1 碳金融风险辨识概述

金融风险辨识是指通过运用相关的知识、技术和方法，对处于经济活动中的经济主体所面临的金融风险的类型、受险部位、风险源、严重程度等进行连续、系统、全面的识别、判断和分析，从而为度量金融风险和选择合理的管理策略提供依据的动态行为或过程。对于金融风险辨识的概念应把握以下几点：

（1）金融风险辨识的根本任务是找出导致金融风险的根源和驱动因素，金融风险的产生是一个连续的、从量变到质变的过程，期间各类风险因素不断积聚。只有全面、准确地辨识导致金融风险的类型，找出风险根源，才能准确地度量风险大小和选择合理的风险管理策略。

（2）金融风险的辨识具有复杂性、普遍性和动态变化性。金融辨识的复杂性源于风险的复杂性，对于经济主体而言，所面临着不同的风险类型和风险源，不同层次上的风险相互交错。经济主体所面临的风险不仅仅是风险管理部门的任务，需要各个部门协调处理，因而具有普遍性。动态变化性则由于经济主体运作环境时刻变化，风险的驱动因素也随之有所改变，在发展过程中，新的风险不断产生，而旧的风险或消失、或存续、或转化为新的特征，这就要求金融风险辨识应当是一个不间断、实时的动态过程。

（3）对碳排放权交易的风险辨识需要重点把握四个问题：确定排放名单、排放监测的方法和技巧、管理信息系统、碳排放的注册登记。

6.2.2 碳金融风险辨识的原则

碳金融风险的辨识原则与传统金融风险识别原则相同，都是为确保金融风险辨识的有效性和可靠性，碳金融风险辨识应遵循以下四个基本内容：

（1）实时性原则。经济主体的财务状况、市场环境等各种可能导致风险驱动因素处于变化之中。金融风险辨识的动态变化性决定了风险辨识必须遵守实时性原则。风险辨识机构或部门应该根据实时信息关注金融风险的变化，连续地辨识金融风险，并实时调整风险管理策略。滞后的金融风险管理系统将无法适应风险环境的瞬息万变。

（2）准确性原则。金融风险辨识是风险度量和制定风险管理策略的前提和基础。准确地把握风险的类型、受险部位、风险源、严重程度，进而选择或采用准确的风险度量方法，为进一步有效实施风险管理措施打好基础。通常情况，过高或过低的风险评估会导致管理成本的过度或不足，导致更大的潜在风险。

（3）系统性原则。经济主体的经济活动的各个环节、各项业务可能会带来一种或多种金融风险，有的金融风险容易辨识，有的则不易察觉。金融风险辨识要求对经济主体所面临的风险进行全面的衡量和评价。特别注意的是，经济主体面临的整体金融风险可能大于也可能小于单个金融风险的总和。风险管理部门应根据实际情况及时调整资产结构，以充分分散风险，将整体风险控制在可接受的范围之内。

（4）成本效益原则。金融风险的辨识和分析需要花费人力、物力和时间等，金融风险管理收益的大小取决于因风险管理而避免或减少损失的大小。一般来说，随着金融风险辨识活动的进行，辨识的边际成本会越来越大，而边际收益会越来越小，所以需要权衡成本效益，以选择和确定最佳的辨识程度和辨识方法。

金融风险辨识直接关系到金融风险管理的成败，因此，金融风险辨识对于金融风险管理具有重要的意义。通过辨识金融风险，可以确定金融风险的类型和受险部位，同时还可以确定金融风险的诱因，因而进行风险的避免或套利保值。通过金融风险的辨识，可以对各类金融风险的性质、状况、严重程度等做出统计分析，对后续金融风险的辨识具有参照和指导意义。

6.2.3 碳金融风险辨识的内容

关于碳金融风险辨识的基本内容，可借鉴金融风险辨识内容，即可理解为金融风险辨识的不同主体识别相关客体的角度、思路、方式、步骤等。金融辨识的主体包括：金融机构、工商企业、政府和个人。客体包括：风险类型、受险部位、风险源等。金融风险辨识的基本内容中，对金融风险的类型和受险部位的辨识以及对金融风险的诱因与严重程度的辨识是两大基本内容，具体如表6－1、表6－2所示。

表6－1　金融风险的类型和受险部位的辨识角度

运营过程、业务特征	财务报表	运作能力
资金来源	安全性指标	资本充足率
资金运用	流动性指标	盈利能力
风险暴露和业务特征	盈利性指标	管理水平

表6－2　金融风险诱因和严重程度的辨识作用和目标

辨识项目	作用	目的
风险诱因	分清已辨识出的各类金融风险的诱因特性，为下一步采取有效的金融风险处理策略提供可靠依据	找到导致金融风险的各层次诱因
严重程度	对是否需要对各类风险采取进一步的行动、采取行动的次序和方式等做出准确判定	对已经辨识出各类金融风险的严重程度即损失的可能性大小和潜在损失大小做出进一步分析和识别

6.2.4 碳金融风险辨识的基本方法

碳金融风险辨识方法与传统金融辨识方法类似，种类很多。由于现实中碳金融风险辨识的客体差异很大，而且会随着时间的推迟发生变化，这就决定了辨识方法的不断选择和更新，以便做出及时、合理、动态的调整。主要的辨识方法包括：现场调查法、问卷调查法、组织结构图示法、流程图法、专家调查法、主观风险测定法、客观风险测定法、幕景分析法、模糊集合分析法以及故障树分析法等。

（1）现场调查法。现场调查法是指金融风险辨识主体对有可能存在或遭遇金融风险的各机构、部门和所有经营活动进行详尽的现场调查来识别金融风险的方法。现场调查法的内容和步骤：首先了解、查阅相关的背景资料，确定调查目标、调查地点、调查对象，进而编辑调查问卷；然后进行现场调查，最后形成调查报告。

（2）问卷调查法。此法又称审核表调查法，与现场调查法类似，只是调查人员不进行现场调查，而是通过发放各种形式的调查表让调查人员填写来识别金融风险的方法。

（3）组织结构图示法。该方法是用图形来描绘经济主体的组织结构，并据此辨识金融风险的方法。组织结构图的作用可以分析、判断经济主体组织结构的设置是否合理、能否适应经济环境的变化、能否提高经营效率，进而识别由于组织结构设置不足而导致的潜在金融风险。

组织结构图示法的主要步骤：首先对经济主体组织结构的整体及其各个组成部分进行识别与分析；然后绘制经济主体的组织结构图；进而对组织结构图进行解释与剖析；最后通过组织结构图识别金融风险。图 6－2 是某金融机构公司组织结构图，可根据公司组织结构对其所面临的金融风险进行剖析。

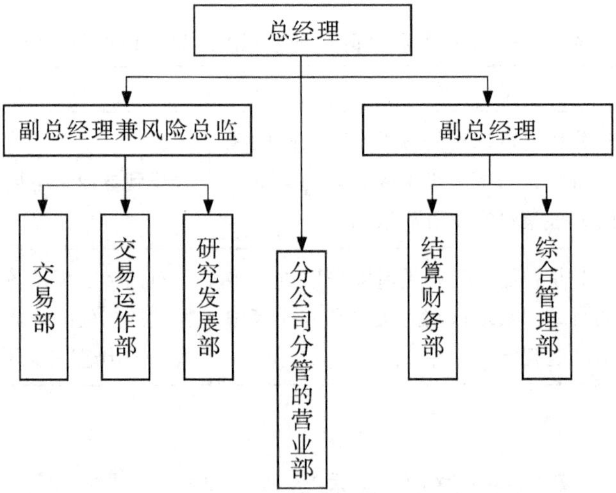

图 6－2　国内某金融机构分公司组织结构图

（4）流程图法。此法是按照业务活动的内在逻辑关系将整个业务活动过程绘制成流程图，并借此辨识金融风险的方法。流程图法的应用步骤：首先分析业务活动之间的逻辑关系；然后绘制流程图；进而对流程图做出解释；最后完成风险辨识。图6－3是CDM项目注册环节的流程图，其中任何一个环节数据不真实或分析不准确都可能导致之后的程序分析结果出现差错。

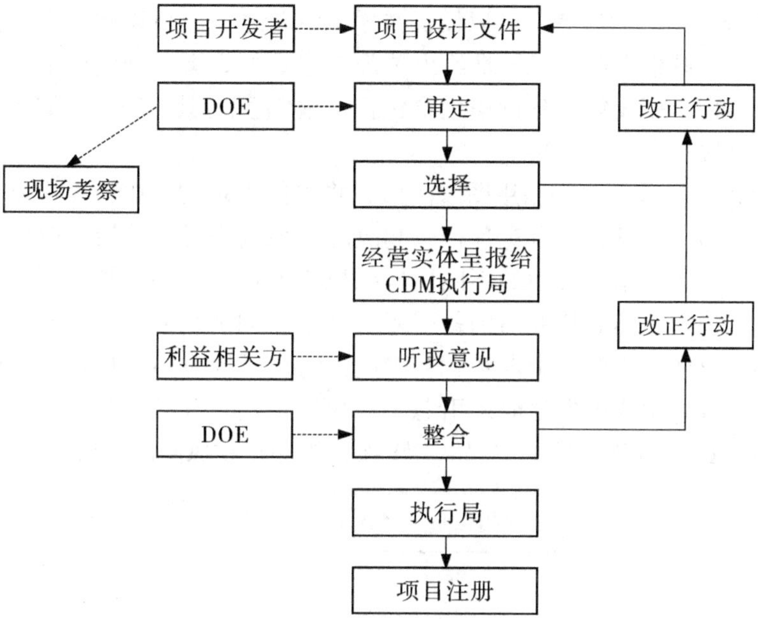

图6－3　CDM项目注册环节流程图

（5）专家调查法。专家调查法是利用专家的集体智慧辨识金融风险的方法，主要包括头脑风暴法和德尔菲法。对于问题简单、目标明确的情况采用头脑风暴法，主要是先召集有关人员构成一个小组，然后以会议的方式展开讨论。德尔菲法的一般程序为：将讨论的问题上报给专家；对专家进行多轮反复问询，统计汇总专家反馈意见；及时调整前述问题中不合理的成分，把调整后的问题和汇总意见匿名发给各位专家，对于偏离大多数人意见一定程度的回答者，将被请求更正回答或陈述理由；重复上述过程，并视具体情况确定何时停止反复。

（6）主观与客观风险测定法。主观风险测定法主要依赖于风险管理者的主观努力、个人经验及判断力来进行。主观风险测定法主要包括：财务报表透视法、直接观察法、连锁推测法和证券市场追踪法。客观风险测定法是一种以反映经营活动的实际数据为依据进行金融风险辨识的方法，其中沃尔评分法是目前经常用于评价企业信用水平的一种客观风险测定法。客观风险测定法得到的结论比主观风险测定法更具说服力。

（7）幕景分析法。幕景分析法是一种辨识引致风险的关键因素及其影响程度的方法。一个幕景就是对拟要考察的风险主体未来某种状态的描绘。具体操作过程：情景构造——利用有关数据、曲线与图表等资料对未来状态进行描述；情景评估——研究当某些因素发生变化时，又将出现何种风险以及将导致何种损失与后果。

（8）模糊集合分析法。此法是一种以模糊数学为理论基础、可以解决有关模糊事物问题的分析工具。模糊事物是指很难给出精确或客观的定义或判断标准且具有亦此亦彼的特性的事物。模糊集合分析法主要包括：模糊模式识别法、模糊聚类分析法和模糊综合评判法。

（9）故障树分析法。该方法是利用图解的形式将可能出现的、比较庞大复杂的故障分解成不同层次的小故障，或者对各种引起故障的原因进行不同层次分解的方法。通常，用长方形节点表示所关注的不同层次的风险或风险成因，把最关注的风险放在最上层或树的顶端，然后按照不同的因果关系依次向下绘制。对于同一层次的风险或风险成因，只要其中有一个发生就会引起上一层风险发生，用∪将它们连接起来；当每个风险或风险成因发生时才引起上层风险，用∩连接。长方形节点与∪和∩节点之间用直线段连接。图 6－4 为 CDM 项目担保贷款风险故障树。

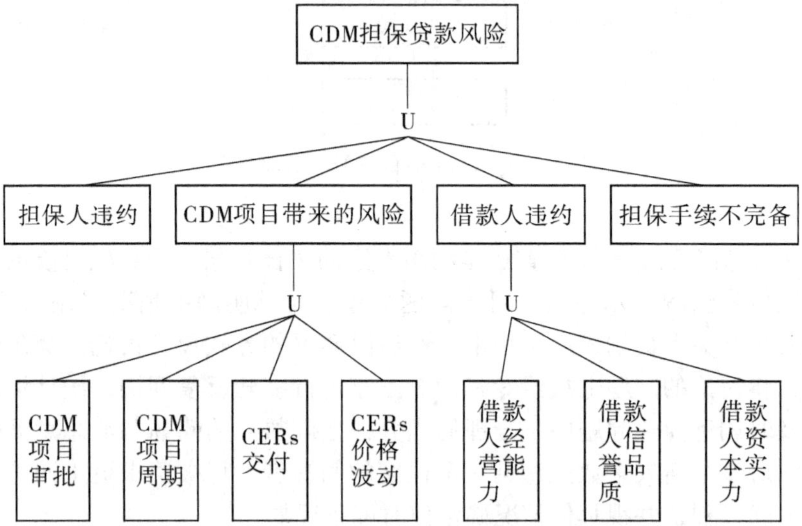

图 6－4　CDM 项目担保贷款风险故障树

6.3 碳金融风险的度量

对一般风险进行度量的模型众多。度量市场风险的主要方法有：灵敏度分析、压力测试法、波动性分析、极值理论、VaR 方法等。其中，波动性分析、VaR 模型、压力测试和极值理论是度量市场风险的常用、最主流的模型。信用风险度量模型有传统度量模型以及现代度量模型。传统模型包括专家评估模型、ZEAT 模型及 Z 评分模型等；现代模型包括信用度量术模型（CreditMetrics）、信用风险附加模型（CreditRisk$^+$）、信贷组合模型（Credit Portfolio View）、信用监控模型（kmv 模型）等。碳金融操作风险的度量依赖于一般金融机构操作风险度量方法，操作风险的度量方法种类很多，可分为以定性为主的度量方法和基于新巴塞尔协议框架的定性与量化结合的度量方法。这些方法在复杂性和风险敏感度方面由弱到强，并且，在测度碳金融业务的操作风险时，有的方法可能已经不再适用，但仍有普遍的借鉴意义。流动性风险有流动性缺口分析方法、净流动性资产分析法和融资缺口法等，但是本书更为关注碳金融业务流动性风险指标的选取、构建，以及同市场风险的相依性问题。最为重要的度量方法为筹资流动性风险度量方法和市场流动性风险度量方法。其中筹资流动性风险度量方法中的资产管理理论、负债管理理论和资产负债综合管理理论以定性分析为主，而基于 VaR 的流行性风险价值法（L_VaR）则以定量分析为主。市场流动性风险度量方法中最为主流的方法则是在传统计算 VaR 值的框架内纳入资产市场流动性因素而展开的，即所谓的由流动性调整的风险价值法（La_VaR）。项目风险是碳金融业务的新型风险，可选择层次分析法和模糊综合评价法进行度量，同时，这两种方法也是度量碳金融整体风险的有效方法。下面将对上述方法和模型详细介绍。

6.3.1 碳金融市场风险的度量

6.3.1.1 波动性方法

波动性方法最早由 Markwitz（1952）提出，是一种运用方差度量风险的定量分析方法。

（1）单种资产市场风险的度量。假设某种金融资产收益率 r 为随机变量，其预期收益率，即数学期望为 μ，波动系数为 σ，即标准差。通过数学知识得知，σ 可反映资产收益率 r 偏离其预期收益率 μ 的幅度，所以用 σ 来度量资产风险。σ 越大说明该资产面临的市场风险越大，反之则相反。当无法准确知道资产收益率的概率分布时，可利用随机变量 r 的若干个历史样本观测值来估计 r 的数学期望和标准差。

假设 r 有 m 个样本观察值，分别为（r_1，r_2，…，r_m），则有以下公式：

$$\hat{\mu} = \frac{1}{m}\sum_{i=1}^{m} r_i \tag{6-1}$$

$$\hat{\sigma} = \sqrt{\frac{1}{m-1}\sum_{i=1}^{m}(r_i - \hat{\mu})^2} \tag{6-2}$$

其中：$\hat{\mu}$ 和 $\hat{\sigma}$ 分别为数学期望的估计值和标准差的无偏估计值，可用来度量单种资产的市场风险。

（2）资产组合市场风险的度量法。与单种资产市场风险的度量一样，用收益率的方差或标准差来度量资产组合的风险。假设资产组合 $\omega = (\omega_1, \omega_1, \cdots, \omega_n)^T$，$\omega_i$ 为第 i 项资产在资产组合中的比重，且满足 $\sum_{i=1}^{n} \omega_i = 1$；$r_i$ 为随机变量，是第 i 项资产的收益率，$i=1,2,\cdots,n$。于是资产组合的收益率为 $r_p = \sum_{i=1}^{n} \omega_i r_i$，则：

$$\mu_p = E(r_p) = \sum_{i=1}^{n} \omega_i \mu_i \tag{6-3}$$

$$\sigma_p^2 = \sum_{i=1}^{n}\sum_{j=1}^{n} \omega_i \omega_j \mathrm{cov}(r_i, r_j) = \sum_{i=1}^{n}\sum_{j=1}^{n} \omega_i \omega_j p_{ij} \sigma_i \sigma_j \tag{6-4}$$

其中：μ_p 和 σ_p 分别是 r_i 的数学期望和标准差；cov（r_i，r_j）和 p_{ij} 分别是 r_i 与 r_j 的协方差和相关系数；i，$j=1,2,\cdots,n$。在实际过程中要对相关系数 ρ_{ij} 进行无偏估计，即

$$\hat{\rho}_{ij} = \frac{\frac{1}{m-1}\sum_{k=1}^{m}(r_{i,k} - \hat{\mu}_i)(r_{j,k} - \hat{\mu}_i)}{\hat{\sigma}_i \hat{\sigma}_j} \tag{6-5}$$

其中：$\hat{\mu}_i$ 和 $\hat{\sigma}_i$ 是根据式（6－1）和式（6－2）得到的估计值；$r_{i,k}$ 为第 i 种资产的 k 个样本观测值；$k=1,2,\cdots,m$。

6.3.1.2 VaR 方法

VaR（Value at Risk）是由 J. P. Morgan 的风险管理团队（1994）提出的方法，常被译为"在险价值"，前提是市场处于正常的波动状态。VaR 是指在给定的置信度下，资产组合在未来持有期内所遭受的最大可能损失，用数学公式表示为：

$$\mathrm{Prob}(\Delta P \leqslant -\mathrm{VaR}) = 1 - c \tag{6-6}$$

其中，Prob 表示概率度量，$\Delta P = P(P+\Delta t) - P(t)$ 表示组合在未来持有期 Δt 内的损失，$P(t)$ 表示组合在当前时刻 t 的价值（也可以是收益率），c 为置信度水平，VaR 为置信度水平 c 下组合的在险价值。例如，未来一周内（持有期）损失不超过 1000 万元的概率为 95%，我们可以表示为：Prob($\Delta P \leqslant -1000$ 万元）$=0.05$。VaR 是在某个综合框架下考虑了所有可能的市场风险来源后得到的一个概括性的风险度量值，而且在置信度和持有期给定的条件下，VaR 值越大，说明组合面临的风

险就越大，反之则说明组合面临的风险越小。由于 VaR 可以用来比较分析由不同的市场风险因子引起的、不同资产组合之间的风险大小，所以 VaR 是一种具有可比性的风险度量指标。有效置信度和持有期是影响 VaR 值的两个基本参数。

持有期的选择和设定需考虑以下因素：直接假定正态分布，持有期越短，计算值越有效、可靠；可依据历史样本数据来模拟收益率的概率分布，持有期越长，数据历史跨度就越长，问题困难就越多（数据难获得；数据处理计算模拟复杂，操作成本高；时间越久数据包含的信息越少）。因此，选择较短的持有期。计算 VaR 时一般假定持有期内组合的头寸保持不变，无视持有期内组合头寸的变化而得到的 VaR 值是不可靠的，为保证 VaR 值的可靠性应选择较短的持有期。若市场流动性较差，投资者调整头寸的频率和可能性比较小，则宜选择较长的持有期。1997 年底生效的巴塞尔委员会的资本充足性条款，将内部模型使用的持有期设定为 10 个交易日。

置信度的选择和设定需考虑以下因素：考虑历史数据的可得性、充分性，为保证可靠性、稳定性，需要设置较高置信度，对应 VaR 值就越大，历史样本数据就越多，但过高置信度使损失超过 VaR 的历史数据就越少，有效性和可靠性无法保证，所以置信度的选择必须考虑历史数据的可得性；考虑 VaR 的用途；考虑比较的方便，利用 VaR 对不同的金融机构的风险进行比较分析，但不同置信度下的 VaR 值的比较没有意义。

计算 VaR 值的核心问题是估计资产组合未来损益 ΔP 的概率分布。

一般情况下，考察 ΔP 分布的方法有两种：

一是直接应用组合中资产的投资收益率来确定 ΔP 分布，称为收益率映射估值法。此法是最经典、最基本也是最简单的方法，但若资产包含金融工具的种类和数量较多，且很难获得所有金融工具的历史数据，特别是中国碳金融市场，此法不便采用。

二是运用组合价值表示成风险因子的函数，然后通过风险因子的变化来估计组合的未来损益分布，称为风险因子映射估值法。此法分为风险因子映射估值模拟法和风险因子映射估值分析法。风险因子映射估值模拟法，是首先模拟风险因子未来变化的不同情景，然后运用风险因子与组合价值之间的映射关系，即定价公式，在不同情景下分别对组合中的不同金融工具进行定价，在此基础上计算出组合的价值变化，同时给出未来的损益分布。此法有历史模拟法、Monte Carlo 模拟方法和情景分析法。对碳金融来说，该方法比较适用。风险因子映射估值分析法，主要是通过风险组合和组合价值之间的映射关系，应用灵敏度系数进行度量。但此法往往不能把握组合价值变化的非线性风险特征，所以不太适用碳金融市场风险的度量。计算 VaR 的基本步骤为首先建立映射关系，即把组合中每一项资产头寸的价值表示为投资收益率或风险因子的函数表达式。然后建立适当模型，利用投资收益率或风险因子的历史数据，结合统计的方法刻画出投资收益率或风险因子的分布特征或动态变化规律，最后给出估值模型和 VaR 值。

随着研究的深入和技术的发展，VaR 进一步拓展为：

（1）基于收益率映射估值法的 VaR 计算。考察一个初始价值为 P_0，在持有期 Δt 内投资收益率为 R 的组合，假设 R 的概率分布已知，其期望收益率（$E(R)$）与波动率分别为 μ 和 σ，于是该资产组合期末价值为 $P=P_0(1+R)$，P 的预期价值（$E(P)$）为：

$$E(P)=P_0(1+E(R))=P_0(1+\mu) \tag{6-7}$$

若以组合的初始价值为基点考察持有期内组合的价值变化称为绝对 VaR，记为 $\mathrm{VaR_A}$；以持有期内组合的预期收益为基点考察持有期内组合的价值变化为相对 VaR，记为 $\mathrm{VaR_B}$，则：

$$\Delta P_{\mathrm{A}}=P-P_0=P_0R \tag{6-8}$$

$$\Delta P_{\mathrm{B}}=P-E(P)=P_0(R-\mu) \tag{6-9}$$

可分别利用式（6－8）、式（6－9）与式（6－7）求得 $\mathrm{VaR_A}$和 $\mathrm{VaR_B}$。

（2）组合的投资收益率服从正态分布的日 VaR 计算。假设初始价值为 P_0，日投资收益率 R 服从正态分布 $N(\mu,\sigma^2)$，期望收益率与波动率分别为 μ 和 σ，于是在置信度 c 下分别得到日绝对 $\mathrm{VaR_A}$：

$$\begin{aligned}\mathrm{Prob}(\Delta P_{\mathrm{A}}<\mathrm{VaR_A})&=\mathrm{Prob}\left[\frac{R-\mu}{\sigma}<-\frac{\frac{\mathrm{VaR_A}}{P_0}+\mu}{\sigma}\right]\\&=\int_{-\infty}^{\frac{\mathrm{VaR_A}}{-P_0}+\mu}\frac{1}{\sqrt{2\pi}}\exp\left(-\frac{x^2}{2}\right)\mathrm{d}x=\Phi\left[\frac{\frac{\mathrm{VaR_A}}{P_0}+\mu}{\sigma}\right]\\&=1-c\end{aligned} \tag{6-10}$$

其中：Φ 为标准正态分布的分布函数。可将上式变形为 $\Phi\left[\frac{\frac{\mathrm{VaR_A}}{P_0}+\mu}{\sigma}\right]=c$，于是在置信度 c 下得到 $\mathrm{VaR_A}$：

$$\mathrm{VaR_A}=P_0(\Phi^{-1}(c)\sigma-\mu) \tag{6-11}$$

其中：$\Phi^{-1}(c)$ 表示标准正态分布下对应于置信度 c 的分位数。类似可得置信度 c 下的 $\mathrm{VaR_B}$，即

$$\mathrm{VaR_B}=P_0\Phi^{-1}(c)\sigma \tag{6-12}$$

相关资产组合的 VaR 计算。将计算得到的 σ 和 μ 值代入上式即可，图 6－5 为 VaR 计算模型，具体计算方法请参考相关书籍。

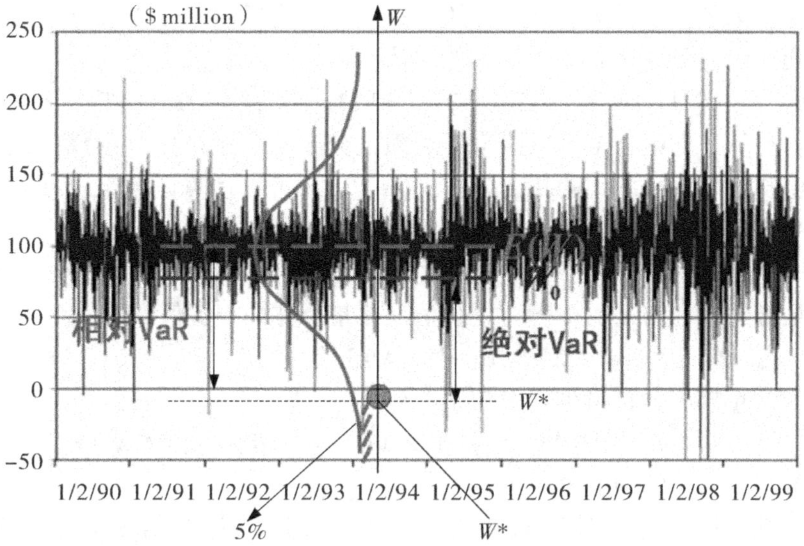

图 6－5 VaR 计算模型

（3）风险因子映射估值模拟法——历史模拟法（HS）。基本原理：将各个风险因子在过去某一时期上的变化分布或变化情景准确刻画出来，作为该风险因子未来的变化分布或变化情景；在上述基础上通过建立风险因子与资产组合价值之间的映射表达式模拟出资产组合未来可能的损益分布；计算给定置信度下的 VaR。标准历史模拟法不需要假设市场风险因子服从某种概率分布，而是直接用风险因子过去的变化分布表示未来的变化分布，所以标准历史模拟法不需要进行参数估计，因而是一种非参数全值估计法。此法对比较新的碳金融业务来说，适用性很强。

其计算步骤如下：

设 V_t 为 t 时刻资产组合的价值，受 n 个风险变量因子 $f_i(t)$ 的影响，其中 $i=1, 2, \cdots, n$。$t<0$ 表示过去时刻，$t=0$ 表示当前时刻，$t>0$ 表示将来时刻。

第一，识别风险因子变量，建立证券组合价值与风险因子变量之间的映射关系。借助相应的证券定价理论和公式，证券组合定价公式为：

$$V_t = V(f_1(t), f_2(t), \cdots, f_n(t)) \tag{6-13}$$

于是，证券组合在当前时刻的价值为：

$$V_0 = V(f_1(0), f_2(0), \cdots, f_n(0)) \tag{6-14}$$

第二，选取历史数据模拟风险因子未来可能取值。用 $T+1$ 表示从过去到现在的交易日数量。因为得到风险因子变量 f_i 过去 T 个变化量为：

$$\Delta f_i(-t) = f_i(-t+1) - f_i(-t), i=1,2,\cdots,n; t=1,2,\cdots,T \tag{6-15}$$

根据标准历史模拟法的假定，即风险因子变量的未来变化完全等同于过去，于是可以用风险因子变量过去已经发生的 T 种变化作为风险因子未来可能出现的 T 种变化，从而风险因子变量 f_i 未来的可能取值为：

$$f_i(t)=f_i(0)+\Delta f_i(-t), i=1,2,\cdots,n; t=1,2,\cdots,T \quad (6-16)$$

第三，计算证券组合未来价值水平或损益分布。利用第二步的模拟结果以及证券组合价值与风险因子之间的映射公式（6－13），可以计算证券组合在未来 T 种可能价值水平为：

$$V_t=V(f_1(t),f_2(t),\cdots,f_n(t)), t=1,2,\cdots,T \quad (6-17)$$

从而得到证券组合在未来的 T 种可能价值变化量，亦即损益值，即

$$\Delta V_t=V_t-V_0,\ t=1,2,\cdots,T \quad (6-18)$$

将 ΔV_t 从大到小排序，且将排列设为 k_1，k_2，…，k_T，使：

$$\Delta V(k_1)\geqslant\Delta V(k_2)\geqslant\cdots\geqslant\Delta V(k_{t-1})\geqslant\Delta V(k_t)\geqslant\cdots\Delta V(k_{T-1})\geqslant\Delta V(k_T)$$

这就是证券组合未来的损益分布。

第四，基于损益分布计算置信度 c 下的 VaR。计算置信度 c 下的分位数为 $[T_c]$，其中 $[T_c]$ 表示取 T_c 的整数部分，则根据分位数和证券组合未来的损益分布即可求置信度 c 下的 VaR 值为 $\Delta V(k_{[T_c]+1})$。

（4）风险因子映射估值模拟法——Monte Carlo 模拟法。此法的创始人为“曼哈顿计划”的主持人之一，大科学家冯·诺依曼，主要应用于解决确定性问题和随机问题。采用 Monte Carlo 模拟法计算 VaR 将不再借助风险因子的历史数据，而是通过选择和建立适当的随机模型模拟风险因子的未来变化路径，并利用估值公式计算对应路径的资产组合价值，重复上述模拟过程，最大限度地获取风险因子未来变化路径及其对应的资产组合价值在未来的可能取值，以期更加准确地描述资产组合的未来损益分布，进而求得 VaR 值。

基本原理：通过 Monte Carlo 模拟法计算资产组合 VaR 所涉及的有关金融问题几乎都是随机性的，求解随机性问题的 Monte Carlo 模拟法的成功实施主要取决于三个基本要素：一是用以模拟随机变量未来变化路径的随机模型的准确性；二是每次模拟的独立性；三是足够多的模拟次数。一般机构度量碳金融市场风险时，通常较难获取历史数据，因而此法对碳金融市场风险的度量意义很大。

Monte Carlo 模拟法的基本步骤如下：

第一，识别风险因子变量 $S_{j,t}$，其中 $j=1$，2，…，m；建立资产组合价值 V 与风险因子变量 $S_{j,t}$ 之间的映射关系；不妨设为：

$$V_t=V(S_{1,t},S_{2,t},\cdots,S_{m,t}) \quad (6-19)$$

第二，对风险因子未来变化进行随机模拟，得到各个风险因子变量 $S_{j,t}$ 未来变化的一条样本轨道；并计算出：

$S_{j,t}$，$S_{j,t+\Delta t}$，…，$S_{j,t+i\Delta t}$，$S_{j,t+(i+1)\Delta t}$，…，$S_{j,t+n\Delta t}=S_{j,T}$，其中：$j=1$，2，…，$m$。

第三，利用第一步给出的映射关系式（6－19）计算组合价值及组合价值的变化值；$V_T = V(S_{1,T}, S_{2,T}, \cdots, S_{m,T})$ 与 $\Delta V_t = V_T - V_t$。

第四，不断重复第二步与第三步，直到达到模拟要求的次数，不妨设为 N，于是就得到投资组合的损益分布：

$$\Delta V_T^{(1)}, \Delta V_T^{(2)}, \cdots, \Delta V_T^{(N)}$$

第五，基于损益分布计算置信度 c 下的 VaR。这与历史模拟法相同。

6.3.1.3 压力测试与极值理论

现实市场中，尤其是碳金融市场，非正常波动或者极端波动的事件和情景时有发生，金融风险因子或金融资产价值的变化分布往往呈现出明显的"厚尾"特征，此时继续运用经典的 VaR 方法度量厚尾分布事件的风险将有可能产生较大的估计偏差。对于厚尾分布，通常有两种理解：一种是与正态分布比较，把峰度比正态分布高的分布称为厚尾分布。包括 t－分布、对数正态分布、广义误差分布、混合正态分布等。本节厚尾分布皆是这种意义的。另一种是 Ramazan Gencay 的定义，即满足：$\int_0^{+\infty} e^{SX} dF(x) = +\infty\ (\forall s > 0)$ 的分布 $F(x)$ 称为厚尾分布。压力试验和极值理论是目前度量厚尾分布事件风险的两种基本方法。

（1）压力测试。是在模拟或构造未来可能出现的极端情景的基础上，对极端情景及其影响下的资产组合的价值变化做出评估和判断。压力测试的两种主要方法是情景分析法和系统化压力试验。

情景分析法亦称标准压力测试法，是最常用的压力试验方法，主要用于评估一个或几个市场风险因子突然从当前市场情景变化到某些极端情景或事件的过程中对资产组合价值变化的影响程度。各种情景分析法的实施主要包含两个关键步骤：情景构造和情景评估。

①情景构造。情景构造是情景分析法的基础，其目的在于生成若干个不同的极端情景，并对极端情景下的风险因子进行评估。假设 $r_1, r_2, \cdots, r_n$ 是影响资产组合 P 的 n 个风险因子，对 n 个市场因子依次赋值所得到的一个取值组合，称为一个市场情景，用向量 $\boldsymbol{r}_i$ 表示为：

$$\boldsymbol{r}_i = (r_{i,1}, r_{i,2}, \cdots, r_{i,n}) \tag{6-20}$$

其中：$i=0$ 表示当前时刻，$i>1$ 表示未来第 i 时刻，于是 $r_0 = (r_{0,1}, r_{0,2}, \cdots, r_{0,n})$ 表示当前的市场情景。对未来某个极端情景 s 下的 n 个风险因子进行评估赋值，此时的市场情景就是我们所构造的极端情景，或称压力情景：

$$\boldsymbol{r}_s = (r_{s,1}, r_{s,2}, \cdots, r_{s,n}) \tag{6-21}$$

可以看出，极端情景构造的核心是如何准确地构造、模拟未来可能发生的极端事件，并对该事件各个风险因子进行评估和赋值。构造方法见表 6－3。

表 6-3　情景分析法中情景构造方法

情景构造方法	概　述
典型情景构造	通过对市场风险因子的未来变化进行构造模拟，进而生成极端情景，又称为标准压力情景法
历史情景构造	主要根据历史上曾发生过的极端事件来模拟、构造未来的极端情景
VaR 情景构造	构造与持有期相对应的各个风险因子的波动性以及风险因子之间相关性的极端情景
Monte Carlo 模拟情景构造	用 Monte Carlo 法生成压力情景，假设市场风险因子变化服从特定分布，通过历史数据估计出分布函数中的参数；模拟生成市场风险因子变化的大量样本；根据事先确定的压力情景的判断标准，在已经生成的大量情景中，筛选出压力情景

②情景评估。在成功构造极端情景的基础上，对极端情景发生时资产组合价值未来的可能变化进行评估。具体做法是：根据资产定价理论和映射关系，得到市场极端情景 r_s 下资产组合价值 P 与市场极端情景 r_s 之间的函数关系：

$$P(r_s)=P(r_{s,1},r_{s,2},\cdots,r_{s,n}) \tag{6-22}$$

以及资产组合的当前市场价值：

$$P_0=P(r_{0,1},r_{0,2},\cdots,r_{0,n}) \tag{6-23}$$

由式（6-22）和式（6-23）可得到极端情景 r_s 发生时，资产组合价值在未来的变化量，从而估算出情景变化时资产组合价值的可能损失。

系统化压力试验是在一定条件下，对影响资产组合价值 P 的风险因子 $r_1,r_2,\cdots,r_n$，采用数学或者统计的方法生成大量的市场情景，然后评估这些情景对资产组合价值变化的影响，从中搜寻资产组合的最坏情景，即导致资产组合价值损失最大的压力情景。定义导致资产组合在未来发生最大损失的市场情景为最坏情景。系统压力试验的核心是在一些合理性条件下，搜寻资产组合最小价值对应的市场情景。

基本思路：首先设定合理性条件即在搜寻最坏情景时，不可能保证所有市场情景都会被搜寻，所以必须考虑不同市场情景的合理性，即发生的可能性，合理性条件记为 C；满足合理性条件 C 的所有市场情景的集合，称为允许域，记为 D。系统化搜寻最坏情景就转化为下面的一个最优化问题：

$$r^*=\arg_{r\in D}\min\{P(r_1,r_1,\cdots,r_n)\} \tag{6-24}$$

其中：$P(r_1,r_1,\cdots,r_n)$是资产组合的价值函数；$r=(r_1,\ r_1,\ \cdots,\ r_n)$ 表示允许域 D 的一个市场场景；r^* 表示该资产组合在给定的合理调件 C 下的最坏场景。

基本步骤：如图 6-6 所示，确定合理性条件 C 和允许域 D，分为不考虑风险因子之间相关性的情形和考虑风险因子之间相关性的情形；搜寻最坏情景，分为因素推动方法、网格搜寻方法 Monte Carlo 法和拟 Monte Carlo 模拟法。

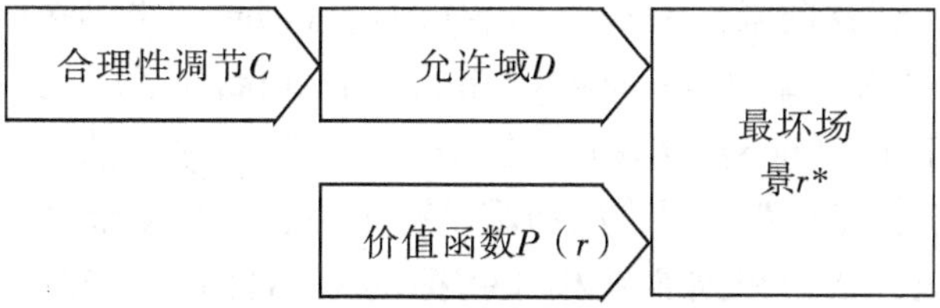

图 6－6　系统压力测试基本步骤

（2）极值理论。极值理论的概念是由 Fisher 和 Tippett（1928）年提出的，主要包括分块样本极值理论和 POT 模型。极值理论主要运用统计（特别是极值统计）理论和方法测度厚尾分布事件或极端事件所导致的风险损失。

①分块样本极值理论。主要是对大量独立同分布样本分块后的极大值进行建模。现实金融市场的资产价格经常表现出大幅度波动，所以金融风险因子的变化一般并不符合正态分布。

基本思想：设 $X_1,X_2,\cdots,X_n$，是与总体 X 的独立且同分布的非退化随机样本序列（通过随机抽样或试验等方法和技术获得），这里表示金融风险因子的随机样本序列，将 $M_n=\max\{X_1,X_2,\cdots,X_n\}$ 与 $m_n=\min\{X_1,X_2,\cdots,X_n\}$ 称为 n 个样本 $(X_1,X_2,\cdots,X_n)$ 的样本极大值和样本极小值。于是依次可得到极大值随机样本序列 $\{M_n\}_{n=1}^{+\infty}$ 和极小值随机样本序列 $\{m_n\}_{n=1}^{+\infty}$。再进一步假设总体 X 的分布函数为 $F(x)$，于是有：

$$F_M(x)=P(M_n<x)=F^n(x) \tag{6-25}$$

$$F_m(x)=P(m_n<x)=1-(1-F(x))^n \tag{6-26}$$

所以，要获得总体 X 的分布函数 $F(x)$，只要得到极大值 M_n 或极小值 m_n 的分布函数即可。

②POT 模型。POT 模型是以超过某个充分大阈值的所有观测值序列为样本，估计总体（金融风险因子）的超阈值的尾部分布。利用 POT 模型计算 VaR 的步骤为：根据经验超额均值函数确定资产组合的收益率分布是否具有厚尾特征；根据相关理论模型，估计用来逼近超额分布函数的广义帕累托分布的参数；给定充分大的置信度 c，计算资产组合的 VaR。总的来说，POT 模型相对比较复杂，这里只做简单介绍。

6.3.2 碳金融信用风险的度量

6.3.2.1 传统信用评价方法

（1）专家法。专家法包括 5C、5W、5P 等方法。5C 是指借款人的道德品质

(character)、还款能力(capacity)、资本实力(capital)、担保品(collateral)和经营环境实力(condition)。5W、5P 尽管从另外的角度考虑，但基本内容一致。5W 即借款人(who)、还款期限(when)、借款用途(why)、担保物(what)和如何还款(how)；5P 为个人因素(personal)、借款目的(purpose)、偿还(payment)、保障(protection)、前影(perspective)。这三种方法是一种定性的评价方法，但对于复杂的碳金融业务来讲，专家评价法却难以有效地去评估碳金融交易中的信用风险。

(2) 信用评级方法。根据企业相关指标的好坏将企业贷款信用分为若干个等级，通常分为外部机构的信用评级方法和企业内部信用评级方法。目前的外部机构信用评级法一般将信用分为 1～9 或 1～10 个级别，企业内部评级方法的风险评级体系包括 0～12 级。例如，表 6-4 和表 6-5 分别给出了标准普尔公司和穆迪公司的评级体系，表 6-6 则是企业内部评级体系。

表 6-4　标准普尔公司的一般评级体系

评级等级	风险程度	评级等级	风险程度
AAA	最小	CCC	特别关注
AA	温和	CC	未达标准
A	平均（中等）	C	可疑
BBB	可接受	D	损失
BB	可接受但予以关注		
B	管理性关注		

注：AAA～A，BBB～B，CCC～C，D 代表机构的信用等级，从 AA 到 CC 的每个级别都会附加 + 或 - 来调整，以表明其在同一信用等级内的相对质量。

表 6-5　穆迪公司的一般评级体系

评级等级	风险程度	评级等级	风险程度
Aaa	最小	B	管理性关注
Aa	温和	Caa	特别关注
A	平均（中等）	Ca	未达标准
Baa	可接受	C	可疑
Ba	可接受但予以关注		

注：Aaa～A，Baa～B，Caa～C 分别代表机构的信用等级。

表 6-6 基本的风险评级体系

风险	企业评级	标普评级	风险	企业评级	标普评级
主权债务	0	无对应	高风险	8	B +/B
低风险	1	AAA		9	B -
	2	AA		10	CCC +/CCC
	3	A		11	CC -
中等风险	4	BBB +/BBB		12	发生违约
	5	BBB -			
	6	BB +/B			
	7	BB -			

注：表中 0 ～ 5 级为投资级别，5 ～ 12 级为投机级别。+ 或 - 表明在同一信用级别内的相对风险程度（AA 到 CCC）。

信用评分法指的是预先找出影响违约行为概率的决定要素，然后对其汇总考虑并通过加权计算得到的数量值。

（3）Z 值评分模型。Z 值评分模型是 1968 年 Altman 提出的，其基本原理是利用统计方法来分析银行过去的贷款案例，选择出最能反映借款人财务状况、对贷款质量影响最大而且最具预测或分析价值的比率指标，并给出相应权重；通过判别分析法设计出一个能最大程度地区分贷款风险度的数学模型；对借款者的信用风险及资信进行评估、判别，并把借款人划分为偿还者和不偿还者两类。其基本内容为：

$$Z = 0.012X_1 + 0.014X_2 + 0.033X_3 + 0.006X_4 + 0.999X_5 \qquad (6-27)$$

其中：X_1 为流动资本/总资产（WC/TA），是反映流动性的比率；X_2 为留存收益/总资产（RE/TA），反映积累盈利能力的比率；X_3 为息前、税前收益/总资产（EBIT/TA），反映企业资产盈利水平的比率；X_4 为股权市值/总负债账面值（MVE/TL），反映公司负债额超过资产额以及破产前资产价值下降程度的比率；X_5 为销售额/总资产（S/TA），反映资本周转率和企业营销能力的比率。

Altman 的 Z 值评分模型给出了一个灰色 Z 值区域，即（Z_0，Z_1）=（1.81，2.99），当 Z 值小于 1.81 时表示企业可能会破产，即 1.81 为破产或违约临界值；当 Z 值大于 2.99 时表示企业违约风险很小，不会破产；当 Z 值处于灰色区域中时，则不能确定该企业是否会破产。

（4）ZETA 评分模型。1977 年，Altman 等人对 Z 值评分模型进行了扩展，建立了第二代 ZETA 模型，使其应用范围更加广泛，并考虑了当时财务报告标准以及会计实务方面的变化。ZETA 模型为：

$$\text{ZETA} = aX_1 + bX_2 + cX_3 + dX_4 + eX_5 + fX_6 + gX_7 \qquad (6-28)$$

其中：X_1 为息前、税前收益/总资产，反映资产收益；X_2 为 X_1 在 5 ~ 10 年变化的标准差，反映收益的稳定性；X_3 为息前、税前收益/总利息支出额，反映利息偿付能力；X_4 为公司的留存收益/资产总额，反映公司的累积盈利能力；X_5 为流动资产/流动负债，反映公司的变现能力和债务偿还能力；X_6 为普通股五年的平均市场价值/长期资本总额，反映公司的资本化程度；X_7 为公司总资产的对数，反映公司规模。a，b，c，d，e，f，g 为对应七变量的系数。

ZETA 模型在变量选择、变量稳定性、样本开发、统计方法应用上，比 Z 值评分模型有了长足进步。鉴于应用过程中的违约或破产临界值的设定问题，Altman 等人将信用转移因素考虑在内，对 ZETA 模型提出了最佳临界值确定公式：

$$C_{\text{ZETA}} = \ln\left(\frac{q_1 c_1}{q_2 c_2}\right) \qquad (6-29)$$

其中：q_1，q_2 分别表示预先估计的破产和非破产概率；c_1，c_2 分别表示犯Ⅰ类错误和Ⅱ类错误的成本。

针对碳金融业务，特别是碳信贷，Z 值信用评分模型和 ZETA 信用评分模型适用性不强，主要因为两个模型都是简单的线性模型，理论基础薄弱，同时，两个模型过分依赖财务报表的账面数据，削弱了度量结果的可靠性和及时性。

6.3.2.2 现代信用风险度量模型

现代信用度量方法主要包括：违约概率估计、基于信用损失的信用 VaR（CVaR）计算、信用等级转移概率、CrdeitMertcis 模型、信用风险附加模型、信贷组合模型、KMV 模型。

(1) 违约概率（PD）：交易对手在给定时间内的违约概率。对违约率大小的估计有两种方法：一是根据统计学方法估算违约概率；二是基于 Merton 债务定价模型的违约率的近似估计。

用统计学方法推导违约概率，主要是利用会计数据结合债务人的违约情况进行分析。通常使用的统计方法是 Logistic 回归和判别分析。Logistic 回归主要是根据业务规则，选取一定的会计指标作为解释变量，直接预测和测量相对于某一事件的发生概率，对现有客户的违约和不违约样本按 0 ~ 1 分类，则：

$$\text{Prob}(0) = \frac{e^z}{1+e^z} = \frac{1}{1+e^{-z}} \qquad (6-30)$$

其中：$z = B_0 + B_1X_1 + B_2X_2 + \cdots + B_pX_p$，$P$ 为解释变量的数量，B_0 为常数，B_1 至 B_p 为解释变量的系数。则不发生违约的概率为：$\text{Prob}(1) = 1 - \text{Prob}(0)$。判别分析是另一种常用的统计分析方法。其特点是根据已有样本的历史数据，总结出分类（即违约与不违约）的规律，建立判别函数。一般是从一系列的会计数据中基于统计的显著性而选取出来的变量，这些变量的系数代表了判别分析中相应的权重。该函数使得两组数据间的方差最大化，同时每组数据中的方差最小化。在遇到新的观测对象时，只要根据总结的判别函数就可以对其进行分类。

基于 Merton 债务定价模型的违约率的近似估计，即假定借款人的违约概率取决于其资产市值的变化，债务合同被视为一种期权合约。对债权人而言，投放贷款就意味着卖出了一份贷款违约的看跌期权，当借款人资产的价值小于债务时，借款人就会选择违约。这样，借款人的损失仅限于股本损失，而对于债权人来说，其损失为借款人剩余资产和债务的差额，差额越大，损失越大。反之，当借款人的资产价值大于债务时，借款人会选择履行债务合同，即不违约。这样，借款人的损失仅限于利息，而债权人的收益亦仅限于利息。所以当某一时刻公司价值小于负债就会存在违约动力和可能性，所以定义理论上存在不大于负债的临界违约值 V_{def}，通常 $V_{def} = V_{std} + 0.5V_{ltd}$，即等于企业短期债务（std）和一半长期债务（ltd）之和，准确的违约概率为 $P\ (V_t \leqslant V_{def})$。根据 BSM 模型，风险资产价值的变化被认为服从几何布朗运动过程，即

$$dS = \mu S dt + \sigma S d\omega \tag{6-31}$$

其中：S 表示标的证券的价格，常数 μ 和 σ 分别是标的证券瞬时期望收益和标准差，$d\omega$ 是标准维纳过程，对于债务期限 t，即 $d\omega = \varepsilon\sqrt{dt}$，$\varepsilon \sim N\ (0,\ 1)$，则：

$$V_t = V_0 \exp\left\{\left(\mu - \frac{\sigma^2}{2}\right)t + \sigma\sqrt{t}\varepsilon\right\} \tag{6-32}$$

于是由上式可得违约概率为：

$$\begin{aligned} PD = P(V_t \leqslant V_{def}) &= p\left[\varepsilon < -\frac{\ln(V_0/V_{def}) + (\mu - \sigma^2/2)t}{\sigma\sqrt{t}}\right] \\ &= \Phi(-d_2) \end{aligned} \tag{6-33}$$

其中，$\Phi(-d_2)$ 是关于违约距离 d 的累积标准正态分布函数。

违约损失率（LGD）即交易对手违约后造成的损失程度，对应的回收率（RR）是指违约发生后债务可回收的程度。违约损失率通常由评级机构利用违约时债券的价值进行度量；也可根据 Merton 公司债务定价模型得到风险中性意义下的回收率，RR = 1 - LGD。

（2）信用损失（CL）是指信用风险所引起损失的额度。设有 n 种资产，则：

$$CL = \sum_{i=1}^{n} \eta_i \times CE_i \times LGD_i \tag{6-34}$$

当第 i 种信用资产发生信用风险时 $\eta = 1$，否则 $\eta = 0$；CE_i 为第 i 种信用资产的信用暴露；LGD_i 为第 i 种信用资产的违约损失率；$CE_i \times LGD_i$ 称为违约损失或违约暴露，即发生违约的损失。可运用信用在险价值（CVaR）度量在一定置信度 c 下某种信用资产或信用资产组合在未来一段时间内的最大信用损失，即

$$\text{Prob}\ (\text{CL} \leqslant \text{CVaR}) = c \tag{6-35}$$

预期信用损失：η_i 是服从贝努力分布的随机变量，设违约概率 $P(\eta_i = 1) = p_i$，则 η_i 的数学期望 $E(\eta_i) = p_i$，定义预期信用损失为 ECL，则：

$$\text{ECL} = \sum_{i=1}^{n} \text{CE}_i \times E(\eta_i) \times \text{LGD}_i = \sum_{i=1}^{n} \text{CE}_i \times p_i \times \text{LGD}_i \tag{6-36}$$

$E(\eta_i) \times \text{LGD}_i$ 为第 i 种信用资产的预期损失率 REL_i。

未预期信用损失率（RUL）指信用资产损失率的波动性或不确定性，数学上表示为第 i 种信用资产损失率 $(\eta_i) \times \text{LGD}_i$ 的标准差，记为：

$$\text{RUL}_i = D_i\ (\eta_i \times \text{LGD}_i)$$

未预期信用损失（UCL）是相对于预期信用损失而言的，指未预料到的损失；计算方法有以下两种：一是信用损失的标准差法，由式（6－36）得：

$$\text{UCL} = D\ (\text{CL}) = D(\sum_{i=1}^{n} \eta_i \times \text{CE}_i \times \text{LGD}_i) \tag{6-37}$$

二是通过信用损失的 VaR 法，首先计算出一定置信度 c 下最大可能信用损失即 VaR 值，该值与预期信用损失的差额记作未预期信用损失。

（3）信用等级转移。是指金融机构或公司等的信用等级状况并非一成不变，而将随着时间的推移，会因为宏观因素和内部因素及其他一些因素的影响而发生相应变化。信用等级的变化一般用信用等级转移概率来度量，在确定信用等级转移概率时初始等级和期限是最重要的两个因素。按特定公式得到信用等级转移概率后，还需要在初始评级基础上考虑由权威评级机构评估的企业所经历的各种历史事件的情况，对信用等级转移概率做出进一步的修正，然后可得相应的信用等级转移概率矩阵，简称信用等级转移矩阵。表 6－7 为标准普尔公司公布的 1 年内信用等级转移矩阵。

表 6－7　标准普尔公司公布的 1 年内信用等级转移矩阵

（%）

初始等级	一年后等级							
	AAA	AA	A	BBB	BB	B	CCC	违约
AAA	90.81	8.33	0.68	0.06	0.12	0	0	0
AA	0.7	90.65	7.79	0.64	0.06	0.14	0.02	0
A	0.09	2.27	91.05	5.52	0.74	0.26	0.01	0.06
BBB	0.02	0.33	5.95	86.93	5.3	1.17	1.12	0.18
BB	0.03	0.14	0.67	7.73	80.53	8.84	1	1.06
B	0	0.11	0.24	0.43	6.48	83.46	4.07	5.2
CCC	0.22	0	0.22	1.3	2.38	11.24	64.86	19.79

例如 AA 行，A 列的元素为 7.79%，表示初始信用等级为 AA 的债务人，1 年内

信用等级转移到 A 的概率为 7.79%。

（4）CrdeitMertcis 模型。该模型是 1997 年美国 J. P. 摩根等七家国际著名金融机构共同开发的信用风险度量模型，被称为信用度量术。该模型构建在资产组合理论、VaR 等理论和方法基础之上，它不仅能够识别传统的诸如贷款、债券等投资工具的信用风险，还可以应用于掉期、互换等金融衍生工具的风险识别，因而该模型迅速成为行业标准模型之一，美国等发达国家大银行已经将它应用于信贷风险管理和控制，并已得到金融监管当局相当程度的认可。

模型的假设：

第一，市场风险与信用风险无关。债务未来市场价值和风险完全由其远期利率分布曲线决定，即承认了没有市场风险的存在，在模型中唯一的变量是信用等级。

第二，信用等级是离散的，在同一信用等级中的债务人具有完全相同的转移矩阵和违约概率，实际违约率等于历史平均违约率。

第三，风险期限是固定的，一般为 1 年。这实际上受制于所用评级机构的转移矩阵，这些转移矩阵是 1 年。

第四，不同债务人的信用等级的联合分布是使用两者资产回报率联合分布来估计的，资产回报率的联合分布又使用所有者权益收益率的联合分布来代替。

第五，每个信用等级对应一条零利率曲线，而且在违约事件中设有回收率，即违约发生时，资产不是全部损失，损失的部分等于 $CE_i \times LGD_i$。

第六，违约的含义不仅指债务人到期没有完全偿还债务，还可指信用等级的下降所导致的债务市场价值下跌，即是一种盯市范式，并且违约事件发生在债务到期日。

模型的构造与参数估计：

为了简单起见，仅对单一债务的违约概率进行阐述。假定债券到期期限为 n（用 k 表示期限），债券等级划分为 m 等级（用 j 表示信用等级）。它的基本构造由 3 个模块组成：

模块 1：确定债务未来各种信用等级出现的概率。单笔债务的信用等级变化概率由信用转移矩阵给出。

模块 2：确定各信用等级出现时债务的未来市场价值。单笔债务信用等级的市场价值等于该资产未来全部现金流的现值，即

$$V_j = \sum_{k=1}^{n} \frac{M_{j,k}}{(1 + y_{j,k})^k} \tag{6-38}$$

其中：V_j 表示在出现 j 信用等级时债务的现值；$M_{j,k}$ 表示信用等级为 j 时第 k 年净现金流量；$y_{j,k}$ 表示信用等级为 j 的债务第 k 年零利率收益率。

模块 3：根据历史信用等级迁移概率得出该信用等级的迁移概率 p_j。计算债务在第 1 年末的期望值和方差，即

$$E(V) = \sum_{j=1}^{m} p_j V_j \tag{6-39}$$

$$\delta_p^2 = \sum_{j=1}^{m} p_j (V_j - E(V))^2 \tag{6-40}$$

我们还可以进一步确定对应均值的贷款价值的方差，以确定贷款价值的波动范围。

（5）信用风险附加模型（CreditRisk $^+$）。CerditRisk$^+$模型是瑞士银行金融产品开发部于1996年开发的信用风险管理系统，它是应用保险经济学中的保险精算方法来计算债务组合的损失分布。

模型的假设：

第一，每个考察期的期末，债务人只有2种状态：违约与不违约；

第二，债务组合中任何一笔债务违约与否是随机的；

第三，对于一个债务组合而言，每一笔债务的违约概率均很小并且相互独立。

模型的构造可以按照以下3个模块来进行：

模块1：确定贷款组合违约次数的概率分布。根据以上的假设，在一定时期内，贷款组合违约次数的概率分布服从泊松分布（根据贷款的违约率和违约率的波动性推出来，由于推算过程较为复杂，在此省略）：

$$p(n) = \frac{\mu^n e^{-u}}{n!} \tag{6-41}$$

其中：$p(n)$ 表示在计算期内发生 n 个债务人违约事件的概率；μ 表示贷款组合在计算期内期望的违约次数。

模块2：对贷款组合按照损失严重性（$CE_i \times LGD_i$）的大小进行分组。虽然贷款组合的违约次数是服从泊松分布的，但是由于违约贷款损失额不同，对于整个贷款组合来说，损失分布将不再遵循泊松分布。为了求得整个贷款组合损失分布，CreditRisk$^+$模型先将贷款组合中每笔贷款损失严重性按大小分组，每一组贷款的损失严重性（经“四舍五入”）近似等于某个整数。这样，每一组的损失分布将服从泊松分布。

模块3：将各组的损失汇总，得到整个贷款组合的损失概率分布。这样，就可以直接利用VaR方法求出债务的经济资本。其计算框架如图6-7所示。

（6）信贷组合模型（Credit Portfolio View）。Credit Portfolio View是由MeKinsey公司于1995年应用计量经济学理论和蒙特卡罗模拟法，从宏观经济环境的角度来分析债务人的信用等级迁移，开发出的一个多因素信用风险度量模型。

模型的假设：

第一，信用等级在不同时期的迁移概率不是固定不变的，而是受到诸如国别、经济周期、失业率、GDP增长速度、长期利率水平、政府支出等因素的影响；

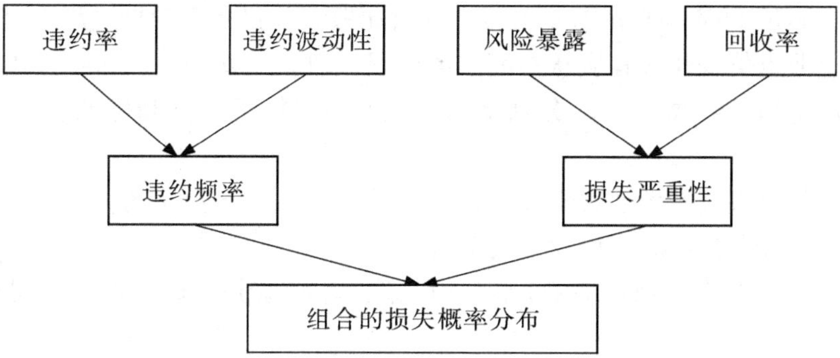

图 6－7 CreditRisk⁺ 模型的计算框架

第二，宏观经济变量服从 2 阶自回归过程。

模型的构造与参数估计：

设 P_t 为条件迁移概率，考虑宏观经济变量的影响，则有：

$$P_t = f\ (y_t) \tag{6-42}$$

这里，$f' < 0$，即在宏观经济变量与违约率之间存在反向联系。y_t 受一组 t 时刻的宏观经济变量 X_{it} 和随机变量 V_t 的影响。因此 y_t 可以表达成：

$$y_t = g(X_{it},\ V_t) \tag{6-43}$$

考虑第 2 个假设，宏观经济变量 X_{it} 可以由其过去的历史数和随机变量 ε_{it} 决定，且 X_{it}，V_t 可以通过结构性蒙特卡罗模拟方法来产生。因而迁移概率为：

$$P_t = f(X_{it-j},\ V_t,\ \varepsilon_{it}) \tag{6-44}$$

这样，就可以得到任何信用等级在任何时刻的向任何信用等级迁移的瞬间概率和累计迁移概率。事实上，信贷组合模型是对信用度量术的延伸和深化，因为在信用度量术中，信用等级迁移的概率和累计概率是通过历史数据统计出来的，存在一定的时滞，所以，该模型在利用信用度量术的有关处理方法和 VaR 方法的基础上，就可以求出债务及其组合的违约概率、预期损失、非预期损失和经济成本。

（7）KMV 模型。KMV 模型由美国 KMV 公司（现已经被世界著名的信用评级机构——穆迪投资服务公司收购）创立并商品化。KMV 模型是基于 Mertno 模型的基本思想为基础的一套量化信用风险的概念性技术。McQuown（1993）指出，用来估计违约率的相关数据来源于两个方面：公司的财务报告与股权市场价格。目前应用的信用风险度量方法大多数使用财务报告提供的会计数据，使用市场价格的模型则较少。财务报告反映的是公司历史情况，而市场价格则是前瞻性的。价格是由所有的市场参与者对公司未来前景进行评估分析而形成的。因而，最准确的信用风险度量模型应该同时使用这两种数据来源。

模型假设：

第一，满足 BSM 模型的基本假设，即公司股票价格是个随机过程、交易是无摩擦的，且企业价值变化过程服从布朗运动过程，即 $dS = \mu S dt + \sigma S d\omega$。其中，$S$ 表示标的证券的价格，常数 μ 和 σ 分别是标的证券瞬时期望收益和标准差，$d\omega$ 是标准维纳过程。

第二，借款人资产价值大于其债务价值时，借款人不会违约；反之，借款人资产价值小于其债务价值时，借款人就会违约。

第三，借款人资本结构只有所有者权益、短期债务、长期债务和可转化的优先股。

第四，违约距离是对企业进行评级的一个合适指标。

模型的构造和参数估计：

KMV 模型的构造可以分 3 个模块来进行。

模块 1：资产价值和资产收益率波动的估计。将公司股权所有者持有的股权价值 S_t 看作一份执行价格为 D（负债）的公司资产的欧式看涨期权，股权价值 S_t 估值：

$$S_t = h\ (V_t,\ \sigma_V,\ r,\ D,\ \tau) \tag{6-45}$$

其中：V_t 和 D 分别表示资产的价值和向银行的贷款数；r 表示短期利率；σ_V 指的是该企业资产价值的波动性；τ 表示股票卖权的到期日或贷款期限。r，σ_V，τ 都可以从市场上直接获得。股权市值的波动性 σ_S 与其资产价值的流动性 σ_V 之间满足：

$$\sigma_S = g(\sigma_V) \tag{6-46}$$

模块 2：违约距离（DD）的计算。假设公司资产价值 V_t 服从几何布朗运动，利用上述公式可得违约距离计算公式：

$$DD = \frac{\ln(V_t/V_{def}) + (\mu_V - \frac{\sigma_V^{\ 2}}{2})\tau}{\sigma_V\sqrt{\tau}} \tag{6-47}$$

但公司资产价值不一定服从几何布朗运动，KMV 公司给出一个直接计算违约距离的方法：

$$DD = \frac{V_t - V_{def}}{\sigma} \tag{6-48}$$

模块 3：基于违约距离的预期违约率（EDF）的计算，将违约距离（DD）带入累积标准正态分布函数 Φ 中，得到预期违约率（EDF），即

$$EDF = \Phi(DD) \tag{6-49}$$

经验 EDF（基于历史违约数据的 EDF）的计算：

$$\text{经验 EDF} = \frac{\text{期初违约距离 DD} \times \text{期末发生违约的企业数目}}{\text{期初违约距离为 DD 的企业总数}} \tag{6-50}$$

专栏6－1　汇丰银行碳信贷风险控制现状

汇丰银行在发放每一笔碳信贷时都考虑以下几个方面：第一，银行本身的贷款结构，注重分析该笔贷款的自身特点；第二，跟踪分析项目、企业的最新消息和环境行为变化，尤其关注行业发展趋势对碳信贷环境触发条件的影响；第三，强调独立的风险审核与风险组合，实现对环境贷款的制约。在具体做法上，存在这样两个特点：

一是定量与定性方法相结合，随时监测贷款质量。针对碳信贷，汇丰银行设有专门的技术专家团队，每45天报告碳信贷资产的运营状态，给出一份长达80页左右的专家报告。对于借款人行为、近期可能损失、环境因素都会给出相关的说明和专家建议，从而能够在风险的第一阶段，将其控制在萌芽水平。

二是注重碳文化的培养。汇丰银行认为，任何风险都不只是风险内控部门的责任，每一个员工都应当将风险控制作为自己的责任之一，在环境急剧恶化的今天，汇丰的企业文化要求：股东收益最大化，净利润增长与低碳意识的培养具有同等的地位。

6.3.3　碳金融操作风险的度量

定性的操作风险度量方法见图6－8，基本都要遵循以下步骤：首先了解企业的

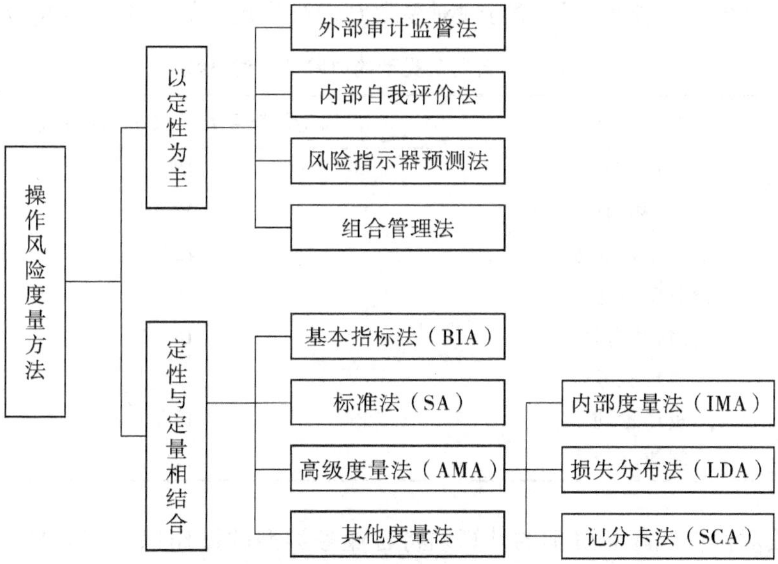

图6－8　碳金融操作风险度量方法

业务流程以及每个流程中控制、管理操作风险的措施，然后由经验丰富的专家或管理人员做出分析、判断，在此基础上对风险进行估测，所以本节不做过多介绍。

6.3.3.1 基本指标法（BIA）

基本指标法简单易行、易于操作，同时，便于横向比较不同机构间的操作风险状况。模型假设如下：

第一，操作风险所引致的损失与金融机构总收入之间存在一种线性关系，即操作风险的监管资本等于总收入乘以一个比例系数，这个比例系数称为操作风险敏感系数；

第二，所有业务类型设定了相同的操作风险敏感系数，且由巴塞尔委员会设定，通常为15%。

基本指标法的公式表示为：

$$K_{\text{bia}} = \text{GI} \times a \tag{6-51}$$

其中：K_{bia}为根据基本指标法计算得到的操作风险资本；GI 为前三年中各年正的总收入加总后的平均值；a 为操作风险敏感系数。

6.3.3.2 标准法（SA）

标准法对金融机构的所有业务类型进行了细分和归类，然后根据各业务类型的不同风险特性分别确定了更加合理的、对应于各业务类型的操作风险敏感系数，在此基础上再对操作风险进行度量。

标准法基于操作风险所引致的损失与金融机构总收入之间存在一种线性关系的假设，但根据各业务类型的风险特性对系数β进行设定，具体参见表6-8。

表6-8 各业务类型的风险特性对系数

序号	业务类型	风险敏感系数（%）（β 系数）
1	公司金融	18
2	交易和销售	18
3	零售银行业务	12
4	商业银行业务	15
5	支付和清算	18
6	代理服务	15
7	资产管理	12
8	零售经纪	12

标准法对操作风险总资本的计算须将各业务类型的操作风险资本按本年简单加总后取前三年和的平均值。计算公式如下：

$$K_{SA}=\frac{1}{3}\{\sum_{y=1}^{3}\max[\sum_{j=1}^{8}(GL_{-y,j}\times\beta_j),0]\} \quad (6-52)$$

其中：K_{SA}为用标准法计算的操作风险资本；$GL_{-y,j}$为8个业务类型中第j个业务类型在过去第y年的总收入；β_j为由巴塞尔委员会设定的第j个业务类型的操作风险系数。

6.3.3.3 内部度量法（IMA）

（1）内部度量法的基本思想。

先根据历史数据通过估计损失次数与损失严重程度的平均值得到操作风险预期损失；然后假设操作风险的预期损失与未预期损失之间存在某种线性关系，由此即可得到未预期损失。一般而言，在使用内部度量法时，要经过以下五个步骤：

第一，对金融机构所有业务/损失类型进行划分。首先将金融机构的所有业务划分成8种业务类型，进一步将每个业务类型分为7种不同的操作风险损失类型，这样就可以得到56种业务/损失类型，称为56种风险单元，再把56个风险单元排列成矩阵的形式，其中第i行第j列位置上的风险单元称为$i\times j$风险单元。

第二，基本风险指标的确定和估计。确定每个风险单元的风险暴露指标（EI）。根据历史数据，计算出每个风险单元出现损失的频率（PE）以及损失发生后的平均损失比率（LGE^r）。

第三，计算每个风险单元的预期损失。计算公式如下：

$$EL_{ij}=EI_{ij}\cdot PE_{ij}\cdot LGE_{ij}^{r} \quad (6-53)$$

其中：EL_{ij}表示$i\times j$风险单元的预期损失；EI_{ij}为$i\times j$风险单元的风险暴露；PE_{ij}为$i\times j$风险单元发生损失的概率；LGE_{ij}^{r}为$i\times j$风险单元发生损失后的平均损失比率。

第四，对应于每个风险单元转换因子的确定及未预期损失的计量。设将$i\times j$风险单元的预期损失EL_{ij}转化为未预期损失UL_{ij}的转换因子为γ_{ij}，操作风险的预期损失与未预期损失存在线性关系，则：

$$UL_{ij}=\gamma_{ij}\cdot EL_{ij} \quad (6-54)$$

对于γ_{ij}的取值大小和范围，新巴塞尔资本协议并没有明确规定，只是建议监管当局参考基本指标法和标准法中操作敏感系数的设定方法，以行业标准和惯例或者说整个行业的损失分布来确定。

第五，整个机构的未预期损失的计算。假设各个风险单元相互独立，整个机构的未预期损失就等于所有风险单元未预期损失之和，则：

$$K=\sum_{i=1}^{8}\sum_{j=1}^{7}\gamma_{ij}\cdot EL_{ij}=\sum_{i=1}^{8}\sum_{j=1}^{7}\gamma_{ij}\cdot EI_{ij}\cdot PE_{ij}\cdot LGE_{ij}^{r} \quad (6-55)$$

其中：K为操作风险引致的整个机构的未预期损失。

（2）内部度量法（IMA）的评述及修正。

机构可以采用自身的损失数据去计算未预期损失，进而确定应持有的操作风险资本，这比基本指标法和标准法更能真实地反映机构所面临的操作风险，从而为其实施更加有效的操作风险管理措施、进一步提高自身竞争力奠定了坚实的基础。但是，PE 和 LGE^r的计量需要大量内部历史数据，实际应用中难以做到，其一，操作风险事件大多是低频率高损失事件，很少在单个机构内多次发生，甚至从未发生过；其二，机构的新业务不断涌现，特别是碳金融业务，根本就不可能存在历史数据；其三，预期损失和未预期损失间未必是线性关系；其四，操作风险损失在很大程度上是内生的（涉及人、流程、管理和设备），所以外部数据与机构自身潜在损失通常并不具有严格的相关性，这就意味着现实中单一机构的操作风险损失分布几乎不可能与行业损失分布完全一致。

因此，巴塞尔协议建议使用内部度量法的机构选择外部数据来弥补内部数据的不足来进行修正。具体办法是在计算每个单元出现损失的概率 PE 时，引入可平衡或降低甚至消除单个机构和整个行业之间损失率差异的调整因子 θ（$0\leqslant\theta\leqslant1$），从而实现将行业的外部数据内部化，修正公式为：

$$PE=\theta\cdot PE_{内部}+(1-\theta)\cdot PE_{行业} \qquad (6-56)$$

在计算机构操作风险所引起的未预期损失时，引入风险特征指数（Risk Profile Index，RPI）。RPI 反映的是单一银行各风险单元的具体操作风险状况与整个行业操作风险的区别，取决于银行自身的某种风险单元与整个行业对应风险单元的操作风险损失分布的偏移程度。所以引进 RPI 的目的就是为了减少甚至消除机构自身与整个行业损失分布的不一致性，以最大限度地减少运用内部度量法计算未预期损失的偏差。当 RPI >1，该单元的操作风险损失分布较之行业整体分布呈厚尾分布；RPI <1 呈薄尾分布。引入 θ 和 RPI 后的修正公式为：

$$K=\sum_{i=1}^{8}\sum_{j=1}^{7}\gamma_{ij}\cdot EL_{ij}\cdot RPI_{ij}=\sum_{i=1}^{8}\sum_{j=1}^{7}\gamma_{ij}\cdot EI_{ij}\cdot PE_{ij}\cdot LGE_{ij}^{r}\cdot RPI_{ij} \qquad (6-57)$$

6.3.3.4　损失分布法（LDA）

损失分布法的本质是估计每个风险单元进而至整个金融机构因操作风险而导致的损失分布。

基本假设：

第一，假设某金融机构有 $S\times T$ 个风险单元；

第二，第 $i\times j$ 风险单元在某个时间段内发生的损失事件为独立同分布的随机事件；

第三，损失发生后对应于 n 次损失的损失程度为独立同分布的随机事件，依次用 $L_{ij,1}^{V}$，$L_{ij,2}^{V}$，$\cdots L_{ij,n}^{V}$表示；

第四，假设损失事件与损失发生后的损失严重程度独立。

基本步骤：

第一，设定各风险单元损失次数与损失程度的概率分布模型。

损失次数的概率分布模型：设 $i\times j$ 风险单元在某个时间段内（例如 1 年）出现 n 次损失的概率密度函数为：

$$p_{ij}=(x\mid n),\ n=1,\ 2,\ \cdots \tag{6-58}$$

一般都假定损失次数 n 服从以下分布（见表 6－9）：几何分布、二项分布、泊松分布、负二项分布（请查阅相关参考书）。

表 6－9　损失次数服从的概率分布模型

分布模型	相关条件	计算公式
几何分布	风险单元前 n 次连续出现损失而第 $n+1$ 次未出现	$p(n)=p^n(1-p)$ $n=0,1,2,\cdots,0\leqslant p\leqslant 1$
二项分布	操作事件相互独立，操作结果为损失或不损失，结果为损失的概率为 p	$p(n)=\binom{N}{n}p^n(1-p)^{N-n}$ $n=0,1,2,\cdots,N$
泊松分布	当 p 很小、N 很大时，即操作风险发生的次数很少时，用此替代二项分布	$p(n)=\frac{\lambda^n e^{-\lambda}}{n!}$ $n=1,\ 2,\ \cdots$
负二项分布	在某风险单元下，在不发生损失的事件出现 k 次以前损失事件发生 n 次分布；n 表示损失事件出现的次数，p 表示一次损失事件发生的概率	$p(n)=\left(\frac{k+n-1}{n}\right)p^n(1-p)^{N-n}$ $n=1,2,\cdots$ 均值$\frac{kp}{1-p}$，方差$\frac{kp}{(1-p)^2}$

损失程度的概率分布模型：第 $i\times j$ 风险单元在某个时间段内（例如 1 年）损失事件 k 发生时的损失严重程度的概率密度函数为：

$$g_{ij}=(x\mid k),\ k=1,\ 2,\ \cdots \tag{6-59}$$

对于不同特点的风险单元，一般选用不同的损失分布形式刻画（见表 6－10）。

表 6－10　损失分布模型

分布模型	适用条件	密度函数
指数分布	高频风险事件	$g(x)=\lambda e^{-\lambda x},\ x\geqslant 0,\ \lambda>0$
对数分布	高频风险事件	$g(x)=\frac{1}{\sqrt{2\pi}\sigma}\exp\left[-\frac{1}{2}\left(\frac{\ln x-\mu}{\sigma}\right)^2\right],x>0$

续上表

分布模型	适用条件	密度函数
Gamma 分布	较大偏度和峰度的损失	$g(x)=\dfrac{x^{a-1}\exp(-x/\beta)}{\beta a\Gamma(a)}$，$x>0$
极值理论	低频高损失	参见市场风险度量

对损失次数分布与损失程度分布的贝叶斯估计：在历史数据缺乏的情况下，贝叶斯估计是最好的办法，在操作风险度量中，贝叶斯估计可以将客观数据和相对主观的数据结合在一起，根据贝叶斯定理，由事件 Y 的事前信息改变事件 X 的概率公式为：

$$P(X|Y)=\frac{P(Y|X)\times P(X)}{P(Y)} \tag{6-60}$$

于是，将贝叶斯规则运用到分布模型参数估计的公式为：

$$P(\text{参数}|\text{数据})=\frac{P(\text{数据}|\text{参数})\times P(\text{参数})}{P(\text{数据})} \tag{6-61}$$

贝叶斯估计首先分别计算出主观数据和客观数据的相关参数的“先验分布密度函数”，然后，将两类数据带入式（6-61）即可得到后验密度分布函数，从而完成相关参数的估计。在假定先验分布密度函数为正态分布，那么贝叶斯估计得后验分布密度函数也是正态的，则平均损失分布的贝叶斯估计就是外部样本的均值与内部样本均值的加权平均数，权数是各自分布方差的倒数。于是得到预期损失程度的贝叶斯估计公式：

$$\mathrm{EL_B}=\frac{N\cdot I/\sigma_I^2+E/\sigma_E^2}{N/\sigma_I^2+1/\sigma_E^2} \tag{6-62}$$

其中：I 和 E 分别表示损失程度的内部数据均值和外部数据均值；σ_I 和 σ_E 分别表示损失程度的内部数据标准差和外部数据标准差；N 是样本数。类似可以得到损失程度标准差的贝叶斯估计公式（设为 $\mathrm{UL_B}$）：

$$\mathrm{UL_B}=\sqrt{\left(\frac{N}{\sigma_I^2}+\frac{1}{\sigma_E^2}\right)^{-1}} \tag{6-63}$$

第二，各风险单元的操作风险损失分布估计。

当 $i\times j$ 风险单元发生了 n 次损失时的总损失为：

$$L_{ij}=\sum_{k=1}^{n}L_{ij,k}^{V} \tag{6-64}$$

于是，求 $i\times j$ 风险单元的操作风险损失分布的问题转变为计算总损失 L_{ij} 的概率分布。由损失次数 n 独立于总损失，得到 $i\times j$ 风险单元的总损失小于 x 的概率为：

$$P(L_{ij} \leqslant x) = \sum_{n=1}^{\infty} P(\sum_{k=1}^{n} L_{ij,k}^{V} \leqslant x \mid n) p_{ij}(n) \qquad (6-65)$$

再将式（6－58）与式（6－59）代入式（6－65），即可得到 $P(L_{ij} \leqslant x)$ 的具体表达式，不妨设为：

$$P(\mathrm{L}_{ij} \leqslant x) = F_{ij}(x) \qquad (6-66)$$

对上式关于 x 求导，得 $i \times j$ 风险单元总损失的概率分布密度函数 $L_{ij} = \frac{\mathrm{d}F_{ij}}{\mathrm{d}x}$，于是得到总损失的概率分布。

第三，单个风险单元在一定置信水平下的 VaR 与未预期损失的计算。

借助于 $i \times j$ 风险单元总损失的概率分布可获得一定置信水平下的 VaR_{ij}；相应置信水平下该风险单元的未预期损失为：

$$\mathrm{UL}_{ij} = \mathrm{VaR}_{ij} - \mathrm{EL}_{ij} = \mathrm{VaR}_{ij} - E(\sum_{k=1}^{n} L_{ij,k}^{V}) \qquad (6-67)$$

第四，整个金融机构操作风险总体损失分布的估计。假定：各个风险单元的操作风险事件同时发生，且结果相互独立。机构的总体损失可将各风险单元在一定置信度下未预期损失之和作为整个机构在该置信度下的未预期损失（UL），即

$$\mathrm{UL} = \sum_{i} \sum_{j} \mathrm{UL}_{ij} = \sum_{i} \sum_{j} [\mathrm{VaR}_{ij} - E(\sum_{k=1}^{n} L_{ij,k}^{V})] \qquad (6-68)$$

损失分布法尚存不完善之处：忽略了各个风险单元操作风险事件的相关性。改进方法为：一是多元随机变量相关结构的 Copula 法；二是考虑职能依赖的失控随机模型等，请参阅相关教材，这里不再赘述。

6.3.3.5 记分卡法（SCA）

采用记分卡法对损失分布进行估计时则较少采用历史数据，而更多地偏重于专家的主观估计。下面简单介绍 SCA 的基本步骤：①对金融机构的所有业务/损失类型进行划分，此与内部度量法一致；②对每个风险单元进行流程细分，找出每个业务/损失类型的全部业务流程，例如结算流程等；③确定每个流程的风险因子，如系统故障等；④为每个流程建立一张记分卡，用以记录专家对全部相关风险因子发生概率的评分；⑤由流程的评分汇总得到各个风险单元损失事件发生次数的概率，并根据专家的主观评分，确定该风险单元损失事件发生时的损失程度；⑥在以上五步的基础上计算操作风险资本，计算公式为：

$$L_{ij} = \mathrm{EI}_{ij} \times \omega_{ij} \times \mathrm{RS}_{ij} \qquad (6-69)$$

$$K_{\mathrm{SCA}} = \sum_{i} \sum_{j} L_{ij} \qquad (6-70)$$

其中，i，j 分别表示业务和损失类型；L_{ij} 为 $i \times j$ 风险单元的操作风险损失；EI_{ij} 为 $i \times j$ 风险单元的操作风险暴露；RS_{ij} 是由专家评分得到的 $i \times j$ 风险单元损失事件发生

概率；ω_{ij}是通过主观评分确定的 $i\times j$ 风险单元的损失程度。在高级度量法中，使用记分卡法的最低要求是：从有可能完全是定性数据的记分值中估计出期望频率和期望损失。

除了内部度量法（IMA）、损失分布法（LDA）和记分卡法（SCA）三种高级度量法，巴塞尔委员会还推荐贝叶斯神经网络模型（BBN）和因果关系模型（IBFM）。

6.3.4 碳金融流动性风险的度量

一般来说，我们可以通过对碳金融主体的财务指标与市场反馈信号来初步度量流动性风险。例如，对于商业银行来说，这些财务指标包括：现金比、贷存比、贷款总额与核心存款的比、核心存款与总资产的比、流动资产与总资产的比等。然而在现实社会中，靠单纯的财务指标来判断流动性风险还是不够的，尤其对规模较大、业务复杂的大型金融机构来讲更是不完善的，因此，需要借助各种流动性分析方法使风险的度量和评估更为准确。

6.3.4.1 基于 VaR 的流动性风险价值法

基于 VaR 的流动性风险价值法，就是借助于 VaR 方法，通过计算净现金流量的流动性风险值来评估流动性风险的方法。一定显著水平下的 L_VaR 表示在该显著水平下流动性不足时或流动性过剩时的最大可能净现金量。为计算净现金流量的 L_VaR，首先需要给出计算现金流量的公式以及现金流未来变化的概率分布，最后得到一定显著水平下的L_VaR。

基本模块：

（1）净现金流量与远期支付结构。

假设为单种货币、一个支付系统、一个经济实体，d 为单笔交易的净现金流量，那么，交易 d 在 k 日产生的实际净现金流量 $\mathrm{CF}(d,k)$ 被定义为：

$$\mathrm{CF}(d,k)=\mathrm{CF}_{+}(d,k)+\mathrm{CF}_{-}(d,k) \tag{6-71}$$

其中，$\mathrm{CF}_{+}(d,k)$ 为交易 d 在 k 日产生的现金流入，取正值；$\mathrm{CF}_{-}(d,k)$ 为交易 d 在 k 日产生的现金流出，取负值。$\mathrm{CF}(d,k)$ 即为此处模拟要考察的对象。净现金流量：

$$\{\mathrm{cum\ CF}(d,1),\mathrm{cum\ CF}(d,2),\cdots,\mathrm{cum\ CF}(d,k)\}$$

$\forall k\in\{1,2,\cdots,k\}$ 称为交易 d 的远期支付结构。其中：

$$\mathrm{cum\ CF}(d,k)=\sum_{t=1}^{k}\mathrm{CF}(d,t) \tag{6-72}$$

根据定义，远期支付结构就是交易所产生的累计净现金流量。通过累计净现金流量可以考察一定时间内一项交易、一个资产组合以及一个机构的偿付能力。假设一个

交易资产组合为 $D=(d_1,d_2,\cdots,d_i,\cdots,d_n)$，$d_i$ 为构成资产组合的每一笔交易，对于 k 日，资产组合的总现金流入为：

$$CF_+(D,k)=\sum_{i=1}^{n}CF_+(d_i,k)=CF_+(d_1,k)+\cdots+CF_+(d_n,k) \tag{6-73}$$

总现金流出为：

$$CF_-(D,k)=\sum_{i=1}^{n}CF_-(d_i,k)=CF_-(d_1,k)+\cdots+CF_-(d_n,k) \tag{6-74}$$

则，k 日的资产组合净现金流量为：

$$CF(D,k)=CF_+(D,k)+CF_-(D,k),\forall k\in\{1,2,\cdots,k\} \tag{6-75}$$

资产组合的远期支付结构可表示为：

$$\text{cum } CF(D,k)=\sum_{t=1}^{k}CF(D,t) \tag{6-76}$$

（2）对净现金流量未来变化分布的估计。

其估计方法主要有两大类：一是概率模型，包括 Monte Carlo 模拟模型和期限结构模型；二是行为模型，包括趋势模型、周期模型和关联模型。

Monte Carlo 模拟模型的基本思路：建立可以描述净现金流行为的随机模型；使用 Monte Carlo 方法对净现金流量的概率分布进行模拟；根据净现金流量的概率分布，计算满足一定置信度水平下净现金流量的最大可能值或最小可能值。

对利率变量使用期限结构模型的基本思路：计算余额与利率之间的相关性；用各种利率期限结构模型来计算存款余额对收益率的敏感性；运用这些敏感性数据来计算活期存款的存续概率。行为模型的基本思路：通过分析历史时间序列来确定该序列的“行为”特征，可以用来考察一个没有到期日的资产或负债组合；也可以用来直接考察历史的净现金流量。

（3）净现金流量的流动性风险值 L_VaR 的估计。

在获得了净现金流 $CF(d,k)$ 的概率分布之后，就可以度量一定显著水平下的 L_VaR。对于给定显著性水平 α 和 β，设 l_k 是使得 $CF(d,k)$ 小于 l_k 概率为 α 的最大值，即

$$P\{CF(d,k)<l_k\}=\alpha \tag{6-77}$$

h_k 是使得 $CF(d,k)$ 大于 h_k 概率为 β 的最小值，即

$$P\{CF(d,k)>h_k\}=\beta \tag{6-78}$$

l_k 和 h_k 可以分别看作为给定显著水平 α 和 β 下净现金流 $CF(d,k)$ 在 k 日的最高和最低净现金流量，并且分别通过现金流 $CF(d,k)$ 的左尾分布和右尾分布计算得到，反映在给定的显著水平 α 和 β 在 k 日出现流动性不足和流动性过剩的最大或最小可能净现金流量。同理，从现在时刻起未来 1 天到 k 天的最高可能净现金流量

和最低可能净现金流量分别为：

$$L\_VaR\_l_k = cuml_k = \sum_{t=1}^{k} l_k \quad (6-79)$$

$$L\_VaR\_h_k = cumh_k = \sum_{t=1}^{k} h_k \quad (6-80)$$

设：$CF_{expect}(d,k)$ 表示交易 d 在 k 日的预期现金流量 ECL，即某日最高可能发生的净现金流，因此：

$$cuml_k \leqslant CF_{expect}(d,k) \leqslant cumh_k \quad (6-81)$$

当 k 值增加时，最低值与最高值两条曲线与累积的 ECL 差别越来越大，呈现出分散趋势。由于 $cuml_k$ 和 $cumh_k$ 给出了所在区间的极端情况，但是极端情况一般不容易发生，因此，有可能夸大流动性风险。修正方法为：假设只考虑 k 日极端波动的影响，把 l_k 和 h_k 与累积净现金流量相加，所得的 cum $CF(d, k)$ 值就不会相差太大，即

$$L\_VaR\_l_k = cuml_k = \sum_{t=1}^{k-1} CF(d,t) + l_k \quad (6-82)$$

$$L\_VaR\_h_k = cumh_k = \sum_{t=1}^{k-1} CF(d,t) + h_k \quad (6-83)$$

可见，流动性风险价值法考虑了一定置信水平下现金流量的最好和最坏情况，现实指导意义很大。

6.3.4.2 市场流动性风险的度量方法

此法主要针对交易者在交易过程中出现的市场流动性风险。对于交易账户资产较小的金融机构，流动性风险源于整体的资金不匹配风险，因而产生的市场流动性风险较小，常被忽视；对于需要进行大量资产交易的金融机构来说，市场流动性风险很大，有的甚至决定整个金融机构的流动性状况。市场流动性风险的主要度量方法为 La_VaR 法。La_VaR 法包括：基于买卖价差的外生性 La_VaR 法和基于最优变现策略的内生性 La_VaR 法。

（1）La_VaR 法基础。

此法实际上是对传统 VaR 法的修正，传统 VaR 计算法有一个基本的前提假设，即市场的流动性是完全的，资产的盯市价值等于真实价值，而实际资产的交易价格应分为两部分：代表资产内在价值的中间价格（流动性完全时）和因市场流动性因素而导致的交易成本。即仅基于内在价值来计量市场风险的传统 VaR 方法，实际上只考虑了中间价格的波动，La_VaR 法则综合考虑以上两部分的风险，度量的是由流动性风险因子和市场风险因子构成的集成风险。集成风险因子 I 可以表示为：

$$I = M + L \quad (6-84)$$

其中，M 为市场风险因子；L 为流动性风险因子。La_VaR 的定义为：

$$\text{La\_VaR} = \text{VaR}(I) = \text{VaR}(M+L) \quad (6-85)$$

对于式（6-85），主要有四种解决办法。

①传统的 VaR 法——假设市场流动性完全：$\text{La\_VaR} = \text{VaR}(M)$；

②简单加总方法——假设 M 和 L 完全正相关：$\text{La\_VaR} = \text{VaR}(I) = \text{VaR}(M) + \text{VaR}(L)$，对于外生流动性风险度量，常用此办法，对于内生流动性风险度量，一般不考虑；

③线性相关系数方法——使用线性相关系数衡量风险因子的相关性，设 ρ 是流动性风险因子和市场风险因子的线性相关系数，且这里 VaR 用正值表示：

$$\text{La\_VaR} = \text{VaR}(I) = \sqrt{\text{VaR}(M)^2 + \text{VaR}(L)^2 + 2\rho\text{VaR}(M)\text{VaR}(L)} \quad (6-86)$$

此法只在正态分布和 t 分布时成立，不具备一致性风险度量准则；

④基于 Copula 函数的度量方法——借助 Copula 函数处理风险因子的相关关系：使用 Copula 函数构建两个风险因子的联合分布函数，通过联合分布函数模拟出集成风险因子的概率分布，在此基础上估计出一定置信水平下的 La_VaR。$\text{ES}_R = E(R \mid P \leqslant \text{VaR}_R)$，这里 E 为期望函数。

（2）基于买卖价差的外生性 La_VaR 法。

若买卖价差（设为 s）固定，则：

$$\text{La\_VaR} = \text{VaR}(I) = \text{VaR}(M) + \text{VaR}(L) = W\alpha\sigma + \frac{1}{2}Ws \quad (6-87)$$

其中，W 表示初始资本或组合价值；σ 为市场价格的波动率；α 为一定置信水平下的分位数。若买卖价差不固定，且具有随机波动性。若定义 t 时间的资产价格的对数收益率 γ_t 为：

$$\gamma_t = \ln P_t - \ln P_{t-1} = \ln(P_t/P_{t-1}) \quad (6-88)$$

其中，P_t为 t 时刻的市场中间价。则考虑了流动性风险后的 VaR 值的计算公式为：

$$\text{La\_VaR} = P_t(1 - \exp(E(\gamma_t) - \alpha\theta\sigma_t) + 1/2P_t(\bar{S} + \gamma\bar{\sigma})) \quad (6-89)$$

其中，σ_t 是 γ_t 的方差；α 是一定置信水平下的分位数；θ 为一个调整参数，即有 $\theta = 1 + \phi\ln(k/3)$ 表示对数分布与正态分布的偏离程度；$\bar{S}$、$\bar{\sigma}$ 分别表示买卖价差的均值和标准差；γ 是一定置信水平下买卖价差实际分布的分位数。假设对数收益率服从正态分布，买卖价差具有不可确定性，则由式（6-89）可得一定置信水平下由流动性调整的 VaR 为：

$$\text{La\_VaR} = \text{VaR}(I) = \text{VaR}(M) + \text{VaR}(L) = W\alpha\sigma + \frac{1}{2}W(\bar{S} + \alpha\bar{\sigma}) \quad (6-90)$$

（3）基于最优变现策略的内生性 La_VaR 法。

由于变现者总是根据资产交易数量与变现时间因素寻求最优变现策略，以充分降低市场流动性风险，所以这里把根据最优变现策略而计算得到的内生性 La_VaR，称为基于最优变现策略的内生性 La_VaR。基于最优变现策略的内生性 La_VaR 法，是在传统 VaR 的基础上进一步考虑流动性的数量属性对价格的冲击效应而产生的。

基于最优变现策略的 La_VaR 计算如下：

首先进行基于线性市场冲击效应函数的不同变现策略下流动性成本的估计，引入市场冲击效应函数：

$$P(q) = P_0(1 - kq) \tag{6-91}$$

其中，P_0 为资产在某种变现策略下的初始价格，q 为交易量；k 为交易量的市场冲击系数。由上式可分别获得即时变现（IL）和分批变现（BL）两种不同的变现策略所带来的流动性成本或变现成本。

在即时变现策略下，流动性成本为：

$$C_{IL}(W) = q(P_0 - P(q)) = kq^2P_0 \tag{6-92}$$

在分批变现策略下，第一次变现后的流动性成本为：

$$C_{BL}(W) = q(P_0 - P(q/n)) = kq^2P_0/n \tag{6-93}$$

其中，n 表示变现的天数；在 n 天内每日以 q/n 的固定比例进行变现，直到变现结束，即分批变现策略。

随后，进行最优变现策略的分析与确定。在已有文献中，使用过的确定最优变现策略的模型主要有 6-11 所示的三种模型。

表 6-11　最优变现策略模型

变现策略	计算公式
成本最低变现策略	$\frac{\min}{x}C_x(W)$
成本与市场风险搭配值最小策略	$\frac{\min}{x}[C_x(W) + \lambda V_x(W)]$
投资者期望效用最大策略	$\frac{\max}{x}E_x(u_\pi)$

注：λ 为投资者对市场的厌恶程度；u_π 为投资者的随机效用函数；π 为采用变现策略 x 完成变现行为的损益；$E_x(u_\pi)$ 为随机效用函数 u_π 的期望效用。

最后通过选取不同模型计算最优变现策略的 La_VaR 值。

专栏6－2　欧盟碳交易市场曾暴露出的流动性风险和操作风险

欧盟碳金融市场体系建立时间较短，发展速度较快，随着市场规模的不断扩大和交易活动的日趋复杂，它也出现了许多问题，主要有宏观经济周期性波动下的碳价失衡引发的流动性风险和网络钓鱼欺诈、内部交易与市场操纵引发的操作风险。

自欧债次贷危机以来，许多企业因经济衰退而减少生产，碳金融市场投资日益匮乏，碳排放指标的需求急剧萎缩，EU ETS 的排放配额（EUA）价格也屡创新低，相比 2008 年前高位已跌去近 90%，成为金融危机以来贬值幅度最大的大宗交易商品，而经核证减排量（CER）和减排单位（ERU）更是大幅缩水，暴跌至 0.5 欧元附近。国际碳价的惨淡无疑放大了碳市场的流动性风险和信用风险，严重打击了碳金融交易主体的信心。

2011 年初，一起网络黑客利用钓鱼网站窃走价值近 5000 万欧元碳排放权的事件，引发了欧盟碳金融市场的“震动”，掀起了人们对“碳排放权交易作为减排政策工具的有效性”的激烈争论。欧盟认为此次失窃事件的发生，主要是由于各国碳交易登记处的独自为营，缺乏统一管理，部分国家在注册系统管理上过度宽松，有些国家注册碳交易账户比开立银行账户还要容易，弱化了安全机制，难以保障账户安全。2008—2012 年期间欧盟五个成员国的电力企业通过从政府获得更多配额的碳排放许可而虚报将来的排放水平，从政府免费发放的排放配额中获得了 360 亿～ 1100 亿美元的意外之财。

6.3.5 碳金融项目风险的度量

项目风险是碳金融特殊的风险类别，通常情况下比较常用的度量方法有层次分析法和模糊综合评价法。

6.3.5.1 层次分析法

层次分析法是美国运筹学家 T. L. Satt 于 20 世纪 70 年代初期提出的一种层次权重决策分析方法，其基本思想是将决策问题按照总目标、各层次目标、方案层的顺序划分为不同的层次结构，然后通过求解判断矩阵特征向量的方法，计算出每一层次的各个元素对上一层次元素的影响程度，最后通过加权的方法求得方案层对总目标的最终权重，以此作为决策依据。层次分析法不仅可以度量碳金融项目风险，对于综合风险的度量应用也十分广泛。具体步骤参见碳金融整体风险的度量。

6.3.5.2 模糊综合评价法

模糊综合评价法是20世纪60年代美国科学家Lotfi A. Zadeh教授创立的，主要是针对现实中大量的经济现象具有模糊性而设计的一种评价方法。在风险评估过程中，有许多事件的风险程度难以用准确的数值来表达，而要用一种定性与定量结合的方式进行风险评估有时会更有效，常采用模糊综合评价法进行风险度量。模糊综合评价法是一种基于模糊数学的综合评价方法，根据模糊数学隶属度的理论把定性评价转化为定量评价。其基本思路是：选定评价因素，构造评价因素集；根据评价的目标要求划分等价，建立备选集；对各种风险因素进行单独评价，建立判断矩阵；根据各种风险因素影响程度，确定相应权重；运用模糊数学的方法，确定综合评价结果；根据计算结果，确定评价对象的风险水平。

模糊综合评价法能够在模糊的环境中，系统性考虑多种风险因素，对系统的整体风险给出一种综合的评估，并可以对众多的风险因素进行权重排序，能够找出关键风险因子。由于风险问题本身就属于一种不确定性问题，风险因素和各个风险指标具有一定的模糊性，很难对其进行精确的数字描述，因此企业碳排放风险的大小往往无法用精确的数字进行描述，使模糊综合评价法具有一定的适用性。

6.3.6 基于层次分析法的碳金融整体风险度量

基于层次分析法的碳金融整体风险评价模型的构建包括以下几个步骤：

第一，构造多级递阶结构模型。通过权重分析法对各个指标进行综合的评价分析，构造风险层次分析评价模型。

第二，构建判断矩阵。比较同一层次中的各项因素对上一层某一准则（或目标）的影响程度，按其重要程度评定等级，记a_{ij}为第i个因素比第j个因素的重要性等级。通过专家评判得到判断矩阵$\boldsymbol{A}=(a_{ij})_{n\times n}$，采用T. L. Saaty的九级标度法选取规则对其赋值，具体内容如表6-12所示。

表6-12 T. L. Saaty的九级标度法选取规则

序号	重要性等级	a_{ij}赋值
1	风险因素i，j同等重要	1（10/10）
2	风险因素i比风险因素j稍微重要	3/2（12/8）
3	风险因素i比风险因素j明显重要	7/3（14/6）
4	风险因素i比风险因素j强烈重要	4（16/4）
5	风险因素i比风险因素j极端重要	9（18/2）
6	风险因素i比风险因素j稍微不重要	2/3（8/12）
7	风险因素i比风险因素j明显不重要	3/7（6/14）
8	风险因素i比风险因素j强烈不重要	1/4（4/16）
9	风险因素i比风险因素j极端不重要	1/9（2/18）

第三，一致性检验。首先根据得到的判断矩阵，分别求出其最大特征根和特征向量，计算步骤为：将判断矩阵 **A** 每列归一化，得 **A′**，其中：

$$\bar{a}_{ij} = \frac{a_{ij}}{\sum_{k=1}^{n} a_{ij}}, i,j = 1,2,\cdots,n \tag{6-94}$$

将判断矩阵 **A′**按行相加，即

$$\overline{W}_{ij} = \sum_{j=1}^{n} \bar{a}_{ij}, j = 1,2,\cdots,n \tag{6-95}$$

对向量 $\overline{\boldsymbol{W}} = (\overline{W}_1, \overline{W}_2, \cdots, \overline{W}_n)$ 归一化，即

$$W_i = \frac{\overline{W}_i}{\sum_{j=1}^{n} \overline{W}_j}, i = 1,2,\cdots,n \tag{6-96}$$

其中，$\boldsymbol{W} = (W_1, W_2, \cdots, W_n)$ 即为所求特征向量。最大特征根为：

$$\lambda_{max} = \max\left\{\frac{(AW_i)}{W_i}\right\} \tag{6-97}$$

然后进行一致性检验：根据公式 $CI = \frac{\lambda_{max} - n}{n-1}$，计算出 CI 的值，随机一致性均值指标 RI 取值见表 6－13；根据一致性判别式 $CR = \frac{CI}{RI}$，求出 CR 值。若 $CR < 0.1$，则检验通过，即判断矩阵具有一致性，可以接受权重值，否则重新进行建模度量。

表 6－13 判断矩阵的 RI 值

阶数 n	1	2	3	4	5	6	7	8	9
RI 值	0	0	0.58	0.9	1.12	1.24	1.32	1.41	1.45

6.4 碳金融风险管理

6.4.1 碳金融风险管理战略

6.4.1.1 碳金融风险管理战略的含义和特征

战略这一术语来源于军事，指通过对战争全局的分析、判断而做出的总体上的谋划。如今它被引用到各个社会领域之中，尤其是在各领域的管理方面。碳金融风险管理战略是指碳金融主体从长远和全局的角度出发，对金融风险的防范与化解所做出的总体谋划和行动布局。它统领着碳金融风险管理的策略选择和具体行动的实施，是碳金融风险管理中高屋建瓴的重要一环。

战略风险管理具备下列特征：其一，碳金融风险管理战略要“站得高，看得

远”。对于国家而言是从碳金融体系全局的高度来做出的总体性规划；对于其他的经济主体而言则是为整个经济实体考虑而做出指导性计划，并且，战略的制定都是以用最小成本成就最大利益、实现整体资源优化为目的。其二，碳金融风险管理战略着眼于长远利益。碳金融参与主体是较长期的管理计划目标，它不同于碳金融风险管理策略所能涉及的时间范围是有限的。其三碳金融风险战略管理不是对已发生风险所做的滞后性管理计划，而是对未来将要发生的风险做出的系统性安排，用来指导今后风险管理策略的制定和实施。值得注意的是，现代经济中的风险随着科学技术和经济等因素的发展日益多样化，并推陈出新，许多暂未能预见的碳金融风险正处于酝酿之中。由于金融风险管理战略的这个特征，往往会使得战略与现实需要之间产生一定程度的摩擦。这需要碳金融主体根据形势不断调整金融风险管理的策略层次。其四，从国家角度来看，碳金融风险管理战略隶属于社会经济总体发展战略，是国家处理经济问题的重要战略安排。

6.4.1.2 碳金融风险管理的基本战略

一般地，碳金融风险管理战略的制定是在识别到经济主体所面临的风险，并对该风险进行了度量的基础上的行为。投资组合理论认为，人们的风险态度分为风险偏好、风险厌恶和风险中性三种类型。它区分了人们对于风险所能接受的程度。相对应的，我们将碳金融风险管理策略分成如下三种基本战略类型也是基于这个原则。

（1）完全放任战略。完全放任型风险管理战略指的是经济主体在衡量了自身面临的风险的危害性与将来要付出的风险管理成本后，做出放任风险自由发展的战略选择。在此情形下，经济主体自愿承担风险可能造成的所有损失。同时，这一般是风险偏好型经济主体的战略选择，适用于小型碳金融交易的情况；况且，采用该战略的经济主体不需要付出任何风险管理成本。但是，也可能出现另一种情况，就是经济主体对自身遭受的风险损失度量不足，由于未采取任何防范措施，导致更大范围和更深程度的损失，严重打击其今后的经济活动。综合来看，碳金融业务风险较一般金融业务风险类型多样，各种风险相互交错，CDM 项目开发时间较长，环节复杂，项目风险贯穿始终，因而此战略需谨慎选择。

（2）完全控制型战略。完全控制型风险管理战略是经济主体本着安全、谨慎的原则，对所预计到的金融风险进行全方位的防范和监督的战略选择。与完全放任型战略恰好相反，完全控制型战略对风险所能波及的每一个细小环节都采取相应的防范措施，最大限度地避免风险损失的发生。一般的，它属于风险厌恶型经济主体的战略选择；适用于规模较大、危害程度较重或波及范围较广的风险存在时采用。该战略的实施要求经济主体付出相当大的风险管理成本，尤其对于 CDM 项目风险的管理成本更大，并且，人们所能预测到的风险常常有限，风险的扩张性、多变性和传导性使其防不胜防，不可能完全覆盖所有的点。在付出了很大的风险管理成本后，却不能收到预期的较好的风险管理效果，但碳金融业务尚属新的业务类型，对于初次开发碳金融业务的主体来说，相对全面的风险管理战略会起到很好的预期效果。

（3）选择控制型战略。选择控制型风险管理战略是指经济主体在全面衡量自身所要遭受的风险后，有选择、有重点地针对局部风险状况进行防范与监控的战略选择。介于前面两类之间，该战略既强调对风险的有效控制，又不放任风险的自由扩散发展，选择重点进行风险管理布局，是一种较为实用的风险管理战略布局。一般地，它属于风险中立型经济主体的战略选择。它需要经济主体衡量风险管理成本与收益之间的关系，分析各部分遭遇风险可能性大小及损失严重程度区分对待，进行灵活控制，达到经济、合理管理风险，以最少的管理成本获得最好的管理效果为目的。该战略是常用的类型，商业银行在开展碳金融业务时，由于银行人员具备较高的风险管理水平和运筹决策能力，所以可对碳金融业务的主要风险做重点管理即能将风险控制在合理的范围之内。企业在开发 CDM 项目过程中，整体把握，重点防控，健全风险防控体系是非常重要的。

6.4.2 碳金融风险管理策略

6.4.2.1 碳金融风险管理策略的基本类型

碳金融主体是在风险分析、风险辨识、风险度量的基础上，提出风险管理策略。从风险管理策略的理论视角分析，常见的风险管理基本原则包括以下四类：风险接受、风险规避、风险分担和风险减轻。

风险接受主要是指企业对面临的风险采取主动或被动接受的态度，承担风险带给企业的不利影响。企业采取风险接受的风险管理策略是因为企业有能力接受此类风险对企业的不利影响。根据风险评估的结果，选择风险管理策略。

风险规避是指企业回避、退出或停止隐藏风险的商业活动，避免承担风险带来的后果。在能源密集型企业碳排放风险因素中，CDM 项目风险主要是因为企业参与 CDM 项目带给企业的碳排放风险。而企业参与 CDM 项目，其目的是为获取额外的利益，一般而言，企业有能力把握企业碳排放风险，才参与 CDM 项目，大型能源密集型企业 CDM 项目较小。

风险分担是指企业通过签订合同的方式将风险转移到第三方，企业对转移后的风险不再承担后果。例如碳金融的项目风险，企业可以与声誉好、科研能力强的研究机构签订科研合作合同，将项目风险部分转移给科研机构。

风险减轻策略是指在识别风险事件产生的本质原因基础上，通过控制风险发生的环境、条件等，达到减轻风险带给企业的不利影响或者降低风险事件发生的可能性的目的。

6.4.2.2 碳金融风险管理策略选择原则和思路

（1）风险管理策略的选取原则。为达到有的放矢、有效进行风险管理的目的，在选取风险管理策略时，一般遵循以下原则：一是成本最低原则；二是效率最高原则；三是保护收益原则。在一般情况下，这三条原则相互依存、相互联系，从而是相辅相成的。

（2）风险管理策略的选择思路。在选择风险管理策略时，首先要全面了解风险发生的原因，不仅要分析风险发生的直接原因，同时也要抓住产生风险的更深层次的本质原因，从而针对风险源头选择有效的风险管理策略，减少风险发生的可能性，或者是减轻风险产生的不利影响。其次，改善或解决产生风险的深层次问题。一般而言，导致风险发生的深层次原因可能隐含在企业文化等方面。例如，一些根深蒂固的思想、流程或惯例等。研究和改善这些本质问题，是成功应对风险的关键。通过加强企业碳排放风险管理策略的宣传，企业领导者示范效应等，建立与企业战略相一致的碳排放风险管理理念以及企业文化，使企业的发展战略与风险偏好保持一致，促使各项碳排放风险管理策略得到有效的贯彻执行。再次，消除或减小风险发生的可能性。风险源是导致风险发生的根本原因，可以通过消除、减轻或改善的方式应对企业碳排放风险。最后，减弱风险导致的不利影响。除了减小风险发生的可能性，还应该考虑如何采取有效的风险管理策略，减弱风险发生后的不利影响。例如，应急计划和业务持续计划是一种常用的方法，它能够尽可能地在最早时间处理突发事件，减弱风险的消极影响。此外，采用合同、保险或其他金融工具手段，通过转移或分担风险的途径，可以减弱风险对企业目标的不利影响。

【本章小结】

本章对碳金融交易风险进行了分类分析，把碳金融交易风险分为政策风险、市场风险、信用风险、操作风险、流动性风险和项目风险，几乎囊括了碳金融交易中所有可能遇到的风险种类。对这些风险，不仅叙述了各个风险的特征，还重点介绍了碳金融风险度量常用方法和模型，在风险识别、度量的基础上选择合适的碳金融风险管理战略和策略至关重要。

参考书目

[1] 张金清．金融风险管理（第二版）[M]．上海：复旦大学出版社，2013.
[2] 魏一鸣．碳金融与碳市场——方法与实证 [M]．北京：科学出版社，2010.
[3] 尼亚·拉巴特，罗德尼·怀特．碳金融：解决气候变化的金融方法 [M]．北京：石油工业出版社，2009.

[4] 世界银行．碳金融十年［M］．北京：石油工业出版社，2011.
[5] 杜杰. 风险管理智慧——企业风险管理实务［M］．北京：机械工业出版社，2008.
[6] R. L Carter, N. A. Doherty. Hand book of risk management [M] . London: Oversea Publishing House Press, 1974.

7 碳金融的相关法律问题

作为最基本的社会规范之一，对于市场的有序运转，法律发挥着举足轻重的作用，碳金融的产生与发展，始终伴随着法律的规制。《联合国气候变化框架公约》和《京都议定书》的达成无疑是各成员国对全球变暖的积极反应，并且在此基础上共同构建了一个具有权威性、普遍性、全面性、基础性的国际碳减排法律框架。各成员国现有的不同法律框架，决定了碳金融演进的复杂性。随着不同碳交易体系的建立和全球碳市场融合趋势的发展，在不同法律框架下国内、欧盟和国际层面碳排放权的法律性质和待遇问题逐渐呈现并被提出。此外，碳金融在演进过程中面临着诸多的法律困境，唯有对其深入分析探讨，对症下药，才能让法律更好地服务于碳金融交易实践。

7.1 碳金融法概述

7.1.1 碳金融法的界定、调整对象及法律关系

7.1.1.1 碳金融法的界定

金融法是调整金融关系的法律规范的总称，而金融关系主要包含金融监管关系和金融交易关系。所谓“金融监管关系”，主要是指政府金融主管机关对金融机构、金融市场、金融产品及金融交易的监督管理的关系。所谓“金融交易关系”，主要是指在货币市场、证券市场、保险市场和外汇市场等各种金融市场，金融机构之间，金融机构与大众之间，大众之间进行的各种金融交易的关系。

根据碳金融以及金融法内涵及外延的分析，对于碳金融法含义的界定应是指调整为减少温室气体排放的金融监管关系和金融交易关系的法律规范的总称。目前金融法以及财税法中有关应对气候变化的成文法律法规较少，大多是以规范性法律文件形式制定的“通知”“指导意见”以及政策。目前，我国碳金融法发展尚属初期，对于其含义的界定也没有统一或者明确的标准。而碳金融法所涵盖的碳基金法，依据碳基金内涵以及碳金融法的内涵，其含义应界定为意图调整在投资温室气体减排项目（一般是清洁发展机制（CDM）和联合履约机制（JI））中运用资金购买碳信用等获取金钱或其他收益的法律关系的法律规范的总称。当前我国对于碳基金法的研究亦处于初期阶段，制度、概念以及法律体系的构建都亟待完善。

7.1.1.2 碳金融法的调整对象

对于碳金融法的调整对象，主要是指在当前全球应对气候变化的碳金融市场上，可以进行交易的相关金融产品以及其他可以买卖的金融服务。其主要是国际金融机构基于碳排放权所衍生的各种碳金融产品，例如：关于碳排放权的期货产品、远期产品、期权产品等金融创新产品以及服务产品，总的概括为以下四种：

（1）碳交易业务。国际上某些活跃的银行建立碳交易柜台，提供代理交易操作、买卖经纪以及风险管理等服务。

（2）基于碳排放额度的金融衍生产品。金融机构开发碳排放额度的远期、期权、互换、额度抵押贷款等金融衍生产品，为客户提供规避风险的工具以及融资等服务。

（3）碳排放额度保管服务产品。国际上一些银行创新碳金融产品，为客户提供账户登记、碳排放额度保管以及交易清算等服务。

（4）碳基金。碳基金专门为碳减排项目提供融资，包括从现有减排项目中购买排放额度或直接投资于新项目。这类基金包括国际多边援助机构受各国或地区委托所设立的碳基金、金融机构设立的盈利性投资碳基金、政府双边合作碳基金及一些自愿进行减排的基金等。随着国际温室气体排放权交易的不断发展，越来越多的私营机构开始通过碳基金的形式参与到国际温室气体排放权交易中。国际上许多国家、地区也相继成立了符合当地发展的碳基金。

7.1.1.3 碳金融的法律主体

碳金融法律关系是指交易主体和有关交易参与人在碳排放权交易过程中，根据有关碳排放权交易法律规定所形成的以碳排放权利和义务为内容的社会关系。一般认为，法律关系由主体、客体、内容三个方面构成。碳金融的主体是指从事碳交易、基于项目产生的排放权信用交易和在排放权交易所从事自愿减排交易的出售方和购买方。除此之外，在国际碳交易市场上，还有一些投资者和环保主义者，这些既包含个人也包含机构。因此，碳金融的法律主体既包括配额交易主体，也包括信用交易主体。

在发达国家间的减排合作机制中，即一种基于《京都议定书》的缔约方获得排放权指标的交易方式中，国际碳交易主体就是指在碳交易中将其超额完成减排义务的指标以贸易的方式转让给另外一个未能完成减排义务指标的发达国家。该发达国家同时从转让方的允许排放权指标或者配额中减去相应的额度。

碳交易市场的参与者按照交易环节可以分为三大类：买方、卖方和第三方服务性企业。具体而言则包括受排放约束的国家和企业，开发减排项目的主体以及咨询、法律服务机构，认证机构，金融机构等第三方服务企业。买卖双方即碳排放权的供给者和最终使用者。一般来说，在强制减排交易中，依法取得碳排放配额并且有配额富余的持有者才能成为供给者，而受让者是那些用完自身的碳排放配额且不得不继续碳排放的单位。最终使用者包括受配额限制的使用者和自愿购买者。受配额限制的使用者主要包括受《京都议定书》排放限制的国家、受欧盟排放体系限制的企业等，自愿购买者主要是指参加自愿性交易机制的企业、非政府组织（Non - Governmental Organization，NGO）以及个人。

从国际碳交易市场来看，碳金融的法律主体主要有以下五类：

①“合规”产业部门买家，主要是一些大型能源、电力产业部门，如国内外的一些火力发电电力公司等；

②政府参与的采购基金和托管基金，如荷兰政府设立的专项碳基金，世界银行托管的各类碳基金等；

③商业化运作的碳基金，由各方资本汇集且以盈利为目的专项从事减排额开发、采购、交易、经纪业务的投资代理机构，此类买家目前在国内 CDM 市场更为活跃；

④银行类买家，为其旗下的一些中小型产业部门提供一种创新金融服务产品，以扩大银行的服务能力和竞争力；

⑤其他类买家，包括个人、基金会等以缓和全球气候变暖为目的的非商业性组织。

除了碳交易的一级市场外，碳交易还有二级市场。通常可以把已发放或分配的减排单位投入到二级市场进入交易。在二级市场里，中介机构扮演着相当重要的角色，满足供给者、最终使用者在交易过程中的各种需要，比如资金的供给、合同的履行、风险的防范，等等。

7.1.1.4 碳金融的法律客体

法律关系客体是法律主体间建立一定法律关系所指向的具体目标，是通过人的意志和行为影响与改变的对象，是连接权利义务并使其具有实际内容的现实载体。随着社会的进步和经济的发展，法律客体的范围不断扩大。碳金融的法律客体主要是碳排放权以及与碳排放权相关的交易工具。根据一系列国际条约建立的 IET 市场、EU ETS 市场、JI 市场以及 CDM 市场都提供碳排放权和与之相关的金融衍生产品交易。

碳排放权本质上属于一种可供交易的富余环境容量资源*。作为碳交易的客体需要具备如下三个特征：

---

* 环境容量是指在人类生存和自然状态不受危害的前提下，某一环境能容纳的某种污染物的最大负荷量，又称环境承受力、环境承载力。由于环境的自净能力是有限的，过量的废物会将其破坏。因此环境容量资源受到法律的保护，环境容量资源也成为法律关系的客体。将环境容量资源作为法律关系的客体，是对传统法律关系客体的一种发展。

第一，稀缺性。环境容量稀缺程度的不断提高是碳排放权交易制度形成的内在推动力量。在环境容量极其充裕的状况下，碳排放对环境的危害很小，人们可以无偿地对环境容量加以使用，在这种情况下是不可能产生碳排放权交易制度的。在当今时代，环境容量已不再有充足的供给，人口增加、经济增长导致的碳排放量迅速增加，碳排放达到环境许可的上限时，对外部环境的危害也相应地表现出来，限制温室气体的排放随即成为全社会的共识。由于碳排放被严格限制在一定环境容量许可的范围内，环境容量的稀缺程度随之凸显，环境容量供给与需求之间的矛盾加剧，从而使碳排放额度具备了商品的一般属性。环境容量的竞争性使用、交换，使得碳排放权交易制度应运而生。

第二，排他性。与物权相似，碳排放权同样具有排他性。碳排放权利人对一定的碳排放额度具有绝对的垄断性，排除了该特定权利主体之外其他一切个人和团体对该环境容量使用、收益、处分的权利。排他性有利于明晰环境容量的产权，一定程度上改变环境容量的公共物品属性，使人们使用、消费环境容量时应付出与其相对应的价格，从而使环境容量通过市场机制达到优化配置成为可能。

第三，可量化。环境容量必须能够量化。国家首先确定总的环境容量，然后对作为整体的环境容量经过技术化“分割”后分配给私人，形成在国家控制之下的环境容量的使用权，即权利主体在合法取得的环境容量范围内排放一定数量的温室气体的权利。私人对其依法取得的环境容量可在国家监督下进行转让，实现环境容量交易。

本书所指“碳信用”“碳排放权”“碳配额”等代表的均为碳交易单位的相同概念，由于碳交易市场包括基于配额的市场和基于项目的市场，为论述的方便，本章将可以交易的碳排放权统称为碳配额，包括京都单位（Kyoto Units），它是《京都议定书》框架下的特定的交易单位；以及特定的国内或地区交易体系下的交易单位，如欧盟排放权交易体系中的欧盟排放配额 EUAs（European Union Allowances）。欧盟排放配额（EUAs）是指欧盟各成员国政府根据欧盟排放交易体系（EU ETS）向各自的排放设施分配的排放配额，每一个配额相当于在该计划承诺期内可以排放的 1 吨二氧化碳。

京都单位既包括京都配额（Kyoto Allowances）、分配总量单位（Assigned Amount Units，AAUs）和去除单位（Removal Units，RMUs），同时也包括京都减排信用额（Kyoto Emission Credits）。京都配额是指在“限额与交易制度”（Cap – and – Trade）体制下由《京都议定书》制定、分配或拍卖的减排配额。而京都减排信用额是指通过实施项目削减温室气体而获得的经国际权威机构核证的减排权证，包括清洁发展机制产生的核证减排量（Certificated Emission Reductions，CERs）（包括 tCERs 和 lCERs）和由联合履约机制产生的排放削减量（Emission Reduction Units，ERUs）。

其中京都配额反映《京都议定书》对附件I规定的缔约方的首次分配，由政府持有和使用。政府根据《京都议定书》的第17条进行京都配额的交易。同时法律实体亦可以被授权代表其政府交易京都配额。京都配额还可以再分配给某些法律实体，如EU ETS即将配额授权给法律实体进行。

排放削减量ERUs由私人投资产生，有时由公共基金共同投资产生。一个排放削减量（ERU）代表通过联合履约机制（JI）项目获得的1吨二氧化碳当量温室气体减排量。排放削减量不是同政府分配，而是从京都配额转化而来；其转让主要通过缔约方的账户进行；排放削减量主要是由缔约方来履行《京都议定书》的排放义务，或者作为温室气体排放交易系统的交易单位，由实体在国内法律层面为履行义务而使用。

核证减排量CERs由私人投资产生，其由联合国机构即CDM执行理事会（Executive Board，EB）负责签发并直接向CDM项目注册的项目参与人交付；如果条件允许，可以转让给他人。一个CER表示通过CDM项目取得的1吨二氧化碳当量的温室气体减排量。核证减排量亦由缔约方用来遵守《京都议定书》下所承诺的减少温室气体排放量的义务，或作为温室气体交易系统的交易单位，由实体在国内法层面为履行减少温室气体排放量的义务而使用。

事实上，京都单位有双重来源。它们既是《京都议定书》附件I国家依据排放交易体系强制的一种“权利”（right），同时也是来源于CDM或JI项目中自愿创设的一种“信用”（credit）。无论其来源如何，所有减排单位都代表相同的物理价值——1吨二氧化碳当量，同时也代表在碳交易市场中相同的经济价值。

随着新的国家和地区碳交易市场的建立，一些新的被认可的交易单位也随之产生。但是一般而言，碳交易单位不被外国交易市场认可和不能在外国市场出售和赎回。目前，唯一的例外就是在EU ETS和《京都议定书》的灵活机制之间存在链接。根据欧盟指令，CERs和EURs可以在EU ETS中使用以履行EU ETS下的义务。

7.1.1.5 碳金融的法律关系内容

碳金融的法律关系内容是指交易主体依据碳排放权交易的法律法规所享有的权利和义务。碳交易通过买卖双方签订合同的方式进行，因此买卖双方的权利义务可以在我国现有的民商法框架内进行规制。但是，由于碳排放权人是通过行政主管部门的行政许可取得的对国家所有的环境容量的使用权，它与行政主管部门形成的是一种行政法律关系，因此碳交易制度又具有一定的公法属性。

在碳交易的法律关系中，卖方享有的主要权利有：按照自己的意志出售碳排放配额的权利；因出售节余碳排放配额而请求对方给付一定数额的金钱作为对价的权利。卖方应履行的主要义务有：通过合法的途径节省碳排放配额；依法转让节余碳排放指标，并确保没有向其他碳排放者转让该指标；及时到原发放碳排放许可证的环境保护主管部门办理变更登记；在转让期间自己不使用相应的碳排放指标等。

买方所享有的权利有：按照自己的意志确定选择购买交易相对方的权利；协定金额、付款方式、付款期限的权利；请求转移碳排放配额并排他使用的权利等。买方所应履行的义务主要有：按照双方协定的交易价格支付价款；及时到所在地环境保护主管机构办理变更、申报备案等。

7.1.2 碳金融的国际法源

碳金融的产生和发展有两个重要的国际法基础文件，即《联合国气候变化框架公约》（下文简称《公约》）和《京都议定书》。《公约》是规制全球碳减排活动的总的指导规则，而《京都议定书》为碳交场机制的产生提供了直接的依据和动力。

7.1.2.1 《联合国气候变化框架公约》

《联合国气候变化框架公约》是于1992年6月在巴西里约热内卢举行的联合国环境与发展大会上通过的气候变化框架公约，顾名思义是一个框架性的公约，《公约》只是概括规定了缔约国的义务，并没有明确和量化减排目标。《公约》承认地球气候变化及其不利影响是人类共同关心的问题，并要求人类把空气中的温室气体排放浓度稳定在防止气候系统受到危险地人为干预水平上，《公约》还确认了共同但有区别的责任原则、风险预防原则，特别照顾发展中国家、国际合作等应对气候变化的基本原则。重要的基本原则如下：

（1）共同但有区别的责任原则。

共同但有区别的责任原则是碳减排国际制度的一个基本原则，也是碳交易机制，尤其是清洁发展机制产生的一个基础。共同但有区别的责任原则是由于历史原因和各国国力等原因，各国对于温室气体的减排负有共同但有区别的责任。根据《京都议定书》的规定，发达国家一般都被赋予了各自强制减排的目标，而发展中国家则是量力而行，尽量减少温室气体减排和进行其他活动。

（2）风险预防原则。

不确定性是气候变化问题的一个重要特点。首先是气候变化的影响，人为影响对于环境的作用大小或者到底造成什么样的影响，都是科学上仍在探讨的问题，频频出现的气候门事件也说明了目前气候怀疑者仍然很多。但根据《里约宣言》的要求："为了保护环境，各国应按照本国的能力，广泛适用预防措施。遇有严重或不可逆转损害的威胁时，不得以缺乏科学充分确实证据为理由，延迟采取符合成本效益的措施防止环境恶化"*。《公约》也确认了此原则："各缔约方应当采取预先防

---

* 《里约宣言》第15条。

范措施，预测、防止或尽量减少引起气候变化的原因，并缓解其不利影响。当存在造成严重或不可逆转的损害的威胁时，不应当以科学上没有完全的确定性为理由推迟采取这类措施。”* 气候影响的不确定性，没有妨碍国际社会对温室气体减排问题的探索，其实碳交易能否有效解决气候问题现在也是处于争论之中，美国气候之父詹姆斯·汉森就强烈反对碳交易，而碳税与碳交易之争也仍在继续，到底采取哪种方法大家仍各执一词。

（3）国际合作原则。

碳交易的产生离不开国际合作，全球温室气体减排需要各国市场、资金、技术等方面的协作。虽然目前全球性的碳市场还未形成，但如欧盟排放权交易体系等区际碳市场也证明了国际合作的重要性和作用。不论从碳金融产生的立法、碳金融的运行规则和国际规范规制等方面，各国的合作都起着极为重要的作用，“法律解决办法最终是建立在对全球共同利益的意识上，这标志着人类在合理开发利用气候资源的同时，也肩负起保护气候资源的历史责任”。

《公约》虽然没有明确规定减排义务，但是其确立了应对气候变化的基本原则和目标，正如 Catherine Tinker 所说的：“国际软法阐述了全球目标和公众期待，一旦这些期待被表述出来，其将导致公众压力日益增大，最终国家可能视这些软法目标为可强制执行的国际禁令。”

7.1.2.2 《京都议定书》

1997 年 12 月 11 日《公约》第 3 次缔约方会议通过《京都议定书》，2005 年 2 月 16 日正式生效。议定书不仅在历史上首次以法律形式规定了具体碳减排义务，为限制温室气体排放设立了具有国际法强制约束力的减排义务；而且为控制减排成本，议定书还创设了三个灵活减排机制：国际排放贸易机制、联合履约机制和清洁发展机制；同时特设了集团履行方式，允许欧盟作为整体履行义务，不论其内部成员国碳排放量的增减变化。

此外，额外性规则作为 JI/CDM 的配套制度，是针对项目减排效益设置的审核标准。依规则，JI/CDM 项目进行中温室气体排放量应低于同等条件下实施其他常规项目时的水平，即相对于其他常规项目，JI/CDM 项目的减排量是“额外的”。CDM 执行理事会（CDM EB）和联合履约监督委员会（JISC）是项目的监督机构。CDM EB 负责制定方法、指定第三方认证机构、批准项目并最终为通过第三方机构认证的项目签发碳排放信用。而 JI 项目审核相对简单，具有资格的缔约方，可按照一个简单程序买卖减排单位，若缔约方不符合资格要求，则须接受 JISC 核查。

联合国气候变化框架公约第 17 次缔约方会议于 2011 年 12 月 11 日在南非德班

---

* 《联合国气候变化框架公约》第 3 条第 3 款。

落下帷幕，大会通过了“德班一揽子决议”，决定实施《京都议定书》第二承诺期并启动绿色气候基金。虽然德班会议为议定书延续了生命，但谈判过程艰难，发达国家与发展中国家的分歧难以消散，且会后加拿大宣布退出《京都议定书》，成为继美国之后第二个签署但后又退出的国家。面对越来越大的争议，以及美国等气候谈判的阻挠者为自己保留的“退路”，议定书未来命运令人担忧。

7.1.2.3 其他国际法规范

除了《公约》和《京都议定书》两个核心公约外，现行碳金融法律保障制度体系还包括一些金融行业准则、外部政策法规和标准体系等，譬如：由联合国环境规划署（UNEP）发布的《银行业关于环境和可持续发展的声明书》和《金融机构关于环境和可持续发展的声明书》，其指出：可持续发展是政府、商业界和个人的集体责任，倡导金融机构将环境管理加入市场机制运作范畴。“赤道原则”、《保险业环境举措》《全球报告倡议的金融服务领域补充协议》等也已为国际金融行业普遍接受，演变成为行业自律准则。此外还包括《企业社会责任》、“负责任的投资原则”、《国际金融公司社会和环境可持续政策与绩效标准》等规范，详见表7-1。

表7-1 其他碳金融国际法规范

类别	规范名称
行业自律准则	银行业关于环境和可持续发展的声明书（UNEP发布） 金融机构关于环境和可持续发展的声明书（UNEP发布） 保险业环境举措 赤道原则（EPs） 伦敦可持续金融原则 世界企业可持续发展委员会金融部门声明 全球报告倡议的金融服务领域补充协议（GRI-G3）
外部政府规章	联合国全球协议 可持续发展商业宪章 可持续管理的综合指导方针 企业社会责任（CSR） 负责任的投资原则（PRI） 社会责任投资（SRI）
标准体系	国际金融公司社会和环境可持续政策与绩效标准 IS014001系列标准 可持续发展报告指南（GRI发布） 社会责任SA8000

7.1.3 碳交易的法理学基础

7.1.3.1 物权理论

根据《物权法》第117条规定，用益物权是指对他人所有的不动产或者动产，在一定范围内加以占有、使用、收益的权利。用益物权是以使用、收益为目的的定限物权，它是权利人对标的物的使用价值为单方面的利用的物权。换言之，用益物权人所支配的是标的物的使用价值。碳排放权是权利人直接支配国家所分配的二氧化碳排放量的权利，权利人可以根据意思自治原则来处置碳排放权，既可以抵减自己的排放量，也可以用于自由交易而不受限制。碳排放权是权利人直接享受物的权利，权利人可以通过持有、处分等方式实现对碳排放权所带来的各种利益的享受。碳排放权是排他性的权利，这就意味着拥有碳排放权的主体行使碳排放权能够对抗其他一切不特定的人。

国家作为碳排放权的名义所有人，全体公民作为碳排放权的实质所有人，则碳排放权权利人只拥有对于碳排放权的占有、使用和收益的权利，该权利是通过行政许可的方式获得，并且受到国际和国内法律的规制，该权利是建立在他人对于碳排放权所有权的基础上的权利，属于限制物权和他物权。

7.1.3.2 经济法理论

作为国家管理和协调国民经济活动的基本法律形式，以及国家基于社会公共利益介入经济活动的产物，经济法与现代经济社会发展的各种危机联系在一起，体现了危机对策法的特征。传统的观点认为环境保护是环境法规制的范畴，经济法体系中很少涉及这方面的规定。事实上，经济活动在产生经济效益、社会效益之外，更是通过对环境资源的使用产生了环境效益，所以环境效益不仅要体现在环境法中，更要对经济活动的规则提出要求，只有存在可持续利用的环境资源，才有可持续发展的经济。在环境保护领域，完善的法律制度的构建，可以保证其在无法依靠市场机制进行的时候能够运用法律的强制力来实现目标，并且法律具有全面调整的作用，是适应发展和现实的需要的。应在法律的规范和引导下，促进生态环境与经济发展的结合。具体来说，在环境保护领域运用经济法来进行调控基于实质公平理念、社会整体利益的考量、国家适当干预、经济安全等基本理念。

由于环境问题突出的外部性，本身的产权又难以界定，为了保障社会的整体利益，实现经济活动健康有序地运行，与自然环境相协调的可持续发展，经济立法不能只是被动、消极地做出反应。在碳排放权交易制度的构建过程中，要在经济法基本价值观的指导下，积极地从环境问题产生的生产过程、生产方式、自然资源的开发利用方式和消费方式等层面来着眼，明确政府的职责和责任，从社会整体利益的角度来协调和处理碳排放权交易各方的关系，从实质公平的角度来调整竞争行为，从效率优先、兼顾公平的角度来合理配置碳排放量。

7.1.3.3 环境金融法理论

环境保护项目具有投入大、工期长、收益慢等特点，往往面临资金瓶颈问题，这成为可持续发展的难题，有的学者提出了可持续性金融（环境金融）的概念，以金融工具来促进环保项目。环境金融将循环经济、金融创新放在一个有机系统里，核心在于探讨能够提高环境质量、转移环境风险、促进循环经济发展的以市场为基础的金融创新。环境金融的手段主要有可交易的许可证或配额，绿色银行业务、债券或基金，环境项目融资等。环境金融的建立与发展需要相应的法律制度安排。所谓环境金融法是指以金融手段促进环境保护的法律规范的总称。从金融创新产品及业务的角度分析，其具体包括排放权等金融衍生品及其交易市场的法律制度、银行类环境金融产品及其业务的法律制度、环境基金类金融产品的法律制度、环境项目融资模式及环境保险的法律制度等。

随着排污权交易市场的不断规范化，与排放权有关的金融衍生产品及交易市场逐渐产生，同时，也产生了构建相应的规范这些金融衍生品及交易市场的法律制度。在二级市场上不同主体间转移的排放权交易涉及与排放权有关的金融产品，此类金融产品一般包括排放许可证、减排信用以及相应的期货产品等，又因涉及气体等污染物的指标交易，其交易模式、交易主体、交易场所、交易规则都有一定的特殊性。所以需要建立一整套的排污权交易市场的法律规范，包括交易场所或平台的法律地位及权利、义务、交易规则，公平竞争及信息披露规则，交易市场自律及监管、执法、违规罚则与纠纷解决机制等。

7.2 碳配额在法律规章中的待遇

7.2.1 碳配额的法律性质

碳配额，尤其是京都单位法律性质的确定，首先，有助于缔约方在履行《京都议定书》时获得法律确定性。其次，通过对碳配额的法律性质的分析，有关转让JI/CDM信用的当事方和法律实体可以知道通过合同安排可以获得什么、买卖什么，且能知悉他们商务活动的哪些方面将受到影响（如财产、会计、税收等）。同时，因欧盟温室气体排放从2008年起以分配总量单位（AAUs）为欧盟的计量单位，那些和欧盟排放权交易体系（EU ETS）相关的人有必要知道被确切分配的配额是什么，相关当事方可以为此获得什么样的权利。总的来说，碳配额的法律性质的确定可以促进碳市场流动性，有助于增加碳市场功能。

第一，在经济学家眼里，碳配额是一种产权。碳配额作为一项法律权利，只不过是法律对经济学家设计的这种产权加以认可并纳入法律的调整范围而已。作为一种产权，它具有以下特性：①稀缺性。其稀缺性是由环境容量的有限性决定的。随着碳排放的增加，碳气体的环境容量越来越小，可分配的碳排放指标也就相应地减少，这使得碳配额的稀缺性越来越强。②全球性。由于地球大气环境是一个不可分割的整体，故碳气体环境容量资源的分配必须在全球体系下方可进行。一个国家和地区不可能单独实行碳排放的产权化和减排方案。③法定性。在国际气候公约和各国国内法的安排下，碳配额不再是一种可以任意获得和行使的权利。这种产权必须依照各国法律，通过法定的形式和程序获得。获得之后，对权利的行使和处分也必须接受法律的调整。④可交易性。碳配额可以在不同国家或地区，以及不同权利主体之间进行交易和流转。⑤客体的非特定性。碳配额的客体并非碳气体本身，而是排放这些气体所占据的大气空间容量。而不同主体之间所占有的环境容量，除了数量以外，是无法进行区分的。也即某一主体占有的环境容量并非特定的，其排放后占有的大气空间也并非特定的。⑥公私兼具性。碳配额具有私益性，对碳配额的占有和使用往往让占有者获取直接的个体经济或生活利益。但另一方面，碳排放往往涉及公共环境利益，且碳排放需要由公权力加以分配和许可，故该种权利又具有明显的公法性质。⑦生态属性。自然资源是具有明显的生态价值的，碳配额是基于地球生态环境保护而设置的权利，其生态属性不言而喻。

从法律的视角分析碳配额，需要特别注意两点。第一，碳配额是一种用益物权。依据对标的物的支配范围可以分为所有权和定限物权。所有权是指在法律限制范围内对于所有物进行全面支配的物权；定限物权是指所有权以外的仅可以在一定界限内对物进行支配的权利。依据定限物权所支配的内容可以分为用益物权与担保物权。用益物权是指对他人的物，在一定范围内，加以使用、收益的定限物权。目前我国环境法学者多将排污权定义为一种“特殊的”用益物权。也有学者认为排污权是一种准物权，但我国《物权法》第一百二十三条规定：“依法取得的探矿权、采矿权、取水权和使用水域、滩涂从事养殖、捕捞的权利受法律保护。”事实上已将长期以来学界所讨论的准物权明确为特殊的用益物权，并由特别法进行规制。因此，将排污权称为特殊的用益物权或准物权并无实质区别。将碳配额视为一种特殊的用益物权有四个理由：首先，在权利客体上，碳配额的客体是环境容量资源；其次，在客体是否为不动产上，碳配额的客体环境容量“不是人为可以对其进行移动、搬动的”，因而具备了民法上的不动产的特性；再次，用益物权是对“他人之物”的利用，碳配额的客体环境容量是属于国家所有的资源，碳配额事实上是对国家资源的利用；最后，用益物权以占有为前提，而碳配额人对环境容量的占有是一种通过排放二氧化碳等温室气体的间接占有。

第二，碳配额是一种具有强烈公权色彩的私权。对于判断一项物权属于公法物权还是私法物权，一直都是民法学界关注的焦点，并产生了多种学说。对于一项物权公权性和私权性的区分，将引致法律制度及对物权具体规则制定的不同，若一项物权为私权，则法律规则和制度的设计应偏重于意思自治和契约自由等取向；若一项物权为公权，则法律规则和制度的设计应偏重于国家控制、强行性规范为主的取向。环境法学界对于碳配额的公权性和私权性已进行了一些讨论，并形成了较为统一的观点，即排污权是一种具有公权色彩的私权。而评判标准则主要采用了折衷说的标准。折衷说认为一种物权的公权性和私权性判定应结合物权的内涵、特征进行，其判断理由有三点：首先，碳配额的产生是在国家制定碳容量总量计划的基础上，经过法定程序进行初始分配而产生的，是对国家资源的一种利用。因此，在产生上，存在着浓厚的公权色彩。其次，在碳配额的行使过程中，特别是碳配额的移转，均受到国家公权力的干预，所以事实上碳配额的交易在一定程度上体现了国家公权力的意志。最后，虽然碳配额的产生、移转均受到国家公权力的影响，但碳配额本质上仍是为满足碳配额人需要而产生，经法定程序后分配各碳配额人，并允许其进行交易，而在具体行使中也遵循意思自治和契约自由原则，因此，碳配额本质上仍属于一种私权。综上所述，排污权应视为一种具有浓厚公权色彩的私权。

碳配额是否属于“财产”？回答这一问题，首先要考察财产的特征以及这些特征是否适用于碳配额。一般而言，可自由交易的财产通常具有下列特征：①该财产可以清晰地界定；②在一个明确的法律框架下该财产是可确定和存在的；③该财产有清晰的所有权，且该所有权是不可撤销的，除非出现了事先规定的撤销条件；④该财产是可转让的；⑤可以在该项财产之上登记第三方权利。

考察欧盟排放交易体系指令和包括登记条例在内的相关欧盟立法，比较财产的上述特征，可以发现欧盟配额具有如下典型特征：①每份配额有共同的单位，即一吨碳含量，被核证的二氧化碳排放量；②该配额存在于欧盟排放交易体系中；③配额向经营者发放且所有权在配额隶属的国家登记账户中是可以确定的；④配额在一定期限内是不可撤销的；⑤任何人可以在登记系统账户中拥有配额或开立账户；⑥在 EU ETS 指令和登记条例中规定和确保了配额可以全部被转让的权利；⑦登记系统规定了一个清晰的电子架构，依据此构架，欧盟配额可以被持有、收受和转让；⑧依据登记条例，欧盟成员国在其登记系统中规定第三方可以对配额账户享有控制权。

通过比较，一个重要的结论就是上述大部分特征是构建一个流动透明的配额交易市场所必需的。如果这些特征在每个成员国的执行立法中被保留和反映，那么这些特征实质上就是将配额视作和财产权相似的某种东西。市场参与者也确信他们能够自由交易配额，而不受任何公约和管理当局随意的干涉。

另一个重要的结论是碳配额的特定性质需依据问题提出的法律背景来判断。例如，如果问题是一项涉及配额交易是否需要纳税还是受欧盟或其成员国的金融服务法律约束，此时答案则需在相关税收法律或金融服务法律中去寻找。但就其根本意义而言，对于自由运作的市场而言，最重要的是，碳配额是不可撤销和可以自由转让的，而不仅仅是将其看作财产这样的一种明确宣示。

就京都单位的法律性质问题，MathieuWemaere 和 Charlotte Streck 做了至今被认为比较详尽的分析。根据他们的研究，“排放权贸易源于可交易排污权的创设”。这样一项权利具有公权、行政或者管制的性质。因为配额是基于国际法依据《京都议定书》第3（1）条和附件 I 分配给相关政府的，然后该权利被转化为私人权利（通过创设一定权利授权排放一定温室气体）。因此，碳配额是同时具有公权和私权性质的混合物。在 Mathieu Wemaere 和 Charlotte Streck 看来，欧盟排放配额 EUAs 能够在行政或公权性质（基于其运行排放温室气体授权的特征）、货物（可移动资产）、商品（其具备可替代能交付的货物性质）、无形动产（一项债务或流通票据），或者是证券或金融工具之间进行定性。

7.2.2 碳配额运作的法律事项

7.2.2.1 碳配额的取得

碳配额是基于地球大气环境容量资源的分配而形成的一种环境产权，而这种容量资源属于全人类的公共资源。只有在国际社会通过公约的签订并把这些有限的容量资源分配给各个国家和地区，进而再分配给各个企业或单位，最终才能成为私有环境产权，进而方可转让和交易。可见，碳配额的初始取得必须通过碳气体环境容量资源的国际分配和国内出让两个阶段才能完成。

《京都议定书》规定，到2010年，所有发达国家排放的二氧化碳等6种温室气体的数量，要比1990年减少5.2%。同时，明确规定了各发达国家从2008年到2012年必须完成的削减目标。发达国家必须根据这些强制减排目标，确定一定时期内的国内碳排放总量，从而实现大气环境容量资源在各国间的初始分配。当然，发展中国家和其他国家，也可以根据自己国情自愿确定碳减排目标及一定时期内的碳排放总量，自愿加入到减排行列中来。对碳配额的国内出让通常可以通过两种方式进行，一是无偿分配，二是拍卖。但无论通过何种方式，均为与政府签订某种形式的合约而取得。

目前我国清洁发展机制下的碳配额交易中碳配额的取得主要依据以下规定：《清洁发展机制项目运行管理办法》（下文简称《管理办法》）第3条规定，“在中国开展清洁发展机制项目合作须经国务院有关部门批准。”《管理办法》第13条规定，“国家气候变化对策协调小组下设立国家清洁发展机制项目审核理事会”（简称项目理事会)，清洁发展机制下的碳排放减量项目由项目理事会进行审核。同时《管理办法》第16条规定，“国家发展和改革委员会是中国政府开展清洁发展机制项目活动的主管机构”，负责受理清洁发展机制项目的申请、依据项目审核理事会的审核结果，会同科学技术部和外交部批准清洁发展机制项目。《管理办法》第18条规定，“实施机构邀请经营实体对项目设计文件进行独立评估，并将评估合格的项目报清洁发展机制执行理事会登记注册。”“实施机构在接到清洁发展机制执行理事会批准通知后，应在十日内向国家发展和改革委员会报告执行理事会的批准状况。”《管理办法》第20条规定，“实施机构在接到清洁发展机制执行理事会批准通知后，应在十日内向国家发展和改革委员会报告执行理事会的批准状况。”因此，在我国碳配额的取得方式为：由项目理事会审核并获国家发改委批准后，向清洁发展机制执行理事会进行注册登记后方能取得碳配额。显然，国内这一行政许可程序，给碳配额添加了浓厚的公权色彩。

总体而言，碳配额的取得方式包括原始取得和继受取得。前者基于法律的创设，以及权利主体的投资、建设，及其产生的减排效果在CDM项目中获取碳配额（即CER)。后者基于碳配额的可分割性和可流转性，通过交易和继承而取得。

7.2.2.2 碳配额的交易

如果履约实体在规定的履约期末没有足够的配额交出，它们将被迫支付很重要的罚款。例如，欧盟碳排放交易体系EU ETS决定在第一阶段（2005—2007年）对未能交出配额超过总量控制的公司处以每吨二氧化碳罚款40欧元，在第二阶段(2008—2012年）每吨罚款100欧元。因此，配额不足的履约实体就需要通过交易获得足够的碳配额。

根据《京都议定书》的规定，国与国之间可以开展碳配额交易，企业与企业之间也可以开展碳配额交易。不能完成减排任务的国家和企业，可以从别的国家或企业购买其剩余的未实际排放的碳排放指标。我国在清洁发展机制下开展的CDM项目中，已经获得超过260个获得签发，总签发量约2.1亿吨CO_2当量，这些CER大部分已经转让给了参与项目的发达国家。目前碳配额交易主要通过各地区或国家专门的交易所完成。

我国于2009年先后建立天津碳排放交易所等三家专业机构，以开始碳排放交易试点，但交易数量始终很少。

碳配额是全球碳市场交易的基本单位，然而其价格不是静止的。碳配额的价格随着天气的变化而变化，例如，降水量低的年份影响水电的发电量。又如经济不景气，碳配额的价格就下降，因为对能源的需求减少，进而履约实体只需要更少量的配额来排放温室气体；而且配额价格还会因投资银行的市场投机行为而变化；或者配额价格可能受环境非政府组织购买配额以限制履约实体排放温室气体的能力的行为而发生变化。

因为配额价格的波动和履约实体需确保有足够的配额，否则它们将面临严重的罚款，因此现行碳市场包括或可能包括许多金融工具以管理这些风险。这些工具，即碳配额衍生工具，包括期货合同、期权合同、交换合约等。在欧盟碳排放交易体系中，大部分交易的工具不是配额本身，而是配额衍生工具。据资料表明，自 2006 年 10 月欧盟配额期货市场建立以来，欧洲气候交易所期货合同的使用权取得了显著增长，并且这种衍生品交易市场随着交易体系的国际链接将会继续扩展。因碳配额价格的极易波动等因素，美国碳市场对碳配额衍生工具的交易极为重视。

7.2.2.3　碳配额的登记与公示

碳配额作为一项具有财产属性的准物权，它的取得通常要具备特殊的确权途径和公示程序。这是由碳配额具有一定程度的公法属性所决定的。首先，抽象的碳配额虽由法律创设，但具体的一定量的碳配额的形成和取得却必须经过一定的行政安排和许可行为。其次，碳配额实为一种大气环境容量资源的使用权，其客体与一般有形物不同，非常抽象，且该种权利具有强烈的时效性和动态性。这致使人们对该种权利的有效性和行使状态难以把握，交易风险大，成本高。对行政管理机关来说，将导致监管难甚至无法实施。登记和公示有利于权利的动态确定以及政府的监督，从而降低交易成本和风险。第三，碳配额涉及社会公共利益，对其规定一定的确权和公示程序，有利于社会监督和公共利益的保护。

鉴于前述理由，对于碳配额宜参照排污权许可证制度，实行行政许可。无论是通过无偿分配和拍卖等方式取得若干量的碳配额，首先应由政府颁发许可证，然后到碳减排主管机构进行登记，只有依法登记后碳配额方得以确权。确权后，若发生诸如权利主体变更，许可的碳排放已经履行等情形，权利主体应当在法定时间内去主管机关备案。碳配额转移应以变更登记为有效要件。另外，登记本身也是一种公示程序，它可以为市场提供交易信息和权利状态的查询，可以促进交易安全和效率。同时，公示也可以促进社会对权利主体进行监督。

7.2.2.4　碳配额的消灭

碳配额是不能永久存在的，当一个碳配额产生之时，到一定日期就注定会被使用或失效。碳配额实为允许一定量的碳排放指标，当权力主体通过一定量的实际碳排放后，这一碳配额就因权利的行使而消灭。这些碳配额就不能再转让或出卖给其他主体。另外，碳配额是具有一定有效期限的，当某个碳配额超出了该特定期限，那么该排放权也就因此而失去效力，权利主体不能享有相应的碳排放权利。

7.2.3　碳配额在金融服务条例中的待遇

金融服务管理体制依据交易的投资行为的性质来管理金融服务。一些国家规定了一系列特定的受管制的投资行为，而另一些国家则对配额属性相关的特征做出了规定。碳配额在金融服务条例中的法律待遇将决定碳交易在多大程度上受金融服务条例的约束，并影响哪类交易参与者将受到条例的管制。

欧盟新修正的投资服务指令（Investment Services Directive，ISD Ⅱ）对欧盟成员国的投资服务管理行为有约束力[①]。ISD Ⅱ中的投资服务和行为从广义上界定为包括“与附件 1 中 C 部分列明的任何金融工具有关的在附件 1 的 A 部分所列明的任何服务和行为”。ISD Ⅱ的附件 1 中为碳配额是否适用 ISD Ⅱ提供了明确的参考：

“（10）气候变化、运费费率、排放配额或通胀率或其他官方经济统计数据有关的期权、期货、互换合约（SWAPS）、远期利息合同（Forward Rate Agreements）任何其他衍生合同，以及任何其他资产、权利、义务和任何本部分未提及的指引和措施有关的其他衍生合同。”

依据 ISD Ⅱ，C 部分的“其他衍生金融工具”仍没有界定。此外，在该指令第 2 条和第 3 条还包括诸多豁免情形。因此，碳配额衍生工具在多大程度上受 ISD Ⅱ影响仍不确定。每个欧盟范围内碳交易的参与者需考察涉及投资的特定情形，以及与该投资有关的活动，并判断豁免情形是否适用。欧盟成员国在国家层面设计投资管制计划时应当考虑金融服务条例对于小型碳交易参与者的影响以及对市场管制成本的影响。

7.2.4 碳配额在会计准则中的待遇

依据 IAS《国际会计准则》的规定，从 2005 年 1 月 1 日起每个会计年度，如果欧盟成员国公司在一成员国的规范市场交易其证券，那么其需准备和国际会计准则相一致的报表。国际会计准则并不自动适用于欧盟，但已经通过欧盟会计管理委员会制定的 1606/2002 条例予以采用。[②]《京都议定书》的其他缔约方和非缔约方就配额的会计处理问题有着不同的会计标准。

2003 年 5 月，国际会计报告解释委员会（International Financial Reporting Interpretations Committee，IFRIC）[③] 就排放体系配额交易的适当待遇问题发布了一个解释

① 欧洲议会和理事会于 2004 年 4 月 21 日就金融工具市场通过了 2004/39/EC 指令。该指令对欧洲议会和理事会 85/611/EEC 和 93/6/EEC 指令以及 93/22/EEC 指令进行了修正。依据该指令第 70 条，成员国须在该指令生效的 24 个月内将指令转化为国内立法。

② 欧洲议会和理事会于 2002 年 6 月 19 日就国际会计准则的适用问题通过了第 1606/2002 号条例，OJ2002L243/1，第 4 条。

③ 国际会计报告准则（IFRS）由国际会计标准委员会（IASB）发布，其目的是发展一套全球会计标准。IFRIC 是 IASB 的解释机构。IFRIC 的作用在于考察在没有权威指导意见时可能面临不同待遇的会计问题，旨在基于现存的国际会计报表准则之上的适当待遇达成一致意见。

草案。该解释草案关于碳配额主要有以下六个观点：

第一，排放污染物的配额满足资产的定义，因为其是“企业因过去事件而获得的可控制资源，同时从该资源中企业可获得未来经济利益”。

第二，执行与已经产生的排放相等额的配额的义务是 IAS 第 37 条款下的责任，或有的责任或有的资产，其主要由履行配额或净值罚款来决定，或由二者一起来决定。责任的产生只有当排放产生时才发生。被认可的责任以覆盖排放额之必需的配额的市场价值来确定。

第三，低于市场公平价值（如免费）的配额分配产生政府授权问题，因为其满足 IAS 第 20 条关于政府授权的会计和政府协助的披露规定。该条规定，政府作为对企业过去将来遵守企业经营活动有关的规定的回应，将某种资源转移给企业，则构成政府协助。

第四，配额是无形资产，而不是金融资产；配额符合 IAS 第 38 条关于无形资产的定义，即“一项可确定的没有物理存在状态的非货币资产，持有该资产是为了生产或提供货物或服务，或出租给他人，或行政目的”。其不符合 IAS 第 39 条关于“金融工具”的定义，因为它们既不是股权手段，也不是可以获得现金或其他金融资产的合同。

第五，当配额低于市场价值被配额时，它们应当首先以市场价值进行估价。

第六，在因排放而招致的配额和责任之间没有合同关联，因为当一个实体在使用其用以履行其义务的配额时，其不能被强制履行。相反，它可以选择出售配额和减少排放或支付罚款。因此，资产和责任的抵消是不被允许的。

IFRIC 的解释草案因诸多原因受到严重批评。其中一个重要的关注点是，该解释所规定的待遇导致在公司收入报表中人为地造成部分收入的消失，因为一些收入和损失在收入报表中体现，而另一些在股权中体现。当一种收入以排放权（配额）的价值被计入在股权中，而与排放有关的责任再评估的损失被计入利润或损失时，不匹配就出现了。同时，以排放权折的价值的损失将被计入，以对应以前计入股权的收入，但与排放责任再评估相关的收入被计入为利润或损失。因此，该解释草案未能反映排放交易体系的经济结构。

IFRIC 承认，配额的某些特征使其看来更像金融资产而不是无形资产，尤其是配额在市场作为交易对象和作为特定产品的定价机制时（即一吨二氧化碳）。对配额以市场价值定价是有原因的。IFRIC 认为在配额低于市场价值被分配时它们应当以市场价值定价。尽管可以选择以名义价值对配额定价，但是这将导致实体在其资产负债表中没有体现被分配时的配额，而是体现购买的配额。这种做法不是一个特定实体可控制的资产的真实体现。

2003 年 12 月，在考虑上述这些反应时，IFRIC 注意到有关会计不匹配项的关键因素，并提议为配额、为类似货币的其他资产和现在的流动市场修正 IAS 第 38 条，创设一种新类型的无形资产；授权这种无形资产通过计入收入和损失报表来体现资产和责任估价的变化。配额被看作是一种货币，这种货币被用于履行支付足够的配额以覆盖过去的排放额。会计委员会决定加速其替代 IAS 第 20 条的工作，同时考虑对配额进行会计处理的影响，并建议 IFRIC 同时再次公布其草案解释，因为 IASB 有意撤销 IAS 第 20 条和修正第 38 条。

2004 年 12 月，IFRIC 发布了有关排放权的规定，该规定要求公司将从政府收到的配额作为无形资产，并以最初公平价值进行会计记录。该规定也要求公司交付配额以覆盖排放的义务责任在会计上进行体现。

就 IFRIC 解释草案的其他问题，该草案仅对公司遵守配额要求的会计处理予以考虑，而对于碳配额经纪商的会计如何报告没有做出规定。如果经纪商将其视为金融工具，那么这些配额将以金融工具的方式进行会计处理。但是对于那些既要遵守配额规定，又进行配额交易的公司而言该如何进行会计处理，至今还不明确。在国际会计标准正式通过之前使用何种会计标准，存在法律上的争论，因为这将导致不同公司采取不同的会计待遇。

总之，会计标准决定了碳配额的适当待遇，没有必要单独讨论这些交易单位的法律性质。然而，与碳配额相关的会计对于公司的会计报告有重大影响。在一个非活跃的市场，公司如何在会计报告中对碳配额进行定价非常困难。公司资产负债表中将体现新的资产和负债，相关的利润和损失亦将反映在公司收入报表中的权益账户中。公司将面临向股东解释 EU ETS 对财务报告的影响。一些大型跨国公司亦将受诸多会计标准的影响。在一些国家，税收待遇服从会计待遇，公司同时意识到在交易和策略的选择时会计和相关税收问题的存在。

7.2.5 碳配额在税法中的待遇

一种资产交易的税收待遇是由资产性质、交易性质和交易双方的性质决定的。因此，碳配额交易的特征很大程度决定了交易相关收入费用的税收待遇。就 EU ETS 中欧盟成员国的配额交易税收待遇而言，欧盟成员国中，截至 2004 年 5 月只有荷兰就配额交易的直接税收待遇发布了官方指南。因此，税收问题在大部分欧盟成员国悬而未决。

7.2.5.1 关于直接税收：公司税

在欧盟层面上缺少直接税收立法，有关欧盟配额交易的公司收入税收待遇主要取决于成员国的法律。在成员国之间，不同种类的纳税人适用不同的规则，税收待遇亦依配额持有不同能力的变化而变化。成员国之间配额待遇的不同主要体现在以下六个层面：

①配额在国家税收征收中的特征表现；

②配额如何进行税收定价（如历史成本还是市场成本）；

③与配额有关的期货、期权和其他衍生品在税收上具备某种特征并如何定价；

④衍生合同的国家税收待遇是否与基础产品配额的税收待遇一致还是不同；

⑤国家税收待遇是否与经营排放设施的公司或二级市场交易商的会计报表的会计待遇一致还是不同；

⑥排放设施运营商过度排放的罚款是否可以在税收中抵扣。

在直接税收上，关键是上述问题会阻碍或扭曲欧盟范围内有效的配额跨境市场的形成。如果在一些成员国的直接税收待遇更为优惠，那么配额二级市场可能就会转移到税收更为优惠的成员国，这在一定程度上损害了欧盟统一市场的功能。依据EU ETS，当事方可以选择注册系统持有他们的欧盟配额。那些有着优惠税收待遇的成员国的注册系统可能会吸引大量的碳交易。

关于税收的一致性，配额交易的税收待遇的不同将产生影响EU ETS的流动性和有效性的不匹配问题。国际会计报告解释委员会（IFRIC）建议配额应当被看成是一种无形资产或者一种货币（被用于履行公司的义务以支付充足的配额以约束过去的排放），但这些建议还没有被欧盟或其成员国接纳。

关于过度排放处罚的不同税收待遇对于市场的扭曲是潜在的。依据EU ETS指令，未能获得充分的配额以抵消其排放的公司应该支付过度排放的罚款。许多欧盟成员国并未明确这些罚款是否计算在公司收入税收时扣除。过度排放罚款在芬兰和英国不为公司收入税收目的而扣除。相反，在德国这些罚款被看成是一种严格责任罚金的税收扣除形式，而非不可扣除的刑罚罚金。如果一些成员允许税前扣除，而另一些成员国不这样做，这潜在地扭曲跨境市场交易，同时这种赌博式的策略会妨碍过度排放处罚政策的执行。

7.2.5.2 增值税（VAT）

尽管在VAT指令的解释和执行方面存在差异，且国与国之间的VAT费率存在不同，但欧盟成员国的VAT构成基本相似。不过以下问题仍将潜在地扭曲或影响配额交易市场的有效性：

①成员国对排放设施公司首次有偿发行或拍卖配额是否不属于VAT范围或不在可征税范围内；

②配额在二级市场的销售是否属于VAT意义上的货物或服务供应，如果是，是否可征税还是可以税收豁免；

③二级市场交易的供应地是否属于成员国的销售或交付行为，且对于跨境交易而言“供应地”的一致理解是否必须；

④跨境成员国的区别的 VAT 税率是否造成 EU ETS 运行的市场扭曲或有效性问题；

⑤成员国不支付或延迟支付 VAT 退税以及 VAT 的遵守要求是否会造成 EU ETS 的问题。

关于碳配额一级市场的交易是否属于 VAT 征收范围的问题，欧盟部分成员国认为，配额的首次发行或拍卖属于第六 VAT 指令第 4（5）条，因此不属于 VAT 的范围。但是欧盟委员会认为，配额的发行或拍卖属于可征税的服务供应，否则将严重扭曲欧盟范围内的竞争。例如，会造成在不征税的成员国发行或销售配额免税，但是相对方却因销售而征税。

欧盟委员会和大部分成员国同意二级市场碳配额的销售属于第六 VAT 指令第 4（5）条的服务供应。几乎全部欧盟成员国（除了瑞典）和欧盟委员会都考虑将这种交易看作可税供应。但瑞典认为，这种交易属于第六 VAT 指令第 13B（d）（5）条的金融工具服务，属于免于征税的范畴。这种观点对于瑞典排放设施公司和二级市场交易商而言可能限制 VAT 收入税的补偿事宜。

在跨境交易中，"供应地"规则适用于判断 VAT 在哪征收和是否征收的问题。2004 年，在欧盟成员国之间关于配额在二级市场的销售服务供应地存在分歧，主要是卖方所在地与买方所在地的区别。一些成员国，尤其是英国，考虑到依据第六 VAT 指令第 9（1）条的规定，认为供应地位于卖方所在地。欧盟委员会和大部分成员国则依据第六 VAT 指令第 9（2）条认为跨境交易的供应地位于买方所在地。如果这种分歧持续存在，卖方和买方都征收 VAT 的情形可能出现。

欧盟 VAT 委员会希望能够就配额的行为、拍卖和交易行为发布欧盟范围内有效的指令。2004 年 10 月，欧盟 VAT 委员会开会并同意排放交易应当征收 VAT，且该税收应当于欧盟范围内交付地征收。*

成员国间 VAT 税率的不同对于全额征税且能够要求抵扣所有进项 VAT 的买方而言不存在困难，但是对于那些买方不是营业方或部分免税的交易商，如金融机构而言，则可能会出现扭曲行为。区别税收也会使得位于低税率成员国的买方处于竞争劣势。

---

* "EU tax chief decide tax rules in trading scheme", 20 October 2004, Point Carbon, available at www. pointcbrbon, com/article. php/articleID =4925&categoryID = 147.

专栏7－1　低碳背景下的碳关税

全球金融危机促使世界经济加速向低碳化深入发展，低碳经济成为实现全球减排目标、促进经济复苏和可持续发展的重要推动力量。美欧在加紧实施低碳经济发展战略的同时，将应对气候变化与国际贸易联系起来，试图通过"碳关税"给中国等发展中国家施加强大的减排压力来降低发展中国家出口商品的比较优势，构筑世界新一轮产业和技术竞争新壁垒。"碳关税"一经出现，便成为国际贸易热点问题，对于碳关税是否与WTO非歧视原则相冲突，学界存在不同的主张。

一、"碳关税"的由来

所谓"碳关税"是指对高耗能的产品进口征收特别的二氧化碳排放关税，主要针对进口产品中的碳排放密集型产品，如铝、钢铁、水泥、玻璃制品等产品而进行的关税征收。其实质可视为绿色贸易壁垒的新形式。

2009年6月22日，美国众议院通过了《限量及交易法案》，6月26日又通过了《清洁能源安全法案》，两个法案均授权美国政府从2020年起可以对包括中国在内的不实施碳减排限额国家的进口产品征收碳关税。随着这两个法案的相继通过，"碳关税"一词开始进入人们的视线之中，当人们还震动于美国的提案时，法国则在2009年11月宣布将于2010年1月1日率先征收"碳关税"，起步价格定为每吨17欧元；而加拿大等国家也开始了相关政策的酝酿。

二、"碳关税"与WTO规则

"碳关税"一经出现，便成为国际贸易热点问题，对于它的论述大致有两种。一是认为"碳关税"与WTO现行规则有直接冲突。WTO/GATT的一个核心原则就是非歧视原则，主要包括国民待遇原则和最惠国待遇原则两个方面。国民待遇原则是WTO/GATT的核心原则之一。根据GATT第3条的规定，成员国不能在国内产品及同类国外产品之间采取内外有别的政策，即不能歧视国外产品，而应"一视同仁"，并且进口产品所承担的税负不应超过国内同类产品承担的税负，因此，排放量高的同类产品不应受到不同的待遇。开征碳关税的理论逻辑正是依据温室气体排放量的不同，对不同原产地的同类产品实施差别待遇。最惠国待遇原则则要求平等对待所有的成员国。开征碳关税的目的，就是要对气候政策较为松弛的国家实施更为严格的贸易限制措施，这种做法违反了平等对待所有成员国的原则。

二是认为"碳关税"并没有违背 WTO 的基本原则，只是利用了 WTO 的例外条例。WTO 里面有环境例外的条款，允许为保障人民和动植物的生命健康或者是保护资源而采取例外的措施，"碳关税"是以应对气候环境恶化所采取的措施，便可以归入这个环境例外条款。虽然 WTO 的相关规则还要求相关措施对进口产品没有歧视，可是当这种标准的制定来自于单个国家，便很难做到客观、公正。

无论是违背了 WTO 的"国民待遇原则"还是利用了 WTO 的例外条例，"碳关税"对当前的世贸规则所造成的冲击已是毋庸置疑。WTO 本身就是一个开放性的规则体系，随着经济发展和全球化进程的加快发展，会不断有新的议题进入 WTO 体系，并发展成为新的规则。随着人们对生存环境关注度的提高，"碳关税"的发起者所宣称的通过征收"碳关税"可以强制减少生产过程中的碳排放，从而减少经济活动对环境的破坏，谋得人类生存环境的改善等提法，正为越来越多的人所接纳，"碳关税"的重要作用也正在被逐渐提升。从目前的各方的反应和 WTO 内部来看，"碳关税"已经得到了 WTO 的基本默许，预计在未来相当长的一段时间内，将会有更多的发达国家加入征收"碳关税"的行列，此举，对于国际经贸领域的影响将不可小觑。从长远来看，"碳关税"极有可能被 WTO 完全接受而"登堂入室"，纳入到 WTO 的规则体系，WTO 的相应规则就有可能因"碳关税"的存在而改变或出现新的规则。

7.3 碳金融演进面临的法律困境

7.3.1 缺乏强制力保障实施机制

对于法律的强制力，正如德国法学家耶林所说"没有强制力的法律规则是一把不燃烧的火，一缕不发亮的光。"虽然以《公约》和《京都议定书》为基石的碳金融国际法律框架代表了人类智慧对气候变暖的积极回应，但是"没有牙齿"的国际法仍决定了碳金融的未来扑朔迷离。碳金融的法律机制表明，"虽然主权者之间平等无管辖权的原则刺激了国际市民社会的单极化发展，但是国际政治社会的软弱可欺正使得国际经济一体化与金融全球化面临一场严峻的可持续发展危机"。客观上，《公约》为未来碳金融这一新事物的出现做了必要的铺垫，但它只是表明了国际社会对气候异变的主观态度，其形式意义远大于实质意义。《京都议定书》一波三折的经历与其 2012 年后的前途未卜以及美国的置之度外等莫不指向一个结论，那就是

"缺乏一个保障规范实施的强有力机制是碳金融的软肋"，它使碳金融的明天充满了变数。美国对《京都议定书》一方面签署但另一方面又不批准的可退可进的应对态度，更是说明追求各自利益的国际社会不可能肩负起全球温室气体排放的重任。

尽管就目前来说，关于碳金融的国际法律框架存在一些缺憾，但是它毕竟披上了法律外衣而代表了国际社会的一种价值取向与理念。而且，在《京都议定书》的国际法律约束与指引下，人们毕竟对碳排放交易等问题或明或隐地存在些遵法敬法的意识。然而当前问题的焦点并不在于缺乏环境保护的共同意识，而在于国家主权成为阻碍新的国际环境保护公约诞生的最大阻力。2009 年 7 月哥本哈根世界气候大会的曲高和寡就是一个有力的例证。从这个角度看，当前的碳金融国际法律框架与其说是一种成功，倒不如说是一种尴尬与无奈。

7.3.2 无有效的争端解决机制

法律的功效不仅在于界定权利，而更在于争议出现时确立"定纷止争"法律机制。尽管羸弱的国际法还没有武装到"牙齿"，但是在其发展过程中，这一定律也被多次重复。在国际经济领域，国际社会设立了一些国际性争议解决机构，如 1965 年《解决国家与他国国民间投资争议公约》设立的"解决投资争端国际中心"（International Center for Settlement of Investment Disputes，ICSID）、国际商会仲裁院（International Court of Arbitration，ICC）、世界贸易组织的争端解决机构（Dispute Settlement Body，DSB）等。如设想碳排放配额属于 WTO 规则所调整的"商品"与"服务"，那么由此所引发的争端自然可借用 WTO 的争端解决机制。但对此，学者普遍持怀疑态度："无论如何，《京都议定书》下缔约方政府之间关于排放单位的交易与 WTO 体制之间没有任何联系，因为这种交易并不构成一种'商品'或'服务'的市场，而是一种主权国家之间有关国际承诺或义务的交易。这种在主权国家之间进行的关于分配数量单位（AAUs）的交易可以被看作是对《京都议定书》下总的排放权限额即分配数量的再分配，而不是创造一个'商品'或'服务'市场。"

平息市场参与者之间的利益纷争，争端解决机制是必不可少的。然而，《公约》与《京都议定书》两个框架性的法律文件并没有规定这个问题，或者说，在文件草创阶段，关于排放单位分配及由此衍生的碳金融争议的解决并非规则创制者考虑的重点。交易性的市场崇尚的是平等、自愿等私法原则，但是若没有公权力机关对争议进行裁判，那么市场的无序、不平等、垄断等现象的出现就是一个时间问题。

7.3.3 碳金融市场的不完善

市场由交易场所、交易工具、价格及参与者等基本要素构成。从科学的市场化标准分析，碳金融市场仍是不完善的，面临发展的困境，而这种不完善在很大程度上是由碳交易的法律不完整、不完善造成的。主要表现在以下几个方面：

第一，欠缺系统且完整的法律机制为碳金融保驾护航。良好的市场必定需要经济宪政，目前碳金融基础法律框架主要包括两类：一类是基于《公约》和《京都议定书》的国际法框架；另一类则是美国、澳大利亚等国家区域性的碳市场的立法依据。在发展路径上，碳金融是先国际法化，而后才国内法化的。在法律构成的形式上，国际法往往是作为国内法的一极而存在的。然而，当前各国尚未达成具有法律约束力的新协议以替代《京都议定书》，若欠缺这一对称性的法律体系，那么碳金融的法律体系必定是残缺难全的。

第二，欠缺有效且公正的价格发现与形成机制。在确定碳信用交易价格这一问题上，学者经常提及碳税与碳信用交易手段，因为它们都是通过给二氧化碳和其他气体赋予价格，从而为整个经济系统向高能效和低能耗转型提供一个信号。单纯从理论上来讲，上述两手段都是具有市场效率的经济措施。然而，由于碳税与碳信用交易手段都具有各自的先天不足，所确定的价格并非竞争场景下的公正价格，理由有三点。

（1）碳税的优势在于可以确定碳排放的价格，企业能够预见未来所承担的减排成本，其难点也是确定单位排放的价格，因为企业是根据减排成本来决定少减排、多上缴碳税，或是多减排、少上缴碳税的。采用碳税很有可能会出现与政府排放量控制目标不一致的问题。

（2）碳信用交易手段的优势是能够保证排放量的目标具体化，政府根据预期改善的气候变定值来确定排放量上限，企业则可自由地选择达到目标的低成本手段。在碳信用交易体系下，排放指标的价格是动态的，若某产业突然增大产量而致使能源需求量突然大幅度提高，则会带来交易体系内碳减排指标价格的快速增加。这种易变性就加大了企业对未来减排成本预见的困难度，也使得市场上能源及能源密集型产品的价格难以预测，而最终扰乱低碳市场的投资与碳金融产品的定价。

（3）碳排放权的初始分配也易于导致碳金融的价格并非完全由市场主导，而是由政府主导，因为碳排放权的初始分配涉及国家温室气体产权结构的确定，其是否得到公平合理的分配将直接影响各国社会经济福利水平的变化。对于这一问题，可以从国际与国内两个方面来评价。首先，在国际上，碳排放的额度是依据一个国家的经济发展水平等因素确定的，而这就衍生出一个问题，即这种初始分配的标准是否客观公正？若这些标准在实施过程中厚此薄彼，那么它就直接导致后续国际社会中碳排放权交易价格的非正义性与非市场性。事实上，国际法的强权特征已经证明这一结论。这种状况就直接导致碳排放权交易价格非市场化的连锁性反应。其次，在一个主权国家内部，基于经济结构的调整、经济发展排序的主次等因素，无论是采取免费分配还是拍卖等方式，在碳排放权的第二次分配上，也存在一个欠公正与欠透明的问题。从源流上看，碳排放交易在本质上是国际性的，在欠缺一个统一的国际碳交易市场和强有力的国际价格调控机制的现实下，要实现碳金融价格的市场化可谓是“强人所不能”。

第三，公权力还没有为碳金融市场做好应有的准备。对于商品的价格形成来说，以体现权利为本色的市场并非无所不能的，它需要公权力的介入，以提供相应的公共产品。其中包括但不限于政府如何引导碳金融产品的定价、如何克服政策的风险等。由于与碳金融相关的产品属于金融创新的范畴，或者说在一定程度上已大大超前于当前公权力机关的预期，对此公权力职能部门的不作为或作为不当都有可能直接影响碳金融市场的发展。减排项目必须获取预期的核证减排单位，而后者的不确定性必定传导到产品的定价中。同时，由于政策的多变性、技术的或然性，以及项目交易通常涉及两个或两个以上的国家，除应符合认证要求外，还必须满足东道国政策和法律上的限制，这无疑放大了交易成功的变数。

当前，碳金融发展呈现出一种如火如荼之势，尽管碳金融承载了当代人类“自我救赎”的使命，但是若没有一个以公权力来保障私权为基础的市场，那么，其命运或是半途夭折，或是弱肉强食。对此，已有学者敏锐地观察到，人类共同利益并不是各国考虑问题的真正出发点和归宿，“真正实施挽救全球气候的计划取决于政治上尤其是经济上的考虑”。

7.3.4 碳交易监管机构不明确

监管碳交易的国际、国内机构的决定问题，是碳配额的法律定性衍生的相关法律问题之一。

在国内层面上，德国的碳配额衍生工具的监管权利是由联邦金融服务局行使的，但为履约目的而进行的碳配额现场交易则不是。在美国还不清楚哪个机构监管碳交易，酸雨计划将二氧化硫配额定性为排放二氧化硫的有限授权，其并不构成一项财产权利。该计划除规定美国环境保护署行使监管权外并未设立一个独立的市场监管者。如果发生大范围碳交易，并伴随复杂的衍生工具和不同类别的市场参与者，那可能会产生对其进行金融监管的政治意愿。例如，在美国，如果碳配额被定性为商品，那么商品期货贸易委员会将是合适的监管者。如果被定性为证券，那么证监会对其交易应当行使监管权。如果碳配额定性为货币，那么监管责任应当由联邦储备委员会来行使，或者由一个有类似权力和职责的机构来行使。

在国际层面上，碳配额性质的判定直接影响由哪个国际机构来行使监管权力，尤其是现行的布雷顿森林体系机构中哪个最适合对国际碳市场实施监管。如果碳配额被定性为“产品”或者“服务”，那么 WTO 就是其监管者，如果被定性为货币，那么监管权力就应当由世界银行（WB）或者世界货币基金组织（IMF）行使。

大部分研究认为碳配额不属于现行关税及贸易总协定（ GATT）在内的 WTO 协议的管辖范围，因为碳配额并不属于 GATT 中有关“产品”的界定范围中，而且 WTO 理论确认 GATT 只适用于有内在价值的有形货物。然而，WTO 一直在通过未来协议的谈判来扩大其管辖范围。如果碳配额被定性为“商品”，那么将来 WTO 通过谈判要求对碳配额交易予以管辖也不是没有可能。这将使得国内碳市场交易政策可能面对 WTO 中国民待遇、最惠国待遇或其他义务的违反。

碳交易是否属于 WTO 的管辖范围的不确定性，一方面缘起于碳配额定性的不确定，另一方面还源于该问题从未在 WTO 争议中提及过。由于对碳配额缺乏跨区域的认可，除了《京都议定书》CDM 机制中 CERs 已被欧盟和日本认可，事实上国际碳交易还没有真正出现。因此，WTO 争端解决小组还未受理有关碳交易的任何争议。

相反，布雷顿森林体系中的另两个国际组织世界银行（WB）和世界货币基金组织（IMF）积极参与到气候变化的相关行动中。世界银行已经成功地通过组建原碳型基金（Prototype Carbon Fund）创设了全球碳金融，并且成为全球气候变化论坛的积极参与组织者。IMF 同样积极地参与到全球气候变化相关活动中。IMF 从气候变化的经济视角进行了研究，并一直倡导气候变化早期行动的经济重要性。IMF 参与程度的提升尤其体现在 2007 年 12 月在巴厘岛举行的联合国气候变化大会上，IMF 宣布其愿意与世界银行和联合国其他机构一起在气候变化问题上起到其应有的作用。

显然，布雷顿森林体系中这两个与货币有关的机构——世界银行和世界货币基金组织更紧密地参与到全球气候变化和碳金融交易当中，而另一个与传统货物有关的机构 WTO 则并未参与其中。

有人主张，在全球碳交易体系的融合过程中，IMF 可以对国际市场的碳交易和碳配额的存储起到监管和稳定市场的作用。理由有以下两点：第一，IMF 的核心目标是促进国际贸易，消除外币兑换限制和预防竞争货币的贬值。实际上 IMF 的目的就是确保世界货币的成功融合，并建立一个有序稳定的货币体系。第二，IMF 有权要求其成员国报告有目的的兑换安排。因此，IMF 对于构建透明兑换安排的流动性国际货币市场起到核心作用，其通过以成员国名义存入一定的货币单位起到了稳定国际货币体系的作用。每个 IMF 成员要求认购一定数额的特别提款权 SDR。此外，IMF 在 1973 年布雷顿森林体系崩溃前后也对固定和浮动汇率机制行使过监管职责。因此，IMF 的经验和机构设置是全球碳交易体系融合过程中一个理想的协调者。

至于 IMF 的参与程度，可以有不同的选择。一方面可以是有限的，如 IMF 能够为《公约》或其他监管国际碳交易的多国组织提供建议，也可以为将来以货币模式为基础的国际碳交易市场的建立提供有用的范式。IMF 的参与也可以是深度的，其不但可以积极参与国际碳市场的建立，还可以促进国际市场的透明度。IMF 也可能要求成员国每年向其认购一定的碳配额，据此可以创一种碳配额基金，以备在适当的情形下急需之用，就像目前 IMF 问题成员国借贷以帮助维持成员国支付的平衡。

究竟是 IMF 还是 WTO 可以对将来的全球碳市场行使监管权，取决于碳配额法律性质的定性。如果碳配额被定位为“产品”，那么 WTO 可以对全球碳交易市场行使合理的监管权，如果被定性为一种“货币”，那么 IMF 的监管权力似乎更为适当。在碳配额和国际机构监管的关系上应当有一个合理的选择。

同时，在逻辑上，碳配额的性质定位也影响碳配额衍生品交易的平台。鉴于目前全球碳市场的交易规模达 600 亿欧元，到 2020 年预计达 1000 亿欧元，加之碳交易市场的迅猛发展，世界范围内许多主要的交易场所都正在窥视碳市场的发展。发达国家和发展中国家的商品和证券交易所都对将与碳配额相关的产品在其交易所上市产生兴趣。在美国，碳配额资产类别的明晰将确定纽约商品交易所还是纽约证券交易所是更适合的交易平台。

7.4 碳金融交易的法律服务实践

7.4.1 碳交易中所属权益及义务的分配

在越来越多的碳金融交易中，碳发挥着越来越重要的作用，明确碳所属权益及义务变得极具现实意义。在碳交易中，交易文件应该明确碳配额的权利、名称和利益归属，包括收入、货币和其他由碳配额衍生出的或与之相关的价值，此外，交易文件中还应该明确谁将有权利销售、交易、处理碳配额以及其衍生品。既有的碳价值的评估体系，以及更完善的评估体系的建立标准中应该予以明确。交易双方既然同意分享碳信用所带来的责任与利益，那么相应的权利与义务的界限也应予以清晰化。

关于权益和义务的分配，碳交易的各方可以选择通过订立合同的方式加以明确。当然，在起草上述合同时，各方需要明确伴随着碳减排应运而生的各项权利、义务与责任，它们至少包括以下八点：①排放污染物的权利；②碳信用的利益；③控制、监测、跟踪以及检测碳信用的权利与义务；④注册碳信用的权利与义务；⑤遵从碳信用相关规定的义务；⑥买卖碳信用的权利以及维持碳信用价值的权利；⑦为监管而要求碳减排的权利；⑧碳信用未准确反映碳排放而应承担的责任，等等。

7.4.2 碳金融交易责任和保险、诉讼问题

碳配额的归属问题，会直接影响与碳交易相关的责任承担。例如，碳减排项目

的一方也应该考虑是否以及如何分配碳减排中的成本。同样，各方也应阐明可能产生的碳泄漏问题的责任，以及哪一方该为碳信用的低质量与缺陷承担责任。

另一个需要关切的问题是环境责任的分配。美国最高法院在《清洁空气法案》中就授权相关环境保护机构规范二氧化碳气体以及其他温室气体的排放。为了达到这个目的，美国最高法院将二氧化碳以及其他温室气体的排放称作是空气污染。因此，在交易中给客户指导时，也应该就保证、免责、赔偿等其他责任条款拟定的正当性给予特别的说明。当然，这类风险承担都应该在交易各方的能力范围之类，因为只有这样才能确保责任的履行。

关于碳交易的保险问题。保险责任公司将应对气候变化视为一大挑战，并不断地审视其自身为应对碳排放是否已经制订了详尽的计划，这是十分必要的。但某种程度上，与碳信用相关的保险问题也增加了碳交易各方的交易成本。

关于碳交易的诉讼问题，企业公布温室气体排放量所面临的压力和改变自身经营模式以使自身更环保的压力都与日俱增。如果企业实际的碳排放量与其对外声称的排放量不一致，则其所面临的诉讼风险也不可小视。因此，企业试图通过碳价值以提升自身形象的热情也应该被重视。例如，在美国，联邦贸易委员会非常关注与碳相关的绿色诉讼。

7.4.3 CDM项目的法律服务实践

7.4.3.1 CDM项目主体及其主要职责

CDM项目的开发一般有以下三种模式：

①单边模式。发展中国家独立实施CDM项目活动，没有发达国家的参与。发展中国家在市场上出售项目所产生的CERs。

②双边模式。发达国家实体和发展中国家实体共同开发CDM项目，或发达国家在发展中国家投资开发CDM项目，由发达国家获得项目产生的CERs。

③多边模式。项目产生的CERs被出售给一个基金，这个基金由多个发达国家的投资者组成。

开发一个CDM项目涉及多个主体，包括发展中国家主体、发达国家主体、碳基金、经营实体（OE）、CDM执行理事会以及缔约方会议等。其中发展中国家主体包括发展中国家项目发起人、发展中国家政府；发达国家主体包括发达国家项目参与实体、发达国家政府。CDM项目参与主体可能因为开发模式的不同而不同。

参与者的主要职责如下：

发展中国家项目发起人：负责按照CDM执行理事会颁布的“项目设计文件”（PDD）标准格式提出项目设计文件；提交项目设计文件给项目所在国政府批准；

邀请获得授权的经营实体（OE）核证项目（需付费）。在项目核证注册后，执行项目的具体活动并根据项目文件确定的监测方案监测项目的实施。在项目执行一段时间后，按要求邀请另一家经营实体（OE）对项目所产生的温室气体核证减排量进行核证。

发展中国家政府：负责判断报批的CDM项目是否符合其可持续发展要求，决定是否批准所报批的将在其境内实施的项目作为CDM项目。

发达国家项目参与实体：与发展中国家项目发起人进行项目具体合作谈判，负责提供为实现减排所需的技术和资金。

发达国家政府：决定批准项目，视情况也可能为项目提供部分资金。

经营实体（OE）：经营实体就是专门运作CDM项目的中介公司，它主要是依据CDM的各项规则要求，对项目发起人所申请的作为CDM的项目进行核证，并在认为合格后提交CDM执行理事会批准注册；还承担在项目执行之后对项目所产生的温室气体排放进行核实，向CDM执行理事会申请签发CERs。

CDM执行理事会：这是CMD项目实施过程中最核心的一个机构，其在一个具体项目中的功能就是决定批准、注册CDM项目并签发项目所产生的温室气体减排抵消额。

缔约方会议：CDM的最高决策机构，由所有缔约方代表组成。通常情况下，缔约方会议不会讨论具体的CDM项目，其主要是通过对CDM执行理事会提出实施的指导意见来影响CDM项目的实施。

7.4.3.2 CDM项目流程

一个典型双边模式的CDM项目，其项目流程可以分为八个步骤：

（1）项目发起人按照CDM执行理事会颁布的“项目设计文件”标准格式，与其发达国家的合作伙伴协商后，提出项目设计文件，并将该项目设计文件提交给双方政府批准。

（2）双方政府审查并批准项目。对于发展中国家政府而言，政府审查批准最主要的内容是要考虑其是否符合国家的CDM发展政策，是否符合关于资金技术方面的规定。

（3）邀请经营实体核证项目。项目发起人应邀请一个获得授权的经营实体帮助核证项目是否符合CDM的要求。项目发起人需要将“项目设计文件”和参与国政府批准文件提交给受到邀请的经营实体核证。经营实体将依据CDM的各项规则要求，对所申报的项目进行逐条核证。经营实体将首先对文件完整性、规范性进行审查。在经营实体依据CDM规则的所有相关条款检查核实该项目符合要求后，才会提交给CDM执行理事会登记注册。

（4）CDM执行理事会批准项目。经营实体将其认为合格的项目提交给CDM执行理事会后，通常情况下，如果CDM执行理事会没有3名以上的成员反对或当事国中任一国家政府的反对，则在8周后该项目可以被认为已经被批准和注册。提交CDM执行理事会批准、注册时，项目发起人需要按照项目产生的温室气体减排量的规模支付项目注册费。

（5）在项目获得注册后，由项目发起人与其合作伙伴执行项目，并根据项目文件所提出的项目监测方案监测项目实施情况。

（6）在项目执行一段时间后，项目发起人与其合作伙伴决定邀请另一家经实体对项目所产生的温室气体减排量进行核实。常规的CDM项目不允许邀请与核证该项目的同一个经营实体进行项目减排量的核实工作，因此，还需要邀请另一家经授权的经营实体来核实项目所产生的温室气体减排量，并也需要与新的经营实体进行业务合同谈判和支付佣金给新的经营实体。

（7）项目经营实体根据项目监测报告，核算出项目实际产生的温室气体减排抵消额，提出项目核实报告，并将项目核实报告报送给CDM执行理事会批准。

（8）CDM执行理事会在接到签发CERs的请求后，如果没有3名以上的CDM执行理事会成员反对或当事国任何一国政府的反对，应该在15天批准签发该项目的CERs，并在扣除一定数量的CERs用于支付行政开支和适用性基金后，将其余的CERs按照双方依合同确定的分配方案，发送到合作双方所同意的专用“账户”上。

7.4.3.3 CDM项目的法律风险

从CDM项目的开发到项目建设、运营，法律风险贯穿于CDM项目全过程，如果在项目前期及项目运行过程中不能注意加以防范，将会给项目业主带来难以挽回的损失。当前，中国企业参与CDM项目交易面临的法律风险主要表现在以下两个方面：

第一，因为信息不对称，中国企业对国外买方资信状况缺少了解而可能面临的法律风险。在当前的CDM市场上，国外CERs买方鱼龙混杂。一些新的注册公司并不具有相应履约能力，他们购买CERs的目的在于待国际市场CERs价格走高的时候将购买的CERs转让以谋利。与这样的买方签约，卖方将面临双重法律风险：①如果买方认为国际市场CERs价格不高，达不到买方预期收益，买方有可能不履行与卖方签订的《减排量购买协议》（Emission Reduction Purchase Agreement，ERPA），即使卖方赢得仲裁，但想从这种资信的买方那里得到索赔也非常困难。此时，CDM项目开发的最好时机已过，卖方将承受无法收回、项目投资失败的风险。②如果项目业主与这类买方签订了条件苛刻的ERPA，但是项目投产产生的CERs达不到合同约定的数量，买方很有可能借此进行恶意仲裁，希望借此取得巨额索赔，项目业主同样也难免损失。

第二，合同文本过多保护买方利益条款而可能导致的法律风险。目前《减排量购买协议》的文本通常都是由国外购买方提供的，协议条款多注重保护购买方的权利，对国内卖方的义务、责任规定非常苛责。如果项目业主风险意识淡薄，仅关注价格条款而忽略其他重要条款，就会为以后履行协议埋下严重隐患，一旦国际碳交易市场出现重大变化，或项目在实施过程中发生意外情形，项目业主可能遭受巨大损失或遭受买方巨额索赔。

专栏 7－2　碳交易的合同范本

随着 CDM 的温室气体减排量交易形成了可观的市场，作为交易的核心法律文件，交易合同成为碳交易买卖双方的谈判焦点。碳交易不同于普通的国际货物买卖，对于本来就对国际交易规则很陌生的中国 CDM 参与者而言，不懂合同相关条款将面临更大的风险。

《京都议定书》第 12 条第二段："CDM 是一个自愿的机制，参与的主体以及交易的内容都是在自愿的基础上进行的。"因此，关于碳交易的具体规定可由参与的各方自行协商决定。不同的碳交易市场参与者都制定了各自的碳交易合同范本，并企图将自己拟定的文本条款作为主导碳交易的通用条款。早期的碳交易合同范本包括：世界银行的 ERPA 以及荷兰政府拟定的 CERUPT。两个范本都在《马拉喀什协定》以及《京都议定书》签订之前即已生效。

ERPA 合同范本的第一版即规定了关于碳交易的基本条款，而具体的条款会随着项目而做相应调整，该范本致力于在《京都议定书》生效之前，帮助原型碳基金推动碳市场的发展。因而，该范本并没有对不当交割做出严格的规定，却对监管以及检验碳排放量制作了详尽的条款。世界银行首个 ERPA 合同范本是国际排放交易协会制定的前两个 ERPA 合同范本的基础。2005—2006 年，世界银行和国际排放交易协会都对各自的碳交易合同范本进行了修改，添加了一些涉及价格以及交易量的标准条款。二者的范本都堪称经典，但其在碳交易中所扮演的角色不甚相同：国际排放交易协会代表了碳信用的买家，而世界银行本身便是碳信用的买家。

国际碳排放交易协会在其最新的提议中提出要求引入碳信用卖方的责任，以防由于不可抗力而造成的损失。这项提议遭到了参与 CDM 项目的很多中小型企业的反对，在此背景下，泛美投资公司提出了订立新的核证减排量买卖协议（CERSPA），并配备了对应的指导文件。该合同范本致力于订立一个能平衡碳信用买家、卖家以及参与 CDM 的金融机构利益的合同文本。此外，配套的指导文件则详尽揭示了合同范本中的条款潜在的风险并逐条给出了建议。CERSPA 以及配套的指导文件由 20 多位律师以及专家（大多数人来自于发展中国家）共同起草。显然，大客户会更倾向于碳交易合同的老版本。

7.4.3.4 律师在 CDM 项目中的法律服务实践

投资具有一定风险，但风险也是可以降低或控制的。对于有意开发 CDM 项目的国内企业而言，企业要降低 CDM 项目的风险，保证预期收益的顺利实现，律师的参与不可或缺。

CDM 专业律师应具备以下能力：①熟悉国际商事法律，有涉外法律服务经验；②要有出色的外语能力，能够熟练运用外语谈判和撰写法律文件，对 CDM 项目规则和操作流程有全面了解；③对交易形成和谈判有丰富的经验，和国际主要买方建立有效的联系并保持接触，等等。

以中国企业从事 CDM 交易为例，律师通常可以在以下六个方面提供服务：

（1）尽职调查。国内企业在开发 CDM 项目之前，应了解项目参与方的基本情况。律师可以根据国内企业的委托，调查项目参与方的资信状况（包括资产情况和履约能力等），以帮助国内企业降低项目风险。

（2）制作、协助设计或审查修改 CDM 项目开发方案和融资方案。根据现行通行规则，通常只有在 CERs 交付后才能获得交易价款。因此，项目开发方案和融资方案是否科学事关项目成败，律师可以凭借专业经验制作、协助设计或审查修改业主的 CDM 开发方案和融资方案。

（3）制作或审查修改 CDM 项目文件。律师可以起草和修订项目识别文件（PIN）、起草项目设计文件（PDD）、起草或修改《减排量条款书》（TERM SHEET）、《减排量购买协议》（ERPA）以及项目参与方之间的其他文件。

（4）提供 CDM 项目全程咨询。律师的咨询服务贯穿整个 CDM 项目，从项目可行性调查到项目国内、国际申请，从寻找买家到项目的履行、CER 的转让，从项目参与方之间的沟通协作到与国家主管部门以及国际机构的协调，从提供最新 CDM 政策信息到项目其他各项法律问题的解决等。律师的出谋划策有助于项目业主实现利益最大化和风险最小化。

（5）参与《减排量购买协议》的谈判。《减排量购买协议》是重要的法律文件，主要内容包括交易量、价格、交付、付款、免责、违约、法律适用和管辖权等条款，是一个法律结构复杂的英文协议，尤其是合同期限长，具有不同于一般涉外贸易合同的特殊风险。律师参与《减排量购买协议》的谈判，通过提出对项目业主有利的条款或修改对方不合理的条款，将有效维持项目业主的权益，帮助企业降低法律风险。

（6）为项目建设运营提供法律服务。在 CDM 项目建设运营期间，大量不确定因素都导致 CDM 功亏一篑，律师及时提出方案和策略，可以帮助项目业主防范和化解法律风险和商业风险。

【本章小结】

本章从碳金融法概述出发，论述了碳金融法的内涵、调整对象、法律关系、国际法源以及法理学基础；讨论了碳配额的法律性质；从金融服务条例、会计准则和税法三个视角分析了碳配额的法律待遇；从四个方面剖析了碳金融演进面临的法律困境，并介绍了碳金融交易的法律服务实践。

参考书目

[1] 常纪文．环境法前沿问题——历史梳理与发展探究［M］．北京：中国政法大学出版社，2011.

[2] 崔建远．准物权研究［M］．北京：法律出版社，2012.

[2] 韩良．国际温室气体排放权交易法律问题研究［M］．北京：中国法制出版社，2009.

[3] 王小龙．排放权交易研究——一个环境法学的视角［M］．北京：法律出版社，2008.

[4] 袁杜娟，朱伟国．碳金融：法律理论与实践［M］．北京：法律出版社，2012.

[5] 朱家贤．环境金融法研究［M］．北京：法律出版社，2009.

8 金融服务业的碳金融业务创新

8.1 银行业碳金融业务创新

8.1.1 商业银行主要碳金融业务

商业银行是碳交易市场的重要参与者。国际商业银行通过创新碳金融业务，不断提高自身盈利能力。同时，经过经营理念的提升和产品创新，不断挖掘与碳交易业务相关的金融产品，进一步促进碳金融市场的发展。国外大型商业银行如美国银行、汇丰银行、荷兰银行已经在直接投融资、银行贷款、碳期权、碳期货商品等方面进行了创新试验并取得了重大进展。

商业银行碳金融业务包括了碳交易的相关业务及其碳减排项目的相关业务，碳交易相关业务下涵盖了碳交易自营业务、指数化碳交易产品、碳交易二级市场基金和碳金融衍生品。而碳减排项目也蕴含了多种子项目，比如碳减排投资基金、CDM项目信用增级、碳交易中介服务、碳减排项目贷款、碳交易保理等。

碳交易自营业务：此项业务一般是针对资金实力较雄厚的商业银行，利用本身所具备的资金在碳交易二级市场进行碳排放权的买卖，最后能够赚取差价。例如，荷兰银行在一定交易经验的基础上，开始发展了自营碳交易业务，利润获得了大幅度提升。

指数化碳交易产品：它指的是和某个碳交易市场指数挂钩的碳排放权配额，设定的目的是满足发达国家强制减排企业购买额外排放权的需要。例如，爱尔兰电力公司 Edenderry 与爱尔兰银行签订协议，为爱尔兰电力公司 Edenderry 提供与欧洲交易所 EUA 指数挂钩的碳排放配额。

碳交易二级市场基金：它重点指的是将碳排放权在碳交易二级市场进行再次交易并从中获取利润的一种基金。增加了碳排放权在国际市场上的流动性，而且对碳排放权价格的形成起到非常重要的作用。例如，瑞士信托银行、法国兴业银行和汇丰银行共同出资 1.35 亿英镑建立了碳排放权交易基金，这是国际上目前为止规模最大的碳交易基金。德意志银行与荷兰银行也设立了碳交易基金，着重从事碳排放权交易业务以及其他结算业务。

碳金融衍生品：目前，一些大型的商业银行推出了碳排放期权、期货及掉期等金融衍生品，给那些有需要的企业做套期保值交易。商业银行还利用不同市场的碳排放权价差，开发出各种连接不同市场的套利产品，例如核证减排量“CERs”，和减排单位量“ERUs”，CERs 和 ERUs 之间的互换交易，以及基于 CERs 和 ERUs 价差的价差期权。低碳衍生产品，其低碳性主要通过与证券交易所上市的环保概念股票挂钩；与气候交易所的二氧化碳排放权期货合约挂钩；与世界级权威机构的水资源、可再生能源、气候变化等环保指数挂钩等得以体现。汇丰银行、荷兰银行在其中都做出了一定的成绩。汇丰银行精选全球 50 家环保公司股票组成“汇丰气候变化指数”，包括全球最大环保集团 Veolia Environment、专业废品处理商 Waste Management Inc. 、风力发电领导者 Vestas Wind System。产品收益率对应 24 个月的指数算术平均值。产品投资期 2 年，有多种货币可供选择，包括美元、欧元、港币、澳元及人民币，灵活性高。该产品最低投资金额为 20000 美元/150000 元人民币或者等值币种。作为荷兰银行的王牌产品，标普/荷银水资源指数（S&P Custom/ABN AMRO Total Return Water Index）由荷兰银行与标准普尔于 2005 年 10 月共同创立，是环保类产品的领军者。它从全球 75 个国家超过 10000 家公司中筛选出 10 家优质的水务公司股票组成一个指数投资，并每年做调整。荷兰银行已发行四款水资源产品，最高年收益达到 39%，低的也接近 18%。可用美元或欧元投资，产品期限六年（美元）或七年（欧元），产品到期 100% 保本。最低投资金额为 25000 美元或 20000 欧元，产品发行 3 个月后，客户缴纳一定费用，可申请提前赎回。除了水资源指数挂钩的产品外，荷兰银行自 2005 年底起就相继推出了可再生能源、气候变化等与环保概念相挂钩的理财产品。

碳减排投资基金：迄今为止，国际上领先的商业银行大多数都设立了与碳减排相关的投资基金，对碳减排项目进行直接或者间接投资。例如，德意志银行成立了“德银气候变化基金”，集中投资在防止气候变化方面取得卓越成效的公司。荷兰银行推出了“低碳加速器”基金，直接投资于那些尚未上市但致力于降低碳排放和提高能效的公司。

CDM 项目信用增级：最初的 CDM 交易接近于远期交易，买方由于顾虑其风险较大而不愿意经常性购买，而卖方因为需要折价也不想出售，这些给发展带来一定的阻碍。根据这个状况，国际上一些大型的商业银行和碳基金参与其中，为项目开发企业提供信用增级服务，在此基础上创造了经过担保的 CERs。这一项举措不仅使 CERs 买卖双方提高了收益，降低了风险，而且为那些参与其中的金融机构带来了丰厚的利润，并大大促进了碳交易市场的发展。

碳交易中介服务：大部分大型商业银行凭借在碳金融领域的专业优势和自身的客户资源，在碳交易一级市场（碳减排项目市场）对买卖双方进行撮合。例如：荷兰银行依靠其丰富的碳交易经验与其广泛的全球性客户平台，为双方牵线搭桥，提供融资担保、购碳代理、碳交易咨询等中介服务，获取大量的中间业务收入。

碳减排项目贷款：碳减排项目是指在 JI 或 CDM 机制下的碳减排项目，此项目的特点是初期投资额较大，同时伴随着较大风险，但是一旦项目开始产生减排额时，将会有大量、稳定的现金流收入。伴随着 JI、CDM 项目的逐渐增多，越来越多的国外商业银行对碳减排项目有了进一步了解，开始为碳减排项目开发商提供贷款，用于项目的节能减排改造，而未来的还款来源则为碳减排项目所产生的碳减排额收入。现在国际上许多大型商业银行都在开展这项业务。

碳交易保理：碳交易保理也称为碳交易托收保付，是指商业银行与卖方企业签署合同，卖方企业将采用赊销 CERs 方式进行碳交易所形成的应收账款转让给保理银行，银行对其提供综合性金融服务，包括贸易融资、进口商资信评估、销售账户管理、应收账款催收和信用风险担保等。保理业务的重点在于应收账款转让。拿 CDM 来说，对于那些获得 CERs 核准的 CDM 项目开发企业来说，它们获得的由 CERs 产生的货币收益可以看作是应收账款，商业银行能够为 CDM 项目开发企业提供一笔有追索权的保理融资，帮助其顺利开发 CDM 项目。待项目产生 CERs 后，CDM 项目开发企业再将出售 CERs 所获得的收益用来偿还银行贷款。这不仅解决了 CDM 项目开发企业对开发资金的燃眉之急，使它们拥有足够的资金进行 CDM 项目开发并获得 CERs 收益，而且拓宽了商业银行的保理业务范围，增加了银行利润。

8.1.2 国外银行业碳金融创新的实践

8.1.2.1 荷银集团碳金融创新实践

荷银集团（主体为荷兰银行）的总部设立在首都阿姆斯特丹，在全球 70 多个国家和地区拥有 4000 多家分支机构，通过广泛的全球网络，为企业、个人及资产管理客户提供高品质服务。荷银集团在早期就认识到气候变化、能源短缺、环境恶化等问题会影响商业银行的社会和商业环境，不仅带来银行风险，而且带来银行机遇。荷银集团本着“从风险到商业，从新生事物到主流”的理念，在加速实现总体商业目标的同时，积极从经营理念、管理体系、银行业务、银行产品、报告制度等多个方面进行创新，开展了碳金融的业务创新实践。

该集团主要推出了银行业的业务创新，主要是针对低碳贷款等环境金融业务。包含了信贷业务的环境风险评估、低碳贷款业务及其他一些业务创新。在加强信贷业务环境风险评估方面，荷银集团总部的可持续发展部门建立了与各个行业有关的环境因素分析资料库，定期分析研究每个行业对环境的影响，并规定了全行贷款项目环境风险的分类依据、规范了全行环境风险识别、环境风险预评估、贷款项目筛选以及贷款过程中对贷款的环境风险进行动态监控和独立审查的标准。总部公众事务部门则负责对全球温室气体减排市场和环境保护市场进行有效的分析。各分行在总部可持续发展部门和公众事务部门的指导和支持下，积极开展信贷业务的环境风险评估，通过环境风险（高效能、低污染）识别和环境风险预评估筛选合乎环境要求的贷款项目，并在贷款过程中严格执行环境风险监测。在低碳贷款业务方面，荷银集团不断加大对低碳消耗项目的贷款，例如：截止到2006年12月31日，专门对荷兰“绿色项目”提供贷款的两个分行ABN AMRO Groenbank和ABN AMRO Groen Fonds共同管理的资金已超过10亿欧元。可能会产生温室气体减排或对环境产生积极影响的项目/公司可以基于荷银集团的“绿色投资”规章，申请ABN AMRO Groenbank和ABN AMRO Groen Fonds的绿色贷款。获得贷款的关键因素包括使用新的温室气体减排/环境友好型技术，或者包含在几类具体的温室气体减排/环境友好型投资中。截止到2006年12月31日，得到贷款的项目包括新的清洁技术项目、生物农业、绿色建筑等。再如，2006年，荷银集团分行BUNL向世界上第一个生物甲醇生产项目提供了价值2500万欧元的贷款，以积累投资于生物能和生物燃料领域的经验。2006年，唯独巴西分行为减少温室气体排放所批准的贷款项目就由2005年的3803项上升到2006年的3915项，贷款金额高达6600万欧元。荷银集团还分别推出了绿色信用卡、建立了荷银集团清洁技术园区、“碳中性”行动等。截至2007年，荷银集团已向100万银行客户发行气候信用卡。荷银集团以该信用卡进行的各项消费为基础计算出二氧化碳排放量，然后购买相应的可再生能源项目的减排权。荷银集团清洁技术园区旨在推进巴西、印度等仍然高度依赖煤炭的国家发展清洁技术产业。例如为协助巴西发展清洁技术产业，荷银集团2005年与Ciesp（圣保罗州工业中心）和Firjan（里约热内卢州工业联合会）合作共同建立了圣保罗州清洁技术园区和里约热内卢州清洁技术园，以吸引巴西国内外专门从事清洁技术、新能源、节能、资源回收和综合利用、环保设备生产和服务的企业入住，以及清洁技术创新企业的孵化。截止到2006年12月31日，在两个清洁技术园区试运行阶段，荷银集团已经与入住园区的中小型公司签署了9项价值2.31亿欧元的清洁生产贷款合约。此外，还帮助圣保罗州清洁技术园区引入了一项联合国环境署（UNEP）的清洁技术项目（碳捕获和储存技术项目）贷款。在“碳中性”行动中，继续支持碳排放披露项目，并与世界上60个公司一起位列气候领导指数；继续参与在英国的气候变化问题企业领导小组；在香港签署清新空气约章等。

另外，荷银集团还积极推出低碳投资产品，称得上银行产品创新。在这方面，他们首先积极设立挂钩低碳消耗/环境友好型公司表现的基金，主要包含挂钩“荷银气候变化与环境指数”的基金、巴西股票基金、荷银低碳加速器基金、可持续全球信用基金。不仅如此，在2008年初始，出于对清洁能源巨大潜力的强烈看好，荷银集团再次聚焦清洁能源投资热点，于1月15日推出“荷银集团天然气股票价格指数”挂钩结构性存款和“荷银集团风力能源股票价格指数”挂钩结构性存款，跟踪全球天然气工业和风力能源企业的股票表现。其次，荷银集团渐渐成为碳信用交易市场中的先锋，帮助建立、保持和扩大碳信用交易市场。欧盟排放交易体系下碳信用交易的3/4是双边或场外柜台交易（OTC），在此类市场上，荷银集团的大宗商品衍生品小组作为市场的组织者和参与者，分别向实际买卖双方进行交易，用自己的资金连接碳信用买卖双方，组织双边或场外柜台交易活动。荷银集团于2005年正式成为位于阿姆斯特丹的欧洲气候交易所的会员，向欧洲气候交易所提供流动性支持，以在不断成长的碳信用交易市场中扮演先锋的角色。在联合履约和清洁发展机制市场上，荷银集团凭借其丰富的JI、CDM项目开发经验以及雄厚的碳信用购买实力，与众多经济转轨国家、发展中国家的公司合作，协助它们从JI和CDM项目中获得技术支持和资金支持，并进一步帮助它们提高从碳信用交易市场上获益的能力。例如，2005年，荷银集团同意以9.5欧元/吨的价格，每年购买山东鲁北集团4.8万千瓦风力发电工程（风力发电清洁机制项目）9.74万吨二氧化碳的减排量。2006年，荷银集团在巴西进行了价值970万欧元的碳信用交易，并同时对巴西总价值超过27亿欧元的另外18个项目进行分析。再者，荷银集团帮助低碳消耗/环境友好型公司发行公司债券。ABN AMRO Groenbank B. V是荷银集团的一个全资子公司，它的建立就是为了向低碳消耗/环境友好型公司提供资金。该公司帮助低碳消耗/环境友好型公司发行5年期或10年期的公司债券。不但如此，荷银集团还以战略投资者身份入股低碳消耗/环境友好型公司。2005年，荷银集团用于社会责任股权投资的资金为19亿欧元；2006年，用于社会责任股权投资的资金增加到21亿欧元。另外，2006年，荷银集团帮助了一些低碳消耗/环境友好型公司在伦敦股票市场上首次公开发行股票并上市（IPO）或为这类公司上市再融资提供财务顾问服务。

8.1.2.2 花旗银行碳金融实践

花旗银行是“赤道原则”的重要发起人、主要编写者和积极践行者。2003年，花旗银行制定了环境与社会风险管理（Environmental and Social Risk Management, ESRM）体系，从信贷风险与声誉风险角度来调控环境与社会风险。花旗银行的ESRM体系通用于全球交易，对于被ESRM部门所评估的交易与提供的咨询，会在初期市场营销阶段就被输入到一个系统里，无论交易最后进行与否，按照ESRM政策，相关交易被分为A、B、C三种环境与社会风险类型。A类：预计交易的收益会对环境与社会造成的负面影响非常大，结果不可逆转。B类：预计交易的收益会对环境与社会造成的负面影响有限，通常很具体，可逆，因而可用缓解措施来避免。C类：预计交易的收益会对环境与社会造成的负面影响非常小。凡是被归为A类交易的，都需得到指定的高级信贷员和ESRM部门总监的共同评估。

为了使ESRM体系获得有效运转，花旗银行还设立了一个环保和社会风险政策审查委员会。该委员会由不同业务部门的高层经理组成，并由花旗企业公民总监总负责。委员会一年之中要召开2～3次会议，并对环境事务部门、ESRM部门以及其他对操作环境政策与倡议相关部门提供咨询服务。花旗企业公民总监将对董事会的公共事务委员会汇报花旗的环境与社会方面的具体作为。花旗银行将ESRM原则嵌入信贷系统中，对环保和社会风险评估有严格的流程约束。例如，对于超过1000万美元的项目融资，花旗银行一般要经过四道程序。第一道程序是对环境风险做出初步评估。如果项目属于"赤道原则"重点审查的高社会或环境风险类，则将该项目提交花旗环保和社会风险政策审查委员审查。一是初步评估其潜在的社会和环境风险，二是初步判断该项目的社会和环境风险属于哪类级别。第二道程序是对项目风险进行分类。如果初步环境风险评估获得通过，客户经理将提交一份详细的信贷分析报告，这份报告将包括项目背景以及项目的环境和社会风险的详细分析、评估与分类。根据环境风险的大小，花旗银行通常将项目分为A、B、C三类，由环保和社会风险政策审查委员会负责审订。第三道程序是风险评估决策阶段。由高级信贷风险总监负责审查上述社会和环境风险评估结果以及可行性解决方案，然后由其提交一份是否提供项目融资的建议书给花旗更高级别的管理者。如果建议获得高级别管理者的认可，则可以提供项目融资。第四道程序是按"赤道原则"全面审查项目。项目融资发放后，信贷资产管理团队则通过一套授信管理体系，监管项目并确保项目融资使用全过程全都合规。实行"赤道原则"对于花旗银行来说有着明显的优势。第一，使用国际通行的环境和社会责任评估标准，可以为发起人减少融资交易成本。第二，使用国际通行的项目执行框架，能够提高项目评审和贷款安排的速度。第三，提高项目融资效率，并且使项目融资上具有更多的确定性和安全性。第四，能为金融机构赢得良好的社会声誉。目前，在花旗银行，环保项目和政策已深入人心，许多业务部门的经理和员工会参与开发创新环保产品与服务。他们根据ESRM体系、"赤道原则"与低碳原则，用严格的环境与社会指标来审查并评估交易，以建设绿色投资。

与此同时，花旗银行对可再生能源的信贷强劲支持，对于环境的金融实践也涉及在中国的实践。例如支持太阳能的发展。中国作为当前最大的二氧化碳排放经济体之一，已经在降低碳排放量方面做出积极的努力。比如，中国政府已经承诺增加对可再生能源的利用，并在2020年达到15%的能源利用来自于可再生能源的目标。为了支持这种政府倡议和促进环境的可持续性，花旗银行（中国）一直积极参与对替代能源和清洁技术企业的资助，特别是在太阳能能源领域。在2008年，花旗银行（中国）提供了超过7亿元人民币的融资，用来扩大一些中国最大的光伏电池制造商的能力，直接利用光能产生廉价而高效的电力。花旗银行（中国）牵头组织了3.15亿元人民币银团贷款给保定天威英利新能源有限公司，它们是天威英利主要的业务子公司，花旗银行（中国）同时也是中国节能投资公司的战略合作伙伴，该公司是全国最大的能源节约和环境保护机构。花旗银行（中国）同样支持一些大型的项目的财务需求，其中包括江西 LDK 太阳能，它是世界领先的太阳能硅片供应商，是无锡尚德、北京国家体育场“鸟巢”（2008 年奥运会的主会场）以及 2010 年上海世博会的中国展区太阳能发电系统的独家供应商。其中安装在“鸟巢”的 1124 个太阳能电池板预计寿命 25 年，能够节省 904.8 吨标准煤。

同时，花旗银行还参与了“烛光工程”。自 2007 年起，花旗银行已经在“烛光工程”项目下实施了一系列节约能源的倡议。首期工程覆盖包括在上海的 15000 平方米的总行办公室和分行。该工程投资了 42 万元人民币用于多项节能计划，其中包括将 6000 多盏耗电的 T8 型照明管更换成更节能的 T5 型灯管，将老旧的照明镇流器用更有效的电子镇流器取代，为饮水机和自动售货机安装 95 个电子定时器，使之在非办公时间切断电源。这些措施成功地减少了 60 万千瓦时能量消耗，每年可节省约 510 吨二氧化碳的排放量。在 2008 年，“烛光工程”扩大到所有花旗银行中国办事处和分行。追加投资 65 万多元人民币进一步更换 10499 支灯管，安装额外的 100 个电源插座定时器和 24 套 IT 照明系统。此外，花旗银行（中国）鼓励所有员工在每个工作日结束时关掉显示器，并把房间的电灯关掉。这些努力使花旗银行（中国）在 2008 年多节省了 120 万千瓦时能量消耗，减少额外的 1020 吨二氧化碳排放量。再者，花旗银行协同中国金融服务相关部门，将环境风险纳入其信贷政策并建立最佳实践标准。例如，中国绿色信贷政策力争改善环境法规和合规制度，限制那些逃避环境评估或者未通过污染检查的中国公司获得商业贷款。2008 年 6 月，花旗银行在纽约迎来了代表中国机构的高级代表团，讨论赤道原则，并进一步介绍花旗银行的环境与社会风险管理政策。会议由国际金融公司主持，参与的机构包括中国环境保护部、中国银行业监督管理委员会和一些领先的中国私营金融机构。2008 年 9 月，银监会主持召开了关于中国的金融行业环境风险的会议。来自全国各地 68 所中资金融机构的 250 多名与会者出席了会议。花旗银行的环境与社会风险管理政策总监应邀出席并分享了花旗银行在创建和执行赤道原则上的领导角色。他介绍了花旗银行在全球如何将环境和社会问题纳入其商业操作和风险管理的职能中，并为如何在金融机构行业内部建立环境与社会风险管理政策提供了切实可行的意见。花旗银行（中国）还积极参与“地球一小时”这个一年一度的项目，该项目是由在世界各地积极倡导节能减排的世界自然基金会组织的活动。每年有一天，全球将在同一时间关闭电灯，强调同心协力保护我们的地球的利益。2008 年 3 月 28 日星期六，共有 37 个花旗银行（中国）的办公室参加了地球一小时的倡议。此外，大约 100 名花旗银行（中国）员工在自己家里熄灯表示对活动的支持。花旗银行（中国）已经连续多年参与这项活动，而这项活动也反过来启发它们进行更多的节能工作。从

2008年5月开始，花旗银行（中国）的地产服务部推出他们自己的能源保护计划，名为“花旗一小时”。在每个月的第三个星期六，所有花旗集团的办公室从晚上八点到九点关灯，仅此一小时，每个月能够降低600千瓦时或510千克的碳排放量。在2008年，花旗银行（中国）推出了一个新的名为“减少、重复利用和回收”的计划，以促进回收办公废物，如纸张、塑料瓶、报纸和汽水罐。花旗银行位于北京卓著中心的分行在2008年北京奥运会期间率先试行，并随后推广到花旗银行（中国）的9个城市的其他办公室中。在2008年的最后4个月，收集了大约8.83吨可循环再造的纸张。表8－1为2007—2008年花旗银行在中国的节能情况。

表8－1　花旗银行（中国）节能动态

	2007年	2008年
节能覆盖范围（平方米）	>15000	>57000
投资（人民币/元）	420000	658000
更换灯管（支）	6239	10499
安装计时器（个）	95	100
IT房间照明系统改造（套）	30	24
节能（千瓦时）	600000	>1200000
避免二氧化碳排放量（千克）	510000	>1020000

花旗银行（中国）坚持花旗集团的全球承诺，审查任何可能引起环境、社会声誉风险的或违反具有约束力的国际协定的交易。在2008年的相关项目中，花旗银行（中国）的环境与社会风险管理小组审核了一项对中国煤炭开采业的杠杆收购交易。该交易的审核结合了适当的陈述、担保和契约来确保其遵循适用的地方和国家法律。作为信贷尽职调查的一部分，花旗银行甚至从中国人民银行资信系统中查找相关公司的信用记录，以验证其在新的信贷项目中是否遵循严格的环境保护标准。作为之后信贷监控过程的一部分，花旗银行还在放款之前复审该信用报告，以避免贷款落入不遵守可持续发展原则的公司之手。花旗银行致力于促进可持续发展的环境友好型的商业模式发展。2008年，花旗银行在中国清洁能源和可再生能源发电项目中提供了9.8亿元人民币（1.43亿美元）新的贷款，其中包括5个太阳能公司项目、一个风能发电项目和一个生物发电项目。花旗银行（中国）也作为出口融资机构为两个可再生能源项目分别提供了3.4亿元人民币（5000万美元）和2.1亿元人民币（3100万美元）的贷款，同时也担当项目的财务咨询和协调方。花旗银行在中国开展业务严格遵守花旗集团的环境与社会风险管理政策（ESRM），这些政策建立在赤道原则、碳原则以及关于气候变化和人权的立场声明的基础上。它为花旗银行（中

国)、亚太地区乃至全球的员工提供了指导，并为筛选交易、提供客户咨询、促进创新以及用环保的方式发展业务提供了坚实的基础。

8.1.2.3 渣打银行碳金融实践

源于英国的渣打银行，其主要业务市场却集中在亚洲、非洲和中东一些发展中国家。它希望通过融资项目来推动新兴市场向着低碳、低排放的新时代迈进。同时，可以将它们作为新的、持续的利益增长点，获取利润的增长。渣打银行通过三大原则标准对实施项目进行筛选和监管，保证项目始终符合可持续发展的要求。

原则一：渣打银行制定的环境及社会风险政策。渣打银行的业务范围主要集中在亚洲、非洲和中东地区，这些地区的环保意识和环保技术都有待提高，高排放、高消耗的工业模式严重违背了可持续发展的要求，这使渣打银行在这些地区的业务面临严重的环境和社会风险。为了降低这些风险，使业务向着可持续发展方向迈进，渣打银行根据自身愿景和经营理念，制定出一套属于自己的环境及社会风险政策，所有业务须符合这项原则。原则具体包括：所有贷款方案都会适当考虑环境和社会问题；所有贷款方案都会考虑到国际公认的环境和社会标准或者当地的政策法规，并且以较为严格的一项为准；与环境和社会问题相关的风险都将被彻底了解、分析且做出对策适当地减缓；确保所有业务符合政策规定的操作程序；该政策旨在降低业务的环境和社会风险，即所选业务要符合环保、低排放和可持续发展的要求。

原则二：扩大执行范围的赤道原则。赤道原则是由世界主要金融机构根据国际金融公司的政策和指南建立的，是全球主要金融机构判断、评估和管理国际项目融资中的环境与社会风险的行业标准，对制造业、化工、能源、基础设施等62个行业在环境、健康、安全等方面的标准与解决途径做了规范。渣打银行承诺履行该原则，并且在所有项目融资及顾问委托安排中都运用了赤道原则。为了更好地履行这一原则，渣打银行制定了一套详细的赤道原则运用流程，根据项目对环境和社会的影响把它们分为了三个级别：A类，高环境及社会风险；B类，中度风险；C类，低风险。分类的流程包括初步甄选，对于所有项目的声誉风险做出初步分析；尽责审查，所有A类及B类项目将委托独立专家进行评估。专家将审阅借款人的社会及环境评估报告，包括借款人是否遵守法律、国际金融准则及环境、医疗安全指引等；批准，所有社会及环境风险和分类都将再次得到评估，如果评估结果与初步甄选的结果不同，那么这项交易将被又一次转至声誉风险及责任委员会进行进一步审阅；监控，项目融资部已经设立专责的组合监控队伍，与独立顾问一起共同监控项目的社会及环境风险，并且实施已经协定好的项目方案。通过层层评估和审阅，渣打银行严格按照赤道原则的标准，对每个项目的风险程度有了详尽的了解，可以针对不同风险级别制定不同的策略，对项目进行监控，直到融资完成为止。这样，再一次降低了所执行项目的社会和环境风险。对于不符合赤道原则的项目，渣打银行将毫不犹豫地推出。据渣打银行介绍，渣打银行曾经有机会参与巴基斯坦的一个燃气/柴油联动发电厂项目的融资工作。然而通过认证发现这个项目要执行若干缓解措施才能符合赤道原则。通过协商，该客户决定不为符合赤道原则而负担额外的成本。最后这个贷款获得了当地银行的超额认购，而渣打银行由于坚持对赤道原则的承诺撤出了该项交易。

原则三：积极参与制定的气候原则。2008 年 12 月 2 日，包括渣打银行在内的首批五家欧洲金融机构宣布加入气候原则。事实上，在规划气候原则（针对金融行业应对气候变化的行业准则，该原则旨在引领金融服务机构研发专门技术、产品和服务，为员工、供应商和客户做好应对气候变化的准备，从而带动低碳经济）时，渣打银行扮演了重要的参与角色。加入气候原则标志着金融机构将气候变化带来的机遇和风险纳入到了商业策略中。按照国际非营利机构气候组织的设想，金融机构加入气候原则后，需要从公司营运、决策和发展等方面充分考虑气候变化可能带来的风险，并尽可能地减少风险，以最终达到向低碳经济转型的目标。通过参与制定并积极履行这一金融机构新原则，渣打银行也将进一步朝着低碳经济迈进。

通过对三大原则的整合与实施，渣打银行严格把控融资项目风险，并将信贷业务的环境和社会风险大大减低，保证了所实施项目的可持续性。通过积极参与气候原则的制定和实施，渣打银行在行业规则的制定方面赢得了主动的发言权，提升了在行业中的地位和权威性。对行业原则的恪守，也使渣打银行在可持续金融服务方面赢得了良好的口碑。位于乌干达的河流发电交易获得 2007 年度最佳非洲电力交易奖。得奖案例不仅使渣打银行在可持续融资上积累了宝贵的经验，更是渣打银行在可持续融资领域权威性的象征。目前，可再生能源融资项目稳步增长已经成为渣打银行持续的业务增长点，为渣打银行提供了宝贵的业务扩充机会。2007 年 9 月，在克林顿全球倡议大会上，渣打银行承诺在 2007 年至 2012 年，在全球范围内以亚洲、非洲及中东市场为主，资助总值 80 亿～100 亿美元的可再生能源和清洁科技项目或公司的融资。截至 2008 年 12 月，渣打银行已经在主要的经营市场（亚洲、非洲和中东）为再生能源项目提供 14 亿美元的融资，在欧洲为太阳能、风能、地热能和径流式水利等项目提供 18 亿美元的融资。尽管全球经济增长由于金融危机的影响受阻，渣打银行可再生能源融资业务仍然有着广泛的增长空间。一方面，从渣打银行的业务所在地区——亚洲、非洲、中东国家的经济基本面来看，这些国际经济具有较强的抗跌性，并没有受到美国经济放缓的影响而停滞不前；另一方面，从长远发展来看，环境经济时代的来临必定使新兴市场的可再生能源项目前景广阔。凭借在可再生能源融资领域的充足经验和权威地位，渣打银行必将在这一业务领域实现快速增长，竞争力将进一步提升。通过更多的清洁能源项目，推动经济向低碳、低排放转型。

8.1.3 国外银行业碳金融业务的启示

自2005年2月16日《京都议定书》正式生效以来，碳金融已成为低碳化发展的核心经济手段，构建完善的碳金融体系已成为各国应对气候变化、发展低碳经济的核心支柱。可以看出，低碳金融将作为一种全新的金融发展模式，在银行业中起到举足轻重的作用。银行业的碳金融业务作为促进节能减排的主要市场调节力量，在低碳金融体系中占有重要地位。通过对国外银行在碳金融方面的业务进行分析，来进一步推动和改进我国银行业在碳金融业务方面的飞速发展。

（1）发展银行碳基金投资业务。

碳基金专门为碳减排项目提供融资，包括从现有减排项目中购买排放额度或直接投资于新项目。这类基金包括国际多边援助机构受各国或地区委托所设立的碳基金、金融机构设立的盈利性投资碳基金、政府双边合作碳基金及一些自愿进行减排的基金等。作为重要的募集基金方式，无论是公募还是私募，碳基金是充满潜力的融资方式。国际投行与国际上一些领先的商业银行都看好这一发展潜力巨大的市场，纷纷投资到碳基金这一领域来，如汇丰银行、瑞士信托银行和法国兴业银行共同出资1.35亿英镑建立的国际上规模最大的碳基金——排放交易基金，日本国际协力银行与日本政策投资银行出资建立的日本碳基金，亚洲开发银行建立的亚太碳基金等。

（2）支持低碳项目贷款。

项目融资是以项目本身具有比较高的投资回报可行性或者第三者的抵押为担保的一种融资方式。低碳项目贷款的主要抵押形式包括项目经营权、项目产权和CERs收益权等碳权质押。目前银行需要重点关注3个领域的投资机会：一是低碳技术领域，旨在降低能源消费的碳强度，控制二氧化碳的增长速度，如碳捕捉、碳封存、碳储积和低耗能设施等；二是可再生能源领域，旨在走出人类目前基于化石能源的经济发展模式，促进经济增长与温室气体排放“脱钩”，如生物能源、风能、太阳能、水能、海洋能和燃料电池能等；三是能源效率管理领域，如高效建筑、建筑材料、能源储存与转化等。

目前，银行使用的项目融资标准是赤道原则。2003年6月，10家银行首次宣布实行“赤道原则”，截至2009年10月，共有68家银行机构加入赤道原则。这些银行占有国际融资的90%以上，其业务遍及全球100多个国家和地区，例如，2005年起花旗银行遵循赤道原则为全球基础设施建设和发展项目融资1000多亿美元，2009年以来花旗银行（中国）完成了包括中航惠腾风电设备、巨力新能源和天课华能源科技等多家涉及新能源行业的金融服务及解决方案，提供总计2000万美元的融资。因此，我国银行业要积极融入国际碳金融业务发展，遵循赤道原则，大力支持低碳项目贷款，实现能源的可持续发展。

（3）积极开展碳金融中间业务。

银行业要致力于碳金融的中间业务，主要包括碳交易中介服务、与碳排放权交易挂钩的理财产品业务、基于碳排放额度的金融衍生产品及其他碳金融中介业务。碳交易中介服务指的是以中间商的角色直接参与交易活动。银行一方面要为国内CDM项目投资企业提供各种咨询服务，诸如在欧洲碳交易市场上如何利用碳金融期货合约等衍生工具进行套期保值提供建议；另一方面，银行要凭借全球客户基础为碳排放权买卖双方进行积极的撮合服务，挖掘潜在的买者和卖者，从中赚取佣金收入。此外，银行要积极地介入国内的碳交易中介机构的设立。在欧洲，一些活跃的银行建立了碳交易柜台，提供买卖经纪、风险管理和代理交易操作等服务。荷兰银行是这一类型的代表，凭借广泛的全球性客户基础，为碳交易各方牵线搭桥，提供代理、融资担保和碳交易咨询等中介服务，获取中间业务收入。巴克莱银行是英国第一家为欧盟排放权交易体系建立碳交易平台的银行，现在已经发展成为碳交易市场上最大的交易平台。另外，美国银行也与芝加哥气候交易所合作，为碳交易市场建立提供支持，并开发与碳排放权相关的金融产品和服务。三井住友银行巴西分行，开创性开展了碳减排交易的创新业务，将巴西中小规模碳减排项目的碳减排量出售给日本Chugo知电力公司从而实现商品化，有力地促进了巴西碳减排项目的发展，也为两国清洁能源发展机制的建立和交易成功开展起到示范作用。银行理财产品是银行针对特定的目标客户群设计开发并销售的资金投资和管理计划。银行碳类理财产品是面向普通大众客户的环保理财产品，既体现了银行作为企业的社会责任，也体现了银行的经营创新。与碳排放权交易挂钩的理财产品有四大亮点：一是立足欧洲碳交易市场，分享欧盟国家低碳经济发展带来的收益；二是推广环保理念，推动低碳经济大众化、平民化；三是挂钩欧洲气候交易所上市的“碳排放权期货合约”，利用前沿金融创新工具获取较高收益；四是灵活的投资币种（人民币，美元），可以优化客户拥有的资产结构。金融机构可以开发碳排放额度的远期、互换、期权和额度抵押贷款等产品，为客户提供避险工具及融资服务。除此之外，为增加额外收入，很多国外先进大银行还开展了碳交易保理、信用证等结算业务和碳基金托管、代理销售等中间业务。

（4）提供碳信用零售产品。

在零售银行业务领域，国外金融机构为个人、中小企业提供的绿色金融产品和服务已经涵盖了很多方面，比如贷款、存款、信用卡和租赁等业务。国外银行碳金融产品主要呈现以下四个特点：一是品种多样，交易规模大，创新速度快；二是通常为客户提供更加优惠、便利且有竞争力的条款；三是国外大多数碳金融产品一般都与当地政府以及全球的碳减排计划相结合；四是专业化与精细化，碳金融产品在发展之初就必须在产品与服务的创新方面具有突破性和差异性，通过专业化、精细化的金融服务使碳金融产品具备全方位的市场竞争力。

总而言之，中国银行应积极参与碳金融有关业务，提高竞争力，为业务转型与创新把握机遇。为实施低碳金融战略，应明确方向，坚决落实我国商业银行绿色信贷政策；要大力创新，积极拓展碳金融业务模式；要寻求突破，结合节能减排项目开展碳权质押融资贷款；还应控制风险，确保碳金融业务稳健开展。其中，积极拓展碳金融业务模式可以从以下三个方面开展：一是积极参与碳金融产品交易，应引导和鼓励银行项目融资，探索银行 CDM 项目融资模式。在交易中可以增强银行盈利与抗风险能力，扩大交易规模，也可以深化交易产品。可以以买家身份参与 CDM 项目，商业银行可以在附件 I 国家注册投资公司，取得相关资格后，不仅可以以境外买家的身份参与境内 CDM 项目，而且可以在欧洲二级市场上进行交易。这样，一、二级市场价格差异就会消除，企业盈利能力会大幅提高。二是发展碳交易代理、财务顾问、融资担保、咨询等中介服务业务。银行 CDM 顾问咨询业务可以为企业提供从 CDM 初期项目评估到最终交易、收款的一站式服务。三是发展与碳排放权交易挂钩的理财产品业务。利用近年来我国银行理财业务无论是市场规模、投资范围，还是产品种类都发展迅速的市场优势，继续深度发展与碳排放权交易挂钩的理财产品业务。

专栏 8-1　汇丰“道德”银行案例

“道德银行”是指汇丰集团在进行贷款和投资时，必须遵循国际最高标准，全盘考虑社会的期望和下几代人的利益。汇丰集团早在 2003 年就采纳“赤道原则”，并在推广“赤道原则”的过程中发挥重要作用。汇丰集团制定一系列涵盖环境敏感行业的可持续发展信贷政策，从环境和社会出发，列明了其不准备提供贷款支持的行业和领域。这些政策是根据包括“赤道原则”在内的一系列国际最高标准制定的，包括森林土地与森林产品、淡水基建、化工、能源、矿产与金属等。

汇丰中国信贷风险管理部具体负责实施可持续发展信贷政策，以及国际标准和本地政策。信贷经理使用环境监测一览表来全面评估贷款提案中的环境风险，特别是那些被政府界定为“双高”（高耗能和高污染）的行业。汇丰集团在中国设立了具有专业背景和咨询经验的环境和可持续发展专员全职岗位，以加强对贷款和客户业务的环境评估，确保符合国际标准、汇丰集团环境贷款指引及中国的环境保护条例。

此外，汇丰集团在中国与当地政府、环保组织及高校合作，提高公众对于环保与可持续发展的意识。汇丰集团鼓励员工参与企业社会责任活动，以提高员工的环境意识，并帮助加强员工、银行与所在社区之间的联系。汇丰集团通过减少自身营运使用的能源、水和产生的垃圾以及二氧化碳排放，并购买中国环保型企业的碳排放指标，于2005年成为全球首家实现碳中和的大型银行。

8.2 保险业碳金融业务创新

保险业作为金融服务业的重要组成部分，对碳金融的推进与发展起着重要作用。目前，我国碳保险尚处在起步阶段，行业规则和法律规范迫切需要构建和规范。

8.2.1 碳保险的界定、类型及特征

8.2.1.1 碳保险的含义

碳保险是指一切有利环境保护、经济可持续发展、社会和谐统一的保险的统称，是对碳金融风险所实现的保险，分为宏观碳保险和微观碳保险。宏观碳保险指的是由碳排放权交易波动产生的保险，微观碳保险是指与低碳企业相关的保险。碳保险市场是为了适应低碳经济浪潮的崛起，为低碳企业及与碳排放权交易相关的各方提供资金筹集和风险规避的交易平台。主要业务分为两大类：一是利用保险的形式刺激各行业低碳减排，例如低碳汽车保险、绿色建筑覆盖保险、企业绿色商业保险。二是对碳排放权交易过程中可能发生的价格波动、信用危机和交易危机进行风险规避和担保，例如森林碳保险、碳交易政策风险保险、碳排放权信用保险。低碳保险是伴随低碳经济而生，成为低碳金融的重要组成部分，促进低碳经济的持续发展。低碳保险体现了保险业发展的全新理念、方式与目标。

8.2.1.2 碳保险类型

（1）环境污染责任险：该险种承保被保险人在被保险场所的区域内从事保单载明的业务时，因突发意外事故导致污染水源、土地或空气等损害而造成的第三者损失。环境污染责任保险是一项国际上普遍采用的能够较为有效地应对环境污染问题的绿色保险。国际经验证明，一个有效的环境污染责任保险制度，能够带来经济发展和环境保护的双赢。

（2）低碳车险：该保险最早在瑞士推出，车主可以根据汽车的排量和每年平均行驶的公里数计算出一年的碳排放量，然后通过付费使用瑞士保险购买的减排证，从而象征性地中和自己汽车排放的二氧化碳。绿色汽车保险从环保的角度来看，关键在于节能和减排。而作为汽车保险产品设计，与节能和减排紧密相关的主要有以下四个因素：新能源汽车（与节能和减排都有关）、排放标准（主要与减排相关）、

汽车排量（主要与节能相关）、行驶里程（与节能和减排都相关）。因此，绿色汽车保险产品的设计，一方面要从环保的角度考虑节能和减排的因素，另一方面要从客户的角度考虑客户对产品的接受程度，既能体现保险行业的绿色环保意识，又将对保险市场和客户产生的影响降低到最小，使这类保险产品对整个市场起到积极的促进和发展作用。英国保险公司对于采用油电混合式引擎的出租车等达到绿色评级 A 类的汽车给予 10% 的保险费率优惠，创新型环保产品“按里程付费”汽车保险方案（Pay - as - your - drive - insurance Policies）广受欢迎。该方案的汽车保险额并非固定保额，而是依据投保人所行驶的里程数计算的。这种方式使全美汽车驾驶里程数减少了 8%，汽油使用量减少了 4%，因汽车事故和交通堵塞带来的经济损失每年减少了 500 亿～600 亿美元。天平保险作为国内第一家专业的汽车保险公司，又是中国第一家碳中和的企业，以 27.76 万元人民币的价格购买了奥运会期间北京绿色出行活动产生的 8026 吨碳减排指标。目前，天平保险正通过自身的保险主业相结合，研发绿色汽车保险产品。对于这种具有明显的经济外部性的绿色保险产品，国家相关管理部门应当大力支持，因为这不仅能促进我国保险业的创新发展，更能够改变居民生活方式，起到节能减排的作用。

（3）巨灾保险：巨灾保险是针对巨大财产损失和严重人员伤亡产生风险所做的保险。巨灾风险中的地震、飓风、火灾、冰雹等影响森林正常碳吸收而影响碳减排的都可以看作是林木碳保险的承保范围。而林木碳保险是巨灾保险的一部分。林木碳保险是指以天然林、防护林、用材林、经济林及其他可以低碳减排的林木为保险标的，对整个成长过程中可能遭受的自然灾害和意外事故所造成的减碳量的损失提供经济赔偿的一种保险。

（4）低碳科技险：低碳技术主要集中于创新型制造技术、新型低能耗建筑材料等，其研发投入大、科技含量高，研发成果面临众多不确定风险。为了规避和减少研发和营运失败对市场经营主体带来的负面效应，可以在低碳技术的研发和运用中引入科技保险，通过低碳保险机制，大力支持先进煤电、核电等重大能源装备制造技术，二氧化碳补集、利用与封存技术等低碳技术的发展。

（5）森林保险：主要以承担林业承保大户的商品性用材林为主，保险责任主要为森林火灾，保障程度以造林育林成本为主要依据。为配合传统林业向现代林业的转变过程，促进经济的可持续发展，近年来，各保险公司对原有林业保险产品进行了改造，推出了符合林业产业发展特点和市场需求的新的林业保险产品和苗木保险产品。

（6）农村小额保险：通过简化保险产品设计、降低保险费率、减免保险监管费等措施，使地处穷乡僻壤的低收入农民群体也能享受到适度的保险保障。我国出台《农村小额人身保险试点方案》，提出减免小额保险提供者的监管费、给予小额保险提供者较宽松预定利率等鼓励性措施。

（7）碳信用支付担保保险：很多大型清洁能源投资项目可以将自己未用完的碳信用出售给需要更多碳信用的企业，但由于新能源项目本身在整个运营过程中面临着各类风险，这些风险都可能影响到企业碳信用支付的顺利进行。而建立碳信用支付担保保险则可为项目业主或融资方提供担保和承担风险，将风险转移到保险市场，以保证碳减排额的交付。

（8）碳减排项目保险：碳减排项目保险主要分为两类：一是为碳减排交易合同中的买方提供保险，若出现买方无法如期交付符合要求的核证减排量或碳交易政策和法律发生突然改变的情况，则买方在合同到期时不能获得协议规定数量的 CERs，保险公司将予以赔偿。二是为开发 CDM 或 JI 项目的企业，即 CERs 或 ERUs 买方提供保险，当 CDM 或 JI 项目无法达到预期收益或发生政策突变等意外损失时进行赔偿。

8.2.1.3 碳保险的特征

第一，发展方式集约化与内涵化。低碳保险注重经济、社会、环境三者的和谐发展。将粗放式与外延化的发展转变为集约式与内涵化。强调经济、社会和环境的协调发展。

第二，肩负环境与社会责任。作为生态环境的共同体，低碳保险不仅需要履行经济责任，更需关注环境与社会责任的多重责任。

第三，发展方向的可持续性。低碳保险关乎千秋万代，既要满足当代人的需求，满足现形势下经济环境和经济规模，又不危及后代人满足其需求的能力，实现环境保护和社会和谐、实现保险业和经济的可持续发展。

8.2.2 碳保险发展面临的困境

目前，保险业是受气候变化影响最大，也是最早介入应对气候变化领域的金融部门。现阶段的碳保险的发展也存在着一定的问题，需要在改进的基础上加以完善，能够有所创新。

第一，法律制度不完善。现有的低碳保险制度依据仅有国家环保总局和保监会联合发布的《关于环境污染责任保险工作的指导意见》，对保险公司并无法律约束力。其中大部分内容是框架性指导建议，规定粗疏，并无具体实施细则，对侵权主体缺乏有效的环境污染事故责任追究制度。而各种低碳保险产品推陈出新，需要相应的法律制度对其进行规范和保障。

第二，政策支持单一。目前，部分试点省市给予了政策支持，但主要停留在给予投保企业保费补贴层面，缺乏税收以及风险保障基金等深层次支持措施，影响投保企业缺乏投保积极性，制约尚处起步阶段低碳保险的推广。天平保险尝试开发环保型车险产品，如根据行车里程和区域设计产品，给予行车里程少、行车区域固定的客户以更多的保费优惠，意在鼓励多乘公交，引导客户绿色出行。金盛保险在北京、天津、沈阳三个城市开展以“低碳生活从我做起”的少儿填图活动，引导少年儿童用实际行动维护生态环境。不仅如此，我国多个城市也已陆续建立了交通事故快速处理机制，利用交管部门技术信息优势参与事故快速处理，创造简捷化、快节奏、高效率的“节能”服务方式，大大降低了保险运营成本。

第三，低碳保险业务领域较窄。我国低碳保险业发展较为单一，销售形式简单，不能满足市场需求。同时，我国低碳保险业务的开展也仅仅是少数几家保险公司在低碳经营模式、环境污染责任险、绿色车险等方面的试点，覆盖范围狭窄，并未形成规模化经营。

第四，低碳保险产品标准不一、创新不足。低碳保险产品由各个公司开发、推出，保险业界并无统一标准，就环境污染责任险而言，在尚未有统一的环境污染损害赔偿标准前提下，保险公司在查勘、定损与责任认定上存在困难，灾害损失风险难以把控，这进而影响到环境责任保险的费率厘定和产品开发。我国还处于试点前述几种低碳保险的阶段，远不及国外对于碳交易保险、碳信用交付担保保险、太阳能电池组件性能保证保险、太阳能电站营业收入保证保险等保险的成熟应用。

通过以上对低碳保险现状的分析，能够在此基础上加以认真对待，得以完善，才能确保碳保险市场的有效发展与进步。

8.2.3 国外低碳保险业务创新的实践

低碳保险产品结合保险的对象和领域可分为两大类，第一类是根据低碳和环保相关特征而制定的不同费率的保险产品；第二类是专门为清洁技术和减排活动设计的产品。随着碳保险的发展，保护生态环境的呼声越来越高，各大保险公司纷纷推出以低碳为目标的碳保险产品，如巨灾保险和天气衍生品，以此满足碳金融的需求，规避天气变化造成的不良影响。同时，在碳交易过程中存在的政策变化、参与者的信用风险、整体经济态势、预先付款风险、价格波动风险、交付风险以及特定监督体制下碳信用是否合格、多边投资担保机构 MIGA，在东道国因特定政治事件发生致使违约行为发生时，为投资者所遭受的损失提供保险，等等，可通过碳保险进行补偿。由于保险机构的长期参与，不仅减少了长期碳市场中的不确定性，还降低了减排成本以及增强了气候变化的适应性，为综合性减排工具的推出奠定了基础。

8.2.3.1 美国碳保险产品的创新实践

美国注重低碳保险产品的经营和推广，在法律中进行了明确的规定。1970 年颁布的《清洁水法》规定，所有进入美国的船只必须投保责任保险，以保障该法规定的、由于石油污染海洋而应负担的责任。美国联邦环保局在有关危险废物储存、处理、处置的法规中也做出了强制保险的规定，要求管理者应为在这些设施的运行期间内、因危险废物的管理和操作所造成的对他人人身或者财产的损害购买保险。所有管理者都必须为突发性或事故性事件购买第三者责任保险。

美国的环境污染责任保险又称污染法律责任保险，是以被保险人因污染水、土地或空气，依法应承担的环境赔偿或治理责任为标的的责任保险。主要包括两个方面：一是明确被保险人因污染水、土地或空气等依法承担的环境损害责任保险；二是明确自有场地治理责任保险。前者承担被保险人因其污染环境造成邻近土地上的任何第三人的人身损害或财务损失而发生的赔偿责任；后者承担被保险人因其污染自有或者使用的场地而依法支出的治理费用。

美国保险公司为气候改变推出了新的险种，如“碳排放信用保险”“碳交易保险”等。在碳金融交易中，通过签订带有罚则条款的CDM项目合约，排放权卖方在到期没有达成减排额度时需要承担一定的赔偿责任。这种责任风险由排放权买方部分地转移到排放权卖方。保险公司为分担该类风险，对此进行承包。碳交易保险是指项目交易中存在许多风险，价格波动、不能按时交付以及不能通过监管部门的认证等，都可能给投资者或贷款人带来损失。因此需要保险或担保机构的介入，进行必要的风险分散，提供类似担保，以促进项目的流动性。碳交易保险可以同时为碳交易合同或者碳减排购买协议的买卖方提供保险。如果买方在交纳保险后不能如期获得协议上规定数量的CERs，保险公司将会按照约定提供赔偿；也可以为开发CDM项目的企业提供保险，如果企业在交纳保险后不能将具有很大开发潜力的项目开发为CDM项目，将会获得保险公司提供的CDM项目开发保险。

加利福尼亚消防员基金（保险公司）开发了绿色建筑置换及升级产品。这个产品为顾客提供保险，以确保他们在新型高能效和高水利用率住宅及现有建筑翻新方面的投资。包括使用以下绿色器材进行重建：有Energy Star评级的电力系统、达到LEED或Green Globe要求的内部灯光系统、高水利用率的内部管道以及符合Energy Star标准的屋顶及隔离材料，等等。

8.2.3.2 法国碳保险的创新实践

法国在低碳保险方面一直采取的是渐进方式，以自愿保险为主、强制保险为辅。在一般情况下，由企业自主决定是否就环境污染责任投保，但法律规定必须投保的，则应依法投保。例如，法国是1969年《国际油污损害赔偿民事责任公约》和1971年《设立国际油污损害赔偿基金国际公约》的成员国，因此，在油污损害赔偿方面采用强制责任保险制度，并将此写入了1998年5月颁布的《法国环境法》。根据规定，在法国港口注册、运输2000吨以上散装货物船舶之船主，如果无法证明他遵守上述公约规定为其船舶办理了足额保险或经济担保，不得容许其船舶从事商贸活动。

8.2.3.3 德国碳保险的创新实践

德国的环境污染责任保险采取强制责任保险与财务保证或担保相结合的制度。德国《环境责任法》规定，存在重大环境责任风险的“特定设施”的所有人，必须采取一定的预先保障义务履行的措施，包括与保险公司签订损害赔偿保险合同，或由州、联邦政府和金融机构提供财务保证或担保。该法直接以附件方式列举了“特定设施”，不管规模和容量如何，都要求其所有者投保环境责任保险。德国保险公司的赔偿范围只包括企业生产运营的意外事故导致的责任，且被害人必须提出索赔。对那些明知相关法律法规而不遵守，因而造成环境损害的不在赔偿范围内。德国的绿色保险制度对那些对环境不关心的企业即使投保也无法得到经济补偿。德国安联保险公司在欧洲推出专门针对全球变暖和可再生能源投资的保险产品。其中“绿色汽车保险”把客户一年的行驶公里数作为核定下一年保费的一个决定因素。

8.2.3.4 瑞士碳保险的创新实践

针对减排交易、低碳项目评估和开发活动中存在的许多内在风险，瑞士的一些金融机构提供相应保险产品来帮助应对碳的价格波动。瑞士再保险公司提供一种以减排购买协议合同为基础的实物交易碳保险产品，AIG 和 Marsh 提供覆盖所有传统风险及《京都议定书》相关风险的产品。瑞士再保险还创造了“具备或有上限的减排交易远期”，该保险产品覆盖了 EU 排放权买家所面临的对手及交付风险，以确保碳交易在一定的成本限度内完成。

8.2.3.5 日本碳保险的创新实践

东京海上日动保险股份有限公司从 1999 年开始推出了致力于恢复印度和东南亚国家红树林的环保保险项目，目前已接近其恢复 8200 公顷红树林的目标，这些红树林的恢复有效减少了沿海风暴所带来的损失，增加了世界固碳含量。

8.2.4 国外碳保险业务发展的经验启示

向低碳经济转型的过程中有大批传统产业改造、大量新兴产业成长，必将产生巨大的低碳保险需求。要通过对现有保险产品进行低碳化改造，开发新的低碳险种，大力开展产品创新。

（1）主动调整产品结构。

为适应低碳经济发展需要，深入分析险种经营情况，筛选淘汰部分不适应市场需要的保险产品，对传统保险产品进行低碳化改造，适应市场需求，增强吸引力，抢占市场先机。承保范围各国均有差异，但都呈现扩大的趋势。例如，在承保初期，各国对环境责任保险的承保范围做出限制，只对非故意的、突发性的环境侵权事故（如意外事故）所造成的人身、财产损害承担保险责任，而对累积性的污染损害则不予承保。随着环境责任保险市场的成熟，保险公司逐渐把累计性污染损害纳入承保范围。例如，法国自1977年成立污染再保险联营集团，承保范围由原来的仅限于偶然性、突发性的环境损害事故发展到反复性或继续性事故所引起的环境损害。在成立专业环境保护保险公司后，美国的承保范围也扩展为渐发、突发、意外的污染事故及第三者责任。综观各国低碳保险制度，鉴于各国发展水平、政府政策、市场环境不同，其各自的投保方式也不尽相同。对于大部分低碳保险，基于其商业保险的特征，大多采用自愿投保方式。在环境责任保险领域各国也略有不同。如前文所述，美国采用强制保险制度，是为了践行企业环保责任的需要。德国采用强制责任保险与财务保证或担保相结合，以财务保证或担保的方式来保障受害人。法国采用以任意保险为原则，强制责任保险为例外，更强调投保的自主性和自愿性。

（2）研发新型保险产品。

研发各类新型低碳保险产品，及时为新能源、新材料、新医药、生物育种、信息产业等行业提供保险服务，借鉴国外已成熟的制度经验，推出车险费率与环保指标联动的绿色车险、电话车险、环境责任保险、碳交易保险、碳排放信用保险等低碳险种。发达国家保险市场较为成熟，环保理念深入人心，低碳保险产品也易于被公众所接受，间接促进低碳保险产品的研发。例如，德国推出的专门针对全球变暖和可再生能源投资的保险产品，美国推出的碳排放信用保险及碳交易保险等。不断涌现的新型低碳保险产品揭示了低碳保险市场的巨大潜力，也进一步促进保险经济的发展。

（3）拓展环境污染责任险服务领域。

环境污染责任保险是以企业发生污染事故对第三者造成的损害依法应承担的赔偿责任为标的的保险。利用保险工具来参与环境污染事故处理，有利于分散企业经营风险，促使其快速恢复正常生产；有利于发挥保险机制的社会管理功能，利用费率杠杆机制促使企业加强环境风险管理，提升环境管理水平；有利于使受害人及时获得经济补偿，稳定社会经济秩序，减轻政府负担，促进政府职能转变。国际经验表明，实施环境污染责任保险是维护污染受害者合法权益、提高防范环境风险的有效手段。随着低碳经济的发展，科学技术的日新月异，环境污染风险范围已经不断变化，大型城市污水处理厂、核电站、新型生物医药企业不断涌现，为环境保护带来新隐患。完善环境污染责任险的条款，扩大保险范围，建立费率与安全环保管理水平挂钩的杠杆机制，强化企业责任，有效引导参保企业降低污染排放量。加快环境污染责任保险制度建设，是切实推进环境保护历史性转变的迫切要求，是环境管理与市场手段相结合的有益尝试。

（4）全力拓展森林保险、巨灾保险和天气保险，增加森林碳汇，降低极端气候变化的恶劣影响。

森林保险试点以来，仍然处于承保面低、规模较小、发展缓慢的现状。需要建立森林巨灾风险分散机制，创新森林保险险种，完善林业保险条款，提高保险保障水平。保险业是直接经营风险的行业，处于气候变化威胁的最前沿，因此应当采取积极行动，制定全面的应对气候变化战略，以适应和减缓气候变化。积极应对气候变化不仅关系保险业自身的发展，同时也是对股东和消费者负责任的体现。通过与同行、客户和政府合作，保险公司可以帮助社会防止气候变化对社会的最坏影响，还可以对减少温室气体排放的技术和行为变化发挥重要的激励作用。遏止温室气体排放造成气候变化，主要通过提高能源效率和增加无碳能源的使用。保险公司可以开发与气候变化有关的新保险产品。保险业一方面通过为绿色建筑设计、节能和可再生能源、环保汽车等项目提供新保险产品来规避气候风险，另一方面适应清洁发展机制对碳信用交割担保的需求，开发碳交易保险。如针对投资者或贷款人，因碳排放权交易中存在着许多风险，保险公司介入可以帮助其分散碳交易风险；对消费者进行激励和引导，鼓励他们降低温室气体排放量。

专栏 8 - 2　土耳其强制巨灾险和新西兰的巨灾保险体系

土耳其 96% 的国土位于地震带上，同时也是一个保险不发达的国家。全国只设立了一种地震保险，民众在办理房产登记手续或办理一些房屋必需品（水、电和煤气等）的合同时，政府就会强制民众对地震保险进行投保。2000 年土耳其成立土耳其巨灾保险联合体（Turkish Catastrophe Insurance Pool, TCIP），这是一个类似于基金的机构。TCIP 进行所有的巨灾保险的经营，将保单责任外包给保险公司，由保险公司进行保单的销售，保险公司则成为政府巨灾保险的中介机构，只能收取佣金。虽然这种巨灾险的模式由政府全权负责，导致保险公司失去自主性和市场性，但对于保险业欠发达的国家或地区，强制手段不失为以一种初步实践巨灾险的模式。

新西兰是地震高发的岛屿国家，也是巨灾保险开展比较成功的国家之一。地震保险在新西兰由地震委员会经营管理，在参保者进行财产、房屋以及车辆的投保时会强制保户进行巨灾保险的投保。巨灾保险的份额会被保险公司递交给地震委员会，随后由地震委员会建立专门的巨灾基金，另外，居民每年缴纳的火灾保险额也被纳入该基金。保险公司则采用相对市场的方式对巨灾保险进行社保，根据地区巨灾的历史记录以及发展趋势，对该地区的巨灾进行一个程度的估计，然后再对承保客户的投保进行审核，对 100 万以上新元的投保将有严格的限制。保险协会则在巨灾发生时，负责对信息进行收集整理，提供设备和资源，以及组织救援、定损、重建等工作。新西兰的巨灾保险模式已成为一个完整的体系，是值得借鉴的巨灾保险体系。

8.3 证券业碳金融业务创新

8.3.1 碳证券的相关内容

（1）碳证券的内容与形式。

碳证券是低碳企业在资本市场融资的表现形式，主要包括碳债券和碳资产证券化等多种形式，不仅能有效帮助低碳企业解决发展中的资金需求问题，而且将风险分散在众多的证券投资者身上。证券业的碳金融工具主要分为三类：一是股权类工具，包括股票、低碳指数、共同基金和交易所交易基金；二是固定收益类工具，即碳债券；三是其他工具，如绿色房地产基金、绿色基础设施基金等。

（2）碳债券。

碳债券是指政府、企业为筹集低碳经济项目资金面向投资者发行的、承诺在一定时期支付利息和到期还本的债务凭证，能够有效满足交易双方的投融资需求，满足政府大力推动低碳经济的导向性需求，调动社会各方面促进低碳经济发展。碳债券的核心特点是将低碳项目的 CDM 收入与债券利率水平挂钩。根据发行主体的不同，可以将碳债券分为碳国债和碳企业债券。碳债券的本质是一种债券，符合现代金融体系的运作要求，具备满足交易双方的投融资需求、满足政府大力推动低碳经济的导向性需求、满足项目投资者回报率低于传统市场平均水平的需求、满足债券购买者主动承担应对全球环境变化责任的需求。

碳债券具有鲜明的特点：一是它的投向十分明确，紧紧围绕可再生性能源进行投资；二是可以采取固定利率加浮动利率的产品设计，将 CDM 收入中的一定比例用于浮动利息的支付，实现了项目投资者与债券投资者对于 CDM 收益的分享；三是碳债券对于包括 CDM 交易市场在内的新型虚拟交易市场有扩容的作用，它的大规模发行将最终促进整个金融体系和资本市场向低碳经济导向下的新型市场转变。

发行碳债券有它一定的优势。第一，它可依托现有金融体系，在成熟的国债与企业债发行机制下引入碳债券，以最低的转换成本实现国内金融体系内低碳投融资产品的零突破，发挥金融行业在我国发展低碳经济下的重要推动作用。第二，碳债券金融产品的设计思路简单明了，易为投资者理解和接受，可满足社会对于低碳经济投资产品的需求。随着我国经济的发展与国民教育的深化，目前从党中央到地方政府，社会各界的环境忧患意识、环境保护意识和历史责任意识空前高涨，碳债券的推出能够在公民、政府的责任意识和切实行动间架起一座桥梁，符合社会经济发展的需要。

碳债券的推出同时对我国证券市场的发展也具有很强的现实意义。第一，发行碳债券将促进我国企业债券的发展，丰富债券市场交易品种，有利于企业债券市场的建设，有利于提高我国债券市场的完整性。发行碳债券还有利于金融创新，任何成熟的市场都是经历了先发展基础产品，之后再发展衍生产品的发展历程，有了碳债券，我们就可以进一步发展碳债券期货、混合债券期货，进而还可以发展期货产品，最终可以为投资者提供多样化的投资品种和风险对冲工具，促进我国证券市场持续健康地发展，反过来成为低碳技术乃至低碳产业发展的推动力，为低碳经济环境注入新的活力。第二，发行碳债券将唤醒人们的低碳经济意识。低碳经济的发展必然会冲击到当前社会的全部主体，尤其是包括企业在内的各种团体的经营活动，包括所有民众、家庭在内的生活方式，通过发行碳债券相当于在广泛的社会群体间普及低碳经济发展理念，是对人类社会发展的重大贡献。第三，发行碳债券将推动整个金融生态环境的改变，最终形成与低碳经济发展相适应的碳金融环境。以碳债券作为突破口，将逐步改变现有的金融监管、财政税收、会计核算与项目评价等制度体系，优化投资主体的融资结构，引导包括企业、社团、家庭和民众投资观念的转变，进而催生碳金融投资工具的多样化，最终实现与低碳经济发展相适应的碳金融环境。

（3）碳资产证券化。

狭义的碳资产可以理解为企业因节能减排获得的 CERs（核证的二氧化碳减配额），以及因采取节能减排技术而节省的资源、能源消耗成本。碳资产证券化的对象是狭义的碳资产，即 CERs。证券公司通过购买低碳企业生产的碳资产，并以其预期的现金流为支撑在金融市场上发行有价证券融资，就是碳资产证券化。碳资产证券化不仅解决了低碳企业发展中的资金需求，而且也为证券公司带来了经济利益。碳资产证券化包括多种创新性环保证券化技术，包括森林债券、生态证券化试点项目以及低碳抵押贷款支持证券。曾经出现过一种森林债券，其目的是为一个位于巴拿马的大型森林再造工程融资。该工程将会阻止运河两岸水土流失来改善巴拿马运河的水流管理和运输。这一项目的再保险人将承销这个 25 年期的债券，经常使用该水路的公司（如沃尔玛）将会购买这些债券。森林债券的长期性被认为能够有效匹配传统投资者对长期资产的需求。

微风债券是碳资产证券化产品的典型代表。在 2006 年之前，CRC 对冲基金的能源基金收购了 430MW 的德国和法国风力发电设施。CRC 建造了这些设施，所需的资金由一家银行借贷提供。一旦这个组合完成，这家基金把这个项目出售给 CRC 微风债券的特殊目的机构 SPV，这家机构发行了 4.7 亿欧元的资产抵押证券，这是由证券市场提供融资的首次国际可再生能源项目。

碳资产证券化也有它一定的流程，具体做法可以说是证券公司作为一家特殊目的机构（SPV），购买节能减配企业的碳资产，即 CERs；然后将这些碳资产汇集成资产池，再以该碳资产池所产生的预期现金流（出售 CERs 所获得的收入）为支撑在金融市场上发行有价证券融资，最后用资产池产生的现金流来清偿所发行的有价证券本金和利息。另外，由于节能减排企业最终能否获得 CERs 或能否获得足额的 CERs 具有一定的不确定性，所以获得 CERs 现金流有一定的风险。投资者的风险偏好各不相同，有的投资者对风险比较厌恶，而有的投资者比较偏好风险。证券公司可以发行结构化的碳资产抵押证券，满足不同风险偏好的投资者。

8.3.2 国外证券业碳金融实践

（1）世界银行的绿色债券。

世界银行的绿色债券是从固定收益投资者那里筹集资金，用以支持有益于减缓气候变化进程的项目，或者帮助由于保护环境而利益受到影响的人们适应新的低碳生产方式。该债券是由世界银行委托瑞典北欧斯安银行设计的，目的是为满足需要投资于 AAA 级别固定收益证券的投资者需求。2008 年以来，世界银行已发行超过 20 亿元的绿色债券。绿色债券的发展前景良好。虽然短时间内新能源技术的成本大于化石燃料，此时需要碳债券的资本扶持低碳企业；但在将来的某一时点，化石燃料储量降低，价格趋于升高，而新能源技术在不断进步，成本降低，此时获得的收益将用于偿还投资者的本金。

绿色债券在支持项目方面有着自己的特点。绿色债券获得支持可以通过努力减少或避免碳排放的项目，包括为减轻温室气体排放对电厂和输电设备进行的改造；太阳能和风能发电厂的建设；对有明显减排效果的新技术的资金支持；运输业效率的提高（包括替代燃料的使用和水路运输），废品回收与垃圾处理（抑制沼气泄漏）和节能型楼宇建设，通过造林和防范毁林进行的碳减排活动。对于无法避免的需要加强管理的项目提供资金支持，包括预防洪水（包括造林和流域管理），食品安全改进，建设有抵抗极端天气能力的农业系统，可持续发展的林业管理和防止无序采伐森林。按照以上特点和已有标准，预期可以得到世界银行绿色债券支持的项目包括投资于中国大中型企业的提高能效的项目，在中国农村使用可替代性能源的项目，例如沼气池的使用和其他生物能源的利用，在中国西南部地区的公众建筑内安装太阳能供热系统等提高能效的设备；提高阿根廷的可再生能源的使用比例；对墨西哥的碳减排综合治理，例如水土保持。

世界银行已经发行了十几种绿色债券，其中第一支债券是比较重要的一种。世界银行发行的第一支绿色债券是较小额度、面向私人投资者的债券。2007 年 12 月，世界银行通过荷兰银行发行了以欧元计价，6 年期，面向荷兰、比利时和卢森堡的名为“Eco3 + bonds”债券。这种债券支付浮动利率，但是年利率至少为 3%。年利率与股票指数相关联，即荷兰银行的生态价格回归指数，这种指数是根据生产可替代能源的公司（如从事水电和垃圾回收的公司，或者根据减轻环境污染的公司）的业绩来制定的，可以说世界银行在绿色债券实践方面有着自己独创的一面。

（2）欧洲投资银行的碳债券创新实践。

欧洲投资银行碳债券实践首先突出表现在它发行了几支环境债券，是其他银行无法比拟的。欧洲投资银行的第一支环境债券，发行于2007年，是一支五年期零息债券，总额为6亿欧元，由德国德累斯顿银行发行。筹集的资金已经用于在欧洲投资可再生能源和提供能源效率的项目。在2009年，欧洲投资银行发行了第二只气候债券，以瑞典克朗计价，主要针对斯堪的纳维亚半岛的投资者。债券发行总金额为22.5亿瑞典克朗，2015年2月17日到期。其中17亿瑞典克朗为固定利率，年息2.95%；5.5亿瑞典克朗为浮动利率，每3个月付息一次，利率为3个月瑞典银行同业拆借利率加上10个基点，这些都有效为能源提高效率，带动产业的发展。

（3）美国政府的可再生能源债券。

美国财政部在2009年的经济刺激计划中确定发行绿色债券融资22亿美元，用于开发可再生能源。这些清洁可再生能源债券为可再生能源项目提供低息贷款，为其开辟了新的融资渠道。这种债券和税收抵免的效果相似，区别仅在于债券作为一种融资方式，倾向于扶持那些计划在或正在筹资建设的新项目，例如太阳能或者风电企业。一般来说，债券发行者需要支付利息，但是在这种清洁可再生能源债券模式中，联邦政府以税收抵免的方式对债券持有人支付利息。

（4）标准普尔与点碳公司合作开展的碳债券服务。

2011年夏季，标准普尔推出了一项服务，即评估一项碳减排工程预期能产生碳减排信用的可能性和数量，同时评估环境债券潜在的市场。标准普尔的碳交易市场领导迈克·威尔金表示："这项服务的目的是评估碳减排信用的交付能力，包括交付数量和交付时间。"标准普尔是与点碳咨询公司共同合作开发这项服务的，目前的做法是采用1～6的级别而不是AAA+到D-的评级法。对项目评级的依据是点碳咨询公司提供的数据。评级的结果对于碳信用买家、卖家进行风险分析很有用处，他们很愿意购买风险评级结果；债券发行人也会比较关注针对拟发债公司的评级结果。

（5）国际金融公司（IFC）发行的支持中国CDM项目的人民币债券。

IFC于2011年1月25日在香港发行了第一只以人民币计价的债券，用于支持中国的清洁能源技术。债券的发行意味着从离岸金融市场筹资支持中国CDM项目获得了成功。这种年利率为1.8%的五年期债券筹集了1.5亿元人民币（约2300万美元）资金，用以支持开发提高能源利用率和减少温室气体排放的新技术。这笔资金将用于帮忙北京神雾热能技术有限公司生产自主研发制造的蓄热式高温空气燃烧炉。这种燃烧炉可以减少能源消耗，并将产生的二氧化碳用于钢铁和石油化工生产。通过这种中期债券的发行，可以使那些不能直接进入资本市场融资的重点环保项目也能得到资金扶持。

IFC 公司为神雾公司提供的贷款预计每年可减少 165 万吨的二氧化碳排放量，并可为北京和湖北省的贫困地区提供 600 个就业岗位。作为长期的投资者和顾问，IFC 还将帮助神雾公司了解全球最佳的工业实践，并和其他私人公司共同分享成功的经验。因此，IFC 不仅为神雾公司提供了长期的资金和强大的信誉保障，也使神雾公司更好地了解了全球清洁技术领域的标准和最新信息。

（6）挂钩碳排放权的债券。

投资银行和商业银行开发了与减排单位挂钩的结构性理财产品，挂钩的对象可以是现货价格、原始减排单位价格、特定项目的交付量等。自 2007 年 4 月起，荷兰银行、汇丰银行、德意志银行和东南亚银行等几家外资和中资的深圳发展银行先后在市场发售了“气候变化”为主题的结构性理财产品，呈现如下几个方面的特点：一是挂钩标的多为气候指数、气候变化及与气候变化相关的一揽子股票；二是支付多款多为看涨类结构，即挂钩标的涨幅越大，产品的收益率越高；三是投资门槛从 1 万元外币到 15 万元人民币变化不等；四是受全球金融危机爆发和碳原生金融工具价格技术回调影响，自 2008 年中后期以来呈一路下跌趋势，从而导致了部分结构类产品挂钩标的与支付条款的错配，到期取得了零收益或负收益，但是深圳发展银行的两款结构性碳债券产品却取得了较高的收益率。

专栏 8－3　政府及有关组织发展碳债券

1. 美国国会提出筹建绿色银行

2009 年 3 月，美国国会议案提出筹建“美国绿色银行”，用以对清洁能源和提高能源利用率的项目进行资金支持，资金来源由美国财政部发行绿色债券来解决。议案还提出美国财政部应首期发行 100 亿美元的绿色债券，为绿色银行筹资。

2. 英国政府计划发行绿色债券

英国政府于 2010 年 6 月公布了气候融资计划草案，提出了“提供确定性和激励机制，吸引私人部门投资绿色技术”的绿色投资银行的设计框架。该草案还计划发行绿色债券。

英国的气候变化资本集团提出发行环境债券的建议。气候变化资本集团一直主张由经合组织各国政府发行与第二次世界大战期间的战争债券相似的“环境债券”或“绿色债券”。这些债券将被投资于可再生能源和低碳工业项

> 目，为投资者提供收益不算太高但是比较安全的回报。
>
> 3. 加拿大发行绿色债券计划
>
> 2009 年 1 月，一个有影响力的加拿大环保组织 Power UP Canada（由四名前总理支持）呼吁发行一个 410 亿美元的绿色刺激计划，由政府发行绿色债券。绿色债券将仿照现有的加拿大储蓄债券模式，并会支付相同的利息。
>
> 4. 爱尔兰关于绿色债券的提议
>
> 爱尔兰可持续发展委员会提议建立一个新的爱尔兰绿色交易机制，通过征收碳排放税（4 亿欧元/年）和拍卖碳排放权（2013 年以前不会实行）以及发行绿色债券来完成筹资，支持低碳经济发展。
>
> （5）联合国支持发展中国家碳排放债券的建议
>
> 联合国根据《公约》制定了支持发展中国家发行碳减排债券的建议。UNFCC 主席曾发表过多次讲话，提议由发展中国家发行绿色债券，由发达国家的投资者购买债券，债券收益来源于销售温室气体减排额实现的收益。

（7）碳排放权的货币化。

CDM 项目交易属于远期交易，项目成功后通过出售所获减排额获得回报。而 CDM 项目的开发期一般都比较长，这使得项目的投资或贷款缺乏流动性。为充分利用项目资金，投资者或贷款人被允许将其未来可能获得的碳减排权证券化，以提高流动性。不过，这种证券化由于相关法规的缺乏目前还未大规模开展。

8.3.3 国外证券业碳金融实践的启示

（1）加强结构化碳资产证券的需求。

结构化债券一般具有优先级和次级两个级别。有时根据需要可以设置子级别，当遇到突发事件时，将使用资产池的资金优先清偿优先级债务，如有剩余再清偿次级债务。信用等级可分为 AAA、AA、A、BBB 等。偿付的顺序一般为：优先级的利息部分；次级的利息部分；优先级的本金部分；级次的本金部分。比如，一个碳资产债券面值 1000 万元，其中优先级为 500 万元，次级为 500 万元，按年付息，优先级利率为 4%，次级利率为 6%。假设第一年 CERs 收入为 100 万元，那么按照偿付顺序，现金流将分配如下：偿还优先级利息部分为 500 万元 ×4% =20 万元；偿还次级利息部分为 500 万元 ×6% =30 万元；偿还优先级本金部分为 100 - 20 - 30 =50 万元。这样一来，优先级债券的持有者能够短时间内收回投资，但是利息较低；而次级债券的持有者将在较长时间内收回成本，且面临较大的违约清偿风险，但是利息较高。结构化的碳资产证券比一般的碳资产证券更能够适应市场的需要，满足不同流动性偏好、风险偏好的投资者。

（2）大力支持低碳 IPO。

低碳 IPO（Intial Public Offerings，IPO）是指证券公司帮助低碳企业公开向投资者发行股票，募集发展低碳项目的资金。由于中国证券市场上提供给企业上市的名额有限，按照正常发行审批速度，很多有潜力的低碳企业将会错过发展机会，因此，证券公司应该积极地为那些低碳企业公开发行低碳证券和上市建立绿色通道。利用国外市场对低碳环保、碳金融、清洁发展机制的支持，选出一批发展潜力大、成长好的企业，去国外市场上市。证券公司也可以以此加大股票承销收入，拓宽收入渠道。

（3）投资碳市场。

在碳交易的二级市场，证券公司可重点关注低碳经济板块的上市公司，例如环保行业、节能减排行业、清洁能源行业，尤其是风能、太阳能、地热、潮汐、生物质能、水电、核电等。随着碳金融市场的不断发展和国家对低碳行业的大力支持，这些企业将来会有很好的表现。另外，证券公司还应积极关注那些尚处于发展期的非上市公司的节能减排企业，作为种子投资，帮助被投资企业开发 CDM 项目，获取碳交易收入；待时机成熟，以上市或股权出让的方式退出投资。除了投资企业，证券公司还可以直接参与碳交易，比如从国内节能减排企业中买入 CERs，然后直接或经过打包处理出售给国外需要额外二氧化碳排放配额的买家，赚取差价。

通过这些创新业务，证券公司不仅可以提高自营业务的收入，还可以拓宽资产管理业务的投资渠道，增加资产管理规模，从而提高管理费用收入。

【本章小结】

本章分析了国外三大银行：荷银集团、花旗银行以及渣打银行的碳金融业务的实践；介绍了美国、法国、德国、瑞士及日本的碳保险的创新实践；综合了世界银行的绿色债券、美国政府的可再生能源债券、欧洲投资银行的碳证券创新实践；最后阐述了国外银行业、保险业、证券业的碳金融业务的发展对我国碳金融服务业的借鉴及启示。

参考书目

［1］齐安甜，曹爱红．环境金融［M］．北京：中国经济出版社，2012.

［2］蓝虹．碳金融与业务创新［M］．北京：中国金融出版社，2012.

［3］郭濂．低碳经济与环境金融：理论与实践［M］．北京：中国金融出版社，2011.

［4］郭福春．中国发展低碳经济的金融支持研究［M］．北京：中国金融出版社，2012.

［5］李志辉．中国开发性金融理论、政策与实践［M］．北京：中国金融出版社，2010.

［6］鄢德春．中国碳金融市场建设［M］．北京：经济科学出版社，2010.

9 全球主要碳金融交易市场

9.1 全球碳金融交易市场的发展现状与趋势

9.1.1 全球碳金融交易市场的发展现状

在全球气候变暖日益严峻的背景下，解决气候问题成为全人类目前面临的最大环境问题。随着《京都议定书》的正式生效，世界各国纷纷加入到碳金融市场的建设中去，尽管部分国家和区域未加入《京都议定书》，但都制订自身的减排立法，形成各有特色的碳排放交易体系。

碳交易市场又称碳排放交易市场、温室气体排放权交易市场，或以碳排放权交易为实质的碳信用市场。世界银行（2004）在研究报告中将碳市场定义为减排市场的集合。碳交易市场的核心是碳排放权交易，是指根据各国政府在对《京都议定书》减排承诺的前提下，对本国企业实行二氧化碳排放额度控制，并同时允许其进行交易。

碳交易市场结构包括一些地区性、国家或地方性减排单位交易体系。按照碳交易涉及的范围，碳交易市场又可分为国际级碳交易市场，国家级碳交易市场，州、市级碳交易市场以及零售碳交易市场。这几种市场模式不是完全隔离的，国家市场是各国在获得国际分配排放量后，再把该排放量以排放许可证形式分配给国内排放者，持有许可证的排放者在国内进行交易，由于减排信用的交易行为大多超出了国家界限和区域界限而扩展到世界范围。碳交易的国际市场是目前市场的主要形态，国家市场作为国际市场的雏形，是国际市场不可分割的组成部分。

全球主要碳交易市场共有四个：欧洲的欧盟碳排放交易体系（EU ETS）、英国的英国排放权交易制（UK Emissions Trading Group，ETG）、美国的芝加哥气候交易所（Chicago Climate Exchange，CCX）以及澳大利亚新南威尔士温室气体减排交易体系（NSW GGAS）。其中欧盟的碳交易市场在全球最为完善。2009 年在全球 1440 亿美元碳交易额中，欧盟市场就占到 1180 亿美元。欧盟和澳大利亚交易体系为强制性排放交易机制，而英国交易体系和美国芝加哥交易所为自愿性温室气体排放权的交易。尽管美国、加拿大等发达国家单方面退出《京都议定书》，但不影响其制定碳减排政策和碳交易计划。如 2006 年 8 月，美国加州通过了《全球温室效应治理法案》（Global Warming Solutions Act）；2005年12月，美国东北部各州签订了区域温室气体倡议框架协议（Regional Greenhouse Gas Initiative，RGGI）；2007年美国西部的亚利桑那、加利福尼亚、新墨西哥、俄勒冈和华盛顿等五个州成立了西部气候倡议（Western Climate Initiative，WCI）；2006年7月，加拿大与美国芝加哥交易所共同成立了蒙特利尔气候交易所。同时中国、新加坡、日本、印度及韩国等国家也相继出台了交易体系与相关法案。在2013年全球更成立了9个新的交易市场，其中5个在中国，分别是：北京、上海、天津、深圳和广州的碳交易市场，另外4个分别在美国、瑞士、哈萨克斯坦和加拿大魁北克，大大推动了国际碳金融市场的发展，为碳金融市场走向成熟奠定了基础。

推动国际碳金融市场发展的动因首先是国际碳金融交易的法律与制度协议，即减少温室气体排放的国际公约，而各国政策扶植和民间碳金融的兴起，则为其发展提供了动力。

国际的碳金融交易的法律与制度协议主要是《联合国气候变化框架公约》和《京都议定书》，前者规定了附录I中所列国家在2008—2012年的温室气体减排目标，要求实现2012年底的温室气体排放量较1990年的水平降低5.2%，并规定了各国所需达到的具体目标，即欧盟削减8%，美国削减7%，日本和加拿大削减6%。后者主要规定了三种市场机制来降低各国实现减排目标的成本，分别是：发达国家间的联合履约机制（JI）和国际排放权交易（IET），以及发达国家和发展中国家间的清洁发展机制（CDM）。2005年2月，《京都议定书》正式生效。这两个国际公约推动了碳金融市场的发展，并为其奠定了制度和法律基础。

以欧盟为首的各国政府积极应对气候变化，直接推动了碳金融市场的建立和发展。2005年1月，欧盟正式启动温室气体排放交易体系（EU ETS），成为世界上第一个国际性排放权交易体系，紧接着澳大利亚、新西兰、日本等国也先后出台了一系列鼓励碳排放权交易的动议和法规。

在《京都议定书》正式生效之前，一些国际组织、交易所和企业已经开始了排放权交易的尝试，其中包括加拿大不列颠哥伦比亚省温室气体排放权交易试验、澳大利亚的悉尼期货交易所温室气体排放权交易、英国排放交易体系、美国芝加哥气候交易所以及一些企业（如英国石油公司和壳牌石油公司）内部的交易体系等。这些交易体系是碳金融市场的萌芽，但在正式生效之前，这些市场大多带有实验性质，而且建立在自愿的基础之上，缺乏强有力的政策约束，因而交易规模相对较小，发展也相对缓慢。在《京都议定书》生效之后，这些市场逐步得到了规范性的发展。

目前，碳金融市场的总体发展是交易日趋场内化，产品种类日益丰富，规模不断扩大，市场融合程度增加，主要表现为以下几个特点：第一，总体规模持续增长，但结构不平衡明显。据2009年统计，全球碳市场交易量较2008年增加80%，市值达1437亿美元，较2008年增加6%。从市场构成来看，受益于欧盟交易体系的扩展，国际排放权交易正式运行以及RGGI交易体系的扩大，配额市场规模加速增长，但项目市场严重萎缩。第二，碳排放权价格经历大幅波动后趋于平衡，市场价格联动性增强。EU ETS交易的EUA成为主导全球碳交易市场走势的重要指标，引导原始CER和二级市场的CER价格的变动。第三，国际碳金融交易市场逐步整合，走向规范化和集中化。通过政策上设置市场“关联”机制、登记平台互联等措施，以及交易所标准化交易合约的推出，碳金融市场的一体化程度逐步提高。“关联”机制增加了碳指标的替代性和跨市场的流动性，市场分割程度有所缓解。交易所场内交易日益增加，场外交易份额萎缩。

9.1.2 碳金融交易市场的发展趋势

影响碳金融市场发展的最大不确定性来自于全球气候政策合作以及各国的态度。主要呈现两大趋势：

从短期来看，全球经济处于低迷状态，对碳金融市场的发展存在负面影响。全球经济危机导致碳排放权价格大幅下跌，而企业的流动性约束、经济不景气时期减排项目成本的相对提高、能源价格的下跌等，使2008—2012年期间的减排需求下降。

从中长期看，政策走势制约了碳金融市场中长期发展。2009年12月《哥本哈根协议》承认发达国家实行强制减排和发展中国家采取自主减缓的行动方向，然而它不具有法律约束性，对于京都协议到期后的全球合作未能给出清晰的规划，应对气候变化所形成的国际公约体系面临严峻的挑战。主要发达国家开启碳减排立法进程，但结果仍充满不确定性；发展中国家立法进程相对滞后，给市场的指引和信号不够清晰。

从总体上看，国际气候合作问题充满利益冲突与博弈。从长期来看，减排是应对全球气候变暖的必然选择，而节能减排带来经济转型的巨大机遇，则是任何一个国家所不容忽视的。在各国局部范围内，无论是排放权交易还是针对减排而实施的投资和融资体系也将迎来新的扩张和发展。

9.2 欧洲联盟碳排放交易体系（EU ETS）

9.2.1 欧盟碳排放交易体系的背景

欧洲联盟（European Union）简称欧盟，是根据《欧洲联盟条约》，于1993年正式成立的。它是集结政治和经济于一体的区域性国际组织，在世界上具有举足轻重的地位。目前欧盟成员国已达28个，以英国、法国和德国为首的欧盟曾经一度影响了世界的经济发展，其政治体制成熟，经济水平发达，法律制度完善，科学技术先进，尤其是在环境金融、能源金融等方面走在了世界前沿。在全球气候变暖的背景下，21世纪低碳经济将成为世界主流，碳金融也成为各国重视的尖端领域，早在1990年，欧盟就实施了THERMIE能源支持计划，鼓励新能源，减少因能源问题对环境造成的影响，同时开征能源税收，提高能源利用率。而欧盟更是世界上第一个可以进行碳排放权跨国交易的区域。尤其在2001年美国总统单方面宣布拒绝批准《京都议定书》之后，很长一段时间，欧盟的政治核心问题一直围绕在气候变化和相关法案落实上，欧盟能够迅速以高姿态应对美国事件，全体一致通过排放权交易法案，在全世界起到了表率作用，减少了消极影响，并敦促各国尽快批准《京都议定书》。

为了推动整个《京都议定书》的落实，2000年欧盟发布了第一个气候变化方案《温室气体绿皮书》。2001年提交建立温室气体排放权交易体系的草案。2002年，正式批准了《京都议定书》。2003年正式颁布了《欧盟温室气体排放配额交易体系指令》Directive 2003/87/EC（简称EU ETS）。2005年1月1日，正式实施欧盟温室气体排放交易机制。2007年对EU ETS进行了修改，扩充了交易气体类型，大大改善了欧盟交易体系的功能。为碳金融奠定了法律基础，促进了欧盟低碳经济的飞速发展。

9.2.2 欧盟碳排放交易体系的发展历程

欧盟碳排放交易体系，由2005年发展至今已经走过了8年的时间，已经成为全球最具规模，最为成熟的碳交易体系，它的交易机制与《京都议定书》中的温室气体排放权交易机制是一致的，在国际交易市场上起到了示范的作用。

根据《京都议定书》中第一阶段碳排放量减排目标规定，欧盟温室气体减排目标为2012年排放量应在1990年排放量上减少8%，EU ETS分为以下几个阶段来实现碳排放减排目标：

（1）筹备阶段（2003—2005年）。

该阶段主要颁布了《欧盟温室气体排放配额交易体系指令》Directive 2003/87/EC指令，确定了欧盟各成员国以国家分配（NAP）的形式给企业分配排放配额（EUA），利用定量和交易的方式限制工业企业碳排放量，为欧盟碳排放交易体系成立奠定了基础。

（2）探索实验阶段（2005—2007年）。

这是欧盟交易体系的第一个交易期，主要是为第二交易期做准备，交易范围局限于欧盟成员国内部，其交易对象主要包含了碳排放量较大、能耗较高的能源企业及部分工业企业（如电力业、钢铁业、制造业等），约覆盖了11500家企业。本阶段欧盟碳排放量目标为22.98亿吨CO_2e，各国排放配额95%以免费形式进行分配，剩下的5%以竞拍的形式获得（见表9－1）。每年分配一次，各成员国再根据企业上一年的碳排查结果和实际排放量分配相应的排放配额，超出配额的企业每超1吨CO_2e，将处以40欧元的罚款，超出配额企业可向低于配额企业进行购买多余的排放量，以减少自身的减排成本。每年剩余的配额可以滚入下一年进行交易，但是不能带入第二阶段的交易期，即不得跨期储存和借贷。然而由于体系交易初期，尚有很多未考虑周全的因素，导致了排放分配的配额过量，很多企业实际的碳排放量未达到配额，市场出现了严重过剩的现象，也影响了EUA价格，EUA价格曾跌至1欧元以下，导致了欧盟交易体系第一交易期交易市场较为冷淡，大部分成员国都无压力地完成了减排目标。但此阶段还是成功地创建了一个碳交易体系、碳定价等成果，促进了欧盟国家利用可再生能源替代不可再生能源，环保意识大大增强，总体排放量也有所下降，同时也为全球碳金融交易体系的建立提供了很好的借鉴。

表9－1　EU ETS第一交易期欧盟主要国家的配额计划

国家	法国	德国	意大利	荷兰	波兰	西班牙	英国	总计
京都目标（与标准年本比变化%）	0	－21	－6.5	－6	－6	＋15	－12	
配额（10^6吨CO_2e/年）	156.5	499	223.1	95.3	239.1	174.4	245.3	1686.7
占ETS百分比（%）	6.8	21.7	9.7	4.1	10.4	7.6	10.7	71

资料来源：世界银行。

（3）承诺阶段（2008—2012年）。

这是欧盟交易体系第二个交易期，这一阶段刚好与《京都议定书》第一个减排承诺期重合。其交易对象在原有的基础上扩充到了航空业及硝酸制造业N_2O的排放，且交易范围也从欧盟27个成员国扩充到爱尔兰、列支敦士登和挪威。本阶段的排放量目标为20.86亿吨CO_2e，比2005年第一交易期降低了6.5%。实行90%的配额通过免费分配的方式，而通过竞拍形式获得配额的比例提高到了10%，同时对超出配额的企业每超1吨处以100欧元的罚款。且第二交易期的碳配额可带入下一交易期，即可跨期储存，但仍不可跨期借贷。除此之外，欧盟企业也可在欧盟外进行碳减排，可选择CDM和JI项目，与发展中国家合作，提供减排技术获得的碳排放权，从而囤积欧盟内碳排放配额，从中获利，让许多欧盟企业更加积极投身于碳金融的发展。

在第一交易期的基础上，第二交易期的配额分配（见表9－2）相对合理，但是受2008年经济危机影响，欧盟经济集体下滑，配额碳排放量仍高于实际碳排放量，相对来说，欧盟企业减排也无太大压力。根据2010年4月1日欧盟公布的2009年最新的碳排放数据，2009年欧盟排放量总额为18.87亿吨CO_2e，比2008年下降11%。尽管市场需求弹性较大，但碳价格波动相对稳定，反映了欧盟的交易商看好未来稀缺的碳资源。逐步为碳排放额实行不免费机制奠定了基础。在2008年1月23日，欧盟提出了《气候行动和可再生能源一揽子计划》，已经开始搭建EU ETS第三交易期的框架，第三交易期体系结构将扩大，意味着欧盟的减排目标在第三交易期中也将有所上升。

表9-2 EU ETS第二交易期欧盟主要国家的配额计划

国家	法国	德国	意大利	荷兰	波兰	西班牙	英国	总计
京都目标（与标准年本比变化%）	0	-21	-6.5	-6	-6	+15	-12	
配额（10^6吨CO_2e/年）	132.0	451.5	201.6	86.3	205.7	152.2	245.6	1474.9
占ETS百分比（%）	6.3	21.6	9.7	4.1	9.9	7.3	11.8	70.7

资料来源：世界银行。

（4）后京都阶段（2013—2020年）

欧盟交易体系的第三个交易期，减排目标为在1990年碳排放量的基础上减少20%，取消原来的国家分配方案，实行整个欧盟机制下的排放总量限制，在排放总量的前提下，各成员国依据协调原则进行分配。此阶段囊括了更多的交易对象，除第一交易期所涉及的发电、玻璃、炼油、炼焦、钢铁、水泥、石灰、制砖、陶瓷、纸浆和造纸10个行业外，还将包括第二交易期确定的航空与航运、石油化工、制氨业（N_2O）和制铝业（PFC_S）。虽然农业与垃圾处理业未列入减排限定额度行业，但也要求农业与垃圾处理行业的温室气体减排，实现到2020年比2005年减少10%的目标。随着欧盟非成员国加入EU ETS机制，配额也将在欧盟非成员国外进行分配。而排放配额的比例也有所调整，2013年，免费分配配额的比例为50%，另50%的配额通过拍卖的形式获得；预计到了2020年，免费分配配额比例将下降到25%，75%的配额都是通过拍卖获得，逐步形成配额拍卖比例达100%的模式，但仍有个别特殊行业，仍可获得免费配额分配，如铝业参与全球竞争行业。而电力行业由原来完全免费分配配额发展至100%以拍卖配额方式获得，另外，总配额中的5%将预留给新加入的企业或行业，如果新加入者一直未得到分配，这5%将流入市场进行拍卖。而这一阶段，也建立了更加严格的监测体系、报告机制和核证程序，以保证EU ETS的完整性，确保各成员国实施富有成效的减排行动。

EU ETS对于CDM和JI项目产生的碳信用，管制非常严格，对于低成本的CER和ERU不利于实现减排目标，从2013年，原有的项目可继续，但新签订项目只允许不发达国家签订，如要与发展中国家合作需签订减排信用协议。

欧盟欲建立成为一个全球性的碳排放权交易体系，积极与其他排放交易体系对接，扩大自身的影响力，减轻成员国的减排压力的同时也完成了《京都议定书》中的减排目标。未来还将完善机制，长期规划，扩大规模，逐步发展成为具有世界“话语权”的碳排放交易体系。

9.2.3 欧盟碳排放交易体系的交易平台

碳排放交易体系中的交易平台也称为交易所，它的主要功能是为排放权交易提供场所、设施及相关服务。欧盟碳排放交易体系中主要交易所包括以下几个。

（1）欧洲气候交易所（European Climate Exchange，ECX）。

欧洲气候交易所成立于2004年，原是美国芝加哥气候交易所全资的一个子公司，与伦敦国际原油交易所（IPE）合作，控股51%。成为首个欧洲温室气体排放交易市场。其交易的碳金融产品包括两大类：一是以欧盟碳排放配额为基础的现货合约、期货合约和期权合约，二是以核证减排额为基础的现货合约、期货合约和期权合约。欧洲气候交易所碳金融合约都是标准化交易产品，一般不包括非标准化的远期合约产品。欧洲气候交易所碳金融合约的市场份额较大，超过了欧洲整个场内碳金融产品交易额的80%。

欧洲气候交易所的交易包括现货和期货，并且以欧盟碳排放配额现货交易为主，其结算方式采取逐日交割的方式，即每天交易完成后产生一个清算价，第二天按照清算价进行实物交割。其中欧盟碳排放配额现货合约具体条款如表9－3所示。

表9－3 欧洲气候交易所欧盟碳排放配额现货合约

交易单位	一手为1000单位二氧化碳欧盟碳排放配额，其中每单位欧盟碳排放配额代表排放1吨二氧化碳当量温室气体的权利
最小交易量	1手
报价单位	欧元/EUA
最小变动价位	0.01欧元/EUA
涨跌停板幅度	无限制
合约日期	合约为逐日合约，每一天仅上市一个合约
交割义务	交易所发布清算会员可以接受和交割排放权的注册系统名录
交易系统	可以在洲际交易所期货电子交易平台（WebICE），或其他授权的独立软件销售商交易

续上表

大宗交易	本合约允许大宗交易
交易时间	英国本地时间 7:00－17:00
清算价格	在每日收市期（16:50－16:59）
增值税及其他税项	英国退税局已确认会员与洲际交易所、欧洲清算所之间的排放配额现货合约交易已得到临时批准，按照终端市场法案，增值税率为零
交割	所有合约采取实物交割，交割过程中欧盟排放权从卖方清算会员所在注册系统的个人持有账户转移到洲际交易所欧洲清算所注册系统的个人持有账户，然后再转移到买方清算会员所在注册系统的个人持有账户，初始阶段，注册系统仅限于英国注册登记系统。交割于交割期内在清算会员和洲际交易所欧洲清算所之间进行，交割期从合约日 18:30 开始，到合约日后第二日 19:00结束，交割延迟和失败按相关条款规定处理
清算及合约保证	洲际交易所对所有交易充当中央对手，担保以其会员名义注册的洲际交易所期货合约的财务状况
保证金与支付	洲际交易所欧洲清算所按照如下办法收取买方或卖方担保： 买方在交易日次日 9:00 前交付合约价值全部货款，合约价值利用交割清算价乘持仓数量计算。另外，单独的变动保证金需要根据交割清算价与交易价格之差反映的收益或者亏损进行调整； 卖方需要在交易日次日 9:00 前支付卖方担保，卖方担保应占交割清算价与持仓数量乘积的一个比例。交易日后的第二个工作日，卖方将收到全部货款和卖方担保。另外，单独的变动保证金需要根据交割清算价与交易价格之差反映的收益或者亏损进行调整

资料来源：www. theice. com/productguide/ProductGroupHierarchy. shtml。

欧洲气候交易所规定了可以在该交易所交割的核证排放量对应的清洁发展机制项目，并且每天更新。欧洲气候交易所规定卖方的清算会员有义务确保交割给个人账户的核证减排量满足核证减排量类型要求，并且要求卖方发现核证减排量类型不符合时通知清算所。欧盟碳排放核证减排量期货合约如表 9－4 所示。

表 9-4 欧洲气候交易所核证减排量期货合约

交易单位	1 手为 1000 单位核证排放量（其发行须遵照《京都议定书》第十二条，以及符合《京都议定书》的联合国气候框架公约行动，但容量大于 20MW 的水力发电项目，土地利用、土地规划森林活动及核设施的分配额除外），每单位欧盟碳排放配额代表排放 1 吨二氧化碳当量温室气体的权利
最小交易量	1 手
报价单位	欧元/EUA
最小变动价位	0.01 欧元/EUA
涨跌停板幅度	无限制
合约月份	直至 2013 年 3 月的季度合约月份（3 月、6 月、9 月及 12 月）
到期日	最后到期日为交割日的最后一个星期一，如果交割月最后一个星期一是非工作日，或者交割月最后一周中星期一之后存在非工作日，则合约的最后交易日将变为交割月的倒数第二个星期一。如果交割月倒数第二个星期一是非工作日，或者交割月倒数第二个周中星期一之后存在非工作日，则合约的最后交易日将变为交割月的倒数第三个星期一
交易系统	可以在洲际交易所期货电子交易平台（WebICE），或其他授权的独立软件销售商交易
交易时间	英国本地时间 7:00—17:00
清算价格	在每日收市期（16:50—16:59）交易加权平均
增值税及其他税项	英国退税局确认会员与洲际交易所欧洲清算所之间的欧洲气候交易所碳金融工具期货合约交易已得到临时批准，按照终端市场法案，增值税率为零
交割	所有合约采取实物交割，交割过程中欧盟碳排放配额从卖方清算会员所在注册系统的个人持有账户转移到洲际交易所欧洲清算所注册系统的个人持有账户，然后再转移到买方清算会员所在系统的个人持有账户。初始阶段，注册系统仅限于英国注册登记系统。交割于交割期内在清算会员和洲际交割所欧洲清算所之间进行，交割期从最后交易日次日 19:00 开始，到最后交易日后第三日 19:30 结束，交割延迟和失败按相关条款规定处理
清算及合约保证	洲际交易所欧洲清算所对所有交易充当中央对手，担保以其会员名义注册的洲际交易所期货合约的履约状况
保证金	保证金及初始保证金以洲际交易所欧洲清算所的惯常做法收取

资料来源：www.theice.com/productguide/ProductGroupHierarchy.shtml。

截至2010年4月，共有104个商业组织加入到欧洲气候交易所中，由于该所采用的是会员制，客户需先注册成为会员，成为交易商，方可进行碳金融交易。其中包括一些大的跨国公司，如瑞银集团（UBS）、摩根士丹利（Morgan Stanley）等；还有通过清算银行和经纪人进入这一市场的其他客户，这些客户只要成为洲际交易所（ICE Futures）的清算成员就可以进入欧洲气候交易所。欧洲气候交易所也成为欧洲最具代表性的、全球领先水平的碳交易市场。

（2）北欧路德普尔电力交易所（Nord Pool，NP）。

北欧路德普尔电力交易所建于1993年，开始时只作为挪威电力市场的交易场所。1996年正式启动，当时其交易范围扩展到挪威和瑞典，1998年10月芬兰开始加入；1999年7月丹麦西部加入；到2000年，芬兰和丹麦东西部陆续加入，成为世界上第一个多国电力合同交易场所，也是欧洲第一个提供EUA和CER交易的平台，是欧洲第二大碳金融产品交易所、世界最具规模的电力金融衍生产品交易所。路德普尔电力交易所主要向北欧国家（如丹麦、挪威、芬兰、瑞典）提供交易平台，业务包含了CO_2现货合约和期货衍生品合约交易。每个国家都有自己的控制机构，不存在通用的跨国关税。它由1个市场运营者和5个输电系统运营者构成。2001年大约价值4120亿挪威克朗（约550亿欧元）的电力合同在NP清算，总合同交易量为2769TW·h，是实际用电量的7倍之多。NP是世界上最透明的、有公共框架的开放电力市场。

（3）法国布鲁奈斯特环境交易所（BlueNext）。

布鲁奈斯特环境交易所于2008年由柯尼尔·拉科斯特所创办，是纽约证券交易所与泛欧交易所联合创立的第一家全球意义上的交易平台，因此又称纽约-泛欧交易所。BlueNext的交易产品包括CER和EUA的现货与期货，是世界上最大的碳排放信用额现货交易市场，占了全球碳排放信用市场的93%。依靠先进的市场运作经验，以及碳金融方面的强大专业技术，确立了全球碳金融工具交易的地位。该所还与我国北京环境交易所合作，联合发布关于核证减排额的一系列信息，这一举措扩大了它的市场份额。

（4）欧洲能源交易所（European Energy Exchange，EEX）。

欧洲能源交易所成立于2002年，总部设于德国的莱比锡，其最大的股东为欧洲期货与期权交易所股份公司，占股达56.14%，其次为4家德国能源供应公司，占股11.97%，欧洲能源交易所所在的萨克森州占股11.9%，德国以外的国际能源贸易公司占股11.27%，其他银行、能源供应商/公共事业单位等各占股3%～4%，工业行业的股东占股0.75%，是欧洲中部的大型能源交易所。欧洲能源交易所采用的是会员制架构，交易者必须是交易所的会员，会员通过交易所的交易平台进行交易，并通过交易所拥有的清算机构——欧洲商品清算公司进行清算，然后通过德国和欧盟的注册登记簿进行交付。欧洲能源交易所的业务类型包括为碳市场参与者提供配额和国际碳信用的现货和期货交易产品，为会员的交易提供清算服务，以及为会员提供担保和风险承担的服务，其中最后一类服务为欧洲能源交易所独有的，盈利情况很好。其交易产品主要包括一级市场配额拍卖（包括航空配额）、二级市场配额（包括航空配额）、国际碳信用的现货和配额（包括航空配额）、国际碳信用的衍生品（最晚到期日为2020年）。交易的方式一种是拍卖交易，另一种是连续交易，并引入做市商制度。该所的碳交易量占整个交易所业务量的5%左右，欧洲能源交易所是欧洲大陆中参与交易商最多和交易量最大的能源交易中心。

（5）法国未来电力交易所（Powernext）。

法国未来电力交易所（又称法国“电力第二”交易所）于2001年7月26日宣布成立，总部设于法国巴黎，法国“电力第二”交易所由“欧洲第二”证券交易所（“欧洲第二”证券交易所诞生于2000年9月，由法国巴黎、荷兰阿姆斯特丹和比利时布鲁塞尔三家证交所合并而成）等多方共同组建，注册资本为1000万欧元，其中“欧洲第二”证券交易所持股34%，欧洲电网管理各方组成的控股公司持股17%，其余49%的股份分别由法国国民巴黎银行、比利时电力公司、法国电力公司、法国兴业银行和道达尔－菲纳－埃尔夫石油公司持有。这家电力交易所是为适应欧洲电力市场开放而建立的，1996年，欧盟制定了关于电力市场开放的指令，这一指令于2000年2月法国议会批准转为法国法律。交易所的运作将为法国电力市场的操作提供一个新的途径。Powernext管理着数个互补的、公开的和不记名的能源市场，使用的是先进的电子交易平台，实行的是实时现货交易，委托专门机构（如中间商）进行交易管理，交易双方事先在法国登记处登记之后，在专门机构设立银行账户，提交一个交易日将排放量和金额存入账户，在该交易所交易的电力供应将由法国输电网公司负责。该公司拥有10万公里的输电线路，输电电压从6.3万伏到40万伏不等，年输电量4410亿千瓦时。

欧盟碳排放交易体系的市场规模自成立以来呈现逐步扩大的态势。一方面，市场发展潜力巨大。欧盟碳排放体系不断扩大碳配额交易的制度容量，并逐步扩大行业范围。未来还将逐步同美国州级排放体系、加拿大排放交易体系、瑞士排放交易体系等接轨，相互认可各自体系产生的碳配额。欧盟碳排放交易体系未来发展前景巨大。

9.2.4 欧盟碳排放交易体系的特色

（1）基于配额的总量控制交易体系。

欧盟交易体系是在成员国区域内，实行温室气体排放总量不超过核定排放量或逐年降低的前提下，每个成员国依据自己实际情况设定一定的排放配额，国家再向规定行业企业分配一定数量的排放许可权——EUA，企业根据自身实际排放量与配额排放量相比差，多余排放与超额排放企业间通过货币交换的方式相互调剂排放量，减少减排成本，实现总量排放控制，达到了保护环境的目的。

（2）分离、多元制治理模式。

欧盟各成员国在此排放机制下拥有了很大的自主决策权，这一特色有别于其他交易体系。各成员国之间的经济水平、产业结构，体制制度等多方面都存在差异性，采用了分离、多元制的治理模式，可以兼顾它们的差异性，有效平衡各国的利益，同时实现了减排计划。

各成员国需向欧盟提出排放量审核，在符合欧盟交易体系的指令标准下，通过欧盟委员会审批即可。自主决定权还体现在国内产业行业间的分配比例，根据不同行业的特殊性，分配比例也将有所不同。

分离、多元制管理模式需要较强的协调性，各成员国在欧盟委员会发布的多个排放交易法案基础下，遵循共同的标准和程序进行交易。

总之，欧盟排放交易体系虽然是由欧盟委员会控制，但各成员国在排放总量、分配排放权和监督交易等方面都有了相当大的交易权，这也使其成为排放交易体系的典范。

（3）开放式、自由式的交易市场。

欧盟碳排放交易体系允许体系的企业可以使用体系外的减排信用，前提是只能通过《京都议定书》中规定的清洁发展机制（CDM）和联合履约机制（JI）获得的减排额度，但使用的比例根据各个阶段要求有所不同，如第二交易期使用比例就不得超过6%，一旦超过，欧盟委员会将会审核该成员国的减排计划。

同时，欧盟碳排放交易体系还兼容了其他国家的排放体系，如挪威二氧化碳交易体系于2008年成功对接欧盟交易体系。

由于欧盟交易体系的机制，使其成为一个较开放、自由的环境，增加了配额交易的流动性，为欧盟交易体系高速发展提供了有利条件。

（4）循序渐进的发展模式。

欧盟碳排放交易体系具有前瞻性，做足规划，总结经验，实施阶段性的发展过程。不论是从交易的温室气体类别、覆盖的行业产业、配额比等都遵循了循序渐进的模式，在它的三个交易期过程中，不断改进和修改，使得欧盟交易体系长远发展具有很强的可行性。

9.2.5 欧盟碳排放交易体系的成效

欧盟碳排放交易体系从2005年发展至今，目前进入到第三个交易期，依据它的运行结果来看，还是成功的。它比《京都议定书》早三年开始运作，足以看出欧盟对碳排放权交易机制建设极为用心，显现出了准备在气候经济领域占主导地位的决心。它的成效可归结为以下四点：

第一，价格信号准确反映出市场排放权的供需状况。在欧盟交易体系进入到一个相对稳定的阶段后，它的交易价格与各产业的产量成正比关系，当产量越大，排放权需求越多，交易的价格将会上升。另外，由于实行强制性减排，价格也会影响企业的生产决策，企业如果不采取技术性措施减少排放或降低产量，则需要付出更多的减排成本。所以，价格可以反映出市场的需求。

第二，为全球解决气候变化问题积累了丰富的经验。欧盟排放体系采用的循序渐进的发展模式，最初建立了许多的相关法案和条例，经过三个交易期的尝试，解决了排放权分配额度的缩减，免费分配配额的调整，利用先进的监测技术准确测量气体排放量，同时还建立了强大的碳排放数据库。

第三，促进了欧盟碳金融业的发展，提升了欧盟在气候经济中的地位。借助欧盟碳排放交易体系的实施，培育了多层次的市场体系，促进金融衍生品的产生，带动了碳金融的发展，不断吸引银行、基金公司及证券公司等金融机构的加入，碳排放管理已经成为欧洲金融业成长最快的业务之一。同时奠定了欧盟在世界气候经济中的“话语权”。

第四，增强了民族环保意识，将节能减排转变为社会责任。欧盟的强制政策，使得成员国已经意识到了限排是一种社会责任，主动采取措施限制温室气体的排放，积极投身于欧盟排放体系的建设。这不仅起到了经济利益驱使作用，同时也达到了很好的减排效果。

专栏 9-1　欧盟低碳“阳谋”来袭

20 世纪 90 年代，当人们确信 2°C 应该是“可容忍的”气候变暖的上限的时候，如何减少温室气体排放的议题就被摆在了一个前所未有的高度上，并不断敦促人们在世界范围内展开交流与合作。

直至 2005 年 2 月 16 日，《京都议定书》作为《联合国气候变化框架公约》（UNFCCC）的补充协议正式生效为止，国际社会第一次在跨国范围内设定了具有法律约束力的温室气体减排或限排额度，这被业界评价为“革命性的制度创新”，同时，它也开启了用市场机制解决环境问题的新时代。自此，国际社会有关碳交易、碳税的研究、讨论、实践持续升温。

碳交易自 2005 年成立欧盟碳排放交易体系后，芝加哥气候交易所紧随其后，不断在欧洲及亚洲拓展市场，2008 年北京环境交易所和上海环境能源交易所成立，标志着碳交易方面的尝试自此在中国揭开帷幕。

与总量控制和碳交易等市场竞争为基础的温室气体减排机制不同，征收碳税只需要额外增加非常少的管理成本就可以实现。

征收碳税，一些国家已走在了世界前列，1990 年芬兰最早开征碳税，目前，丹麦、荷兰、挪威、意大利、瑞典等国家也已开征。

就在我国还没有开征碳税之时，欧盟决定从2012年1月1日起，全球2000多家航空公司将被强制纳入欧盟碳排放交易体系（EU ETS），这些航空公司在欧洲机场起降的航班，都需要为超出免费配额的碳排放支付购买成本。

对于欧盟征收碳排放税的计划，航空业界认为，这是欧盟借“碳”说事儿，而此税种也被媒体称为“碳关税”。

据国际航空运输协会测算，全球航空公司2012年应对EU ETS的新增成本至少为24亿欧元。而我国航空公司所有飞欧盟的航班，由于均被纳入欧盟EU ETS，所以2012年中国民航业将为此支付至少8亿元。

碳关税这个概念最早由法国前总统希拉克提出，用意是希望欧盟国家应针对未遵守《京都协定书》的国家课征商品进口税，否则在欧盟碳排放交易机制运行后，欧盟国家所生产的商品将遭受不公平之竞争，特别是境内的钢铁业及高耗能产业。

欧盟面向全球航空公司征收“碳关税”，其“杀伤”的是全球航空业。国际航空运输协会始终反对各国为政、不负责任的征税方式，而且成员国对征收上来的费用如何管理，也缺乏明确规划及透明机制。国际航空运输协会理事长比西尼亚表示，航空运输业是全球性行业，碳排放不能单从一个国家来计算，而应把全球作为一个整体来衡量。

2012年3月，中国航空运输协会发表声明称：“该制度设计存在重大缺陷，条例内容违反国际法基本原则，如EU ETS不顾反对强制推行，本会将敦促本国政府采取相对应的措施，以维护中国航空运输企业在国际航空市场中的发展权益。”此外，中国航空运输协会还将联合国航、东航、南航等航空公司对欧盟提起诉讼。

美国联合航空公司亚太区副总裁詹姆士·穆勒2011年3月23日在2011中国航空上海国际论坛上表示，欧盟制定的碳排放新规ETS即将执行，全球航空公司都将受到影响，令成本增加，但航空业是全球性行业，需要全球统一标准，才能有效减排。

为表示对欧盟对航空公司征收碳关税的反对，此前，三家美国航空公司和美国航空运输协会，将一纸诉状递到英国的法院，要求阻止欧盟2012年开始执行的将全球进出欧盟的航空公司纳入EU ETS的规定。

对此，业内专家认为，欧盟将收取碳关税纳入法案，已是既成事实，仅仅通过抗议和诉讼难以起到推翻其法案的作用。

（资料来源：http：//e－mag. emca. cn/n/20110529035709. html）

9.3 美国排放交易体系（USA ETS）

9.3.1 美国排放交易体系的意义

作为世界上最发达的国家，美国排放交易体系的发展，直接影响着全世界解决温室气体排放的发展进度。美国出台了一系列的关于解决气体污染问题的政策和法规，并促成全世界第一部旨在解决全球气候变暖问题的国际协议《联合国气候变化框架公约》，为全世界协同解决全球气候问题做出了很大贡献。

美国最先开始研究利用市场机制解决气候污染问题，针对二氧化硫排放的“酸雨计划”最早实践了排放权的交易理念，这为后来英国、美国、澳大利亚、欧盟等国家和地区发展碳排放交易体系提供了最初步的实践经验，促进了这些碳排放交易体系的建立、运行、发展、成熟。

美国的区域排放交易体系，在解决排放“泄露”问题上为全世界解决气候变化问题提供了思路。排放“泄露”指的是企业从有温室气体排放限制制度的国家或者区域迁移至没有限制的国家或者地区，从而可能导致其排放的温室气体输回至有排放限制制度的国家和地区。气候变化属于全球性的问题，仅仅依靠一些区域性的排放交易制度与排放控制制度是难以解决问题的。美国区域排放交易体系，通过一系列的制度和政策，为解决排放“泄露”提供了许多有效的创新方法，这在目前全球碳排放交易体系未能普及的条件下，对减少全球温室气体排放具有重要的参考价值。

作为美国排放交易体系的核心，芝加哥交易所不仅在美国得到良好、有序的运营，而且在其他国家和地区也有其分支机构。例如欧洲气候交易所、加拿大蒙特利尔气候交易所、天津排放权交易所等。芝加哥气候交易所在全世界的发展，很好地促进了全球碳金融的发展。

9.3.2 美国排放交易体系的发展历程

作为全球第一大温室气体排放的发达国家，尽管美国至今为止依然拒绝加入《京都议定书》，但并不意味着美国在全球气候问题上对限制有害气体及温室气体排放毫无贡献。美国的气候立法进展对全世界气候谈判的进程具有重大影响，也直接决定了未来碳金融市场的发展规模。美国很早就已经开始了排放权交易理论的研究，并根据研究理论创立了一套自有的排放权体系。

1970 年，美国颁布《清洁空气法》，形成了国家空气质量标准，将空气污染分为若干个等级。美国政府试图让各州去执行法案的规则，但由于各州无法按照该法案的要求控制污染物的排放量，这令美国政府意识到，单纯依靠行政手段无法保证全国污染物的排放量，因此开始研究利用市场机制进行环境管理，并在二氧化硫排放治理方面进行了尝试。针对二氧化硫等能造成酸雨的污染气体排放问题，美国于1990年通过的《清洁空气法》修正案创立了“酸雨计划”，这是美国发展的首个主要的排放交易计划。该计划设立了二氧化硫排放总量控制，为达到利用较低成本实现总体污染物减排的效果，要求一些大量产生二氧化硫的电厂等污染源之间互相交易污染许可证或者配额：规定减排成本高的电厂可以向减排成本低的电厂购买其剩余二氧化硫排放配额，以交易来促使电厂最大程度地进行减排，这是最初的排放权交易理念及实践。这为全世界范围内温室气体总量控制与交易制度的设计提供了一些重要的提示。

在应对全球气候变暖的态度上，美国经历了不同的转变。1992年，美国积极促成了第一部旨在解决全球气候变暖问题的国际协议《联合国气候变化框架公约》，并签订了此条约。1992年至1997年间，美国出台了一系列的管理法案达到减排目标：1992年，美国颁布了《能源政策法案》，正式开始对温室气体排放进行监管，并得到了各州的积极回应，超过39个州当年自愿汇报了温室气体的排放；1993年10月，美国总统克林顿与副总统戈尔发表了《气候变化行动计划书》，计划将温室气体在2000年减少到1990年水平。1998年美国加入《京都议定书》，但却于2001年退出，美国态度转为消极，这引起了全世界的不满。在奥巴马上任以来，美国政府态度转向积极，重新大力推广清洁能源以及温室气体减排，并缓和了同国际组织的关系。2009年6月，美国通过了《清洁能源与安全法案》，明确建议用“总量限制交易”模式，结束了之前是选择市场化手段还是税收政策的争论。

美国许多州和地方政府已经在其各自管辖范围内实行了强制性的温室气体排放总量控制，许多区域性的制度开始引导美国国家行为，并初步促进国家计划获得行业支持。美国国会正在考虑在全国范围内以法律形式建立起类似于《京都议定书》的温室气体总量控制与交易体系，并在地方上由各州和当地政府建立区域性制度。目前主要的区域交易计划有区域温室气体行动计划（Regional Greenhouse Gas Initiative，RGGI）、芝加哥气候交易所（Chicago Climate Exchange，CCX）、西部气候倡议（The Western Climate Initiative，WCI）以及中西部温室气体减排协议（The Midwestern Greenhouse Gas Accord，MGGA）等，其中芝加哥气候交易所是典型的代表。本节将以芝加哥气候交易所为视角去研究美国排放权交易体系。

9.3.3 芝加哥气候交易所（CCX）的特征

芝加哥气候交易所成立于2003年1月，首批十多家美国大公司达成协议，同意作为创世成员参与芝加哥气候交易所的交易。交易的产品名称为由交易指标和交易补偿量组成的碳交易金融合约。交易指标是根据会员各自的基准线和交易所制定的减排时间表分配给会员。补偿量是因补偿项目而产生的。每一份碳金融合约代表着100吨二氧化碳当量。芝加哥气候交易所交易机制具有以下的特征：

（1）参与成员的自愿性。芝加哥气候交易所是全球第一个开展自愿性温室气体排放权交易的市场平台。芝加哥气候交易所成立之后，美国并未签署《京都议定书》，在国际上不承担强制减排义务，在国家层面上对本国企业也未规定温室气体强制性排放量。芝加哥气候交易所建立的排放权交易体系属于自愿参与性质，参与成员以会员方式加入，会员开展温室气体排放权交易。2006年，来自电厂、制造业、原油和天然气产业以及农业等领域的30家公司以及很多领域的专家共同讨论达成了一致性文件，并制定了《芝加哥协定》。《芝加哥协定》规定凡是参与芝加哥气候交易所排放权交易的排放企业，必须承诺自愿遵守协定制定的减排计划。《芝加哥协定》的主要内容包括芝加哥气候交易所成立的主要目的和参与者类型，温室气体的种类，减排计划，温室气体排放的监测、报告与核查等环节的程序等内容。协定中详细规定了芝加哥气候交易所的减排时间表，计划所涵盖的温室气体种类，投资回收期和银行等，温室气体排放量及温室气体排放抵消量的注册监测程序、交易方案等，为开展排放权交易提供了可行的制度基础。

（2）会员参与的普遍性。目前芝加哥交易所拥有的会员超过400名，会员可以分为基本会员、协作会员和参与会员三种类型。

基本会员（Full Members）：化工企业、钢铁企业、加工企业和交通运输企业等温室气体直接的排放源。在1998—2001年会员的基本温室气体平均排放量的基础上，每年将温室效应气体的排放量降低1%。而2001年到2010年任务主要是在上述的基础上在2010年减少温室效应气体排放量的值达到6%。

协作会员（Associate Members）：协会、金融机构和政府等温室气体的间接排放源。`如协作会员每年在列出间接排放清单的同时还要向交易所详细汇报一年的间接排放量，并通过向交易所购买相当的碳金融合约来抵消其每年所产生的全部间接排放量。从加入芝加哥交易所一直到2010年，它的任务就是上报并100%抵消其由于能源购买所引起的间接温室气体的排放。

参与会员（Participate Members）：其中包括减排项目集成商、投资交易商和碳抵消项目供应商。

在性质上，会员分为两类：一类是来自企业、城市和其他排放温室气体的各个实体单位，这类会员必须遵守其承诺的减排目标；另一类是该交易所的参与者。加入交易所的会员主体除了美国各涉及温室气体排放的企业之外，还有一些知名大企业，例如IBM、福特、摩托罗拉等，全美知名大学，如明尼苏达大学等几所高校。直接格、伯克利等城市也自愿加入交易所成为会员。因此可以说，芝加哥交易所的会员涵盖范围非常广泛，具有普遍性，这也为其后来的发展打下了良好基础。

（3）交易产品的多样性。芝加哥交易所的减排全贸易是以排放总量控制基准线为基础的。会员资源加入限额与交易（Cap – and – Trade）计划。产品的交易根据会员以前的温室气体排放情况，按照交易所公布的基准线标准确定基本年度的排放基准线，所有的减排量计算都建立在此基准线的基础上。会员通过买卖温室气体排放指标来达到减少排量的目的。芝加哥气候交易所开展的减排交易项目涉及二氧化碳、甲烷、氧化亚氮、氢氟碳化物、全氟化物和六氟化硫等6种温室气体。芝加哥交易所目前已经拥有了比较完备的碳金融产品，其中既可以进行碳信用现货交易，也可以进行碳期货交易，其提供了多样化的交易产品，供会员自愿选择。主要产品包括：温室气体排放配额（Greenhouse Gas Emission Allowances）、经过核证的排放抵消额度（Certified Emission Offsets）和经过核证的先期行动减排信用（Certified Early Action Credits）。

（4）具有独立和公正的核证核查体系，市场价格公开透明。芝加哥交易所采用的核证核查体系是具有国际标准化的第三方核证核查体系，具有独立性和公正性。所有的交易产品价格向公众公开，交易过程公开透明。

（5）具有便捷的交易形式。目前芝加哥交易所交易平台的系统是一个完全电子化的系统，买卖双方的交易合同都是通过匿名的形式进行，并直接与交易所的等级结算系统链接，节省了会员进行交易的花费。

通过这个交易平台，会员可以对可持续发展和温室气体减排做出更系统的计划，及早采取具有信用度的认购补偿和减排行动；同时也可定期测量排放量，在此基础上有选择地开展各种缓解措施和采取相应的减排技术；通过这个交易平台，会员可以了解碳金融交易市场的走向以便为各自的企业做好全球交易准备；这个交易平台还可以向评议机构、消费者、客户、市民和股东展示所有有关气候变化的战略举措；通过这个交易平台，某些已达标的会员可以卖出超标减排量并获得额外利润，而未完成减排目标的会员可以通过农业碳汇等手段去弥补。

专栏9－2　美国波特兰低碳城市建设

波特兰是美国俄勒冈州的最大城市，被美国联邦环保署评为“清洁能源之都”，其在美国气候保护工作中一直保持领先地位。1993年，波特兰就开始在降低温室气体排放上展开行动，成为全美第一个实行《全球变暖战略计划》的地区。2001年，马尔特诺马县与波特兰市又共同采纳修订计划；2009年再次制定《2009气候变化行动计划》，罗列近百项行动措施，总体目标为2030年碳减排达到1990年的40%，2050年达到1990年水平的80%。

1. 减排量化标准及气候行动计划

波特兰市政府在明确地区减排部门基础上，采用政府环境行动理事会（ICLEI）的地方政府温室气体排放指南，编制碳排放量表，以跟踪地区碳排放总量与趋势变化，为长期减排定量化与减碳目标制定提供科学依据。同时，基于碳减排目标的设定，公众、企业、非盈利组织和公共机构联合参与制定气候行动计划，并共同努力，截至 2008 年，在人口和经济迅猛增长的情况下，其总体排放水平在 1990 年基础上还降低了 1.2% 。

2. 气候减缓与绿色经济融合政策

波特兰通过气候保护计划与政策的实施，在强调降碳减排的同时，刺激对本地产品与服务的需求，吸引绿色创新企业并让它们成为地区经济发展的主体。波特兰已经成为全美绿色建筑产业基地（全美国领先的开发商、建筑公司、建筑设计师、工程师和制造商）、清洁能源企业集聚地（风力发电、光电制造、生物柴油以及节能咨询企业）以及最先进的自行车产品生产基地。绿色产业的发展创造了“绿领”工作机会并带来可持续的经济效益。

3. 经济—社会—自然协调发展策略

（1）低碳建筑与能源。

波特兰建筑物排放量占到总排放量中的40%以上（2005）。为解决建筑减排，政府采用提高节能效率与使用本地可再生能源的方式，通过为居民与企业提供提高能源效率的低息融资、激励方式、参与州建筑立法，以确保建筑碳排放降低与适应气候变化。2009 年，波特兰推出由市、县、州能源信托，西北天然气公司，波特兰电力总公司以及太平洋电力公司之间的合作项目——清洁能源计划，即市民从中可获得用于提高建筑能源效率的低息贷款，节约能源、创造就业机会、增进社会平等的计划。

（2）低碳交通与城市形态。

波特兰城市形态与交通规划中真正体现服务于“人”而不是“汽车”的思想。在城市形态和交通政策出台之后，交通运输碳排放相对于 1990 年基本没有增加。政府采用减少人和货物车辆运输里程数、提高货物运输的效率、减少车辆使用的方式来推动地区交通碳排放。同时通过城市紧凑型增长、土地利用规划，联合企业投资建设绿色交通基础设施，扩大建设轻轨系统、公共交通及自行车系统。由于为市民提供更多低碳出行方式的选择，通过市民的积极主动参与，该地区居民比美国其他地方的居民开车更少。据估计，波特兰地区居民和企业每年交通方面开支的节省高达10亿美元以上，节省开支中大部分又用于当地经济，产生多重经济效益。减少车辆行驶里程有效增强了地方空气质量的改善及地区居民健康的整体水平。

(3) 废弃物处理与循环利用。

波特兰市是美国城市中回收利用率最高的城市之一。2007 年达到了 64%，相当于美国全国平均水平（33%）近两倍。“波特兰回收利用计划”积极从消费品选择与废弃物回收两方面来推进废弃物能耗的减少，帮助居民、企业达到回收要求，提高回收技术标准与创新管理制度，提高废弃物转化为能源的技术，同时要求废弃物收集系统采用生物柴油以减少碳排放。

(4) 城市自然生态系统。

波特兰高度重视自然生态系统在低碳发展中的重要地位，充分开发利用其碳汇功能。波特兰城市绿地占全市面积的 26%，每年从大气中将吸附 8.8 万吨的二氧化碳，相当于该地全部碳排放的 1%。在 2009 年的行动计划中，政府从扩展绿地与增加绿荫面积、保护湿地、改善流域健康（降低水温为保证流域健康的方式）措施着手，强化公众健康与气候变化之间的联系，并对全社区应对气候变化的脆弱程度做出综合评估。同时，还综合考量未来数十年的多样化挑战和机遇的复杂性，制定建立可行灵活的制度以帮助地区实现长期环保、社区健康、经济发展、平等、实惠、社区可居住性等远景目标。

(5) 低碳食品与本地农产品供应。

波特兰将食品系统减排纳入减排对象之一，将食品选择纳入公共参与运动，促进居民可以通过选择本地产食品和低碳食品来减少食品选择对气候变化的影响，改善个人、环境和经济健康水平，同时刺激本地经济，帮助保存农业基地，并降低食品运输过程中的碳排放。

4. 低碳政府与城市运营

地方政府本身也是能源消费者。尽管政府机构的碳排放量只占总排放量的约 1%，但市县仍详查运作的各个方面，挖掘碳减排的潜力，在相关设施、职员本身实施具体减排行动，起到低碳建设的带头示范作用。例如，政府机构对路灯、水泵、水处理和其他能源密集型设施进行节能技术改造；在 16 条大街 135 个街口实施优化交通信号灯配置时间的工作，为汽车节省超过 17.5 万加仑汽油，相当于减少每年二氧化碳 1.5 万吨。政府还实施绿色采购计划，实施绿色建筑政策，包括第三方能源认证、水和废弃物重复利用战略等；市政府设施运作 100% 电力选择可再生资源，其中至少 15% 来自本地或区域可再生能源。地方政府公务用车和公用事业车辆（如出租车、垃圾收集车等）以及政府承包商的车辆达到燃油节省最低标准，并使用低碳燃料等。

（资料来源：唐琦，曾刚．低碳城市建设的国际经验与上海临港的选择——基于东京与波特兰案）

9.4 澳大利亚新南威尔士州温室气体减排体系（NSW GGAS）

9.4.1 澳大利亚新南威尔士州温室气体减排体系的背景

澳大利亚是全球最大的煤炭出口国，国内煤炭消耗也较高，其能源、交通行业高度依赖化石燃料，全国80%的电力供应来自于以煤炭为燃料的火力发电。澳大利亚温室气体主要来源于能源部门的电力、运输行业等，如表9－5所示。澳大利亚电力行业温室气体排放占总排放量的35.3%，运输行业占15.9%，其次是农业占15.7%，工业生产过程占5.8%。虽然澳大利亚人口不多，但是二氧化碳排放量约占全球的1.5%，人均排放量却位列世界前茅，2009年人均排放量达17.87吨二氧化碳当量，相当于世界平均水平的5倍。从1990年至2012年，澳大利亚的温室气体排放总量由4.18亿吨增长至5.47亿吨，平均以1.5%的速度在增加，如果照此速度发展，到2020年，预计温室气体排放量将达6.21亿吨。

表9－5　澳大利亚2011—2012年各部门温室气体排放量

部门		二氧化碳当量（百万吨 CO_2e）			变化量	变化比例（%）
		2011年3月	2012年3月	2012年所占比例（%）		
能源	电力部门	194.2	193.1	35.3	－1.1	－0.6
	非电力部门	95.0	94.3	17.2	－0.7	－0.8
	运输部门	84.3	87.2	15.9	+2.9	+3.4
	逃逸气体	42.5	41.0	7.5	－1.5	－3.5
工业生产过程		32.9	31.9	5.8	－1.0	－2.9
农业		81.9	85.2	15.7	+3.3	+3.9
废弃物		14.1	14.2	2.6	+0.1	+0.1
汇总（不包括LULUCF）		545.0	546.8	100	+1.8	+0.3

资料来源：Australian National Greenhouse Accounts – Quarterly Update of Australia's National Greenhouse Gas Inventory, March Quarter 2012，第4页。

受气候变化的影响，澳大利亚自 1950 年以来，整个国家气温上升了 0.3 ~ 0.7℃，海平面上升了 70 毫米，降水减少、气候干燥。从 2003 年持续至今的澳大利亚大干旱，使得曾是世界第二大小麦出口国的澳大利亚农牧业产量及产值下降、农民收入减少，整个国家的经济发展受到严重影响，同时大干旱导致植被缺失、土壤风蚀，对该国农业可持续发展将产生长期不良影响。此外，大干旱也引发更多、更大规模的森林火灾和沙尘暴的发生。2009 年 2 月，维多利亚州发生的大型山火，炎热的天气诱发火势全面上升，最终造成 200 多人死亡，1 万多人无家可归，大面积的农田和森林被摧毁，成为澳大利亚历史上最惨重的一次森林大火。2011 年，英国《每日邮报》也报道，CO_2水平的不断升高提高了海洋酸性，珊瑚被大量溶解，澳大利亚著名的旅游胜地大堡礁可能在 20 年后将不复存在。节能减排对于澳大利亚来说刻不容缓，因此，在应对气候变化、资源可持续利用、经济良性循环发展的问题上，它的态度还是非常积极的。

9.4.2 澳大利亚新南威尔士州温室气体减排体系的发展

2003 年 1 月 1 日，澳大利亚新南威尔士州启动了为期 10 年涵盖 6 种温室气体的减排体系，是全球最早强制实施的减排计划之一。2012 年 12 月 9 日，第十八届联合国气候变化大会在卡塔尔首都多哈闭幕，在加拿大、日本、新西兰及俄罗斯已明确不参加《京都议定书》第二承诺期的同时，2007 年才签署《京都议定书》的澳大利亚，因一直支持《京都议定书》第二承诺期而获得赞誉。澳大利亚认为签署《京都议定书》第二承诺期不会增加企业的负担，相反，它将使澳大利亚企业更加便利地进入国际碳排放交易市场（ETS）。

澳大利亚从 2008 年开始，一直致力于碳交易机制的设计、筹建、实施。2008 年 12 月 15 日，政府提出“碳污染减排机制”（Carbon Pollution Reduction Scheme，CPRS）法案，第一次正式提出 ETS 计划。2011 年 11 月 8 日，澳大利亚通过《清洁能源法案》，明确从 2012 年 7 月 1 日起实施三年的固定碳价机制（Carbon Price Mechanism，CPM）后，2015 年 7 月 1 日正式建立澳大利亚 ETS，成为继欧盟和新西兰之后第三个国内引入 ETS 的发达国家，同时为减轻企业减排负担，政府提供了一系列财政补偿计划，《清洁能源法案》的通过是澳大利亚应对气候变化的一个重要里程碑。2012 年 8 月 28 日，澳大利亚又与欧盟达成协议，2015 年 7 月 1 日开始对接双方的碳排放交易体系。2018 年 7 月 1 日后完成对接，届时双方互认碳排放配额，碳排放价格也将一致。因此。澳大利亚极有可能成为全球第二大碳交易市场。

9.4.3 澳大利亚新南威尔士州温室气体减排体系的特点

9.4.3.1 国家级的碳排放交易体系

澳大利亚政府在反对党和工业界的强烈反对下，力排众议，于2012年7月1日起实施CPM，计划实施3年，征收碳排放税，碳排放企业需要缴纳每吨23澳元（约24美元）的税费，3年内税费以每年2.5%的涨幅上升，计划实施3年之后，开始实施总量控制，也就是ETS，正式开启碳排放交易体系。

征税适用的行业主要包括了能源行业、运输业、工业制造行业、废弃物及逃逸气体，主要针对的是电力行业、矿业、能源和交通等。此项征税暂不适用于家庭交通燃料、轻型车辆交通燃料、农业和林业，也不针对个人、家庭和小型企业。征税的排放气体包含了《京都议定书》六项温室气体中的四项：二氧化碳、甲烷、一氧化二氮和全氟碳化物，而《京都议定书》中其他二项气体：氢氟碳和六氟化硫将在现在的法律框架下建立碳排放价格。足以看出，澳大利亚的碳排放交易体系实行了全国性、强制性、全面性的交易模式，涵盖了大多行业，囊括了所有温室气体，是一个国家级的碳排放交易体系。

9.4.3.2 碳价格由固定化走向完全放开的模式

澳大利亚碳价格的逐步形成分为三个阶段：第一阶段是2012年7月1日至2015年6月30日实施的三年过渡性固定碳价机制，企业将按要求以固定的价格购买配额外碳排放量。第二阶段是从2015年7月1日起实施的碳交易价格浮动制度，也就是碳排放交易体系建成后，将会通过拍卖等方式获取碳排放配额，拍卖价格实行上下限控制，固定碳价将过渡为上下限约束的弹性价格机制。上限将高于国际预期价格，为20澳元/吨 CO_2e，每年增长5%，下限为15澳元/吨 CO_2e，每年增长4%。澳大利亚政府的规定保证了市场活力，但随着与欧盟碳排放交易体系接轨的节奏，根据签订的协议，澳大利亚将取消最低交易限价。第三阶段从2018年起，完全由市场交易量来决定碳价格，届时与国际接轨，碳价格保持与国际市场一致的局面。分阶段式碳价格机制确保了一定的稳定性，避免了前期出现碳交量分配不合理或其他原因导致有价无市、供过于求的现象。

9.4.3.3 免费和拍卖相结合的碳配额制度

澳大利亚交易体系排放配额分配与欧盟类似，企业以配额形式分配一定的排放量，主要获取方式以免费和拍卖相结合的模式，前者为主后者为辅，企业超出配额外的排放量每超标1个当量二氧化碳处以11.5澳元的罚款。碳排放量较大，且大规模出口，国际竞争压力比较激烈的企业，可免费获得其所需碳排放许可总额的94.5%，碳排放较小的企业可免费获得66%，这便是EITE援助计划（EITE Assistance Program，EAP）（凡是属于碳密集性出口企业将获得较高的免费碳排放配额）。企业在2004年至2008年任意一年中产品出口比例占到企业总产量的10%，或企业在整个行业中的加权平均排污密度超过1000吨CO_2e/每百万美元收入或3000吨CO_2e/每百万美元增值的情况下，都符合EAP的基本要求，都可以申请免费获取94.5%的碳排放许可。

实行免费为主、拍卖为辅的配额制度，可以消除排放交易导致企业成本增加的影响，使得各行各业逐步熟悉、接受、加入碳排放交易，推动碳金融经济发展，保持了澳大利亚的投资和就业，实现了碳减排和经济发展双赢的局面。

9.4.3.4　强大的支持、补偿制度

为保障碳排放交易机制的顺利实施，澳大利亚的CPM中除发放免费排放许可权之外，还引入了一系列的支持、补偿计划。

第一，碳税所得全部收入中的40%用于产业扶持和保障就业。设12亿澳元的“清洁技术计划”帮助制造业引荐节能技术，提高能效，降低排放量；向电力行业提供贷款，以供其购买超额排放许可；提供3亿澳元帮助钢铁行业向清洁能源行业过渡；对于煤炭行业，政府将设立13亿澳元的“煤炭行业就业计划”，确保煤炭开采行业的就业稳定，同时还花费约10亿澳元，鼓励农业、林业、土地业减少排放，增加土地能源贮藏量。

第二，进行清洁能源和气候变化项目的投资。澳大利亚的能源结构中不可再生资源占到了93%，可再生能源只占到了7%，结构严重失调，政府提出到2050年，二者能源利用比例将各占一半，因此政府欲投资超132亿澳元在清洁能源项目上，资金鼓励可再生能源项目的商业运作，提供对清洁能源行业研发、融资的支持，鼓励大型制造业，使用更为清洁的生产设备和流程，帮助开发新的可再生能源行业，如风能、太阳能等。

第三，家庭资助计划。受到碳排放税的影响，企业成本增加，导致了澳大利亚各地的水、电、煤气费全面上涨，澳洲家庭的生活成本上涨了约0.7%，平均每户家庭每月生活成本增加了约297澳元。政府为了减轻影响，利用碳税收入的一半，通过增加补贴、家庭碳税补助金和税收减免等方式，为90%受影响家庭提供了补助。

9.4.3.5　完善的登记、核证、监管机制

澳大利亚拥有从1990年至2012年完整的国家排放清单，从1994年就开始编制清单，2007年发布了《国家温室气体和能源上报法令》，要求企业按年度汇报生产、消费和温室气体排放量，编制工作基本上做到了系统化和常态化。

与此同时，澳大利亚政府建立了三个新的监管机构，来负责CPM的实施。如清洁能源管理局，主要负责CPM的运行，包括方法和排放许可配额发放、管理等，负责编制、管理国家温室效应和能源报告计划、可再生能源目标计划等；气候变化局，

负责提供污染总量控制下总排放指标，对澳大利亚的污染水平、降低污染的进展进行跟踪调查，对 CPM 进行评审，及对其他减排措施等方面的意见；生产力委员会将审阅 CPM 对澳洲经济影响，包括政府提供的各项资助的适当性，及国际碳减排政策的发展。

9.4.3.6 加强区域合作，与国际接轨

澳大利亚在设计 ETS 时，就已经考虑了国际对接问题。于 2012 年 8 月 28 日与欧盟达成了协议，同意对接双方的碳排放交易体系，2015 年 7 月开始对接，2018 年 7 月完成对接，届时双方互认碳排放配额，交易价格保持一致。为实现对接，澳大利亚政府取消了原定的 15 澳元/吨 CO_2e 最低限价和通过京都市场使用 CDM 和 JI 国际碳减排信用额度来抵消 50% 的碳排放。

同时澳大利亚也加强与其他国家和地区实现合作。2006 年 7 月，启动了由澳大利亚、中国、美国、日本、韩国和印度 6 国参与的“亚太清洁发展和气候合作体”；2012 年 4 月，和韩国提出加强两国气体变化政策合作；2015 年，将与新西兰 ETS 实现对接。

9.5 英国排放权交易体系（UK ETS）

9.5.1 英国排放权交易体系的由来及发展历程

英国曾经是世界上最大的工业国，从蒸汽机时代开始至今，在全球碳排放总量排行榜上，英国名列前茅。但英国也是欧洲较早关注气候变化并制定出应对政策的国家，并在全世界最早提出“低碳”概念。

1993 年英国政府已经制定了减少英国污染物排放的初始目标，计划到 2010 年使英国的二氧化碳排放量降低至 1990 年二氧化碳排放量的 80%。随后又提出了一些修正后的目标。但这个目标只是英国政府的努力方向，不具有法律上的约束力。1997 年英国加入《京都议定书》后，英国掌管环境问题和政策的环境、食品及农村事务部（DEFRA）获得政府的资金预算支持，联合气候变化办公室等众多办公室，共同研究促进英国低碳发展的相关政策和战略。1998 年由英国政府委托的关于经济手段和能源商业用途的《马歇尔报告》考察了使用经济手段，例如商业能源税收或可交易排放许可证，在商业领域和温室气体减排中可能起到促进能源效率的作用。该报告直接促进了英国排放权交易体系的建立。

2000 年英国政府发布了“气候变化计划”（CCP），提出了为实现《京都议定书》的“一揽子”工程，包括排放权交易机制。2002 年 3 月英国启动了排放权交易体系的建设，4 月建立了全球第一个 CO_2 排放权交易市场，它包括英国排放配额交

易安排和英国排放配额交易团体。英国排放贸易制度（The UK Emissions Trading Scheme，UK ETS）是世界上第一个可以多行业进行碳交易的制度，也是世界上第一个以经济金融手段进行的温室气体交易体系。该体系不但要使英国企业从碳交易中获利，还要协助实现英国的减排指标，发展低碳经济。为此，英国政府出台了一系列有利于碳金融发展的政策和措施。该体系建立早期，计划使伦敦金融城建成全球排放权交易中心。2006 年 12 月，英国排放权交易体系第一阶段建设完成，2007 年 3 月份完成结算工作。2006 年年底为了协调与欧盟排放交易体系的关系，该体系结束。

英国碳交易排放权体系在全球碳金融交易市场领域是首创的，它的实施不但给欧盟排放权交易体系的设计和实施提供了宝贵经验，而且对于全世界应对全球气候变化来说也具有重大的意义。

9.5.2 英国排放权交易体系的意义

英国通过实质性的行动，在应对全球气候变化方面走到了世界的前列，为世界树立了减少温室气体排放的榜样。英国建立了世界上首个二氧化碳排放权交易市场，通过市场的运行，实现了本国温室气体排放量的控制和减少。

英国为应对全球变暖和减排采取了很多措施，并出台了一系列政策和法规。这些政策和法规的制定过程经历了多个层次详细、具体、科学的审议和审查，许多政策措施都有健全的政策基础和科学研究，并与经济和环境方面的关注密切相连。英国的这些制度和经验，为欧盟排放交易体系的发展和全球其他国家和地区在设计温室气体排放贸易制度方面提供了经验和教训，促进全球碳金融行业和市场的发展。

9.5.3 英国排放权交易体系的运作方式及特点

英国排放权交易体系的运作方式包括配额交易与信用额度交易两种模式。配额交易模式首先拟定一个绝对减量指标，然后给每个企业指定相应的排放配额。信用额度模式则由参与者以其他提升能源效率或减量专案计划提出其相对减量目标所产生的额外减量。

英国排放权交易体系一个很典型的特征是自愿参与。英国政府通过直接资金奖励、减少气候税以及给予企业可在市场上进行交易的减排信用等间接方式来鼓励企业降低碳排放量。2002 年 4 月，英国政府分拨了 2.15 亿英镑的资金，用于奖励自愿承诺限制碳排放量的企业。自愿参与的企业必须完成自己承诺的排放目标，否则企业会受到相应的惩罚。英国政府也通过减少征收气候变化税税收、项目奖励等间接方式鼓励企业降低碳排放量。对于自愿加入《气候变化协议》的 6000 多家工业、商业组织，如果能够完成协议规定的碳排放减少量，政府将降低对企业气候变化税

80%的征收额作为回报。英国政府鼓励电力、交通和终端用户等不适合以上两种情况的企业或者单位参与某个项目，如果在完成这些项目过程中能实现比正常业务碳排放量减少，管理机构将配给这些企业减排信用，企业通过排放权交易体系出售获得利益。同时，英国政府通过没有减排目标和减排项目的个人和组织，如中介机构、非政府组织和投机者为温室气体排放权交易提供服务，增强排放权的市场流动性。

英国排放权交易体系具有灵活性好、综合性强的特点。针对不同的行业，并没有采取一套僵化的标准，而是采取了不同的政策和措施。对于能源密集型的行业，主要包括铝、水泥、制陶、化工、食品和饮料、铸造、玻璃、有色金属、造纸和钢铁等行业，英国政府对于达成改善能源效率并减少碳排放这一特点目标的企业，给予气候变化征收税减免的奖励。对于非能源密集型企业，英国政府扩大排放交易计划，要求强制报告或者设立基准；延伸英国排放交易计划的自愿服务从而涵盖该目标群体中的其他组织，扩大碳信托的补贴范围；设定要求能源供应商减少目标群能源消耗的义务；给予能源供应商的选择性义务，如总量控制与交易的方式。对于具有相对的能源密集型行业如园艺行业（其中包括了大量的小公司，并且该行业存在明显的国际竞争），采取园艺一揽子补贴计划。由于其他征收能源税的国家也倾向于在减排措施方面给予本国园艺行业以特殊的待遇，为了不削弱本国园艺行业企业的国际竞争力，英国政府采取一些补助措施增进这一行业的能源效率，主要包括：从能源效率基金中对该行业进行特殊的安置从而提供关于场地的具体建议；包含技术列表中的热屏幕（Thermal Screens）技术，从而使其具有提高资本补助的资格。热屏幕技术是用来减少建筑物在寒冷时期加热面积的面板，被用在温室中，在长达五年的时间里对该行业的气候变化税征收都为临时性的50%减免。这样在当预期能源效率措施生效时，可以给予这一行业一部分减免。

英国排放交易体系充分发挥市场机制。英国政府出台的一系列政策和法规，通过经济激励等机制吸引了不同行业的多家企业与机构参与进来，使英国排放交易市场的规模不断扩大，排放贸易的成本效率特点得到很好的发挥，排放交易市场非常活跃，每年都有将近1000家的企业和组织至少参与了一次交易活动，并取得了明显的环境效益。仅仅在2002年，即排放权交易体系实施的第一年，直接参与者就比基线减排464万吨二氧化碳当量。到了2006年3月份，累积减排温室气体达700万吨二氧化碳当量。

9.6 其他国家和地区的排放权交易体系

碳排放权交易体系在促进减少温室气体排放方面起到了重大的作用。随着英国、美国、欧盟和澳大利亚等国碳排放体系的发展，全世界也掀起了建立排放权交易体系的热潮。目前，新西兰、瑞士、日本等国家已经建立了各自的碳排放权交易体系，印度、中国、韩国等国家和中国台湾地区也正在筹备建设自己的碳排放权交易体系，如表9－6所示。

表9－6 欧盟排放权交易市场之外的其他碳交易市场

碳交易市场	启动时间	类别	供需范围
加拿大GERT计划	1998	自愿	北美地区，可再生能源和能源替代项目
美国CVEAA计划	1999	自愿	奖励信用额：碳汇
澳大利亚SFE交易所	2000	自愿	澳大利亚、新西兰、日本的碳捕获项目CCS
BP石油公司	2000	自愿	公司内部12家子公司参与
壳牌集团STEPS计划	2000	试点	壳牌化工、冶炼、开采和生产子公司间的交易
丹麦电力行业试点	2001	强制	美国部分州参与的内部市场，已立法
英国排放交易体系	2002	自愿	英国6000家企业间交易，补贴和碳税
美国CCX交易所和爱荷华州	2003	自愿	美国公司为主的能源部门和土地利用项目，可从全球项目合作中购买
挪威排放权交易体系	2005	强制与自愿	挪威冶炼、水泥和石化企业内部交易，与EU ETS衔接

资料来源：根据各类资料整理。

9.6.1 新西兰排放权交易体系

新西兰自签订《京都议定书》后，2008年通过《气候变化应对法案（修正案）》，法案确定建立新西兰温室气体排放交易市场，并规定了相应的配额分配方式。新西兰的所有行业和《京都议定书》附件Ⅰ中所列举的六种温室气体都在该法案的覆盖范围之内。但由于不同的行业在温室气体排放量以及占新西兰经济总量的比重存在着明显的差异，法案规定不同行业在排放交易市场中承担有区别的责任。交易市场的覆盖范围以行业为基础逐步扩大，排放交易市场建立之初只覆盖林业、能源、渔业、工业和液体燃料行业，2013年后扩展到合成气体和废物处理行业。由于农业在新西兰的出口乃至整体经济中占据着举足轻重的作用，因此，来自农业的生物排放纳入交易市场的计划被无限期推迟。

在配额发放的方式上，对不同的行业和各行业内部均制定了相应的分配方式和分配额度。为了减少排放交易市场对碳密集型出口工业、渔业和林业的影响，上述三个部门将获得政府发放的免费配额；对于绝大多数的工业生产部门，其所需配额则通过从市场购买，或者以每吨25新西兰元的价格从政府手中购买。

新西兰对于不同行业配额发放的确定主要基于两方面的考虑：①部门所占经济总量和排放总量比重的高低；②行业是否面临国际竞争的较大压力。以林业部门为例，由于林业部门在国内经济所占权重较高，并且林业是新西兰减缓气候变化战略的重要组成部分，所以林业部门在排放交易的设立初期即被纳入排放交易市场。在新西兰排放交易市场中，单一行业内部可能同时存在配额的免费发放、配额购买和配额抵充的情形。

新西兰的温室气体排放交易市场采用了混合发放配额的方式，其主要特点是考虑了各个行业的差异，试图引导各类资源流向减排贡献率高的行业。

9.6.2 瑞士排放权交易体系

瑞士在2008年已经开始了排放权交易体系的运营。瑞士排放权交易体系的排放配额是免费分配给企业的，同时排放权交易总额占到削减目标的8%。到2010年，有大约400家企业加入了瑞士排放权交易体系。这些企业占2009年瑞士5200万吨二氧化碳排放量的6.9%左右。2010年12月20日，欧盟理事会授权欧盟委员会，和瑞士就双方绿色气体排放权交易体系（ETS）联结启动会谈。瑞士排放权交易体系即将和欧盟排放权交易体系接轨。这是欧盟交易体系首次和另一体系开展联结尝试，也是欧盟交易体系在覆盖挪威、列支敦士登和冰岛之后，再次在欧洲范围向非欧盟国家延伸。瑞士目前正按照有效应对气候变迁和与欧盟体系相容的指导原则，调整改革其交易体系。

9.6.3 日本排放权交易体系

自20世纪70年代以来，日本在环境污染和能源短缺的双重压力下，开始重视生产和生活中的环境保护和节能减排。因此，从“低能耗、低排放和低污染”的要求来看，可以说日本从20世纪70年代以来就开始走低碳经济发展道路了。1997年7月，在京都会议之前，日本经济团体联合会呼吁日本商业界组织开展“日本经济团体联合会环境自愿行动计划”。该计划公布时，有38个行业加入。2005年5月，日本环境省发起了日本自愿排放交易体系（Japan Voluntary Emissions Trading Scheme, JV ETS），该体系的运行为后来日本排放权交易体系的建立奠定了经验基础。2008年6月，日本政府发表《低碳社会与日本》的低碳革命宣言，即著名的“福田蓝图”，在国际上率先提出建设低碳社会的战略构想。2008年7月29日，日本内阁会议通过了依据“福田蓝图”制定的“低碳社会行动计划”，提出了具体的目标、措施以及行动日程。

2008年10月，日本国内排放交易综合市场（Integrated Domestic Market for Emissions Trading）正式实施。该市场可交易对象由四部分的碳信用额度组成：①来自《京都议定书》机制的碳信用额度；②来自日本国内清洁机制的碳信用额度，这是日本经济团体联合会自愿环境行动计划中，不在计划内的中小企业的项目所产生的减排额度；③第三方核证的、比公司自愿承诺的减排目标更多的减排信用额度，其以自愿行动计划为基础，如果公司的碳放量比在自愿环境行动计划中分配的配额少，那么未使用的配额可以作为信用额度出售；④由环境省执行的日本自愿排放交易体系产生的碳信用额度。2010 年 4 月，东京都限额交易体系正式启动。这是全球欧盟排放交易体系和美国区域排放交易体系之后的全球第三个限额交易体系，也是亚洲第一个强制性限额交易体系。东京都限额交易体系是全球首个为商业行业设定减排目标的限额交易体系。

9.6.4 印度碳市场

印度是全球最大的碳卖家之一，但目前缺乏完善的碳交易市场。印度政府对清洁发展机制的态度非常积极，为推动 CDM 项目发展，构建了一整套自上而下的管理机构和较完善的体制框架。CDM 的主管机构——国家 CDM 管理委员会，出台了一系列鼓励、支持企业和中介服务机构发展 CDM 项目的政策。其主要成员包括新型能源部、电力部、科技部、规划委员会、外交部、财政部及工业政策与发展部，负责 CDM 项目管理与审批。完善的管理机构、简洁的审批程序和较高的审批效率是印度 CDM 得以快速发展的重要因素。同时由于政府及相关部门的积极支持，CDM 咨询机构和中介服务机构发展很迅速，在为企业做中介和包装的过程中发挥了重要的作用。自 CDM 项目实施以后，印度的许多行业都积极参与，从风能、生物质能等可再生能源行业，到传统能源行业技术改造、工业行业流程改进、固体废料排放，再到建材、钢铁、铁路等行业，乃至农村边远地区植树造林等，参与的行业和参与形式多种多样。

印度已经有两个交易所推出了碳金融衍生品的交易，分别是印度多种商品交易所（MCX）和印度国家商品及衍生品交易所（NCDEX）。印度开发了多样化的碳金融产品进行交易。印度多种商品交易所推出了欧盟减排许可（EUA）期货和五种核证减排额（CER）期货；印度国家商品及衍生品交易所也推出了 CER 期货。许多本地的 CDM 项目产生的 CERs 在交易所场内进行交易。

9.6.5 韩国碳市场

20 世纪 70 年代以来，韩国经济开始了腾飞，随之而来的温室气体排放也快速增长。主要原因是由于韩国的经济发展支柱产业主要是造船、钢铁、化学、石化等能源密集型产业。为实现发展“低碳经济”，降低温室气体排放，韩国启动了“低碳绿色增长”战略。该战略是韩国总统李明博2008年8月15日在韩国国庆60周年庆典上提出的。

在此之前，2005年韩国自愿减排项目计划（Korea Voluntary Emission Reduction Program，KVER）已经正式启动。该计划的主要目的在于鼓励韩国公司积极参与开发碳信用额度，并提高应对气候变化的能力。2010年3月25日，韩国两个排放权交易制度启动，分别是以工厂和大型建筑物为对象的温室气体管理系统（GEMS）和以广域地方政府为对象的地区性温室气体排放交易系统（MEETS）。目的是在“温室气体排放权交易制度”正式运行之前，通过引进并运营适合国内情况的制度来提高制度效率，让参与者积累经验。目前参与的有30家企业、3家大型流通企业和14个地方政府。

【本章小结】

本章分析了全球碳金融交易市场的发展现状，分别介绍了欧洲联盟碳排放交易体系（EU ETS）、美国排放交易体系（USA ETS）、澳大利亚新南威尔士州温室气体减排体系（NSW GGAS）以及其他国家和地区，如新西兰、瑞士、日本、韩国、印度等排放交易体系发展历程、特点以及在经济可持续发展中的作用。指出目前影响碳金融市场发展的最大不确定性来自于全球气候政策合作和各国的态度，全球经济处于低迷状态、各国政策走势也制约了碳金融市场的中长期发展。

参考书目

[1] 林健．碳市场发展［M］．上海：上海交通大学出版社，2013.

[2] 张健华．低碳金融［M］．上海：上海交通大学出版社，2011.

[3] 唐方方，李金兵，苏良．气候变化与碳交易［M］．北京：北京大学出版社，2012.

[4] Michael Faure，Marjan Peeters. Climate Change and European Emissions Trading Lessons for Theory and Practice［M］．北京：化学工业出版社，2011.

[5] 焦小平．环维易为低碳译丛：欧盟排放交易体系规则［M］．北京：中国财经出版社，2010.

10 中国碳金融市场的发展与创新

中国碳金融市场正处于一个发展初期。碳金融在国内对于大多数人来说还很陌生，即使在业内，碳金融的概念也无法得到统一，一些人认为碳金融更多的是指依托 CDM 的买卖交易。事实上，中国碳金融的发展应该包括围绕应对气候变化、发展低碳经济的一切金融活动，既包括依托 CDM 的买卖交易、投资和投机活动，也包括发展低碳经济项目的投融资活动以及相关的担保、咨询、保险活动等。目前，中国碳金融的发展只能说是初露萌芽，有许多问题尚待研究。但在低碳经济背景下，通过强有力的市场主体、制度安排和创新工具，碳金融一定有着广阔的发展前景。

10.1 中国碳金融市场发展的历史进程及意义

10.1.1 中国碳金融市场的发展历程

中国是世界上最大的发展中国家，二氧化碳的排放量位居世界首位，身处气候变化的第一线。中国主动响应国际社会关于温室气体减排的呼声，关注气候变化方面的国际谈判进展，积极参与其中并付诸行动。1992 年 6 月，我国签署了《联合国气候变化框架公约》。1998 年 5 月，签署了《京都议定书》，成为第 37 个签约国，并于 2002 年 8 月正式核准。

中国碳金融市场刚开始起步，占清洁发展机制市场份额的一半，市场潜力巨大，2004 年中国《清洁发展机制管理暂行办法》出台后，CDM 项目的发展路径逐渐明晰。2005 年 10 月 12 日，国家发改委、科技部、外交部和财政部联合发布实施《清洁发展机制项目运行管理办法》，该办法具体规定了 CDM 项目开发、申报、审批、管理的相关程序和要求。2011 年 10 月，中国政府指定国家发展与改革委员会下属的国家气候变化对策协调小组（DNA）作为中国的主管机构。从 2004 年 11 月中国政府批准第一个 CDM 项目以来，CDM 项目的数量迅速增加。截至 2012 年 1 月已有 3559 个 CDM 项目得到了中国 DNA 的批准，除了西藏自治区外，其他各省区均有 CDM 项目得到了中国 DNA 的批准，云南、四川和内蒙古的项目数量处于领先地位。国家能源署预测到 2020 年，中国潜在二氧化碳交易量将近 8 亿吨，远远超过其他潜在供应国。中国作为最大的 CDM 市场，具有相当大的发展潜力。CDM 在中国实施短短几年时间，这一概念以及 CDM 作为有效的减排市场机制被广泛接受。为此，国家已明确提出在“十二五”规划期间健全节能市场化机制，逐步建立碳排放交易市场。

2008年北京、天津、上海分别建立的北京环境交易所、天津排放权交易所、上海环境能源交易所，交易规模在国内处于领先地位。此外，已宣布成立碳交易所的省市还有深圳、广州、辽宁、山西、武汉、昆明、河北、杭州等。京、津、沪三家环境能源类交易所的发展目标中均包含开展排放权交易，但目前的实践还局限于股权、产权、技术转让和实验性的自愿减排交易。多数碳交易试点城市都是依托现有的环境交易所进行交易体系的设计。

10.1.2 中国碳金融市场发展的意义

（1）节能减排、发展低碳经济、实现可持续发展的必然选择。

2011年两会期间政府工作报告和“十二五”规划纲要确立的“十二五”主要目标中，节能减排目标被明确提出。单位国内生产总值二氧化碳排放降低17%，主要污染物排放总量显著减少，二氧化硫排放减少8%，氮氧化物排放减少10%，政府强制性碳排放指标的出现显示了中国发展低碳经济、实现节能减排和经济结构转型乃大势所趋，碳交易市场的逐步建立和不断完善，金融机构可在融资方面为企业提供资金支持，引导资本向低碳领域流动，从而促进低能耗、低排放、低污染的绿色经济发展，使得低碳经济、新能源的开发和利用等拥有巨大的发展潜力与市场前景。

（2）优化中国金融体系结构，促进金融发展的需要。

根据世界银行统计，从2007年到2011年全球碳市场发展迅猛，有望成为新的经济增长点。由于国际碳市场中由商业银行主导的一系列金融衍生产品，如期货、基金、债券等交易及业务已日趋成熟，需碳交易市场平台，实现碳交易的多元化发展。由于CDM项目的特殊性，往往要求国际间的合作，中资银行可以借此机会加强与国际金融机构间的交流与合作，借鉴国外趋于成熟的碳交易市场融资机制，以及完整的碳金融体系的经验，以建设中国的碳金融交易机制。

（3）经济转型和产业升级的需要。

中国用了30年的时间快速发展，集中暴露出发达国家工业化二百多年遇到的环境经济问题，但以目前的全球气候变化形势和国际能源供给趋势来看，实现低碳转型，走绿色经济、循环经济之路，是中国未来发展必由之路。碳交易不仅对温室气体减排起到积极作用，而且可以促进能效改进、结构调整，经济向低碳化发展。对每年煤炭消耗量占能源消耗总量70%以上的中国来说，采用碳排放交易方式，不但会为中国带来大量经济利益，还会改变现有以火力发电为主的能源消耗方式，转向新能源和可再生能源开发和使用的发展模式。

（4）应对国际政治压力的需要。

据世界银行数据统计，2008 年中国二氧化碳排放量为 70. 32 亿吨，美国二氧化碳排放量 54. 61 亿吨，中国第一次超过美国成为全球第一大二氧化碳排放国。随着世界气候谈判不断进行，美国加入总量控制交易阵营，国际谈判的压力将转向中国，国际社会要求中国在气候变化问题上承担更多责任的呼声越发高涨。尽管中国宣布了 2020 年人均 GDP 碳排放比 2005 年降低 40% ~ 45% 的承诺，但发达国家仍提出到 2050 年在 1990 年基础上减排 80% 的方案，以此要求中国加入强制减排。针对国际气候的政治压力，中国首先要建立自己的碳排放交易体系，实现监测报告机制，从而进一步参与到国际碳交易市场中，影响国际碳交易价格的制定。其次，中国要建立包括碳金融组织体系、产品体系以及服务体系在内的碳金融市场体系，与国际碳金融体系接轨，实现自身在国际碳金融市场的主导地位，增强话语权，发挥积极作用。

（5）国际碳金融竞争的需要。

《京都议定书》的诞生，致使全球迅速形成了欧盟碳交易体系、北美地区碳交易体系和澳大利亚新南威尔士温室气体减排体系等一系列排放交易体系，虽然其对全球碳交易市场有着重要的影响，但交易规则、交易平台各不相通，致使全球碳交易难以做到统一、公平的交易环境。但即便如此，全球碳金融市场竞争日益激烈的态势已不可逆，建立全球统一的碳金融市场势在必行。那么，各国政府所关心的诸如以何种货币结算，以何种价格影响产业，以何种规则调整资产、技术、产业和贸易，都是巨大的利益和商机。碳金融市场发展的程度直接影响着中国未来的国家竞争力，这是中国必须建立一个可以与发达国家相交流、相抗衡、相制约的碳排放交易市场的重要原因。

（6）人民币国际化进程的需要。

碳交易权的计价结算与货币的绑定机制使发达国家拥有强大的定价能力，这是全球金融的又一失衡。碳交易市场竞争焦点是争夺定价权。随着碳交易市场规模不断扩大，碳货币化程度也越来越高，并成为继石油等大宗商品之后又一新的价值符号。目前，欧元是碳现货和碳衍生品交易市场的主要计价结算货币，日本也正在试图使日元成为碳交易计价结算的第三货币，美国更是在美元逐步失去全球储备货币信用优势的当下试图为美元找到新的出路，各国货币纷纷争当碳交易的主导货币。碳金融很可能成为未来重建国际货币体系和国际金融秩序的基础性因素。碳减排新格局给中国带来了前所未有的机遇，也带来了前所未有的挑战。中国必须进行全方位的战略谋划，构建碳金融及其碳资本体系，使人民币成为碳交易计价的主要结算货币，这是人民币成为国际货币的必由之路，也是中国在新能源领域争取定价权的关键一步。

10.2 中国碳金融市场的发展现状及存在的主要问题

10.2.1 中国碳金融市场的发展现状

在《京都议定书》中，虽然没有对中国的二氧化碳排放总量进行限制，但中国出于发挥大国责任，在“十一五”规划中提出到2010年单位GDP能源消耗比2005年降低20%，主要污染物排放总量减少10%。2008年，上海环境能源交易所、北京环境交易所和天津排放权交易所的相继成立，预示着中国碳金融市场基本框架成形。

中国在碳金融市场创新方面具有代表性的商业银行是兴业银行。2006年5月，兴业银行和国际金融银行合作，率先推出节能减排项目贷款，并采取了市场化的与中国现状相匹配的运作模式。目前，兴业银行已经开发了买方信贷、节能技改项目贷款、设备融资租赁、公共事业服务商融资、节能服务商或能源合同管理公司（EMC）融资和设备供应商增产融资等多种运作模式。在中国碳减排交易市场日益活跃的情况下，部分节能减排项目已经能够在碳减排市场进行交易。兴业银行将节能减排贷款与“碳金融”相结合，创新推出以CDM机制项下的碳核定减排收入（CERs）作为贷款还款来源之一的节能减排融资模式——“碳金融”模式。兴业银行初步设定了“三年投放100亿元”的最低目标。继兴业银行涉足碳金融市场，北京银行、浦发银行和招商银行等多家银行也开始积极开展碳金融业务（见表10－1）。

表10－1 国内主要商业银行主要碳金融产品

银行	碳金融产品
兴业银行	（1）2006年5月，与IFC联合在国内首创推出能源效率融资项目，节能减排融资主要支持企业特别是中小企业实施节能减排和环境保护项目的融资需求。 （2）2008年10月末，成为国内首家采纳“赤道原则”的银行。 （3）2010年1月，联合北京环境交易所推出国内首张低碳主题认同信用卡——中国低碳信用卡。 （4）先后推出“8＋1”种融资服务模式，并为碳交易前、中、后各环节量身定制金融服务

续上表

银　行	碳金融产品
上海浦东发展银行	（1）2008年，在全国商业银行中率先推出首个针对低碳经济的整合服务方案《绿色信贷综合服务方案》，并据此于2009年7月完成了位于广东、山东和安徽的三个节能减排项目的转贷款发放。 （2）2009年7月3日，浦发银行西安分行与陕西镇坪桂花水能有限公司正式签署了《CDM项目财务顾问委托协议》，浦发银行总行认定的国际专业机构也与该项目业主正式签署了《减排量购买协议》（ERPA）。这一项目是国内银行业正式签署委托协议及ERPA的首单CDM财务顾问业务。 （3）2010年1月9日，正式发布《建设低碳银行倡议书》，致力于打造中国金融业的低碳银行。 （4）签约法国开发署绿色中间信贷二期项目，与IFC签约能效项目11笔。成功中标亚洲开发银行建筑节能融资唯一合作银行，成功推出排污权抵押贷款业务
交通银行	（1）2007年，在全国商业银行中首先提出了“绿色信贷”理念，将全部信贷客户和业务实行环保分类管理。 （2）2007年10月，推出了首只挂钩水资源和铀能源股票的产品——“得利宝金橙3号—水涨铀高”95%保本美元1年期产品，产品收益与由3支全球水资源股票和2支全球铀能源股票组成的一揽子股票表现挂钩
中国建设银行	在金融服务创新领域推出了绿色金融服务“一条龙”系列，包括“绿色融资”“绿色管家”“绿色能效”“绿色生活”和“绿色公益”五个子方案，旨在通过制定有针对性的服务方案，满足环保行业客户的个性化需求
中国工商银行	（1）2007年9月向全行下发了《关于推进“绿色信贷”建设的意见》，要求建立企业环保名单，对所有贷款项目和贷款企业，实行环保“一票否决制”。 （2）2011年3月21日，正式推出碳金融合约交易业务，与北京天润新能投资有限公司签署围绕碳排放权项目开展的金融市场业务合作协议
中国民生银行	2010年6月12日，在北京设立首家绿色金融专营机构，优先支持“北京绿色金融商务区”的发展，并为北京环境交易所“合同能源管理投融资交易平台”提供全面而专业的金融服务，提供基金托管等服务和并购贷款业务、分离交易业务、短期融资券、中期票据等多种信贷产品

续上表

银　行	碳金融产品
深圳发展银行	2007 年 8 月，率先推出二氧化碳挂钩型人民币和美元理财产品，基础资产为欧盟第二承诺期的二氧化碳排放权期货合约价格，两款产品于 2008 年 9 月 2 日到期，分别取得 7.4% 和 14.1% 的较高收益
中国银行	2008 年 1 月，推出汇聚宝"绿色环保"二氧化碳挂钩美元的产品，产品投资收益与欧洲气候交易所 2009 年 12 月到期的二氧化碳单位排放额度期货合约的欧元结算价挂钩，该产品在发行后的第一个观察日，即以 10% 的年化收益率触发了提前终止条件
光大银行	2010 年 3 月 2 日，携手北京环境交易所隆重推出"绿色零碳信用卡"，该卡独具卡片可回收、碳足迹计算器、邀约购碳计划、环保账单等六大独特的绿色环保功能。 2010 年 4 月 28 日，推出了一款特殊的低碳理财产品——阳光理财低碳公益理财产品，该产品将预期收益中的 1.75% 用于购买二氧化碳减排额度。 2010 年 4 月与北京环境交易所签订了《中国光大银行碳中和服务协议》，由此成为国内首家"碳中和"银行
招商银行	2008 年 9 月 25 日，成立绿色小组以支持绿色信贷的发展，相继推出了节能收益抵押贷款、绿色设备买方信贷、绿色融资租赁等新型贷款业务。同时，还为法国开发署（AFD）提供转贷贷款业务服务
中国农业银行	总行成立了投资银行部，先后与湖北、四川等多个省份的十几家企业进行了接触，与多家企业达成了 CDM 项目合作意向书，涵盖了小型水力发电、水泥回转窑余热发电、炼钢高炉余热发电等清洁发展项目

资料来源：姚珉．国外银行碳金融业务的发展对我国商业银行的启示，2012。

10.2.1.1 中国碳信贷的发展

国内商业银行在碳金融业务方面还是努力做了许多的尝试。如碳金融侧重于低碳的信贷，在信贷的方式上有所创新。由于国内缺乏成熟的碳交易制度和碳交易平台，国内商业银行开展的碳金融业务主要集中在绿色信贷投资，就体现为增加新能源和减排技术的信贷，减少高耗能和产能过剩产业的信贷。那么，国内一些银行也相继推出了一些创新的碳金融信贷方式，比如说与国际金融公司合作进入能效融资的市场，为中小企业提高能效、利用清洁能源，以及开发可再生能源的项目提供融资。2006 年 5 月 17 日兴业银行与国际金融公司签署《能源效率融资项目合作协议》，成为国际金融公司开展中国能效融资项目合作的首家中资银行。国际金融公司向兴业银行提供2500万美元的本金以支持兴业银行最高达4.6亿元人民币的贷款组合，兴业银行则以国际金融公司认定的节能环保型企业和项目为基础发放贷款，国际金融公司为整个项目提供技术援助。截至2008年2月25日能效融资二期合作协议签订时，兴业银行已经为中国46个节能减排项目提供了9亿元人民币的贷款。2010年1月，浦发银行发布了“建设低碳银行倡议书”，明确将建设“低碳银行”作为战略发展目标。此外，北京银行、民生银行、工商银行和中国银行也开始重视对节能减排项目的信贷支持。目前，我国还制定了低碳信贷标准。2007年7月，原国家环保总局联合中国人民银行、银监会，发布了《关于落实环保政策法规防范信贷风险的意见》，同年11月，银监会吸取赤道原则的部分理念，印发了《节能减排授信工作指导意见》，指导和督促银行业金融机构防范高能耗、高污染风险，调整和优化信贷结构。国内商业银行在国家政策基础上，也已制定了自己的绿色信贷政策和判定标准。例如，中国工商银行出台了碳资产的行业信贷政策，从环保评价的一票否决制、贷后环保专项检查、客户环保信息标识制等三个方面进行规范。兴业银行于2008年正式对外承诺采纳“赤道原则”，与国际标准相接轨，成为中国第一家本土“赤道银行”。

专栏10-1　兴业银行碳信贷

兴业银行在国际金融界中是被认定的节能环保型企业，兴业银行通过该项目为前提发放了许多贷款，所以国际金融公司为整个项目提供了技术后盾。兴业银行作为中国第一家“赤道银行”，不仅制定了《环境和社会风险管理政策》，还制定了《信用业务准入标准》及严格的信用审批制度，2008年和2009年连续两年向碳披露项目（CDP）提交信息需求。

从碳信贷的角度上看，兴业银行一共可以提供4种融资模式：

①融资租赁模式；

②节能减排设备供应商增产模式；

③节能减排设备买方信贷模式；

④企业节能技术改造项目贷款模式。

兴业银行碳信贷内部控制基本内容包括：内部控制的环境、碳信贷项目的风险识别与评估、碳信贷项目的内部控制措施、碳信贷项目的监督评价与纠正以及碳信贷项目的信息交流与反馈等五方面的内容（见下图）。

兴业银行碳信贷风险问题的外部原因：相关政策、法律的不完善，信用环境和观念差，其中贷款企业经营管理不规范，可以体现在以下方面：①借款人的经营风险；②政策风险；③自然风险，即非人为因素所能控制的风险；④欺

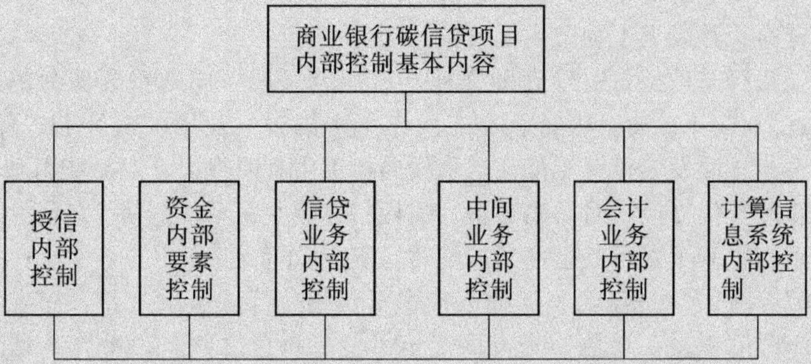

诈风险。

兴业银行碳信贷风险问题的内部原因：主要是兴业银行目前碳信贷风险控制的意识观念还比较薄弱，没有形成一种全行范围的碳信贷风险控制意识，因此没有对碳信贷风险控制的思想进行重视。又如前文所述，兴业银行由于内部控制体系构建上不完善，导致兴业银行的碳信贷风险通过这种思想意识观念的薄弱而进一步放大了，因此兴业银行急需通过建立优秀的内部控制组织文化，来加强全体员工的碳信贷风险控制意识。

（资料来源：陈龙. 我国商业银行碳信贷风险管理研究. 金融经济，2010，18）

为促进碳金融的发展，环保总局、中国人民银行、银监会、证监会、保监会相继出台多项措施规范，以指导碳金融的发展。2007 年，中国出台了《关于落实环境保护政策法规防范信贷风险的意见》《节能减排授信工作指导意见》《商业银行并购贷款风险管理指引》等，督促银行业金融机构发展绿色信贷业务。2009 年，中国人民银行、银监会、证监会、保监会发布了《关于进一步做好金融服务支持重点产业调整振兴和抑制部分行业产能过剩的指导意见》，指出对国家产业政策鼓励发展的新能源、节能环保等战略性新兴产业，要积极研发适销对路的金融创新产品，优化信贷管理制度和业务流程，加大配套金融服务和支持力度。

专栏 10－2　上海浦东发展银行创新性绿色信贷

中信证券 2011 年 3 月 12 日统计数据显示：“浦发银行在所有 A 股（2133 支）中市场关注度排名第 10 位。”浦发银行之所以市场关注度如此之高，其根本原因在于该行近年来不断推出的创新融资模式，以及不断加强的风险控制能力。在超前战略策动下，浦发银行悄然驶入发展的快车道，在竞争中找到了广阔的蓝海，并成为中国国内低碳银行的引领者。

商业银行是承担着引导和助推社会可持续发展方向与重要使命的金融机构。早在2006年，浦发银行就率先发布了中国银行业第一份社会责任报告。从那年开始，浦发银行每年都在信贷投向指引中鲜明提出，对新能源和环保行业给予重点授信支持；对污染环境、能耗超标企业，不得授信。该行这一低碳金融实践，得到了银行监管部门的及时肯定与政策支持。

2007年4月，在创新驱动战略指引下，坚持低碳金融之路，浦发银行在短短4年时间里，在绿色信贷方面走出了一条特色之路。2008年，浦发银行在全国商业银行中率先推出针对低碳经济的一揽子整合服务方案《绿色信贷综合服务方案》，内容包括：一是该行与世界银行集团国际金融公司（International Finance Corporation，IFC）合作的能效融资方案。这一能效融资方案作为创新型绿色信贷方案，以中小企业为重点扶持对象。二是与法国开发署（AFD）合作的绿色中间信贷。AFD绿色中间信贷作为创新型绿色信贷方案，通过引入AFD长期低成本资金来源，具有贷款期限长和融资成本低的优势。

2009年，浦发银行明确对社会宣布：打造中国金融业首家"低碳银行"，并以低碳银行作为该行企业社会责任的阶段性目标，利用金融杠杆和资金配置将"绿色"传导到客户端。

2009年，浦发银行推出创新的《绿色信贷综合服务方案》，浦发银行作为财务顾问，与中国山西能源产业基金、中国可再生资源产业基金等开展全面合作，为低碳企业提供绿色信贷、绿色股权投资、托管、CDM财务顾问等方面的特色服务。通过这一绿色股权融资创新方案，浦发银行为节能环保型企业搭建了绿色股权融资平台，帮助中小型成长性企业引入股权投资，构建"直接股权融资+间接银行融资"模式，帮助中小节能环保企业快速发展。

2009年以来，浦发银行作为牵头行，为低碳企业启动了银团贷款等创新融资模式。作为银团牵头行或主要参与行，为南水北调、太湖治理、滇池治理等一批社会影响较大的国家重点环保项目提供了大额项目融资支持。

据《国际融资》了解，近几年来，浦发银行已提供1000多亿元的授信支持低碳经济，包括一大批可再生能源项目和环境保护项目，几乎覆盖国家"十一五"规划的十大重点节能工程。2009年，浦发银行作为唯一金融界发起人，加入中国第一个自愿减排联合组织——天津生态城绿色产业协会。

（资料来源：李路阳等，《国际融资》，2011.4）

10.2.1.2 中国的保险业碳金融的发展

碳交易的过程中存在着较大的风险，碳金融保险可以为碳交易提供一定的保障。2009年以来，我国的保险机构已经着手开展环境污染责任保险的各项试点工作，在易发生污染事故的企业、储存运输危险化学品的企业和危险废物处理的企业、垃圾填埋场、污水处理厂和各类工业园区六大领域推进环境污染责任保险。在此基础上，保险机构可以不断丰富碳交易保险的品种，拓宽被保险企业的范围。大型保险公司具有较高的信用等级、较强的风险承担能力、扎实而全面的专业知识和技能、良好的客户和投资者关系，在市场开发过程中扮演着重要角色。实践中，保险公司是较早涉入气候领域的金融机构，它们为经济主体规避气候风险提供保险和担保等风险管理服务。前已述及，在碳交易模式下，出现了许多新的意外风险种类，经济体系的顺利运行需要保险公司开发新的转移风险的工具和技术。这也为保险业带来了创新发展的良好机遇，在新的发展模式下，保险公司的功能仍然是分散风险，即保险公司为碳项目和碳交易活动提供保险服务和适应碳金融的发展，保险公司必须开发新的保险产品，特别是整合型风险管理产品，用于规避风险。例如，在CDM机制下的碳交易中，未来产生的碳指标有可能与合约不相符，即存在绩效风险。这种绩效风险包括碳法规风险、国家投资风险、技术绩效风险、营运中断风险和主管责任风险等。这就需要保险公司设计合理的保险产品，为碳金融活动提供复杂的保险服务。另外，保险公司集聚了大量资金，是最有实力的机构投资者之一。所以，保险公司介入碳金融服务有助于开发和促进碳市场的发展，有助于活跃碳市场。同时，作为有实力的机构投资者，保险公司在管理投资组合方面具有独特的优势，具有比其他机构更强的风险管理的专业能力。

10.2.1.3 中国碳基金的发展

作为最大的发展中国家，中国的CDM项目具有被国际组织和机构认可的巨大潜力，从2000年开始世界银行以及其他国际和双边出资方就致力于加入中国市场。经过数年的发展，以原型碳基金（PCF）为代表的世行碳基金陆续进驻中国。迄今为止，包括生物碳基金、社区发展基金等在内的8支碳基金分阶段支持中国清洁能源项目（见表10－2）。其中国际碳基金是在中国影响较大的原型碳基金（PCF），共有项目数9个，其中减排协议购买数超过百万的占50%以上。

在这个过程中，参与中国项目的世行基金包括国别基金和特别基金。两类基金在支持中国项目的时候显现出不同的特点：其中，国别基金是受托人为世界银行的政策性基金，其开展项目更加倾向于从基金发起国的利益出发，达成从发展中国家购买足够数量的减排量，故而，其投资的项目多为大型工业企业。而特别基金的出发点则是实现支持世界银行减贫和促进可持续发展目标的实现，旨在促进当地的可持续发展。

表 10－2　世界银行系列碳基金的中国项目

单位：t CO_2e

项目区域	项目类别	世行碳基金	减排量协议购买数
广西壮族自治区/广西珠江流域智利再造林项目	再造林	生物碳基金	462 014
广西隆林、田林、凌云县/广西西北部地区退化土地再造林项目	再造林	生物碳基金	222 898
湖北建始县/湖北广润水电项目	新能源与可再生能源	社区发展基金	485 000
山东蓬莱/山东民和规模化养鸡场粪污沼气化处理及发电减少温室气体项目	甲烷回收利用	社区发展基金	465 000
湖北省恩施州生态家园户用沼气池项目	甲烷回收利用	社区发展基金	370 000
中国包头钢铁（集团）有限责任公司焦化厂 5#～ 8#焦炉配套干熄焦改造项目	节能和提高能效	丹麦碳基金	900 000
江苏梅兰化工股份有限公司 HFC－23 分解清洁发展机制项目	分解温室气体 HFC－23	丹麦碳基金	2 000 000
南钢转炉煤气回收项目	节能和提高能效	意大利碳基金	1 293 495
云南白水江梯级电站项目	新能源和可再生能源	意大利碳基金	2 200 000
江苏梅兰化工股份有限公司 HFC－23 分解清洁发展机制项目	分解温室气体 HFC－23	原型碳基金	5 000 000
山西晋城寺河煤矿矿井甲烷发电项目	甲烷回收利用	原型碳基金	4 500 000
江苏梅兰化工股份有限公司 HFC－23 分解清洁发展机制项目	分解温室气体 HFC－23	西班牙碳基金	8 333 333
天津市双口垃圾填埋场填埋气回收发电项目	新能源和可再生能源	西班牙碳基金	635 000

续上表

项目区域	项目类别	世行碳基金	减排量协议购买数
上海梅山钢铁股份有限公司干熄焦余热发电项目	节能和提高能效	西班牙碳基金	750 000
上海宝钢罗泾 COREX 项目	清洁冶炼	西班牙碳基金	3 000 000
江苏梅兰化工股份有限公司 HFC－23 分解清洁发展机制项目	分解温室气体 HFC－23	伞形碳基金	57 702 424
江苏常熟三爱富中昊化工新材料有限公司 HFC－23 分解项目	分解温室气体 HFC－23	伞形碳基金	71 599 528

资料来源：根据联合国气候变化公约网站和世行网站的公开资料筛选整理。

中国的碳基金业受国外碳基金运作和模式的影响，目前已经形成了包括中国绿色碳基金、中国清洁发展机制基金等在内的多种基金。虽然这些基金在资金来源、管理模式上存在差异，但其均不能自主进行碳排放量的买卖交易。故而，其不是真正意义上的碳基金，部分学者称之为“准碳基金”，部分学者则直接称为“碳基金”，我们暂且将其称为“中国化的碳基金”。以下重点介绍几种有代表性的“中国化的碳基金”。

（1）中国清洁发展机制基金。

2006 年 8 月，国务院批准成立中国清洁发展机制基金及其管理中心，按照社会性基金管理模式，负责收取、管理和利用在此合作下获得的国家收益，促进减缓和适应气候变化。作为中国首支政府主要通过碳交易市场（CDM 市场）收入筹集的资金，是一个创新性的气候资金机制。截至 2012 年 3 月，清洁发展机制基金的规模已超过 105 亿元，安排增款近 3 亿元。该基金的宗旨是支持国家应对气候变化工作，促进经济社会可持续发展，且不得用于与气候变化无关的事项，允许在保值、增值的原则下，独立运营，开展支持国家应对气候变化相关产业的投资活动。

基金来源按照重要性排序包括：通过清洁发展机制项目转让温室气体减排量所获得收入中属于国家所有的部分；基金运营收入；国内外机构、组织和个人捐赠；其他来源。清洁发展机制基金将投资于基础环境建设、与气候变化相关的金融领域和清洁发展机制项目的开发运行。

基金的组织机构由基金审核理事会和基金管理中心构成，主管部门为财政部。基金审核理事会主管基金事务跨部门议事协调，基金管理中心作为法定管理机构，负责基金存续期间日常运行管理。基金使用采取赠款和有偿使用等方式。

（2）中国绿色碳基金。

中国绿色碳基金由国家林业局与中国石油天然气集团公司、中国绿化基金会于2007年7月发起成立。不同于中国清洁发展机制基金，中国绿色碳基金属于开放性公募基金。国家出资为该基金的主要资金来源，其他方式包括吸收国外资金、企业投资、个人出资等。基金的设立，为个人、团体和企业志愿参与植树造林以及森林经营保护等活动提供平台，促进国内自愿碳汇交易的形成，真正实现森林生态效益的价值化、减缓气候变暖。

其主要用于与CDM机制相关的吸收固定大气中二氧化碳为目的的造林、森林管理以及能源林基地建设等活动，属于碳汇项目。具体体现在：①增加森林碳汇能力的生产活动，如碳汇造林、植被恢复等；②制定碳汇造林的计量标准，如碳汇的计量、碳信用发布等；③林业碳汇知识的宣传及科普推广。碳基金成立以来，已先后在北京、河北、内蒙古、黑龙江、浙江、安徽、江西、河南、湖南、湖北、广东、四川、云南、陕西、甘肃等15个省（区、市）实施造林项目66600多万平方米。

中国绿色碳基金的发展分两步走：第一步，企业、组织和个人以自愿原则捐助形成中国绿色碳基金，由国家林业局按照标准和规则组织造林，并进行碳汇计量、检测和评估；第二步，中国绿色碳基金所获得的碳汇有可能发生交易，成为商业性项目，进入市场（见图10－1）。

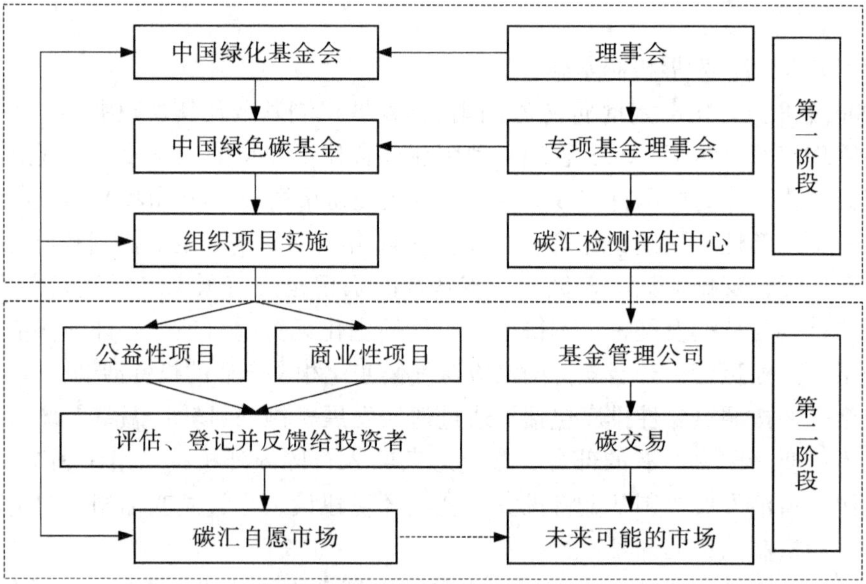

图10－1　中国绿色碳基金发展步骤

（3）国家低碳产业基金。

国家低碳产业基金成立于2011年11月，由青海省人民政府牵头，中国融资租赁有限公司、中融国际信托有限公司、建银国际资本管理（天津）有限公司、西安国际信托有限公司等十余家金融机构和大型央企共同发起设立，是首支国家级低碳产业基金。总规模为500亿元人民币，分三期募集，采用公司制管理方式。目前，第一期募集目标100亿元已完成，中信银行兰州分行承诺包销100亿元基金余额。主要投资于新能源、节能减排、低碳金融、绿色产业、低碳城市和矿产资源六大领域。基金的投资对象为新兴能源项目，资源开发项目，新兴产业项目，森林生态、水土保持及森林固碳项目，能源化工项目，供热供气、污水处理等市政项目。

（4）地方性绿色产业投资基金——广东绿色产业投资基金。

广东绿色产业投资基金成立于2009年末，由5000万元广东省政府引导基金和49.5亿元社会资金共同组成，总规模为50亿元。除此之外，银行配套资金200亿元。基金运用合同能源管理模式进行节能减排项目，包括以该模式为经营手段的节能服务公司的项目股权，以及节能装备或新能源开发相关的高科技企业股权。前期主要以推动城市绿色照明示范城市项目为主，引导社会金融资本加大对城市绿色照明的投入力度。

（5）创投、私募背景的绿色碳基金。

除了上述提到的公募基金以外，2010年以后涌现出一批全国性或民间私募基金。中国龙碳汇基金是中国第一家以帮助企业自愿减排为目标、增加碳汇的全国性投资型私募基金。该基金宗旨为推进植树造林、减少毁林和其他相关的减排增汇投资项目，支持和完善中国森林生态补偿机制。采用造林增汇、保林减排、企业储存碳信用并网上公示的运行模式。成立于2010年3月31日的浙江诺海低碳基金为中国首支以“低碳经济”为投资主题的私募股权基金，首期募集资金规模已达到2.2亿元人民币，来源于浙江民间资本，共有27个有限合伙人，人均投资额度超过800万元，主要投资于高成长性节能、环保、新能源等行业企业。2012年2月成立的碳谷基金是由湖北省内10多家骨干企业共同发起的华中地区低碳首支创投基金。首期募集基金5000万元，主要用作节能行业股权投资，包括省内非上市和预备上市的节能公司股权、已上市节能公司定向发售的股权，集合普通股、可转债、优先股和具有选择权的股权工具等多种方式。碳谷基金计划规模2亿元，5年内有望实现总规模20亿元，将扶持百家高新节能企业，实现产值200亿元以上。

（6）外资集团投资的低碳基金。

国务院明确鼓励发展新能源和低碳经济后，瑞士ILB－Helios集团和北京中青研信息技术研究院共同出资设立碳基金获得发改委批准，这是国内首支具有外资背景的基金。该基金最早进入中国市场购买核证减排量（CER）和自愿减排量（VER）。其通过一站式服务模式，帮助企业实现节能减排，同时获得融资。此外，瑞士碳基金也致力于与地方政府共建节能减排市场。2008年10月，瑞士再保险集团和英国瑞碳公开申明建立专项基金用于开发和购买中国市场的核证温室气体减排量，至2012年，双方投入近3亿欧元用于购买CERs。

在中国投资比例最大的另一支基金是气候变化资本集团（Climate Change Capital，CCC），是全球最大的私募碳基金。截至2010年6月，CCC已经在中国投资50个项目，总规模达60多亿元人民币，占当时中国碳市场份额的10%以上。

中国的碳基金尚处于发展的萌芽阶段，上述基金和国外相比，无论从设立模式还是管理模式上来看都比较单一。但随着国内外碳基金设立、管理的文化交融，这些基金的设立、投资、交易手段将得到极大的丰富，同时也为中国碳基金的设立和发展奠定基础。

10.2.1.4 中国碳排放权交易市场的发展

碳交易所提供的平台服务非常特殊，是其他任何一类碳金融服务机构都无法提供的。正是有了碳交易所提供的这种服务，才有了其他碳金融服务种类。可以说，碳交易所的平台服务是其他碳金融服务的基础。除了为碳金融参与者提供交易平台以外，碳交易所还为客户提供碳排放权及其衍生品交易的清算、结算服务。除此之外，作为一个完整的交易平台，碳交易所还提供信息披露和投资者保护服务。以上各个碳金融服务机构共同为碳金融参与者提供服务，它们之间也存在相互配合和服务的关系。

基于中国巨大的市场潜力，2008年以来各地环境交易所陆续建立，其中北京环境交易所、上海环境能源交易所和天津排放权交易所均已初具规模。

（1）北京环境交易所（China - Beijing Environmental Exchange，CBEEX）。

北京环境交易所于2008年8月5日挂牌，是北京市市政府批准设立的特许经营实体，由北京产权交易所有限公司、中海油新能源投资有限责任公司、中国国电集团公司和中国光大投资管理公司出资设立。其目标是成为国内、国际环境类权益的价值发现平台和市场交易平台。成立以来，北京环境交易所为推动中国碳交易市场的发展做出了积极的努力。

①推出中国首个自愿减排标准——熊猫标准，并致力于生态补偿业务。标准是做交易的前提，也是决定定价权的关键因素。在2009年12月的哥本哈根会议上，北京环境交易所面向全球推出中国首个自愿碳减排标准——熊猫标准，一方面从狭义上确立自愿减排量检测标准和原则，另一方面从广义上规定自愿减排流程、评定机构、规则限定等内容。熊猫标准制订后，北京环境交易所将借鉴美国杜克法则，大力推动农、林、牧、渔业的生态补偿类项目，促进市场向工业补偿农业、城市补偿农村、东部补偿西部、高排放者补偿低排放者的方向发展；同时将发展交易所认可的生态补偿减排量监测机构及审核认证机构（DOE），逐步规范北京环境交易所认可的生态补偿项目（VER项目）方法学，发展相关会员，建成国内最权威的生态

补偿（VER 项目）减排量交易市场，市场成熟时与国外相关机构的注册及交易系统实现对接，走向国际化。

②推出全球首家中国合同能源管理投融资交易平台。2010 年 6 月 5 日，北京环境交易所与中国节能协会节能服务产业委员会协作，正式启动全球首家合同能源管理投融资交易平台。该平台可解决合同能源管理推行过程中融资难、信息难问题，推动节能服务公司快速开展新的合同能源管理项目，促进合同能源管理和节能服务产业发展，同时创立世界首个社会资金进入节能领域的交易模式。该平台通过金融创新，将节能服务公司未来的服务收益进行转让，以获得流动资金开展新的合同能源管理项目。此外，通过此平台能将节能服务行业和金融行业实现对接，并整合相关资源，通过增值服务使得项目信息、投资人信息在平台充分交换，在项目源和资金源上为节能服务公司提供最大的支持，同时也为政府、企业的节能改造提供广阔的选择空间。

③开发了中国首个低碳指数（China Low Carbon Index，CLCI）。北京环境交易所于 2010 年 6 月公布中国第一个低碳指数，把在中国内地、香港和纽约 3 个资本市场上市的 35 家以中国为主要运营区域的低碳类企业，包括清洁能源发电、能源转换及存储、清洁生产及消费、废物处理 4 大主题下的 9 个部的上市公司数据收集、整理、归纳、加权，形成一个中国低碳产业发展指数，成为中国低碳产业发展和企业投融资的风向标，达成中国第一笔自愿减排（VER）交易。2009 年 8 月 8 日，是具有历史意义的北京奥运会开幕日。这一天，奥运会“绿色出行”活动产生的碳减排指标在北京环境交易所挂牌，其中的 8026 吨指标被天平汽车保险公司以 27.7 万元的价格购得。这是中国达成的第一笔自愿减排交易，无疑也是中国碳金融市场具有重要标志的日子，而此时北京环境交易所刚刚成立一周年。

④开展了排污权与节能量交易的试点和探索。为了深入贯彻落实国家节能减排工作方案和“十一五”规划的节能减排目标要求，通过市场化手段解决污染源排放问题，北京环境交易所先期进行二氧化硫、化学需氧量（COD）的交易产品试点，通过总量控制、配额分配、许可证交易、在线监测等一系列交易制度和程序设计，解决北京市的大气与水污染的防治问题。同时，由于企业之间存在不同的节能效率和节能成本，北京环境交易所还在探索开展节能量交易，通过实行节能量指标公开交易可促进节能效率的提升。

（2）上海环境能源交易所（Shanghai Environmental Energy Exchange，SEEEX）。

上海环境能源交易所与北京环境交易所同一天成立，是上海市人民政府批准设立的服务全国、面向世界的国际化综合性的环境能源权益交易市场平台，是集环境能源领域的物权、债权、股权、知识产权等权益交易服务于一体的专业化权益性资本市场服务平台。上海环境能源交易所在以下方面进行了积极的探索：

①积极构建CDM项目信息服务平台，为CDM项目开发者和碳汇买家搭建了一个公开、专业、规范的合作交流平台。同时，受联合国开发计划署委托，上海环境能源交易所正积极筹建“发展中国家全球气候变化对策培训中心”，以推动发展中国家获得减排技术，并使减排工作成为发展中国家经济发展的重要推动力。随着该平台建设的不断发展，上海环境能源交易所将成为一个新的国内外CDM项目信息聚集地。

②在合同能源管理及排污权交易方面与境外企业展开广泛交流与合作。截至目前，包括世界银行、英国GFI公司、日本新能源产业技术综合开发机构（NEDO）、新日本制铁株式会社、意大利国家电力公司、德国电力交易所、澳大利亚金融及能源交易所在内的诸多金融机构、碳基金、国际知名企业和碳汇买家均与环境所达成明确合作意向，日本经济产业省有175个项目在环境所挂牌交易。

③启动碳强度标准的研究，并在上海市虹口区进行试点。碳强度标准可以为发展低碳经济提供科学的参考依据，有利于优化经济结构，促进产业升级。上海环境能源交易所受联合国南南合作特设局的委托，启动了碳强度标准的研究，在已初步完成的碳强度标准框架中，碳强度标准参考了国际标准组织的原则和方法，具有实用性、完整性、透明性和精确性的特点，主要包括4个部分：一是核算CO_2排放量的方法学；二是CO_2排放与削减的核算；三是碳排放强度的核算、报告和认证；四是行业标准，建立主要碳排放行业的碳排放强度数据库。为提供出一个可供选择和参考的科学、实用、精确的碳强度标准，上海环境能源交易所于2009年12月在上海虹口区启动试点，这将是深化碳强度标准研究、尝试相关标准制订的一个重要内容和步骤。上海虹口区近年来重视节能降耗和CO_2减排。从2006年至2008年，全区万元增加值能耗持续下降，三年分别下降了5.7%、4.76%和1.51%。同时，上海市虹口区拥有科学的统计方法和较为完整的数据。

（3）天津排放权交易所（Tianjin Climate Exchange，TCX）。

天津排放权交易所成立于2008年9月25日，是在天津滨海新区建立清洁发展机制和排放权交易市场的要求下设立的全国第一家综合性排污权交易机构，由中石油集团旗下的中油资产管理公司、芝加哥气候交易所和天津产权交易中心三方分别持股53%、25%和22%，其中芝加哥气候交易所以技术方式入股。该所主要致力于开展SO_2、化学需氧量和温室气体排放权交易、能效交易及相关咨询服务，是一个利用市场手段和金融创新方式促进节能减排的国际化交易平台。目前，天津排放权交易所已发展了40多家会员单位和近10家战略合作伙伴，交易系统和交易平台准备就绪，正在准备推出中国国内首个碳市场计划。该交易所的成效有：

①完成了首笔基于互联网的SO_2排放指标交易。2008年12月23日，天津排放权交易所组织的中国第一笔基于互联网的SO_2排放指标电子竞价交易成交，天津弘

鹏有限公司以每吨3100元的价格竞购到50吨SO_2排放指标。

②发起企业自愿减排联合行动。2009年9月，天津排放权交易所发起“企业自愿减排联合行动”，计划招募20家具有行业代表性的大型排放类企业，试点符合中国国情和企业实际的CO_2温室气体测量、报告、核实体系，减排和交易体系等。目前，已有中国石油天然气集团公司、中国华电集团有限公司、中国铝业公司和三星、摩托罗拉、丰田、拉法基等跨国公司在华企业共30多家单位正式加入，共同设计和制订承诺目标、交易规则和制度。

③启动了中国首个自主开发的基于强制能效目标的排放权交易体系——天津能效市场。其首笔交易的出售方天津泰达津联热电有限公司、天津市津鸿热力建设有限公司、天津津墙建筑节能产业发展有限公司，均为天津较早实施居住建筑供热计量收费的单位，交易内容为三家出售方试点供热区域本采暖季形成的共计4500吨标煤节能量，折合11500吨二氧化碳当量，成交价格50元人民币/吨。购买方是俄罗斯天然气工业股份有限公司市场和贸易公司及花旗集团环球金融有限公司。

（4）其他排放权交易平台的建立。

除了上述三大交易平台外，全国各地也建立了相应的环境交易平台，大致可以分为以下几类：

第一类：已存在的产权交易所作为排放权交易所。如武汉光谷联合产权交易所（2009年3月27日，在此基础上成立湖北环境资源交易所）、杭州产权交易所。2009年3月18日，湖北省环保局指定武汉光谷联合产权交易所，将主要污染物的排放权引入交易平台，并通过电子竞价的方式进行交易，当天共完成化学需氧量排污权交易86.5吨、SO_2排污权交易413.2吨，成交总金额达95.6万余元。

第二类：由产权交易中心推动成立的交易平台，如昆明环境能源交易所。2009年8月16日，西部第一家环境能源交易所——昆明环境能源交易所正式挂牌成立，由昆明市国有资产管理营运有限责任公司、昆明产权交易有限责任公司、深圳市亦泰物流有限公司、皇明集团和北京环境交易所共同发起设立。该交易平台将进行排污权和排放权交易。

第三类：其他机构成立的交易平台。如山西吕梁节能减排项目交易服务中心，由吕梁离柳焦煤集团、北京国能时代能源科技发展有限公司、北京宇田世纪矿山设备有限公司共同发起设立，于2008年7月19日在北京挂牌成立并开始运营。这是中国第一家煤炭、钢铁、建材等行业节能减排项目收益权和煤炭产品远期销售合约交易服务中心，最主要的功能是为地方政府和各企业的节能减排指标进行科学量化，并把这种量化的结果体现在市场交易价格方面，从而实现地方政府和企业寻求以最低成本实现节能减排、发展节能减排技术并引进战略投资的目标。

10.2.2 中国碳金融市场发展的主要问题

10.2.2.1 国际环境对中国碳金融的不利影响

（1）国际气候谈判前景不明。2011 年 12 月在南非德班举行的联合国气候变化大会明确了《京都议定书》第二承诺期继续履行，但缔约方并未承诺第二承诺期（2013 年起）的各自减排目标，相反有部分国家已明确提出要退出《京都议定书》。

（2）国内政策缺失难以与碳市场发展相匹配。2007 年中国政府出台“中国应对气候变化国家方案”，至此中国低碳经济发展之路开始起航，但之后的政策制定较为零散，政策出台速度较慢，缺乏全局观念，与目前快速发展的碳交易市场相悖。这与政府低碳意识缺位，各部门和各级政府对低碳经济和碳金融重视不够有直接关系，主要表现在国家部委比地方政府积极、国家比企业积极、政府官员比普通居民积极。相关政策支持部门对低碳经济和碳金融的认识还不充分。

（3）制度法规抑制中国碳市场发展。经过 10 年左右的发展，中国 CDM 项目提供的 CERs 占全球 CERs 总量的 1/3，但中国迄今并未形成自己的碳交易市场，CERs 交易仅限一级市场交易，在国际碳交易中缺乏议价权，CERs 经过国际中介商之后价差达到 5 ~ 10 美元/吨 CO_2e，巨大的差距归根结底在于中国未形成自己的一套完整的碳金融制度，缺少统一的组织领导机构，缺少必要的市场运作规范，缺乏统一的市场交易平台，难以形成信息公开、透明、公正的交易环境，金融机构很难发挥作用，更加缺乏监督管理机制，这些金融制度因素都制约了中国碳市场的发展。

虽然中国已经建立了三个碳交易市场，但尚未形成一套规范统一的市场规则和法律制度来约束碳交易行为。碳交易如同其他所有的经济活动一样，它的持续、健康运营离不开完善的法律体系作为后盾。没有一套完整的规章制度，碳交易所隐含的各种风险就会被放大。同时，不规范的交易行为也会损害中国作为国际市场参与者的形象，不利于提高中国的碳交易地位。

针对中国目前主要进行的 CDM 项目交易，不完善的市场体制可能导致寻租行为和道德风险。首先，企业可能会以“寻租”的方式使政府批准 CDM 项目，在获得批准之后，企业可能会不恰当地运用筹集的资金，不积极投入到减排项目的开发，从而引发“道德风险”。如果以“寻租”方式获得批准的 CDM 比例较大，中国节能减排的发展前景将会十分黯淡，有发展潜力和研究价值的项目就可能因为资金匮乏而搁浅。

（4）碳交易定价权缺失，碳金融市场结构单一。中国尚处在整个碳交易产业链的最底端，在碳交易定价方面一直处于劣势，定价权往往被发达国家所控制。中国作为低碳产业最具规模的供应方，拥有世界近 35% 的 CDM 项目及 48% 的 CERs 比例，但是在定价问题上，存在着非常严重的偏离问题，与另一个同样作为 CERs 出口国的印度相比，合同 CERs 平均价格要低 2 欧元以上。在碳交易计价结算货币上，欧元遥遥领先，如 2007 年全球碳基金已达 58 支，资金规模达到 70 亿欧元。其中来自政府投资者的资金中 93.3% 是欧元；混合购买者的资金中 84.7% 为欧元；私人投资者的资金中 60.19% 为欧元。其余为美元和极少的瑞士法郎和英镑。可见，国际碳交易使用欧元计价结算的需要近年不断提高。此外，美元、日元、英镑、澳元、加元等都具提升空间。中国碳交易的定价权缺失，市场结构主要依靠出口项目核证减排量，结构比较单一，从而使中国处于国际碳市场及碳价值链的低端位置，并没有话语权，不得不接受外国碳交易机构设定的较低的碳价格。

（5）碳金融的发展需要财税、环保及金融监管等各项配套政策的大力扶持，然而目前的各项配套政策并不完备，无法发挥支持碳金融发展的应有作用。环保信息共享机制不完善。2007 年 4 月 1 日起中国人民银行正式把环境执法信息纳入征信管理系统，但目前征信体系中的环保信息不够细化，且存在一定的时滞，影响了信息的实际使用效果。财税激励政策不到位，很多低碳项目没有资格获取银行信贷或私募基金、风险基金的投资，解决发展中的资金瓶颈问题是目前最为突出的问题。政府尚未进行碳金融监管政策的研究。中国碳金融市场的发展速度将会很快，其中必然产生大量的碳金融风险，因此对碳金融的监管问题将是未来保障市场有效实施的依据。另外，强度减排制度遥遥无期。国内关于强度减排已经写入“十二五”规划当中，但执行和考核的标准并未出台，严重抑制了强度减排在中国的发展。目前，中国没有形成稳定的政府投入机制，对于低碳经济和碳金融的引导作用有限。

10.2.2.2 尚未形成有国际竞争力的碳金融交易平台

虽然中国是减排大国，但由于碳金融产业发展严重滞后，迄今在国际碳市场上缺乏发言权，中国的碳资产价值严重低估。美国、英国之所以在国际碳金融市场上占有主导权，关键在于两国具有高度发达的金融业。英国伦敦的金融城、纽约华尔街，是国际知名的碳交易中心，具有良好的金融生态环境、金融机构、资金、金融专业知识。伦敦金融城聚集了世界主要金融机构的总部，汇丰、巴克莱、劳合社、伦敦证券交易所、伦敦金属交易所等重量级金融机构；纽约华尔街汇集了纽约证券交易所、国际投资银行、保险公司、证券公司、纽约联邦储备银行等著名金融机构。从金融专业人才来看，伦敦有 30 万金融从业人员，纽约金融服务就业人数有 31.87 万。纽约和伦敦的金融业发展经验表明：建立互补性的网络组织结构是碳交易繁荣的关键。首先是金融机构与服务机构的互补。开展碳交易，需要明确的运行规则和清晰的产品界定，仅伦敦就有 3 家世界上最大的律师事务所，为碳金融提供法律服务，众多碳咨询管理公司极大地促进了碳市场信息流动。其次，不同金融机构之间的分工、合作。不论是小型的专业公司、对冲基金，大型的投行、商业银行，在市场上均有明确的分工，建立了高效的协作网络。最后，原有的金融服务网络为碳金融的发展提供了重要条件。碳市场从已经建立的资本与客户网络中获益，金融中心的位置也因碳交易的繁荣得到了强化。

10.2.2.3 国内金融机构参与碳金融的动力不足

碳金融作为新生事物，国内企业和金融实体对碳金融认识存在差距。目前国内企业和金融机构对碳金融的价值、战略意义、操作模式、交易规则等了解不够，未充分认识清洁发展机制（CDM）项目和碳金融蕴含的巨大商机。碳金融活动主要局限于各类“绿色信贷”业务，CDM 项目建设才刚刚起步。除少数几家金融机构试水外，PE、交易所等金融实体鲜有涉足。由于 CDM 和碳金融传入中国的时间有限，国内企业和金融机构对碳金融的操作模式、项目开发、交易规则等的认识和掌握都很不够，现阶段仅少数商业银行开展绿色信贷，缺乏与碳排放相关的金融衍生产品。碳排放专业人才的缺乏，也导致金融机构不能很好地参与到国际碳金融交易。而且，国内对 CDM 项目的认识存在误区，盲目低价出售 CDM 项目核证减排量，并没有获得技术转移。从风险管理方面看，中国金融机构规避风险能力不足。CDM 项目开发周期长，风险因素多。与一般的投资项目相比，CDM 项目需要经历较为复杂的审批程序，这导致 CDM 项目开发周期比较长，并带来额外的交易成本。开发 CDM 项目还涉及政策风险、项目风险和 CDM 特有风险等。中国金融机构在风险的识别、评估与管理等方面均缺乏实际经验。从产品创新能力看，国内金融机构缺乏碳金融产品创新，仅处于碳交易中间商的层次，与国际主要碳交易市场相差很远。国内仅有少数金融机构参与 CDM 项目中介交易及绿色信贷。金融机构的角色仅限于撮合国内、国外买家，收取少量的手续费。绿色信贷刚刚起步，碳交易平台也未开展真正的碳交易，仅开展部分自愿减排项目和 CDM 项目中介。银行业的分业经营限制了商业银行对碳金融的参与度，鲜有金融产品创新。

10.2.2.4 缺乏碳金融产品和服务创新

缺少碳金融产品和服务创新，一直是中国金融市场发展不完善的表现之一，而这一点，在碳金融市场也会继续存在。虽然国内金融业已涉足碳金融，并在把握气候变化领域的金融创新机会，如制定和执行绿色信贷政策、开发能效贷款、与碳排放挂钩产品等方面出现了许多亮点，但总体来看，这些局部意义上的碳金融产品和服务创新无论深度、广度还是规模，都与中国碳市场潜力不符。数据显示，中国商业银行仅 2011 年前 4 个月新增人民币贷款已达 6.36 万亿元，其中大部分资金投放到了基础设施建设项目中，但对 CDM 项目的投放微乎其微。直接投融资方面，虽然股票已经产生了 CDM 板块，国家也建立了 CDM 管理基金，但相对于蓬勃发展的 CDM 项目，还存在着很大的融资缺口。而真正意义上的碳基金、碳保险、碳经纪人、碳信用评级机构还完全是空白。虽然近几年金融机构，如各商业银行及政策性银行积极推进碳金融机制，为支持低碳经济发展设立绿色信贷部门，制定专门的绿色信贷政策，保监会试点设立关于环境污染责任的保险制度，但这些碳金融仍主要以信贷为主，缺乏其他形式的碳金融。融资方式主要是流动资金贷款、项目贷款等，直接融资比重不大，而且缺乏支持碳经济发展的激励政策，如缺乏对碳金融的财政贴息、税收优惠、风险补偿等激励政策，对绿色企业上市发行股票、公司债、企业债融资的扶持政策不够。缺乏有关碳的期货交易、证券交易、基金等衍生金融产品和碳中间业务。碳市场的发展离不开金融产品和服务创新，包括直接投资融资、银行贷款、碳信用交易、期权交易等。因此，如何采用金融手段激发中国巨大的碳市场潜力，也成为我们要面临的重要问题。

10.2.2.5 投融资渠道狭窄，缺乏适合本土的碳基金和专业的中介机构

碳金融的发展离不开大量的资金支持，虽然《中华人民共和国节约能源法》第六十五条规定："国家引导金融机构增加对节能项目的信贷支持，为符合条件的节能技术研究开发、节能产品生产以及节能技术改造等项目提供优惠贷款。"国家也推动和引导社会有关方面加大对节能的资金投入，加快节能技术改造。然而这些并没有得到充分落实，部分企业尤其是中小企业仍然很难得到贷款，而且中国投融资渠道狭窄，不能为企业的碳金融业务提供合理的资金支持。信贷对低碳产业的支持力度还不够，尚未形成系统的、全方位的碳产业投融资体系。按照传统的贷款模式，需要大量担保、抵押物或质押物等，加之CDM项目信贷量大、回收期长的特点不符合商业银行"安全性、流动性、盈利性"的经营原则，导致企业贷款比较困难。从国际经验来看，低碳产业融资主要依靠风险投资、NGO等非盈利组织、企业内部融资、创业板股票市场和债券市场等融资渠道，而传统的银行间接融资模式多是上述融资方式的补充。目前，碳金融市场创新产品品类少，碳基金还处于起步阶段，碳债券还处于空白阶段，远不能满足企业的需要。尽管国际社会已经建立了众多碳基金，中国的很多项目也可以获得国外碳基金的支持，但这并不适合本土的需求。目前，中国在碳基金方面已有所行动，但数量较少，规模较小，不能满足企业需求，企业还不能拓宽碳金融发展的领域。中介机构虽然在为交易商提供资金支持、调配、咨询等服务方面发挥着巨大作用，但目前中国在服务方面做得仍不是很到位，企业有需求但中间服务者却不能提供，这种供不应求的现状影响了中国碳金融市场的发展。

10.2.2.6 相关法律法规有待完善

《中华人民共和国节约能源法》《中华人民共和国可再生能源法》和《国务院办公厅关于深入开展全民节能行动的通知》等都是对环境保护的相关法律规定，《中华人民共和国节约能源法》中要求合理使用与节约能源，加强节能管理，制定并实施节能计划和节能技术措施，推进有利于节能的行业结构调整，优化用能结构和企

业布局，这虽然对节能环保发展起到一定的推动作用，但是缺陷在于这些法规太过笼统，具体如何实施未说清楚。对于激励措施，比如中央财政和省级地方财政安排节能专项资金，用于支持节能技术研究开发、节能技术和产品的示范与推广、重点节能工程的实施、节能宣传培训信息服务和表彰奖励等，但在具体落实中，还需要国家对节能技术、节能产品等实行更多的税收优惠等扶持政策。目前来看，中国还没有针对碳金融市场制定专门的法律法规，碳金融发展缺乏综合的配套扶持政策，相关政策的实施细则还有待完善，政府支持力度不够，激励措施不足，使得企业发展碳金融举步维艰，同时在碳金融监管方面，银监会缺乏相应的碳银行政策，专门的能效行业监管口径不一致，急需明确的碳银行业务和节能减排工作的指导意见出台。

10.2.2.7 风险监控机制匮乏

碳金融市场作为一个新兴市场，它所隐含的风险尚未完全暴露出来。目前，碳交易的风险主要包括价格风险、违约风险和政策风险。由于碳交易量的供求取决于各国的技术水平和减排项目成效，而减排项目的实际产出结果往往会与预期值相差甚远。因此，对于碳交易价格的波动较难预测，金融危机和企业的经营危机都会直接影响到碳需求国的支付能力，而碳排量的价格风险又会间接导致支付风险，这些可能的违约行为会引起资金断流，导致中国 CDM 在建项目的停滞；政策风险是指在度过第一承诺期（2012）后，中国可能被列为强制减排限排的国家之一，这将导致中国由主要的碳供应方直接转变为最大的需求方，不仅不能在碳交易中获利，还要增加额外的财政支出应对上述的主要风险，有关部门尚未形成一套行之有效的监控和防范体系，不利于中国碳金融市场的可持续发展。

10.2.2.8 技术瓶颈

碳交易不同于传统意义上的大宗交易，它以排放量作为交易单位，却不以易于计量的实体形式存在。因此，排放量的准确测定在全球范围内仍是一个难题，各国的检测标准和方法不尽相同，可能导致同量不同价的问题，使市场显失公平。在中国，碳排放量测定的技术瓶颈主要体现在交通运输业，交通工具的碳排量是温室气体的一个主要来源，但如何准确测定行驶车流的碳排量仍是一个巨大的挑战。然而，我们也应看到，碳金融交易在一定程度上促进了技术的革新和进步，在未来经济利益的驱动下，政府和企业更有动力进行技术研发（这种技术研发是为了解决具有外部性的碳减排问题，如果没有出售多余许可证获利的驱动，管理当局的支持力度不会太大），因此，这些技术瓶颈会在管理当局的支持下得以解决。

10.2.2.9 碳金融人才紧缺

人才的缺失将是未来中国发展碳金融的最大瓶颈。因为碳金融从业人员必须是金融和环境、能源等专业的复合型人才，不仅要熟悉金融基础知识及运作规则，还要熟悉国家产业政策、能源政策与法规，熟悉用能设备和用能特点、行业生产工艺和技术规范，熟悉企业能源审计、项目工程概预算编制，熟悉企业节能工程或节能咨询工作。而目前，环境经济、环境金融学科在中国还是新兴学科，这方面的人才培养比较少，往往是懂经济的不懂环境，懂环境的不懂金融。人才紧缺也将阻碍碳金融的蓬勃发展。碳金融作为历史较短的金融创新领域，在中国传播的时间短，中国在碳交易的规模、碳资金的融通和碳交易制度创新等方面认识不足，发展也较慢。中国大多数金融机构特别是商业银行对碳金融业务的盈利空间、风险管理、运营模式、操作方式、项目开发及审批等缺乏应有的经验，国内许多企业还没有认识到其中蕴藏着的巨大商机。同时，大多数金融机构非常欠缺有关碳金融业务的组织机构和专业人才。缺乏专业的技术咨询体系来帮助金融机构分析、评估、规避项目风险和交易风险；缺乏中国本土的中介机构进行 CDM 项目的评估及碳排放权的购买等。这对碳金融的发展会造成一定的抑制作用。

10.3 规范发展中国碳市场的制度安排与措施

10.3.1 制定中国碳金融发展战略

当前，碳金融已经成为全球金融机构竞争的新领域，中国金融业拓展碳金融业务已是大势所趋。对此，需要对碳金融的属性进行准确定位，通过战略选择，建立激励机制，为碳金融创新创造良好的外部环境。中国碳金融发展战略选择关键在于准确界定战略目标，围绕战略目标开展战略行动，以战略资源优化配置为依托提高中国碳金融竞争力。

（1）借鉴欧盟碳金融的经验，积极制定碳金融发展的战略规划。随着欧盟碳金融的发展，欧元已抢占先机，成为碳交易市场的主要计价结算货币。日本、澳大利亚、加拿大等国紧跟其后。目前，发达国家都在围绕碳减排权，积极争当碳交易的主导货币。也就是说，在未来国际竞争中，碳交易权的计价结算与货币的绑定机制就能使使用碳计价货币的国家具有强大的定价能力，并进一步演化为掌握碳交易的话语权。面对难得的历史机遇，中国应争取抓住主动权，政府应站在战略高度上尽快出台支持碳金融的政策，制定相关的标准，进一步制定和完善碳金融的法律法规和实施办法。在新的全球碳金融框架下，积极推动碳交易人民币计价的国际化进程，为中国取得碳交易的话语权做战略规划。

（2）打造具有国际竞争力的碳金融交易平台。哪国拥有国际竞争力的金融平台，哪国就能在国际碳市场上具有话语权。当前中国在国际碳市场处于弱势地位的根源在于尚未形成具有国际竞争优势的碳金融平台。为打造国际碳金融平台，结合中国的国情，必须采取两步走的战略。即由于中国各省经济、社会发展存在巨大差异，决定了中国碳交易市场必须先在发达地区试点，再推向全国的两步走战略。当前，东部地区经济发展度高，同时也面临严峻的环境问题，在东部地区开展碳交易试点，有助于在发展中国家探索一条可持续发展之路。碳市场的发展要注重整体效益，需整合已有的交易平台，打破区域分隔，实现区域碳交易。具体可仿照美国区域温室气体减排行动（RGGI），在中国东部建立跨省的交易平台，积极引导企业参与碳交易，形成统一的中国碳排放价格。

（3）从国家层面应尽快制定出长远战略和阶段性规划。从宏观出发，审时度势，自上而下地探索出一条适合中国国情的“碳金融”发展道路。首先，温室气体排放量不仅是有限的环境资源，同时也是国家和经济发展的战略资源。中国政府应站在科学发展观的高度，将“碳金融”发展纳入到国家气候变化、低碳经济和可持续发展政策框架中，制定出长远发展思路和各阶段短期发展目标；其次，发展“碳金融”是一个系统工程，需要全社会各个层面共同提高对碳资源价值的认识。必须通过加大宣传力度使地方政府、碳产业链企业、金融机构和投资人都能达成共识、相互合作，共同培育国内碳金融市场；最后，政府和监管部门应尽快制定出一系列相关法律、法规以及标准，并提供相应的宏观调控、财政税收、环境保护、信贷规模导向、外汇管理等配套政策，确保碳交易市场透明、健康地发展。

10.3.2 完善碳金融市场的政策

（1）制定碳金融的扶植政策。

将碳金融纳入发展低碳经济的整体规划中，统筹安排国家环保投入资金，设计专项扶植政策。首先，通过财政拨款成立专项基金，为金融机构的绿色信贷提供利息补贴，为低碳经济支持力度大的金融机构提供专项奖励资金；努力为碳金融市场参与方打通资金流动渠道，畅通国内外资本进出中国碳金融市场的通道。第二，在税收方面，对金融机构开展碳金融业务的收入提供税收优惠，适当减免碳金融市场参与者的税赋，提高参与碳金融市场的积极性。第三，在货币政策和金融监管方面，可以建立与节能减排项目贷款相关联的信贷规模指导政策，碳金融业务主要涉及的是传统的“高碳”行业，但银监会在统计贷款投向时并没有专门的能效行业。因此，建议中国央行在对信贷业务进行窗口指导时，设立专门的低碳项目信贷规模指导，并降低办理碳金融业务的税率。此外，国家还应成立政策性银行或在现有政策性银行的基础上为低碳行业提供政策性低碳金融服务，以此促进金融机构业务向碳金融领域倾斜。第四，在外汇管理方面，研究并开通碳金融绿色通道，考虑将跨境碳资本的自由流动列为逐步实现资本项目可兑换的先行目标。

（2）建立有效的激励机制，鼓励企业积极参与碳金融市场。

人民银行可以和环保部门等部门联合开展环保宣传，提高全社会的低碳经济意识，加强社会公众对碳金融的认识。国家也应出台相应的激励政策，积极引导金融机构增加对节能项目的信贷支持，增加对新能源信贷的投入，让企业充分意识到CDM机制和碳金融所蕴含的巨大价值，推动企业根据所在行业特点和自身发展规划，扩大国际合作，积极开发CDM项目，为碳金融的发展提供必要的外部条件。企业也应采取激励措施，积极参与碳金融交易，要做好准备，抓住各种可以发展的机会，利用优惠政策发展国家支持和倡导的项目。企业应当树立积极减排意识、正确认识自身所能实现的潜在减排量，衡量实施减排的成本与收益，选择适宜的CDM合作项目，在参与项目合作的同时注重先进技术的引进和消化。企业也应当加强人才的培养和储备，以应对CDM项目的较为复杂严格的业务流程。鼓励企业参与垃圾焚烧发电、N_2O分解消除、能效提高等项目对中国环境社会意义较大的CDM项目。通过政策倾斜引导金融机构参与碳金融市场，为企业CDM项目以及自愿减排项目提供投融资等服务。

（3）积极参与和促进碳排放交易中介组织的建设。

目前，中国碳交易中介组织虽然有了一定的发展，但仍然是中国碳交易市场的一块短板。由于中国碳交易市场刚刚起步，又缺乏专业的碳交易中介组织，在与欧洲碳基金、国际投资银行等碳排放权购买方之间进行碳交易时往往因为缺乏经验、信息不对称等原因，在碳交易中处于被动地位。因此国内的商业银行应积极与国际投行沟通合作，积极参与和促进碳交易中介组织的建设，提供碳金融咨询服务。

10.3.3 完善碳金融监管和法律框架

在监管方面，银监会应加强碳金融监管，金融监管机构要更新服务理念，积极吸收国际先进经验，对相关碳金融业务的风险因素进行分析，建立专门的能效行业监管口径，制定相应的碳银行业务和节能减排工作的指导意见以更好地为低碳经济服务。中央银行要充分利用“窗口指导”，创造稳定的货币政策环境，引导银行加大对CDM项目的信贷支持力度，促进低碳经济的发展。要建立健全碳交易法律框架，提高中国在国际碳交易中的定价权，为碳金融发展创造稳定的政策环境，提供政策支持，以完善的法律法规保障碳金融市场发展。

政府及有关监管部门应构建一整套包含资格审查制度、运行管理制度、风险管理制度等在内的碳金融市场法规制度，通过构建一套整体覆盖的碳金融法律法规，有效约束碳金融市场的每一环节，防范金融风险，保障各方利益，确保中国碳金融市场健康有序发展。

（1）建立统一的碳金融交易规则。

应借鉴赤道原则的有关条款，制定符合中国特点的、具体的、细化的碳金融管理指南，建立碳金融指导目录、环境风险评级标准等。应发挥行业组织和协会的作用，建立基于环保要求的产业指导目录，具体体现出各行业不同环保水平的信息。

（2）完善环保信息沟通机制。

首先，环保部门应建立并完善环保信息库，并加快信息的更新频率，及时将信息提供给人民银行。其次，人民银行将环保信息纳入征信体系，并及时通报循环经济、节能技术和产品等产业政策导向，做好产业结构调整的风险提示，发挥企业征信系统的警示作用。再次，金融机构在为企业或项目提供授信等金融服务时，把审查企业信用报告中的环保信息作为提供金融服务的重要依据，严格信贷环保要求，并将信贷情况反馈给环保部门，以强化环境监督管理。

（3）完善碳金融市场发展的法规建设。

中国碳金融市场的建立和发展，离不开中国碳金融市场法律法规的出台和政策的扶持。中国作为世界第二大经济体，碳排放总量居全球第二，中国政府决定到2020年中国单位国内生产总值二氧化碳排放比2005年下降40%～45%，作为约束性指标纳入国民经济和社会发展中长期规划，并制定相应的国内统计、监测、考核办法。中国在《节能减排“十二五”规划》中明确提出2015年实现单位国内生产总值能耗比2010年下降16%，单位国内生产总值二氧化碳排放降低17%。面对如此艰巨的任务，中国政府必须下定决心从制度上构建碳金融市场法律框架，指引碳金融市场正确前行。

随着中国碳金融市场不断发展，要逐步建立碳金融市场法律体系。中国在碳金融方面的法律文件已相继出台了《清洁发展机制项目运行管理办法》《中国应对气候变化国家法案》《中国应对气候变化的政策与行动》《温室气体自愿减排交易管理暂行办法》《节能减排授信工作指导意见》《关于落实环保政策法规防范信贷风险的意见》《关于环境污染责任保险的指导意见》《关于加强上市公司环保监管工作的指导意见》等，未来还应从银行业和证券业两大金融领域分别出台《银行碳金融服务准则》《碳证券交易法》等法律法规。国家和地方也相继出台了一些减排和环境保护的政策、法律，如《环境保护法》《水污染防治法》《大气污染防治法》《海洋环境保护法》《环境噪声污染防治法》《节约能源法》《循环经济促进法》等，虽然法律文件中对减排做出了相关的规定和正确的指引，但还应制定出相关碳减排的强制性规范文件，更好地促进碳交易市场的良好发展。碳金融市场是低碳经济体系的重要组成部分，但在发展低碳经济领域，中国尚未进行立法，为促进低碳经济发展，使相关的低碳经济活动有法可依，保障碳金融市场的发展，政府应尽快出台《低碳经济促进法》。

尽管中国已经出台了多项法规、办法，但中国还是缺乏碳交易发展所需要的完善的法律法规。以CDM交易为例，虽然2005年中国发改委出台了《清洁发展机制项目管理办法》，但对中资企业参与CDM项目交易具体细节并没有明确规定，缺乏足够的可操作性。其他相关法律法规更是寥寥无几。

在现阶段，中国碳交易的实施需要的规则、总量、配额、评估、核准、法律等一系列制度体系都还没有建立和完善，中国关于碳排放权的法律政策和与此有关的金融政策相当滞后，在中国推行碳交易制度必须立法先行。

当前，在碳排放权交易体系的构建方面，中国必须尽快从法律层面确认“碳排放权”的绝对权利属性，出台《碳排放权交易法》，奠定碳交易制度客体的法律基础，只有在法律上明确碳排放权的权利属性，界定其稀缺性、排他性、可交易性，才能使碳交易市场制度有其法律基础和保障；明确碳交易配额的分配原则和机理，确保碳排放权分配制度公平合理，确定碳交易拟制市场的交易前提；制定碳减排信用的核查核证、签发、交易、结算制度；确定碳排放权市场的监管制度，建立碳排放监测和信息公开制度，明确碳排放监控体系可测量、可报告、可核实，为市场交易提供监督、监管基础，实现制度管控；完善碳金融配套措施，提供制度支持，提升碳交易市场的活力和前景，从而完善碳金融法律基础，逐步构建碳金融相关法律体系。

作为世界最大的发展中国家和全球第二大温室气体排放国，中国政府和监管机构应认清中国碳金融发展的紧迫性，尽快完善碳金融市场发展的外部环境，以完善的法律法规保障碳金融市场发展。中国政府及有关监管部门应构建一整套包含资格审查制度、运行管理制度、风险管理制度等在内的碳金融市场法规制度，有效约束碳金融市场的每一环节，防范金融风险，保障各方利益，确保中国碳金融市场健康有序发展。比如从碳金融市场的监管入手，出台《碳金融市场监管法》，可以对碳金融市场从进入到退出整个过程进行监管，建立统一的监管体系。

10.3.4 规划建设多层次、国际化的碳金融市场交易体系

按照不同的组织形式，碳金融市场交易体系包括场内交易市场与场外交易市场两类，各市场涵盖了交易平台、交易机制、交易主体和交易产品等方面的要素。发展碳金融首先要规划和构建一个多层次、面向全球的碳金融交易市场体系。中国政府已向全世界郑重承诺中国未来低碳减排的发展目标，并且公布了五省七市作为示范省市提前进行碳减排交易，以期建立中国碳交易市场，这一举动表明，未来发展中国家必将同发达国家一样承担强制减排义务，全世界各国政府将在同一气候政策下进行碳交易，建立统一的碳交易市场势在必行。中国碳市场的建立既要借鉴国外

成功的经验，参考已有的成熟制度和规则，也要与中国的实际结合起来，注重机制创新和加强对碳市场的监管；既要具有一定的开放性能，与国际市场接轨，又要具有一定的本土特色，确保中国经济社会的可持续发展。国外碳交易市场的实践发展表明，碳市场的分工更加细化，衍生服务拓展迅速，参与碳市场的主体越来越多，参与方式和参与动机也更加复杂。构建中国的碳市场，需要培育和发展多元的碳市场主体，应明确国家及相关主管机构对碳配额产品提供者的主体职责，建立功能完备的碳交易所平台，鼓励设立为碳交易提供服务的认证、审核、融资、咨询、评估、法律、会计等中介服务机构，鼓励有资格进行碳交易的个人和各种组织，包括具有碳排放许可的国内各地区企业、政府、中介机构、投资商等积极参与交易，活跃市场。

（1）摸索符合市场经济发展阶段的市场交易机制。

目前中国的碳金融市场主要是围绕《京都议定书》下的清洁发展机制。中国应在国际气候谈判中坚持“共同但有区别的责任”原则，要求发达国家承担主要减排责任，即使未来 CDM 机制或将发生改变，也应推动新的资金技术转移机制（类 CDM 机制）产生，实现发达国家向发展中国家的气候资金和技术的转让，提高发展中国家的低碳发展能力，也为发达国家减排提供低成本途径。

从国际气候谈判形势来看，中国能从发达国家获得资金和技术援助的难度非常大。但中国又面临着巨大的国内外减排压力，同时中国也具有广阔的项目空间，因此，应建立自愿减排机制，大力发展国内的自愿减排市场，实现体系内减排行动的推进，推动中国更充分地利用清洁能源，以实现环境的有效保护和社会、工业、经济的可持续发展。因此，中国首先应依托各地交易所建立自愿减排平台，开展自愿交易试点，积累经验。对于自愿参与减排交易的排放主体，通过对其实行补贴、税收优惠、保护性价格及低息贷款等方式降低参与排放权交易的成本；所有符合交易主体条件的各种排放实体都可以自愿参与到排放权交易市场中。自愿减排市场的大力发展，将为中国逐步发展到总量限制交易的强制减排市场积累经验。

（2）逐步完善场内交易市场，建立中国气候交易所。

纵观发达国家碳金融的发展，均会以一个成熟、规范并具有相当规模的交易所为纽带，如欧洲气候交易所是欧盟系统中最大的排放权交易市场，芝加哥气候交易所是全球首家具有法律约束力的自愿温室气体排放交易系统，并是全球第二大碳汇贸易市场。

基于中国巨大的市场潜力，2008 年以来各地环境交易所陆续建立，其中北京环境交易所、上海环境能源交易所和天津排放权交易所已初具规模。三家交易所已纷纷开展各类碳金融服务与试点，并广泛开拓建立合作渠道，其中北京的熊猫标准、上海的“绿色世博”自愿减排平台和“南南全球环境能源交易系统”以及天津的

"企业减排联盟"计划成为各城市发展碳金融的独特优势。中国应集合三家交易所的优势，逐步建立统一的碳市场交易体系，打造具有一定规模的、成熟规范的中国气候交易所，并依托这一平台和纽带，与国际碳金融市场相衔接。中国还需要加快研究步伐，尽快解决交易平台发展的若干技术问题，如"碳强度"与"总量控制"的对接、碳资产的入账和计价、基准线的确认等问题。

在交易所的内部运作上，应具备如下特征：第一，会员制交易。在交易所内进行碳信用交易的交易主体必须是会员，且其资质和条件符合交易所的相关规定。交易只在会员之间发生，非会员必须通过委托经纪公司等中介机构来完成。第二，场内交易或在线交易。随着电子技术的进步，传统的在交易所内占有有形席位、并在固定的交易场所进行交易的模式会有所改变，更多的是通过交易所的在线交易系统进行交易。第三，交易方式固定。场内交易采用报价驱动的交易机制进行，即若干买方和卖方通过集合竞价或连续竞价等方式，按照时间优先和价格优先的原则，确定每笔交易的成交价格。每次交易都有交易单位和交易数量起点的限制，并要收取一定的佣金。第四，标准化合约。场内交易的产品应是经过严格设计的碳金融工具标准化合约，交易主体只能选择这些合约进行交易。第五，公开信息披露。"公开、公平、公正"是气候交易所的基本交易原则，必须保证透明度及公开信息披露。

10.3.5 构建碳金融交易平台，建立统一交易市场

中国还没有形成全国性的大型碳金融交易市场，现有的区域性碳交易市场存在机制不健全、产品单一、影响力低等问题，我们有必要做大做强现有碳金融市场，早日形成一个有国际影响力的碳金融交易平台。

目前，有关机构应尝试整合国内区域性碳金融交易平台和现有碳金融资源，形成具有国际竞争力的全国性碳排放权集中交易平台，实现降低成本、增强效率、提升影响的目的。目前，中国已经成立的碳交易所有北京环境交易所、上海环境能源交易所、天津排放权交易所和深圳排放权交易所、广东碳排放权交易所。此外，国内目前已挂牌成立的环境权益类交易所达 9 家，而专业性环境交易所已达 19 家，但国内各地的碳交易标准十分混乱。各省市投入大量资金和精力筹划建立的碳交易所难以形成一定规模的交易量，难以提高交易效率，也不利于碳交易产品的国际对接。因此，无论是国有还是民营，在政策标准、交易制度、具体程序方面都应全国统一。这样才能为碳交易的市场提供充分的供求信息、公平合理定价、降低交易成本。

从现状来看，在现行的国际规则下中国无须承担减排责任，但已成为清洁发展机制项目的主要开发国和最大卖家。从长远来看，中国为了实现到 2050 年单位 GDP 碳排放强度下降 40% ~ 45% 的目标，需要建立新型的市场机制以激励国内减排行

为。因此，建立集中的交易平台，开发碳交易产品，有助于中国碳市场规范发展。此外，围绕交易体系的运行，与之相关的核查、注册、交易等配套设施也能同时得以发展完备。中国碳交易平台的发展，应当以政策为基础，以经济效果为目标，构建包括现货交易与衍生品交易在内的多层次平台体系。2008 年上海环境能源交易所、北京环境交易所和天津排放权交易所相继成立，形成了中国碳金融市场基本框架。上海环境能源交易所有 13 个成功的 CDM 项目，年均二氧化碳减排总量为 552248 吨；北京环境交易所目前主要有三个中心，分别是 CDM 信息服务与生态补偿促进中心、节能环保技术转让与投融资促进中心和排污权与节能量交易中心；天津排放权交易所建立相对较晚，碳交易场所还不完备。由于市场还处于起步培育期，不活跃的交易阻碍了平台作用的发挥。在“十二五”期间，需要更为明确的政策导向，鼓励国内企业进入市场平台交易，才能促进现货交易平台的发展，促进期货等衍生品交易平台的加入。目前碳交易市场的规则主要由国际大型金融机构制定，中国碳交易机制体系尚未建立，只能按照国际规定参与其中，相对于其他国际金融机构更是处于竞争的劣势。中国碳金融市场仍处于起步和探索阶段，业务仅限于项目信息介绍服务，而且都只是企业行为，主要是基于 CDM 项目交易，而非标准化合约，还未成为真正意义上的碳金融交易平台，交易制度的不完善影响了企业进行碳交易，同时交易设施和交易环境也与发达国家相差甚远，建立公平公正的交易平台势在必行。

目前，中国北京、天津、上海、广东、昆明等多家环境能源交易所，其业务主要是基于项目交易而非标准化合约交易，从事的业务多限于合同能源业务、节能环保技术的转让交易及 CDM 项目的撮合，真正实现的场内交易则数量非常少，而场内交易的缺失使大量的交易处在无法监测的环境下，使国内不具备碳排放权交易价格的形成机制，致使国内碳价长期低于国际市场价格。国内交易所无序化、非规范化、同质化的发展，不仅重复建设造成了社会资源的浪费，也为处于起步阶段的国内碳金融市场的发展带来了一定负面影响，且地区性壁垒也阻碍了信息的流通。交易的达成应本着不重数量、重质量的原则，合理布局中国碳排放权交易市场，可以在制度设计、区域规划、平台设计方面吸纳发达国家的合理经验，发展各有特色、分层级的区域性交易市场；从制度、政策、技术、资金等方面鼓励，引导市场参与者进行场内交易，开展电子报价系统，利用网络信息技术联动各地交易所的价格，将企业交易历史记录 CDM 减排项目评估情况及国际碳排放权价格波动情况等信息与其他市场参与者分享，提高市场效率及透明度，构建全国统一的碳金融市场。

10.3.6 加大碳金融服务体系支持

从中国碳金融服务发展的现状来看，中国碳金融服务业务刚刚起步，服务体系尚不健全。然而，在历史机遇面前，我们有必要依托现有碳金融服务框架，结合碳金融服务的需求，系统设计中国碳金融服务体系，使其具有可持续发展的潜力。

（1）建立多层次的碳金融产品服务体系。

根据碳金融活动的特点，提供碳金融服务的机构除了商业银行保险公司、基金公司等传统金融机构以外，还包括碳交易所。这些机构有的是在原有的经营范围内增加碳金融服务内容，有的是专门提供碳金融服务的专业机构。他们可以依靠本机构原有的专业知识和客户资源，研究开发与碳金融相匹配的服务产品，提供相应的碳金融服务。

可从以下方面建立多层次的碳金融产品服务体系：一是在信贷产品方面，商业银行应针对碳排放交易项目特点，制定信贷审批、风险管理、业绩考核政策与操作流程，将信贷产品延伸至项目产业链上下游企业，探索供应链融资的有效模式。二是在衍生产品方面，适时推出符合中国碳排放交易特点的中国碳排放交易单位和中国碳排放交易配额的期货、期权、远期合约，以及与温度、霜降、降雨、风力等相关的天气衍生产品，同时要建立健全包括场内市场和场外市场的碳金融衍生品交易市场，明确交易规则、交易登记结算事项。三是开展碳金融咨询服务。四是由政府部门、金融机构、私营部门分别出资设立三个层面的碳基金，投资碳排放交易领域。

（2）设立政府绿色引导基金。

中国应设立政府绿色引导基金或绿色产业发展基金，由政府出资或提供担保，引导社会资本向起步期的节能环保、新能源企业投资。一方面，其通过对环保型、新能源企业提供部分资金支持，引导私人碳基金资本进一步投资于该企业，起到一个杠杆作用，放大了政府基金的支持效应；另一方面，获得其资金支持的环保型企业，同时也获得了政府无形的信用担保，可提高该企业在银行的信用等级，从而获得更多的绿色贷款。此外，政府应支持金融机构设立节能减排领域的产业投资基金和股权投资基金，开展能效融资等业务，鼓励绿色科技企业通过市场化渠道、国际组织援助、发行中小企业集合债券等方式广泛融资。

（3）推动银行业的碳金融服务。

银行业的可持续发展是碳金融体系不可或缺的组成部分，目前，出于逐利和企业社会责任两方面的考虑，中国银行业开始在低碳领域有所作为，主要表现在“绿色贷款”、CDM 财务顾问和碳金融理财产品方面的创新。例如最早实行“赤道原则”的兴业银行，在境内首创出节能减排项目贷款，上海浦东发展银行、民生银行、招商银行等也都推出了多种新型模式的绿色信贷业务。在挂钩碳排放权的理财产品方面，中国银行和深圳发展银行进行了创新突破，发行了挂钩碳排放交易的理财产品。碳理财产品为那些对环保、碳金融有所了解的个人和企业客户提供了新的商品类理财产品投资渠道。总体来看，局部意义上的碳金融创新无论在广度上还是规模上，都与中国碳市场潜力不符。银行业应承担信贷资金配置的碳约束责任，把低碳实践或碳中和作为环境和社会自任承诺的一部分，一方面通过发展绿色信贷，探索发展与碳排放权挂钩公司的理财产品等业务；另一方面通过引导企业加入赤道原则、碳信用披露的国际碳准则，建立银行内环境管理体系等方面支持碳金融市场的持续发展。

（4）培育本土的碳咨询机构。

碳项目市场需要专门的机构来提供咨询服务，目前，瑞士南极资产管理公司、英国碳资产管理公司、Ecosecurities、Camco 等世界知名的碳项目开发商，已在中国开展很多业务。它们的市场参与活跃了中国的碳金融市场，并对中国的碳咨询机构起着带动作用。中介机构的集聚能力为中国碳金融市场发展创造了一个低交易成本的发展环境，应出台更多的激励政策，以吸引更多的国外碳资产管理公司入驻，并形成集聚优势。此外，虽然中国被誉为最大的碳供应国，本应该是国际碳金融市场具有影响力的主要参与者，但由于国内既没有成熟的市场，也没有技术标准和核证机构，给国外中介、金融和投资机构留下了巨大的牟利空间。因此，政府还应注重对本土碳资产管理公司的培育，使更多的国内机构能在这一有着巨大利润的市场获得收益。此外，应抓住中国鼓励发展合同能源管理的契机，大力培育节能服务中介机构。鉴于碳排放交易及相关金融业务的复杂性，在会计、法律、资讯等方面需要职业队伍提供专业服务。因此，应加快中国碳金融服务体系培育力度，尽快培养一批职业化队伍，提供专业化的会计、法律、信息咨询服务。

（5）发展碳信用评级机构。

信用评级机构将在全球金融市场的发展中发挥重要的作用。例如信用评级机构可以对 CDM 项目进行评估，有利于碳投资者了解和识别项目的价格和供应风险，而获得了优质资信等级的项目可以获得更便利的融资渠道等。在传统的信用评级市场，由于中国的碳信用评级市场过度开发，被标普（S&P）、穆迪（Moody's）、惠誉（Fitch）占据了2/3市场。而在碳金融这块新领域，国际大型评级机构都开始介入碳信用评级，由于信用评级机构能够参与到企业的项目开发中，可以接触到敏感性行业，获取碳排放和碳资产管理信息，关系到国家的金融安全，因此，中国应抓紧培养本土的信用评级市场，加强中国碳信用评级市场监管，建立独立自主的碳信用评级体系，争取国际碳评级话语权。

（6）扶植第三方核证机构。

第三方核证机构是指在碳信用交易中，为避免或减少虚假的排放数据、确认项目产生的减排量的真实性，而规定的经过认证、独立于甲乙双方的第三方交易辅助机构。就京都机制而言，是指经过联合国相关机构认证的，主要负责对温室气体的排放进行核实和核证，确保减排量的真实性和可靠性。中国应建立良好的监管机制，大力扶持第三方核证机构，给予资金与技术的支持，确保碳金融市场的可持续发展。

10.3.7 促进碳金融机制及产品创新

（1）积极推进碳金融机制创新。

欧盟在碳金融产品上勇于创新，分别推出了有关碳的期货交易、证券交易、基金、碳的中介等衍生金融产品和碳中间业务。我们应借鉴欧盟经验，加快创新碳交易机制。创建与节能减排硬约束指标相适应的碳金融创新机制，从而满足碳金融创新的资金需求。在金融机构中建立碳金融相关业务，建立碳产业基金促进碳管理技术和低碳技术的开发与应用，大力发展节能减排与环保项目相关的债券发行。促进国内金融机构与国外相关机构的合作，设计出面向节能减排、清洁能源、可再生能源开发的金融衍生产品。尝试开展碳交易和气候衍生产品交易，提高碳交易规模和相关碳金融资产的流动性。支持面向各类低碳经济发展的金融衍生工具，加快形成碳交易市场价格发展机制。满足市场上交易者投资、避险等多方位需求，吸引大量社会资金和技术，为低碳经济发展提供资金和技术支持。

与传统的金融产品相比较，碳金融产品的交易规模、工具要求、服务能级、风险评级都更加严格。因此，中国急需建立一个与节能减排指标硬约束和资金需求相适应的碳金融创新机制，要利用期货交易所、产权交易所等在专业服务能力、市场基础设施和交易结算系统上的互补性，降低碳交易的成本，提高碳交易的透明度，实现碳交易的规模经济效应，建立碳交易基金，支持节能减排企业和环保项目发行债券；建立清洁能源、生态环保等低碳产业投资基金，积极开发绿色节能和可再生能源、环保汽车等绿色信贷业务和保险产品（陈柳钦，2010）；创新碳金融的衍生品，如碳掉期交易碳证券、碳期货、碳权质押贷款等，进而改变目前中国在全球碳交易市场价值链中的低端位置。银行业要积极拓展碳金融业务新模式，以碳交易市场为基础，构建包括碳基金、银行信贷各类标准化交易合约，开展碳掉期交易、碳证券、碳期货、碳基金等各种碳金融衍生品的金融创新，开发碳金融理财产品：碳信用证交付保证、信托计划、风险对冲产品和各类联动衍生产品，提供碳经纪人、财务顾问、CDM 顾问和行业资讯等金融服务。

（2）加快碳金融产品创新。

提升碳金融产品创新能力，金融机构应转变观念，学习借鉴国外金融机构先进经验，开发与碳排放权相关的理财产品，加大对开发新能源、研发环保技术以及从事生态保护建设等企业的信贷支持力度，积极开发以水电、风电、太阳能发电和生物发电为标的的碳排放权交易项目，努力为客户提供从项目融资到减排额二级市场交易的全流程金融服务。同时，大胆创新碳基金、碳证券、碳保险等衍生品，形成完整的碳金融产业体系。

中国在碳交易产品的开发方面还停留在起步阶段，现有的工具仅为原生工具，衍生工具尚未出现；交易标的物以项目打包为主，标准化认证标的物分割交易较为少见。在上述的现货交易平台建立后，主要业务集中在清洁发展机制项目交易、自愿减排项目交易、合同能源管理交易、节能减排技术交易等方面，业务量很小。而衍生产品的缺失，也使得中国无法掌控买卖碳商品的议价权，中国企业也无法有效管理碳交易中的风险。今后，中国碳市场的发展是必然的，但是可以预见在不同的发展阶段，中国国内碳交易机制却会有所不同，交易产品也会存在较大差别。现有现货交易平台上的产品，是在当前国内外政策条件下开发的产品，且开发时间晚于国际政策的执行时间。中国目前只有与碳交易相关的基础金融产品，而在衍生品方面还是一片空白，这不利于对冲碳交易风险，也不利于增加碳交易的流动性，金融机构应当积极开发以碳交易为基础的期货期权和结构理财产品，一方面能够使碳供应企业进行套期保值，另一方面也使广大投资者能够以各种方式参与碳金融交易，提高交易的流动性。随着碳现货市场的不断完善，应逐步建立中国特色的碳排放期权期货交易市场。碳期货原理是购买碳期货合约来代替现货市场上的碳配额，从而对一段时间之后将要进行的出售或买入碳配额的价格进行保值，达到回避和转移价格风险的目的，因此碳期货具有碳价格发现功能。碳期权是在碳期货基础上产生的一种碳衍生交易工具。期权合约的推出会使基金能源交易公司及工业企业加入，使市场功能性、流动性和复杂性逐步增强。碳期权市场快速发展除以上主要碳金融衍生品之外，还包括碳远期交易、碳套利交易和碳互换交易，进行套利的不同的碳信用产品必须有相同的认证标准，且受同一个配额管制体系管理，当合同中所涉及的减排量也相等时，就可以由市场价差产生一定的套利空间。当前，应当宣传集中交易的优势以及推广碳交易的理念，使得企业越来越熟悉碳商品交易，现货交易产品会不断走向规范成熟。未来，在政策环境允许的情况下，推出以可标准化、可分割的碳排放权商品为标的物的期货等衍生交易产品，以满足市场价格发现和转移风险的需求。

金融机构可从以下方面加快碳金融产品创新：

首先，拓宽绿色信贷领域。具体而言，金融机构应对开发利用新能源、从事生态农业、研发生产环保设施以及从事生态保护建设的企业提供信贷支持，而对污染企业实行信贷限制措施，以达到有效引导资金向优秀环保企业流动的效果。

其次，开展CDM项目中介服务。金融机构可以利用自身的信息资源、客户资源以及渠道优势，为国内减排企业提供CDM项目开发、交易和全程管理的一站式金融服务。在项目开发流程，金融机构开展项目分析，并对项目的未来趋势进行预测并确定开发成本以及开发风险；在项目交易流程，金融机构协助CDM项目业主选择合适的买家，协调项目发起人、国外投资者、金融机构和政府部门之间的业务关系，以降低企业的交易风险。在CDM项目的开发建设中，往往需要投入使用较为先进的设备，通过融资租赁的方式，可以利用金融租赁公司等机构为项目企业购买设备，企业从出售碳减排指标的收入中支付租金，从而释放企业的流动资金，保持资金的流动性。

再次，发行碳基金产品。碳基金是目前国际碳市场的主要资金来源，中国银行和深圳发展银行也先后推出了与二氧化碳排放额度挂钩的基金理财产品，为客户提供了购买绿色环保类金融产品的投资机会，受到市场的欢迎。发行碳基金可以在现有实践的基础上，设立低碳产业投资基金，为具有良好开发潜质的环保企业提供资金支持。碳交易的过程中存在着较大的风险，碳交易保险可以为碳交易提供一定的保障。2009年以来，中国的保险机构已经着手开展环境污染责任保险的各项试点工作，在易发生污染事故的企业、储存运输危险化学品的企业和危险废物处理的企业、垃圾填埋场、污水处理厂和各类工业园区六大领域推进环境污染责任保险。在此基础上，可以不断丰富碳交易保险的品种，拓宽被保险企业的范围。

10.3.8 加强国际合作，培养本国碳金融人才

因为目前中国碳金融发展还处于相对低端的CDM项目交易市场，而西方已经凭借资本和技术优势深入发展了碳金融市场。中国作为世界上最大的CDM项目供应国，西方国家的金融机构也是垂涎三尺，中国也对西方的碳资本运作知识有着强烈需求，双方均存在合作的基础。所以中国应该利用当前的国际形势，积极与西方的金融机构就碳金融业务进行合作，如兴业银行早已作为国内第一家赤道银行与国际金融公司展开了合作。在积极学习西方碳金融的先进经验的同时，也注意本国人才的培养，从而逐步提高中国的碳金融知识层次，缩小与西方国家的差距。基于中国碳金融市场相对落后于发达国家的现状，健全碳金融人才的教育和培养机制，加强碳金融方面人才的培养和储备，积极学习和借鉴国外的经验，为中国碳金融市场发展提供智力支持，比如在大学的管理学、经济学、环境保护等学科设置关于碳金融的研究方向，培养立足于发展前沿、知识结构丰富的低碳经济人才；对政府部门、企事业单位人员开展关于碳金融的知识培训，为碳金融市场发展提供良好的人才软环境支持。

【本章小结】

本章在分析中国碳金融的发展历程、发展现状及存在问题的基础上，提出了规范化发展中国碳市场的制度安排与实施，主要包括：宏观上加大中国碳金融市场的

政策支持，制定中国的碳金融发展战略，完善碳金融市场的政策以及法规建设；微观上构建碳金融交易平台，建立统一交易市场，加大碳金融服务体系支持，促进碳金融机制创新等。

参考书目

[1] 王遥．碳金融全球视野与中国布局［M］．北京：中国经济出版社，2010.
[2] 王毅刚．中国碳排放权交易体系设计研究［M］．北京：经济管理出版社，2011.
[3] 熊焰．低碳转型路线图［M］．北京：中国经济出版社，2011.
[4] Sonia Labatt，Rodney R. White. Environmental Finance［M］. New York：John Wiley and Sons，2002.
[5] 王毅刚．碳排放交易制度的中国道路［M］．北京：经济管理出版社，2011.